형법해석과 논증

변 종 필 저

세창출판사

국립중앙도서관 출판시도서목록(CIP)

이 도서의 국립중앙도서관 출판시도서목록(CIP)은 e-CIP홈페이지(http://www.nl.go.kr/ecip)와 국가자료공동목록시스템(http://www.nl.go.kr/kolisnet)에서 이용하실 수 있습니다.(CIP제어번호: CIP2012001133)

사랑하는 부모님께

서 문

법이란 무엇인가? 이것은 대학에서 법을 가르치고 연구하는 사람의 하나인 필자로서도 늘 되물을 수밖에 없는 물음이다. 민주적 법치국가의 틀을 어느 정도 완벽하게 갖춘 나라에서도 법이란 이현령비현령이라는 불만이 흘러나오곤 한다. 아마도 법이 무엇인가를 놓고 씨름해 본 사람이라면 우리가 법이라고 부르고 말하는 것 안에 이러한 암영(暗影)이 자리하고 있음을 부인하지 못할 것이다. 그런데 이러한 암영은 어떤 특정한 법영역에만 깃들어 있는 것이 아니라 모든 법영역에 깃들어 있다. 또한 이것은 비단 입법의 과정에서만 나타나는 것이 아니라 법 해석과 적용의 과정에서도 나타난다. 형법 역시 이러한 그늘을 피해갈 수 없고, 형법해석 또한 그로부터 완전히 벗어날 수 없다.

형법해석에 있어 특정 쟁점에 관한 해석론이 둘 이상으로 나뉘는 현상은 다반사로 볼 수 있다. 통설, 다수설, 소수설, 유력설 등 학설의 갈래치기는 이러한 현상을 잘 뒷받침해준다. 그렇다면 이들 가운데서 어느 것이 제대로 된 해석인지는, 즉 타당하거나 정당한 해석인지는 어떻게 알 수 있으며, 또 어떻게 결정되는 것인가? 현실적으로 보면 이러한 결정은 판례, 특히 대법원 판결에 의해 정해지는 셈이다. 하지만 어떤 특정한 해석론에 대해 제도적으로 결정 권한을 부여받은 자나 기관이 타당하다는 판단을 하였다고 하여 그러한 결정이 곧바로 정당한 결정으로 귀결되는 것은 아니다. 그러한 결정은 대체로 '합법적인 힘의 행사'라고 볼 수는 있을지언정 정당한 결정이라고 단언할 수는 없기 때문이다. 판례비판의 중요성과 유용성도 바로 여기에 있다. 법(Recht)은 권력이나 힘(Macht)을 필요로 하지만 그것 자체가 곧 법인 것은 아니다. 최고법원의 판례가 질서를 안정화시키는 최종적인 힘을 갖는 것은 사실이나, 그렇다고 하여 그것이 언제나 정당성을 보증하는 종국적 선언인 것은 아니다. 특정한 해석론에 기초한 특정한 판결이나 결정은, 구체적 사안과 관련한 법률해석의 상이성이나 다양성으로 인해 다른 해석론에 기초한 다른 판결이나 결정이 가능하다는 점을 고려한다면, 여전히 그러한 판결이나 결정 자체에 대한 이현령비현령식의 비난이나 비판으로부터 자유롭지 못하다. 이 점은 법관이나 사법부의 결정에 대해서뿐만 아니라, 구체적 사안에 대한 결정권한을 제외한다면, 형법도그마티커들의 해석상의 주장에 대해서도 마찬가지다.

이러한 사정은 여타의 법해석에서와 마찬가지로 형법해석에도 내재해 있는 난맥상이라 하겠다. 그렇다면 이러한 상황에서 정당한 형법해석은 과연 가능한 것인가? 만일 가능하다면 그것은 어떻게 가능한가? 이 물음에 대해서는 여러 가지 접근방법이나 착상이 있을 수 있겠지만, 필자는 한마디로 '합리적 논증'을 강화하는 것이 그 방안이라고 본다. 합리적 논증이 무엇인가에 관해서는 여기서 상세히 말할 수 없다. 이에 관해서도 다양한 의견이 있을 수 있겠지만, 여기서는 필자가 생각하는 논증구상이 대체로 — 절차적 정의론 내지 합리적 절차이론의 착상에 따라 설계된 — 로베르트 알렉시의 '법적 논증이론'에 힘입은 것임을 밝혀두는 것으로 그치고자 한다. 물론 합리적 논증의 수행이 법적 결정의 정당성을 완벽하게 보장할 수 없을지도 모른다. 여기에는 여러 가지 현실적 · 상황적 제약요소들이 따르기 때문이다. 가령 재판실무의 인적 · 물적 제약으로 인한 정치한 논증수행의 곤란 등 현실적인 요소뿐만 아니라 해석론이 대립하는 상황에서 논증만으로 결정의 정당성을 보장하기는 어렵다는 이론적 반론 등도 제기될 수 있다. 그럼에도 불구하고 합리적 논증이 갖는 법이론적 함의와 판결실무상의 중요성을 염두에 둔다면, 그러한 제약이나 이의제기는 법적 결정의 정당화근거로서 합리적 논증이 갖는 위상을 결코 약화시키지 못할 것이다. 종래에도 법적 결정이 합리적 논증에 의존하여 왔음은 주지의 사실이다.

하지만 논증의 방법에 관해서는 그다지 큰 관심을 두지 않았고, 논증이 판결의 정당성에 어떠한 의미를 갖는가 하는 절차의 측면에는 더더욱 주의를 기울이지 않았다. 필자가 제기하는 합리적 논증의 문제제기는 바로 이 점에서 종래의 그것과 차원을 달리한다고 볼 수 있다. 법관의 판결이나 결정은 단순히 일정한 권한하에 법적 결정을 내리는 제도적 권력 행사 그 이상의 것이다. 그것은 언제나 '정당성의 요청'(Richtigkeitsanspruch)을 함께 띠고 있다. 그렇기에 구체적 사안에서 법적 결정을 내리는 판단자는 이러한 요청을 충족하기 위해 노력하여야 하며, 이러한 노력은 당해 사안에서 최적의 논증수행으로 나타나야 한다.

이 책은 필자가 그간 10여 년에 걸쳐 학술지에 발표한 논문들 가운데서 형법의 해석과 논증에 관한 것들을 모아 엮은 것이다. 모두가 형법의 해석과 논증에 관련된 글이지만, 편의상 세 부분으로 구분하였다. 제1부에는 구체적 판례사례를 대상으로 하여 대법원 판례를 비판적으로 평석한 글들이 실려 있다. 제2부에는 판례평석이 아닌, 단행논문의 형태를 취하고 있는 글들이 실려 있다. 여기에는 대법원의 형법해석 태도에 관한 전반적인 평가, 해석카논이나 해석논거의 활용방법, 필자의 해석론의 관점에서 행해진 판결구조에 대한 예시적 분석과 논증방법 등을 다룬 글들이 담겨 있다. [11]은 책임원칙이 형벌조항에 대한 위헌심사에서 어떻게 활용되어야 하는가의 관점에서 헌법재판소의 해당 판례들을 분석하고 비판적으로 평가한 글이다. 그리고 제3부는 '이론'의 영역으로서 알렉시의 법적 논증이론의 개요와, 드워킨으로부터 촉발된 법규칙-법원리의 구별방식과 유용성에 관한 글로 이루어져 있다. 이 두 논문은 소개형식의 글로서 필자의 다른 논문들에서도 자주 인용되고 있음을 발견할 수 있을 것이다. 이들은 형법해석과 관련하여 논증이 어떻게 수행될 수 있는가 또는 어떻게 수행되어야 하는가, 형법적 법원리가 형법해석에 어떻게 활용될 수 있는가에 관한 사유적 토대를 형성하는

데 일정 부분 기여할 수 있을 것이다.

과거에 비해 학계와 판례의 논의가 여러 측면에서 깊이가 더해지고 논증이나 근거제시의 측면에서도 상당히 진전된 모습을 보이고는 있으나, 아직도 미흡한 부분이 적지 않다는 것이 필자의 인식이다. 이에 필자는 판결실무와 형법도그마틱의 영역에서 합리적 논증이 갖는 중요성을 높이는 데 조금이나마 기여할 수 있으리라는 기대하에, 비록 많은 비판의 여지를 안고 있는 부족한 글들이지만, 책으로 출간하기로 결심하였다. 이 책이 조금이나마 이러한 기대에 부응할 수 있었으면 하는 바람이다.

끝으로, 이 책이 출간되기까지 도움을 주신 분들께 감사드린다. 먼저, 환난 가운데서도 말할 수 없는 은혜와 사랑으로 늘 함께하시며 위로와 평안을 주시는 하나님께 감사드린다. 또한 견디기 어려운 고통 속에서 병마와 싸우시다 이제는 저 세상에서 편히 쉬고 계실 사랑하는 아버지와, 그 곁을 지키시며 아픔을 함께하셨던 사랑하는 어머니께 감사와 존경의 마음을 전해드린다. 평생의 동역자로서 늘 바쁜 중에서도 필자를 위해 모든 수고와 후원을 아끼지 않는 사랑하는 아내와 아들 임수·지수에게도 이 자리를 빌려 감사를 전하고 싶다. 그리고 삶과 학문의 길에서 늘 사랑과 관심으로 지도하시고 이끌어주신 김일수 선생님께 감사드린다. 마지막으로, 이 책의 출간을 흔쾌히 맡아주시고 좋은 모양으로 단장해주신 세창출판사 이방원 사장님과 임길남 상무님께 진심으로 감사드린다.

2012년 2월 27일
동악의 연구실에서

변 종 필

차 례

제1부 | 형법해석과 판례비판

제2부 | 형법해석과 논증

제3부 | 이론과 논증

형법해석과 논증

제 1 부

형법해석과 판례비판

[1] 공직선거법상 기부행위로서의 '제공'의 의미와 죄형법정원칙

[2] 결과적 가중범에서 기본범죄가 미수인 경우의 법해석

[3] 성전환자의 강간죄 행위객체성

[4] 업무방해죄에서 업무의 개념과 범위 —회사의 공장이전 사무가 업무방해죄에서의 업무에 해당하는지 여부—

[5] 준강도죄의 범행주체 —판례 및 학설의 이론적 정합성에 대한 검토를 중심으로—

공직선거법상 기부행위로서의 '제공'의 의미와 죄형법정원칙*

Ⅰ. 대상판례

대상판례 大判 2002. 2. 21, 2001도2819 전원합의체

사건개요 甲(피고인)은 2000. 4. 13. 실시된 제16대 국회의원 선거 당시 지역구에 H당 후보자로 출마하여 당선된 A의 배우자로서 후보자의 배우자는 기부행위제한기간 중 당해 선거에 관한 여부를 불문하고 기부행위를 할 수 없음에도, i) 2000. 4. 10. A의 선거사무실에서 선거사무원 乙(원심 공동피고인)에게 600만 원을 주고, ii) 2000. 4. 11. 운행중인 乙 운전의 프린스 승용차 안에서 乙에게 300만 원을 주고, iii) 2000. 4. 11. 위 선거사무실에서 乙에게 400만 원을 주고, iv) 2000. 4. 12. 위 선거사무실 부근을 운행중인 승용차 안에서 乙에게 400만 원을 주는 등 4회에 걸쳐서 乙에게 유권자 제공용으로 합계 1,700만 원을 주어 「공직선거 및 선거부정방지법」상의 기부행위제한의 규정을 위반하였다는 범죄사실로 공소제기되었다.[1)]

---

* 비교형사법연구 제4권 제2호, 한국비교형사법학회, 2002. 12, 553쪽 이하.

1) 사실관계와 관련하여 다수의견은, 원심이 확정한 사실과 기록에 의하면 甲으로부터 乙에게 제공된 현금 1,700만 원 중 894만 원은 지구당의 하부 조직책임자인 협의회장과 여성회장들에게 또는 이들이 데려온 선거인들에게 배부된 사실, 그리고 그 나머지 806만원에 대해서는 乙이 다른 선거활동비에 사용하였다고 주장하고 있으나 그 구체적인 사용명세는 진술하지 못하고 있다는 사실을 알 수 있다고 한다. 그런데 이와 관련하여 반대의견은 다수의견의 견해를 받아들일 수 없다고 한다: i) 다수의견은 乙이 甲으로부터 받은 돈을 선거구민 등에게 배부한 사실과 乙이 그 나

판결요지 후보자의 배우자와 선거사무원 사이의 현금수수는 후보자의 배우자가 특정의 선거인에게 전달하기 위하여 선거사무원에게 단순히 보

머지는 다른 선거활동비에 사용하였다고 주장하고 있으나 그 구체적 명세는 진술하지 못하고 있는 사실 등을 인정하고, 이러한 사실관계에 비추어 甲이 乙에게 돈을 준 것은 단순히 보관시키거나 심부름을 시킨 것이 아니라 乙로 하여금 불특정 다수의 선거인들을 매수하는 등 부정한 선거운동에 사용하도록 제공한 것이라고 판단하고 있는바, 다수의견이 공소장에 기재된 범위를 벗어나 법원이 인정할 수 있다는 사실을 토대로 공소장변경절차를 거치지 아니하고 공소사실을 확대하여 기소된 사실과 다르게 범죄사실을 인정하는 것은 형사소송절차의 첫 단계 원리인 불고불리의 원칙에 어긋나는 것으로서 허용될 수 없고, ii) 특정유권자에게 제공하라는 취지로 乙에게 물품을 교부하는 것은 제공행위에 포함되지 아니하고, 불특정 다수의 유권자에게 제공하라고 물품을 교부하면 제공행위가 된다고 해석할 수 있는 아무런 근거가 없을 뿐만 아니라 iii) 乙은 받은 돈을 甲의 뜻에 따라 전액 선거구민 등에게 제공하거나 다른 선거활동비로 사용하였다고 주장하고 있는데, 그 중 일부 사용명세를 밝히지 못한다고 하여 그 돈을 처음부터 乙에게 귀속시킬 의사로 교부된 것으로 본다면 이는 헌법상 무죄추정의 원칙을 무시한 것이며, iv) 다수의견이 원심이 인정하지도 아니한 사실을 기록에 의하여 인정된다고 전제하고는 甲이 乙에게 교부한 돈이 일부만 불특정 다수의 선거구민 등에게 제공되었고 그 나머지는 사용명세가 밝혀지지 아니하였음에도 불구하고 기부행위금지위반죄가 성립한다고 단정하는 것은 적법한 절차에 따라 재판을 받을 피고인의 권리를 침해하는 것이다.

이상과 같이 복잡한 사항들을 모두 고려할 경우 위 판례에 대한 평석이 대단히 혼란스러워지는 점을 감안하여 이 글에서는 ― 판결요지에 나타난 바와 같이 ― 국회의원선거 후보자나 그 배우자가 유권자에게 제공하라는 용도로 그 후보자의 선거사무원에게 금전을 주는 행위도 기부행위에 해당한다는 다수의견의 견해를 그 대상으로 삼는 것이 적절할 것 같다. 반대의견 역시 "다수의견을 최대한 너그럽게 이해한다면, 다수의견은 후보자나 그 배우자가 선거사무원에게 유권자 제공용으로 금전을 교부하는 행위도 공직선거법 제112조 제1항 제1호의 제공행위에 해당하는 것으로 판단하고 있는 것으로 볼 수 있다"고 하면서, 이것이 다수의견의 견해라고 보면 위에서 지적한 문제점은 해소된다고 언급하고 있다. 따라서 이하에서는 이 점에 초점을 두고 서술하고자 한다.

관시키거나 돈 심부름을 시킨 것이 아니라 그로 하여금 불특정 다수의 선거인들을 매수하여 지지표를 확보하는 등의 부정한 선거운동에 사용하도록 제공한 것으로서 「공직선거 및 선거부정방지법」(이하 '공직선거법') 제112조 제1항 소정의 기부행위에 해당한다 할 것이고, 이를 들어 기부행위를 실행하기 위한 준비 내지 예비 행위에 불과하다고 할 수는 없다.

Ⅱ. 사안의 쟁점

위 사안은 국회의원선거 후보자의 배우자 甲이 그 후보자의 선거사무원 乙에게 금품을 제공한 것이 공직선거법 제112조 제1항 소정의 기부행위에 해당하는지 여부가 문제된 사례이다. 공직선거법 제113조는 "후보자(후보자가 되고자 하는 자를 포함한다)와 그 배우자는 기부행위제한기간 중 당해 선거에 관한 여부를 불문하고 일체의 기부행위를 할 수 없다"라고 규정하고 있고, 이를 위반한 경우에는 같은 법 제257조 제1항 제1호에서 5년 이하의 징역 또는 1천만 원 이하의 벌금에 처하도록 규정하고 있다. 따라서 위 甲의 행위가 공직선거법상 금지된 기부행위에 해당한다면 甲은 공직선거법 위반죄(제257조)의 형사책임을 지게 된다.

그러므로 여기서 사안의 쟁점은 국회의원선거 후보자의 배우자가 그 후보자의 선거사무원에게 금품을 제공한 것이 이른바 공직선거법상의 '기부행위'에 해당하는가, 더 자세히 말하자면, 甲의 행위가 같은 법 제112조 제1항 제1호 소정의 "금전·화환·달력·서적 또는 음식물 기타 이익이 되는 물품의 '제공'행위"에 해당하는가 하는 점이다. 여기서는 형법 해석론의 문제가 주된 쟁점이 되고 있다. 이하에서는 위 사안에 대한 다수의견과 반대의견의 논지를 비교하여 살펴본 연후에 그에 대한 필자 나름의 평가를 내려보기로 한다.

Ⅲ. 판례의 요약 및 분석

1. 다수의견의 논지

다수의견은 甲이 국회의원선거 후보자의 배우자로서 선거사무원 乙에게 유권자 제공용으로 금전을 주어 공직선거법상 기부행위제한규정을 위반하였다는 위 공소사실을 인정하고, 그러한 甲의 행위가 공직선거법 제113조, 제112조 제1항 제1호에 위배된다고 판단한 원심의 판단을 정당하다고 보았다. 즉 다수의견은 — 위 판결요지에서 보았듯이 — 위 사안에서 甲과 乙 사이의 현금수수는 乙로 하여금 불특정 다수의 선거인들을 매수하여 지지표를 확보하는 등의 부정한 선거운동에 사용하도록 제공한 것으로서 공직선거법 제112조 제1항 소정의 기부행위에 해당한다고 판단하였다. 그 주된 논거를 보면 아래와 같다.

(1) 공직선거법 제112조 제1항 제1호 소정의 '제공'의 의미

공직선거법 제112조 제1항 소정의 '기부행위'라 함은 원칙적으로 당사자의 일방이 상대방에게 무상으로 금품이나 재산상의 이익 등을 제공하는 행위나 제공의 의사표시 또는 그 제공을 약속하는 행위를 말하며,[2] 여기서 상대방이라 함은 당해 선거구 안에 있는 자나 기관·단체·시설 및 선거구민의 모임이나 행사 또는 당해 선거구의 밖에 있더라도 그 선거구민과 연고가 있는

---

2) 따라서 제112조 제1항 각 호의 행위를 무상으로 하거나 일부 대가관계가 있더라도 급부와 반대급부간의 불균형으로 그 일부에 관하여는 무상인 경우라야 기부행위가 되고, 채무의 이행 등 정당한 대가관계로 행하는 경우에는 기부행위가 되지 않는다(大判 1996. 11. 29, 96도500).

자(같은 법 제112조 제1항)로서 선거운동원이든 정당원이든 묻지 않으며 선거권이 없는 자나 미성년자라도 상관없다. 그런데 위 조항의 기부행위란 같은 조항 제1호 내지 제11호의 행위를 포괄하여 지칭하는 개념이다. 따라서 기부행위란 이들 행위의 유개념이라 할 수 있겠다. 이 가운데서 위 사안과 관련하여 직접적으로 문제가 되고 있는 규정은 같은 조항 제1호이며, 이로써 후보자의 배우자(甲)가 선거사무원(乙)에게 유권자 제공용으로 금전을 준 것이 같은 호 소정의 '제공'행위에 해당하는지 여부가 의미론상 문제된다.

다수의견에 의하면, 사전적 의미에서 '제공'이라 함은 '바치어 이바지함', '쓰라고 줌'을 뜻하는 말로서 일반적으로 물건 등을 상대방에게 건네주어 이를 사용 내지 처분할 수 있게 하는 것을 말하고, 반드시 어떠한 이익을 상대방에게 귀속시켜야 한다는 뜻이 내포된 것은 아니라고 한다. 그리고 이러한 해석은 '제공'이라는 문언의 통상적인 의미와 범위 안에서 공직선거법의 취지에 따른 목적론적 해석을 한 것으로서 죄형법정원칙이 경계하는 확장해석이나 유추해석에 해당한다고 할 수 없다고 한다.[3][4]

---

3) 여기서 '확장해석이나 유추해석'이라는 표현은 확장해석을 유추해석과 동일선상에 둠으로써 강학상 구분하여 사용하고 있는 두 가지 해석방법, 즉 일반적으로 허용되는 확장해석과 형법상 금지되어 있는 유추해석을 마치 치환될 수 있는 관계에 있는 해석방법인 것처럼 사용하고 있어 적절하지 않다고 본다. 그런데 판결서에 자주 등장하는 대법원의 이러한 표현방식과 관련하여 (이를 통해) "대법원이 법률해석과 유추를 같은 것으로 보고 있다는 결론을 분명하게 도출할 수는 없(지만) 그럼에도 불구하고 … '해석과 유추는 분명하지는 않지만 사실상 같은 것'이라는 인식을 갖고 있다"고 추론하는 견해도 있다[이상돈, "형법해석의 한계," 법률해석의 한계(신동운 외 4인 공저), 법문사, 2000, 48쪽 참조].

4) "물론 형벌법규는 문언에 따라 엄격하게 해석 · 적용하여야 하고 피고인에게 불리한 방향으로 지나치게 확장해석하거나 유추해석하여서는 안

(2) 위 해석론에 고려된 요소들

위 대상판례를 면밀하게 검토해 볼 경우, 다수의견이 위와 같은 해석론을 전개한 논증과정에는 기부행위제한규정의 입법취지와 금권선거의 실상 및 그에 대한 처벌필요성과 투쟁의 강화 등이 그 주된 요소로 고려되고 있음을 확인할 수 있다.

1) 기부행위제한규정의 입법취지

판례에 의하면 공직선거법 제113조에서 후보자와 그 배우자로 하여금 선거 전 일정 기간(기부행위제한기간) 내에 당해 선거에 관한 여부를 불문하고 일체의 기부행위를 할 수 없도록 규정한 취지는, 그러한 기부행위가 후보자의 지지기반을 조성하는 데에 기여하거나 매수행위와 결부될 가능성이 높아 이를 허용할 경우 선거 자체가 후보자의 인물·식견 및 정책 등을 평가받는 기회가 되기보다는 후보자의 자금력을 겨루는 과정으로 타락할 위험성이 있어 이를 방지하기 위한 데 있다고 한다.[5] 그런데 다수의

된다. 그러나 형벌법규의 해석에 있어서도 법률문언의 통상적인 의미를 벗어나지 않는 한 그 법률의 입법취지와 목적, 입법연혁 등을 고려한 목적론적 해석이 배제되는 것은 아니다"[판례공보(2002. 4. 1.) 743쪽]. 그런데 일각에서는 "피고인에게 불리한 방향으로 지나치게 확장해석하거나 유추해석하여서는 안 된다"라는 판례의 표현을 근거로 하여 (피고인에게 불리한 유추해석이 허용되지 않음에는 이의가 없지만) 피고인에게 불리한 확장해석이 허용되느냐는 물음을 제기하고 판례에 나타난 외형상의 표현을 빌어 판례가 이를 부정하는 입장에 있다고 답하는 문헌도 있으나(오영근, 형법총론, 대명출판사, 2002, 65쪽), 판례가 판결서에서 확장해석과 유추해석을 마치 치환가능한 것인 양 표현하여 사용하고 있는 판례에 비추어 볼 때 그러한 논의는 무의미하다고 본다.

5) 大判 1998. 7. 10, 98도477. 이러한 입법취지는 판례의 특유한 태도는 아니다: "기부행위를 처벌하는 취지는 … (그것이) 당해 선거에 있어 선거인의 투표의사 결정에 직접 영향을 미치게 될 가능성이 있음을 고려하여 이러한 행위를 엄격히 제한함으로써 선거의 공정을 도모하고자 함

견은 같은 법 제112조 제1항 (제1호) 소정의 기부행위에 대한 해석에서 이러한 입법취지를 주된 요소로 고려하고 있다.

2) 금권선거의 현실과 처벌필요성의 강조

우리의 금권선거현장의 모습을 보면 — 다수의견이 언급하고 있듯이 — 후보자나 그 배우자가 곧바로 유권자에게 금품을 주는 경우는 극히 드물고 대부분의 경우 후보자 등이 선거사무관계자에게 금품을 주면 그것이 몇 개의 중간단계를 거치면서 범위를 확대하여 다수의 최종유권자들에게 널리 분배되고 그 과정에서 전부 또는 일부 금품이 유용되기도 하는바, 이러한 모든 과정을 제대로 밝혀 내는 것은 지극히 어려운 실정이다. 이러한 사정을 감안하여 다수의견은 금품을 최종적으로 받아 가질 사람에 대하여 주는 것만을 처벌의 대상으로 한다면 금권선거를 근절시키고자 하는 입법목적을 달성할 수 없고, 중간단계에서 주는 경우에도 그것이 포착된다면 이를 처벌해야 할 필요성이 절실하다는 입장을 보이고 있다. 금권선거에 대한 처벌필요성의 절박함을 토로하는 다수의견의 이러한 태도에는 우리 선거문화의 어두운 현실에 대한 안타까움과 탄식이 배여 있는가 하면, 반면에 부정한 선거사범에 대한 형법적 투쟁을 강화해야 한다는 강한 의지가 내재해 있음을 동시에 엿볼 수 있다.

3) 범죄투쟁과 '제공'개념에 관한 해석론의 연계

나아가 다수의견은 위와 같은 취지와 태도에 입각하여 공직선거법 제112조 제1항 제1호 소정의 '제공'개념의 의미범위의 확

에 있다"(황정근, 선거부정방지법, 법영사, 2001, 455쪽); "기부행위금지·제한위반죄는 … 선거의 공정성을 보장하기 위하여 선거에서의 불가매수성을 규정한 것이다"(정병욱, 선거법, 박영사, 2002, 659쪽).

대를 꾀하고 있다. 즉 여기서 '제공'이라는 말의 의미를, 반드시 금품을 상대방에게 귀속시키는 것만을 뜻하는 것으로 한정해석해서는 안 된다는 것이다. 다시 말해, 중간자에게 금품을 주는 경우라 하더라도 그 중간자가 단순한 보관자이거나 특정인에게 특정금품을 전달하기 위하여 심부름을 하는 사자에 불과한 자가 아니고 그에게 금품배분의 대상이나 방법·배분액수 등에 대한 어느 정도의 판단과 재량의 여지가 있는 한 비록 그에게 귀속될 부분이 지정되어 있지 않은 경우라 하더라도 그에게 금품을 주는 것이 위 규정에서 말하는 '제공'에 포함된다고 해석해야 한다는 것이다.[6] 이와 같이 볼 때 다수의견이 주장하는 논거들의 언저리에는 금권선거의 근절이라는 현실적 필요성과 그에 따른 선거범죄와의 투쟁강화, 그리고 이를 위한 형벌법규의 탄력적 해석

6) 이러한 취지에서 다수의견은 후보자 등이 최종유권자가 아닌 중간자에게 금품을 주는 것이 '제공'에 해당하기 위해서는 그 중간자가 위와 같은 의미의 재량이 있는 자이기만 하면 족한 것이고, 그가 금품을 받은 후 이를 모두 하부단계의 사람들에게 배분해 주었는지, 그 전부 또는 일부를 그가 유용하였는지, 그 사용처가 모두 밝혀졌는지 여부 등은 이미 성립한 범죄에 아무런 영향이 없다고 한다. 그리고 그 중간자가 후보자 등으로부터 금품을 받을 당시에 그에게 위와 같은 의미의 재량이 있었는지를 판단하기 위해서는 후보자 등과 그와의 관계, 금품 등을 수수한 동기와 경위, 그 당시 언급된 사용용도와 사용방법, 당시의 선거상황 등 제반 사정을 종합하여 판단하여야 할 것이나, 그 후의 사용실태가 밝혀진다면 그 사정 또한 수수 당시의 중간자의 재량 유무를 확인하는 자료로 삼을 수 있다고 한다. 위 사안과 관련해서도 乙이 甲으로부터 돈을 받기까지의 상황 및 경위와 함께 돈을 받은 후 그 돈의 사용실태까지도 소상히 사실관계로 정리한[실제 다수의견은 원심이 인정하지도 않은 (乙이 甲으로부터 받은 돈의 사후 사용실태에 관한) 사실을 기록에 의해 인정된다고 전제하고 있음] 이유는 그와 같은 사후의 사용실태가 수수 당시 乙에게 그와 같은 재량이 있었음을 확인시켜주는 좋은 자료가 되기 때문이지 그 사실이 범죄의 성립을 좌우하기 때문은 아니라고 한다.

과 적용이라는 연결관계가 유지되고 있음이 감지된다.

2. 반대의견의 논지

(1) '제공'개념에 관한 해석론

1) '제공'개념의 의미의 차이

공직선거법 제112조 제1항 제1호 소정의 '제공'의 의미를 일반적으로 물건 등을 상대방에게 건네주어 이를 사용하거나 처분할 수 있게 하는 것으로서 반드시 어떠한 이익을 상대방에게 귀속시켜야 하는 것은 아니라고 풀이하는 다수의견과는 달리, 반대의견은 같은 법조항 제1호 소정의 '제공'이란 금전 등 물품을 상대방에게 '귀속'시키는 것을 뜻하는 것이라고 풀이한다. 즉 다수의견은 제공의 개념 속에 교부의 요소를 포함한다고 해석하지만, 반대의견은 제공의 개념과 교부의 개념을 구분하고 있다.

2) '제공'과 '교부'의 구분

반대의견은, '제공'은 '가지거나 누리도록 주는 것'을 의미하여 단순히 '내주는 일'을 의미하는 '교부'와는 그 사전적 의미도 다를 뿐만 아니라, 공직선거법 제46조, 제81조 제6항, 제89조의2 제2항, 제97조 제1항, 제2항, 제118조 제1호, 제119조 제3항 등은 '제공'이라는 용어와 단순한 '교부'라는 용어를 구분하여 규정하고 있으므로, 단순한 교부행위는 같은 법조항 제1호의 '제공' 행위에 해당하지 않음이 분명하다고 한다. 따라서 국회의원선거 후보자 또는 그 배우자가 금전 등 물품을 제3자에게 전달하여 달라는 용도로 선거사무원 등 상대방에게 교부하는 것은 공직선거법 제112조 제1항 제1호 소정의 기부행위에 해당하지 아니하고, 이러한 기부행위를 실행하기 위한 공모자 사이의 준비행위에 불과하다고 한다. 따라서 위 사안에 있어 甲은 유권자에게 제공하라는 용도로 乙에게 금전을 주었다(즉 교부하였다)는 것이지 乙에게 그 금전을 귀속시키려는 의사로 제공하였다는 취지가 아니므로, 甲이 돈을 제공하려고 한 상대방은 유권자이고 乙이 아님이 명백한 이상 甲이 乙에게 금전을 건네준 행위는 준비행위에 지나지 않을 뿐 기부행위금지 위반행위에는 해당하지 않는다고 한다.

(2) 죄형법정원칙에 따른 엄격해석

물론 공직선거법 제112조 제1항 제1호 소정의 '제공'의 의미를 다수의견과 같이 풀이한다면, 후보자나 그 배우자가 유권자 매수를 위하여 선거운동원에게 '유권자에게 나누어 주라'고 금원을 교부하는 거의 모든 경우를 위 규정위반으로 쉽게 처벌할 수 있을 것이기 때문에 금권선거를 근절시켜야 한다는 현실적 필요성에는 잘 부합할 수 있다. 하지만 이러한 태도는 중간자에 대한 금품의 교부행위를 기부행위로 규정하지 않고 있는 현행 공직선거법상의 기부행위금지·제한규정 위반죄의 구성요건을 해석함에 있어 죄형법정원칙의 가장 중요한 기능인 인권보장기능과 이를 담보하기 위한 예측가능성을 보장하는 기준으로서 작용하고 있는 법률문언의 가능한 의미의 범위를 벗어났다는 것이 반대의견의 지적이다. 다시 말해 다수의견과 같이 선거사무원에 대한 금전 교부행위를 기부행위에 해당한다고 보는 것은 형벌법규에 관한 유추해석을 금지하는 죄형법정원칙에 어긋나는 위헌적인 법률해석이 된다는 것이다.

(3) 입법목적과 처벌필요성에 편향된 해석방법의 경계

또한 반대의견은 위와 같은 다수의견이 법률문언의 통상적인 의미에 비추어 용인될 수 없는 무리한 해석으로서, 결과적으로 형벌법규에 관한 법률의 흠결을 법해석론의 이름 아래 실질적으로 피고인에게 불리하게 유추해석하는 결론을 초래하였는바, 그 주된 원인은 공직선거법상의 다른 조항들과 다른 법령들과의 관계에 비추어 볼 때 반드시 그와 같이 해석할 합리적인 특별한 근거를 이끌어낼 수 없음에도 불구하고, 금권선거의 폐해를 방지하고 선거의 공정을 보장하기 위해서는 위 사안과 같이 유권자 매수 목적으로 후보자와 중간자 사이에 이루어진 금품수수까지도 처벌할 수 있어야(처벌필요성에의 편향) 선거에서의 불가매수성이라는 공직선거법의 입법목적을 달성할 수 있다는 측면을 지나치게 의식한 데 있음을 강력하게 항변하고 있다. 나아가, 기부행위의 유형으로서 제공행위 외에 교부행위를 따로 규정하고 있지 아니한 현행 공직선거법상의 입법적 불비에 대해서는 무리한 해석을 통해서 해결할 것이 아니라 이를 분명하게 밝혀 지적함으로써 입법부로 하여금 법률을 개정하도록 촉구하는 것이 바람직한 자세라고 주장한다.[7] 한 마디로 이러한 반대의견의 태도는 입법목적과 현실적인 처벌필요성의 측면으로 지나치게 기울어진 고

---

7) 이외에도 다수의견과 반대의견은 종전 판례(大判 1998. 7. 10, 98도477)의 취지에 대한 해석에서도 차이를 보이고 있다. 반대의견은 이를 후보자가 선거사무원에게 수당으로 지급하라고 지역 책임자에게 돈을 '교부'한 행위는 공직선거법 제112조 제1항의 기부행위에 해당하지 아니한다는 취지로 해석하면서 '제공'에 대한 다수의견의 해석은 이러한 판례에 어긋난다고 보는 반면, 다수의견은 위 판결은 후보자에 의하여 타인에게 금품이 제공되었다고 할지라도 그것이 실질적으로 공직선거법 제135조 소정의 선거사무관계자에 대한 수당 및 실비보상과 같이 법이 허용하는 선거비용으로 지출된 것이라면 비록 그 지출절차에 하자가 있다고 할지라도 기부행위에 해당하지 아니함을 판시한 것으로 보면서 그 판결의 법률판단 중에 다수의견의 해석과 어긋나는 부분이 있음을 발견할 수 없다고 항변한다.

무줄 늘이기식의 해석방법을 경계하고자 함에 있다고 하겠다.

Ⅳ. 논 증

1. 논지의 정리

이상에서 살펴본 다수의견과 반대의견의 논지는 다음과 같은 몇 가지 요점으로 정리해 볼 수 있다.

(1) '제공'개념의 이해

공직선거법 제112조 제1항 제1호 소정의 '제공'이라는 문언의 의미와 관련하여 볼 때, 반대의견은 이를 금전 등 물품을 상대방에게 귀속시키는 것으로 해석하면서 제공을 교부와 구분하고 있는 반면, 다수의견은 이러한 의미를 포함하여 널리 물건 등을 상대방에게 건네주(어 이를 사용 또는 처분할 수 있게 하)는 것을 뜻하는 것으로 풀이한다. 즉 다수의견은 제공의 개념을 교부의 개념까지도 포함하는 상대적으로 넓은 개념으로 이해한다.

(2) 해석의 기준

'제공'이라는 문언에 대한 이러한 해석의 차이에는 양자가 주된 것으로 원용하는 해석의 기준에 차이가 있음을 알 수 있다. 먼저 다수의견은 법률이나 법규의 입법취지 또는 입법목적을 중점적으로 고려하고(객관적 해석방법 또는 목적론적 해석의 중시) 이를 금권선거의 실상이나 현실에 비추어 봄으로써 결과적으로 처벌의 필요성을 강조하는 방향으로 나아가고 있다. 주지하다시피, 이러한 태도에는 언제나 법률문언의 의미를 넘어서서 법창조를 할 수 있다는 위험성이 내재해 있다. 이러한 태도를 일면적으로 관철시키게 되면 문언에 대한 해석의 범위가 지나치게 넓어지게 되어 해석과 입법의 한계가 불분명하게 된다. 이 점은 입법의 불비를 꼬집으면서 다수의견을 비판하는 반대의견의 논지에서도 잘 나타나고 있다. 반면 반대의견은 문언의 통상적인 표현방법 또는 문리해석을 중시하고 있다. 주로 법률문언의 통상적 의미에 매달리는 이러한 해석방법을 일면적으로 고수하게 되면 입법의 취지나 목적 등을 소홀히 다루게 됨으로써 변화하는 시대적 흐름이나 새로운 범죄양상에 역동적으로 대처하지 못한다는 흠이 있다.

그런데 위 판결의 요지에도 나타나 있듯이, 다수의견과 반대의견은 모두 '문언의 통상적인 의미'를 원용함으로써 이를 해석의 형식적 기준으로 삼고 있다. 다수의견은 "문언의 통상적인 의미와 범위"[8] 안에서 공직선거법의 취지에 따른 해석을 한 것이라고 주장하고, 즉 죄형법정원칙에 위배되지 않는 목적론적 (확장)해석을 한 것이라고 주장하고, 반대의견 역시 그 나름대로 "법률용어의 통상적 의미"[9]를 원용하면서 다수의견의 태도는 이러한 법률용어의 통상적인 의미의 범위를 벗어난 해석, 즉 죄형법정원칙에 위배되는 유추해석이라고 주장한다. 양자는 모두 '문언의 통상적인 의미'(문언의 가능한 의미)[10]라는 형식적 기준을 해석

8) 판례공보(2002. 4. 1.) 743쪽.

9) 판례공보(2002. 4. 1.) 744, 745쪽.

10) 대법원의 용어사용을 보면(법률용어의 가능한 의미 또는 법률용어의 통상적인 의미를 유사한 맥락에서 바꾸어 사용하고 있는 듯함) 양자를 엄격하게 구분하여 쓰고 있지는 않은 듯하다. 그러나 형법상 해석을, "법조문의 내용을 문언의 일상적인 의미로부터 시작하여 문언의 가능한 의미에 이르기까지 파악해 가는 과정"(김일수・서보학, 형법총론, 박영사, 2002, 34쪽)으로 이해하는 관점에 의하면 문언의 통상적인 의미와 문언의 가능한 의미는 구분되는 개념이라 하겠다.

의 출발점으로 삼고 있다는 점에서는 공통되지만, 그 실질적인 내용에 있어서는 서로 다른 입장을 보이고 있음을 알 수 있다.

2. 문언의 가능한 의미

그렇다면 이러한 사정하에서 중요한 것은 '문언의 가능한 의미'가 무엇인지를 규정하는 것이다. 그리고 이것의 성질을 어떻게 규정하느냐에 따라 해석과 유추, 달리 표현하면 형법상 허용된 목적론적 해석과 금지된 유추해석을 구분함에 있어 그것의 유용성도 아울러 드러나게 될 것이다.

(1) 기준의 모호성

일반적으로 '문언의 가능한 의미'는 형법상 해석과 유추를 구분하는 기준이라고 말해지고 있다. 즉 법률문언의 의미가 이것의 범위 내에서 파악되면 허용되는 해석이고 이것의 범위를 넘어서서 파악되면 금지된 유추가 된다. 그러나 어떤 것이 '문언의 가능한 의미'범위 내에 있는 것인지에 관해서는 — 위 다수의견과 반대의견의 태도에서도 보았듯이 — 입장차이가 있을 수 있다. 따라서 해석을 통한 법발견 또는 법창조의 기준으로서 이 용어가 갖는 성격은 대단히 모호하다고 하겠다.

(2) 용어상의 문제

따라서 이 기준이 과연 적절한 것인지에 관해서는 여러 가지 견해가 제시되고 있다.[11] 형식적 기준으로서 (목적론적 해석과

11) 이에 관해서는 김영환, "형법해석의 한계 — 허용된 해석과 금지된 유추와의 상관관계," 법률해석의 한계(신동운 외 4인 공저), 법문사, 2000, 29-31쪽 참조.

유추는 일치하므로) 해석과 유추를 구분하는 데 도움이 되지 않는다는 견해(W. Sax), 그 기준으로는 해석과 유추를 구분할 수 없고 유추는 모든 해석에 내재하는 필연적인 논리적 구조이기 때문에 양자의 구별이란 단지 허용되는 유추와 허용되지 않는 유추를 구분하는 것에 불과하다는 견해(Arthur Kaufmann), 유추와 해석은 구분할 수 없으며 양자는 법해석 이전에 확정되어 있는 것이 아니라 해석과정에서 해석자의 반성적 성찰에 의해 확인될 수밖에 없다는 견해(W. Hassemer) 등과 같이 '문언의 가능한 의미'라는 기준이 무용함을 주장하는 견해들이 있는가 하면, '문언의 가능한 의미'를 '(문언의) 일상적인 의미내용'으로 이해하면서 죄형법정원칙의 헌법적 요청과 형법의 일반예방적 기능에 비추어 이 기준의 유용성을 인정하는 견해(C. Roxin)도 있다. 따라서 이 견해에 따른다면 해석과 유추는 구분할 수 없는 것이 되며, 양자를 허용되는 유추와 허용되지 않는 유추라는 개념으로 대체하더라도 그것은 단지 용어상의 문제에 불과한 것이 된다.

(3) 구분의 필요성

이와 같이 볼 때 '문언의 가능한 의미'라는 기준을 법률문언 해석에 있어 법발견 또는 법창조를 위한 중요한 기준으로 삼기에는 상당한 문제점이 내재해 있음을 알 수 있다. 따라서 형법상 해석과 유추를 구분함에 있어 그 실질적인 내용을 거의 제공해 주지 못하는 이 기준을 가지고 허용된 해석과 금지된 유추를 엄격하게 구분해낸다는 것은 대단히 어렵거나 불가능한 것임을 확인할 수 있다.[12] 물론 해석과 유추를 허용되는 유추와 허용되지

12) 이러한 가운데서도 우리 나라의 대부분의 형법학자들은 이 '문언의 가능한 의미'를 해석의 한계를 설정하는 기준으로 삼아 해석과 유추 또는 허용된 확장해석과 금지된 유추해석을 구분하고 있다(김일수·서보학, 형

않는 유추로 구분하더라도 발생하는 문제는 마찬가지다. 록신 교수의 표현대로 이들은 단지 용어상의 문제일 뿐이며, 또한 용어 사용상의 일관성 또는 체계성의 문제일 따름이다.

그렇다면 중요한 것은 어떤 식으로 지칭하든 간에 법치국가적 형법의 요청에 따를 때 법률문언상 허용되는 해석(또는 유추)과 허용되지 않는 해석(또는 유추)을 구분할 수밖에 없다는 필연성이다. 만약 법률의 해석·적용자인 법관이 구체적 사례에 대한 법률적용의 전단계로서 법률문언을 해석함에 있어 그 무엇에도 구속받지 않는다면 법관의 법률에의 구속이라는 헌법적 요청(헌법 제103조)은 무의미한 것이 되며, 이와 동시에 법관은 입법자의 자리를 차지하게 된다. 이러한 사정을 감안한다면, 그러한 구분의 기준으로서 이른바 '문언의 가능한 의미'라는 전승된 기준을 원용하든[13] 아니면 그 어떤 다른 기준을 원용하든 간에, 그 기준

법총론, 박영사, 2002, 40쪽; 박상기, 형법총론, 박영사, 2002, 32쪽; 오영근, 형법총론, 대명출판사, 2002, 65-66쪽; 이재상, 형법총론, 박영사, 2000, 26쪽; 임웅, 형법총론, 박영사, 2002, 24-25쪽; 정성근·박광민, 형법총론, 삼지원, 2001, 15쪽). 즉 문언의 가능한 의미 안에서 이루어지는 해석은 정당한 해석이고 이를 넘어가는 해석은 법치국가적으로 허용되지 않는 (법창조이자 일종의 입법으로서) 유추해석이라는 것이다. 이러한 표현을 직접적으로 사용하고 있지는 않으나 통상의 해석에 있어 '해석의 한계'를 인정하고 이를 벗어나는 것을 유추해석이라고 보는 견해로는 신동운, 형법총론, 법문사, 2001, 20쪽 참조.

13) 종래 '문언의 가능한 의미'는 법해석 이전에 미리 확정되어 있는 것으로서 법해석자가 이를 '발견'하는 것이 문제되었으나 최근의 법이론적 성과에 의하면 이는 법해석과정을 통해 비로소 형성되는 것이라고 한다(김영환, 앞의 논문, 28-29쪽). 따라서 이 기준에 의하더라도 이제 해석자는 단순히 해석 이전에 앞서 존재하고 있던 그 무엇을 찾아내는 데 중점을 두지 않게 되며, 시간의 흐름이나 일반인의 의식 또는 사회적 상황의 변화 등에 따른 요소들을 법해석에 반영할 수 있는 어느 정도의 역동성을 고려할 수 있게 된 셈이다.

은 죄형법정원칙 안에 녹아들어 있는 헌법적 요청 및 형법의 보장적・일반예방적 기능을 충족시킬 수 있어야 할 것이다. 즉 그것은 전통적으로 '유추해석금지'(원칙)라는 외양을 통해 제기되고 있는 법치국가적 요청을 충족시킬 수 있어야 한다는 것이다. 그럴 때에만 그것은 해석의 한계를 설정하는 기준으로서 의미를 가지게 되며, 그러한 충족의 정도에 따라 기준으로서 그것의 유용성도 가려질 수 있을 것이다.

3. 해석 또는 허용되지 않는 유추의 한계

그런데 필자의 생각으로 이러한 충족도를 높이기 위한 해석의 한계 또는 해석과 허용되지 않는 유추와의 한계를 설정하는 기준으로는 다음의 두 가지 요소가 중점적으로 고려되어야 할 것이라고 본다.

(1) 일상적인 언어관용의 존중

우선, 법률문언의 해석에 있어서는, 그 해석의 전제로서 '문언의 가능한 의미'라는 기준을 원용하든 아니면 그 밖의 다른 기준을 원용하든 간에, 일정한 법률문언의 의미를 밝힘에 있어 일반인의 일상적인 언어관용을 표준으로 삼아야 한다. 다시 말해 형벌법규는 수범자인 일반시민의 법감정 또는 법의식에 호소하는 것이므로 이러한 호소가 효과를 가져오기 위해서는 문언의 의미파악(해석)에 있어서도 일상생활에서의 일반인의 언어관용을 최우선으로 존중하고 반영해야 한다는 것이다. 이는 — 모든 경우에다 그런 것은 아니라 할지라도 — 일반 시민들이 일상생활 속에서 특정한 (법률)언어를 사용하는 방식인 그 언어의 쓰임새가 곧 해석과 유추 또는 허용되는 유추와 허용되지 않는 유추를 경계

짓는 한계로 작용할 수 있음을 의미한다.[14)]

(2) 해석의 한계로서의 근거지음

다음으로, 당해 사안에 대해 관련 법률 또는 문언을 해석하여 적용하는 법관으로서는 사안에 대한 자기이해를 합리적으로 근거지어야 한다. 여기서 근거지음이란 법관이 자기 앞에 주어진 구체적인 사안과 관련하여 법률문언을 일정한(자기가 이해한) 방식으로 이해하는 합리적 근거를 제시함으로써 다른 모든 사람이 그의 그러한 의미이해를 납득할 수 있게 하는 것을 말한다.[15)] 다시 말해 법관은 당해 사안에서 해석과 관련하여 자신이 내린 결정을 타당하다고 생각하는 논거들을 제시함으로써 다른 사람들을 설득시킬 수 있어야 한다. 물론 이 경우 법관은 해석에 있어 위에서 언급했던 '일반인의 일상적 언어관용'을 충분히 염두에 두고 이를 우선적으로 고려해야 할 것이다.[16)] 이러한 측면에서 볼

---

14) 이와 비슷한 생각으로는 신동운, "형벌법규의 흠결과 해석에 의한 보정의 한계," 법률해석의 한계(신동운 외 4인 공저), 법문사, 2000, 18쪽: "… 해석방법을 통하여 법리적 조작을 가하는 작업이 일반시민들이 이해할 수 없는 정도에 이른다면 그러한 시도는 그때로부터 통상적인 해석의 한계를 벗어나서 헌법이 금지하는 유추해석이 된다고 할 것이다." 하지만 고도로 증대된 현대사회의 복잡성과 전문성에 비추어 볼 때 모든 법률언어의 해석 또는 그 한계설정에 있어 일반인의 일상적인 언어관용을 그 기준으로 삼는 데는 일정한 한계가 있음을 인정하지 않을 수 없으므로 이러한 관점은 다소 탄력적으로 수용하는 것이 필요하다고 본다.

15) 이상돈, 앞의 논문, 78쪽.

16) 이 경우 일상언어(또는 자연언어)와 전문언어를 둘러싸고 전개될 수 있는 법적 의사소통의 범위는 다를 수 있을 것이고, 또한 이러한 의사소통의 전제가 되는 의사소통공동체의 범위도 물론 달라질 수 있을 것이다. 전자의 경우에는 일반인 전체가 그 범위를 이루겠지만, 후자의 경우에는 — 그 구체적 범위를 어떻게 정할 것인지는 다소 불분명하지만 — 일단 전문적 지식을 갖춘 전문가집단이 그 범위를 구성하게 될 것이라고 말

때 전통적인 유추금지의 요청에 충실하기 위해서는 법관의 직업 에토스, 즉 자신의 판결을 성실하게 근거짓고 공적 비판에 자신을 열어놓으며, 그에 따라 다시금 자신의 판단을 성찰적으로 돌아보려는 법관의 노력과 자세가 결정적으로 중요하다고 할 것이다.[17)]

Ⅴ. 맺 음 말

이상으로 필자는 위 판결에서 다수의견과 반대의견의 견해 차이를 가져온 중요한 배경이 된 것은 법률문언에 대한 해석방법의 차이라고 진단하고, 이들 견해의 논지를 비교 검토한 후 쟁점요소인 해석의 기준에 관해 나름의 생각을 대략적으로 언급하였다. 이제 이러한 전개과정에 기초하여 다수의견과 반대의견에 대해 평가하는 것으로 결론을 맺고자 한다.

1. 앞서 보았듯이, 다수의견은 공직선거법 제112조 제1항 제1호 소정의 '제공'의 의미를 파악함에 있어 입법의 취지나 목적을 강조하였다. 그리고 '문언의 통상적인 의미'를 원용하고 있기는 하지만 그것을 밝히려는 진지한 성찰이나 노력의 흔적을 찾아보기는 어렵다. 나아가 현실의 선거범죄실상과 그에 따른 처벌필요성을 연계시켜 '제공'개념의 의미범위를 확대하려고 꾀하고 있지만 그러한 시도의 타당성을 뒷받침할 수 있는 합리적인 논

할 수 있겠다.

17) 이 점과 관련하여 이상돈 교수는 유추금지란 직업에토스일 따름이라고 단언한다: "유추금지는 법치국가적 형법을 실현하려는 법관의 직업에토스일 뿐이다!"(이상돈, 앞의 논문, 89쪽).

거들은 거의 제시하지 않고 있다. 그리고 다수의견은 주된 해석의 기준으로 목적론적 해석을 도입하고 있으나 입법목적이나 처벌필요성을 지나치게 강조한 나머지 오히려 그러한 객관적 해석방법이 해석자의 주관적 (처벌)의사에 의해 희석되고 있는 듯한 느낌을 준다. 그런 만큼 다수의견은 이른바 '문언의 통상적인 의미'에 대해 보다 심도 깊은 성찰을 했어야 한다고 본다.

반면 반대의견은 주된 해석의 기준으로 문리해석을 원용하고는 있으나 이것뿐만 아니라 체계적 해석까지 고려하고 있다는 점에서 상당히 치밀한 통찰을 한 것으로 보인다. 공직선거법상의 다른 규정들이나 기타 관련사항들을 언급하면서 '제공'개념을 '교부'개념과 구분하고, 이를 통해 '제공'의 의미를 확정하려는 태도가 그러하다.[18] 따라서 반대의견은 '제공'이라는 문언의 통상적인 의미를 찾아내기 위해 상대적으로 다수의견에 비해 보다 진지한 노력을 기울였음을 엿볼 수 있다.

---

18) 가령 (1985년부터 법제처에서 편찬하고 있는 법령용어순화편람의 내용까지 원용하면서 논거를 들고 있는) 반대의견쪽 보충의견의 태도를 예시로 들 수 있다: "어떤 법령의 해석에 있어서는 그 법령의 규정만을 근시안적으로 파악하여서는 아니되고 다른 제반 법령과의 관계에 주의를 기울여 법질서 전체와 조화를 꾀하면서 결론을 도출하여야 하는 것이므로, 공직선거법상의 다른 규정들과 아울러 형법 제130조(제3자뇌물제공), 제133조(뇌물공여)의 규정에 비추어 보더라도 제공이라 함은 공여와 동일한 의미로서, 상대방의 소득에 귀속시킬 의사로 금품 등의 재산상의 이익을 수여하는 것만을 의미할 뿐, 재산상의 이익을 다른 사람에게 전달하는 등 행위를 시킬 목적으로 상대방에게 그 소지만을 이전하는 것을 뜻하는 교부를 포함하지 아니한다고 해석하여야 한다. 다수의견은 앞으로 법률용어의 순화가 이루어진 경우에 제공과 교부의 개념을 구분할 수 없게 만들 우려를 낳을 수 있다는 점을 더욱 신중하게 고려하였어야 할 것이다."

2. 그러나 이보다 더 중요하고 본질적인 것은 각 입장의 해석의 타당성을 주장하기 위해 이른바 '문언의 일상적인 의미'를 둘러싸고 전개되고 있는 다툼이다. 다수의견은 위 사안에 대해 내린 결론이 '제공'이라는 문언의 가능한 의미 범위 내에서 이루어진 해석의 산물이라고 주장하는 반면, 반대의견은 다수의견의 그러한 해석을 금지된 유추해석이라고 논박한다. 그럼 어느 쪽의 견해가 설득력이 있고 타당한 것인가? 이 물음과 관련해서는 '제공'이라는 말에 대한 일상적인 언어관용을 헤아려보는 것이 좋을 듯하다.

'제공'이라는 말은 일상언어로서 우리말식으로 풀어쓰면 '줌'이 된다. 사전적으로 '제공'이라는 말은 '갖다 바침'이라고 풀이되고, '줌'의 동사형인 '주다'라는 말은 '내 것을 남에게 건네어 그의 것이 되게 하다'라는 뜻으로 풀이된다. 또한 우리가 일상적으로 '제공한다'라는 말을 사용할 경우에는 반대의견의 해석대로 '어떤 것을 상대방에게 귀속시킨다'라는 의미로 사용함이 일반이라고 할 수 있다. 이런 점에서 반대의견의 해석이 '제공'이라는 문언의 일상적인 의미에 더 잘 부합한다고 볼 수 있을 것이다.

문제는 이에 대한 다수의견의 해석이다. 다수의견은 후보자의 배우자와 선거사무원, 즉 위 사안에서 甲과 乙 사이의 현금수수는 "후보자의 배우자가 특정의 선거인에게 전달하기 위하여 선거사무원에게 단순히 보관시키거나 돈 심부름을 시킨 것이 아니라 그로 하여금 불특정 다수의 선거인들을 매수하여 지지표를 확보하는 등의 부정한 선거운동에 사용하도록 제공한 것으로서 공직선거법 제112조 제1항 소정의 기부행위에 해당한다"고 보고 있다. 이러한 판결요지와 관련하여 생각해볼 때, 먼저 특정의 선거인에게 전달하기 위해 단순히 보관케 하거나 사자로서 심부름만 시킬 목적으로 돈을 준 경우는 '제공'에 해당하지 않으며 이로써 기부행위가 되지 않는다는 점에는 이의가 없다. 하지만 불특정 다수의 선거인을 매수하여 부정한 선거에 사용할 목적으로 돈을 준 경우는 '제공'에 해당하여 기부행위가 된다는 결론에 대해서는 몇 가지 문제점이 내재해 있다. 첫째, 논증의 부족을 들 수 있다. 다수의견은 위와 같은 결론에 대해 입법의 목적과 현실적인 처벌필요성만을 내세우고 있을 뿐, 달리 납득할 만한 다른 논거는 제시하지 않고 있다. 둘째, 반대의견이 거론하고 있는 바와 같이, 동일한 금품을 주는 것이 그 전달대상이 특정인인지 아니면 불특정 다수인인지에 따라 그 성격이 달라진다는 논리는 설득력이 없으며, 다수의견은 이러한 논리에 대한 근거제시도 하지 않고 있다. 셋째, 위 공소사실에서도 보듯이, 甲은 '유권자 제공용'으로 乙에게 돈을 주었다고 되어 있는바,[19] 이에 비추어 甲이 돈을 제공하려고 한 상대방은 乙이 아니라 일반 유권자이다. 그렇다면 甲으로서는 乙에게 준 돈을 乙에게 귀속시키려 한 것이 아님이 분명하다고 보아야 할 것이고, 이를 위에서 살펴본 '제공'이라는 말의 일상적인 의미에 비추어 판단해 보면, 결국 甲이 乙에게 돈을 준 것은 제공행위에 해당하지 않는다고 보아야 할 것이다.

3. 이상의 논의를 통해 판단하건대, 다수의견은 공직선거법

---

19) 이 점과 관련하여 다수의견은 공소사실에 적은 '유권자 제공용으로'라는 기재는 '청중동원비 명목으로' 또는 '지지표확보자금 명목으로' 등과 같이 돈을 주는 명목과 구실을 말해주는 실태에 따라 기재한 것이라고 한다. 하지만 반대의견이 반박하고 있듯이, '유권자 제공용'과 '유권자 제공명목'은 그 뜻이 완전히 다른 것이다. 전자는 금원교부의 용도를 지정하는 의미 즉, 돈을 받은 중간자는 그 돈 전부를 반드시 유권자에게 나누어주라는 취지임에 반하여, 후자는 명목만 그렇지 중간자가 그 돈의 일부를 자신의 몫으로 취득해도 좋다는 의미가 포함되어 있는 것이다.

제112조 제1항 제1호 소정의 '제공'에 대한 해석의 결론을 "문언의 통상적인 의미와 범위 안에서 공직선거법의 취지에 따른 목적론적 해석을 한 것"이라고 주장하고 있으나, 정작 '문언의 통상적인 의미'에 대한 통찰은 깊이 있게 수행하지 못하고 선거의 공정성을 담보한다는 입법목적을 허용될 수 없는 선까지 끌어대고 나아가 이를 선거의 실상이라는 현실인식에서 비롯되는 주관적인 처벌의도와 연계시킴으로써 자의적인 법해석을 낳았다고 할 것이다. 따라서 다수의견은 죄형법정원칙이라는 법치국가적 요청의 측면에서 넘어서는 안 될 경계를 넘어섰다는 의미에서 유추해석의 과오를 범했다고 진단할 수 있을 것이다.

2

결과적 가중범에서 기본범죄가 미수인 경우의 법해석*

대상판례 대법원 2002. 3. 26. 선고, 2001도6641(파기환송)

공소사실의 요지 甲(피고인)은 노환을 앓고 있는 노모의 부양문제로 처와 부부싸움을 자주 하는 등 가정불화와 최근 직장 승진대상에서 누락되는 등의 문제로 심한 정신적 갈등을 겪어오던 중, 2000. 9. 20. 23:00경 마산시 두척동 418 소재 자신의 집에서 위와 같은 사유로 처와 심한 부부싸움을 하다가 격분하여 "집을 불태워 버리고 같이 죽어 버리겠다"며 그 곳 창고 뒤에 있던 18ℓ들이 플라스틱 휘발유통을 들고 나와 처와 자녀 2명이 있는 자신의 집 주위에 휘발유를 뿌리고, 1회용 라이터를 켜 불을 놓아 사람이 현존하는 건조물을 소훼하려고 하였으나, 불길이 번지지 않는 바람에 그 뜻을 이루지 못한 채 미수에 그치고, 이로 인하여 甲을 만류하던 앞집 거주 L(피해자)로 하여금 약 4주간의 치료를 요하는 경부 및 체부 3도 화상을 입게 하였다.

사실관계 甲(피고인)은 노모 부양문제로 인한 가정불화와 직장 승진대상에서의 누락 등으로 심한 정신적 갈등을 겪어오던 중 어느 날 자신의 집에서 처와 심한 부부싸움을 하다가 흥분된 상태에서 "집을 불태워 버리고 같이 죽어 버리겠다"며 자신의 집 창고 뒤에 있던 18ℓ들이 플라스틱 휘발유통을 들고 나와 자신의 집 보일러실 문앞과 실외 화장실 문앞 등에 휘발유를 뿌리며 소란을 피우다가 甲의 이러한 행위를 말리던 이웃 주민 L과 실랑이를 벌이면서 휘발유통을 높게 쳐드는 바람에 자신의 몸

---

* 비교형사법연구 제6권 제1호, 한국비교형사법학회, 2004. 7, 347쪽 이하.

과 L의 몸에까지 휘발유가 쏟아졌다. 이에 L이 자신의 몸에 묻은 휘발유를 씻어내기 위해 甲의 집 마당 가장자리에 있는 수돗가로 가려고 돌아서는 순간 甲이 1회용 라이터를 꺼내어 무작정 켜는 바람에 甲과 L의 몸에 불이 붙게 되었다. 불은 甲의 집 주변에 뿌려진 휘발유를 태우기는 했으나 다행히 그 이상 불길이 번지지 않는 바람에 주택 자체에 옮겨 붙지는 않았다. 하지만 L의 몸에 붙은 불로 인해 L은 약 4주간의 치료를 요하는 경부 및 체부 3도 화상을 입었다.

판결요지 매개물을 통한 점화에 의하여 건조물을 소훼함을 내용으로 하는 형태의 방화죄의 경우에, 범인이 그 매개물에 불을 켜서 붙였거나 또는 범인의 행위로 인하여 매개물에 불이 붙게 됨으로써 연소작용이 계속될 수 있는 상태에 이르렀다면, 그것이 곧바로 진화되는 등의 사정으로 인하여 목적물인 건조물 자체에는 불이 옮겨 붙지 못하였다고 하더라도, 방화죄의 실행의 착수가 있었다고 보아야 할 것이고, 구체적인 사건에 있어서 이러한 실행의 착수가 있었는지 여부는 범행 당시 피고인의 의사 내지 인식, 범행의 방법과 태양, 범행 현장 및 주변의 상황, 매개물의 종류와 성질 등의 제반 사정을 종합적으로 고려하여 판단하여야 한다.

Ⅰ. 머 리 말

1. 평석의 쟁점

판결요지에서 보다시피 위 판결의 쟁점이 된 것은 甲이 현주건조물방화죄(제164조 제1항)의 실행에 착수했는가, 그리하여 甲이 현주건조물방화죄의 미수범(제174조)[여기서는 제164조 제1항의 미수범을 처벌한다고 규정하고 있음]에 해당하는가 하는 점이다. 방화죄의 기수시기에 있어 독립연소설을 따르는 것이 현재 우리 판례와 다수설의 태도이다. 이는 방화죄가 공공의 안전을 해하는 공공위험죄이므로 그 기수시기도 공공의 위험을 야기한 때를 기준으로 삼아야 한다는 이유에서이다. 이러한 입장에서 본다면 위 사안의 경우에 甲에게 실행의 착수를 인정하는 데 별 문제가 없을 것으로 여겨진다. 물론 방화죄의 법적 성격과 보호법익에 관한 이해의 차이에 따라 그 결론이 달라질 수 있다. 필자는 이 문제에 관한 한 판례의 태도가 타당하다고 본다.

하지만 이 글에서 다루고자 하는 쟁점은 이 부분이 아니다. 필자가 여기서 취급하려고 하는 쟁점은 — 실제 위 판결요지에서는 쟁점화되어 있지 않지만 — 甲의 행위에 대해 실행의 착수를 인정한 이후의 문제이다. 위 판례에 의하면 甲은 현주건조물방화죄의 실행에 착수하였고 그로 인해 L에게 상해(약 4주간의 치료를 요하는 경부 및 체부 3도 화상)를 입혔는데, 甲의 이러한 일련의 행위가 현주건조물방화치상죄(제164조 제2항)를 구성하는가 하는 것이다. 이 점, 즉 甲에게 현주건조물방화치상죄라는 결과적 가중범이 성립하는지 여부에 관해 대법원은 명시적으로 언급하고 있지 않다. 이는 아마도 이러한 문제가 상고이유가 아니었기 때문일 것이다. 甲의 죄책과 관련한 각 심급별 판단을 보자면, 먼저 제1심은 위 사안에 있어 甲이 방화죄의 실행에 착수하였음을 전제로 하여 甲에 대한 현존건조물방화치상의 공소사실을 유죄로 인정하였다. 반면 원심은 甲에게 방화죄의 실행의 착수를 인정하지 않고 증거부족을 이유로 현존건조물방화치상의 공소사실에 대해 무죄를 선고하였다. 대법원은 위에서 설시한 사실관계에 기초하여 甲에게 실행의 착수를 인정하면서 원심판결을 파기 환송하였다. 甲에 대한 현존건조물방화치상의 공소사실을 유죄로 인정한 제1심판결을 파기한 원심판결을 파기한 취지에 비추어 볼 때 대법원은 甲에게 현존건조물방화치상죄의 성립을 인정하고 있는 듯하다. 추정컨대 대법원의 이러한 태도는 "결과적 가중범에서 기본범죄가 미수에 그친 경우라도 그로 인해 피해자가 중한 결과(상해 내지 사망)를 입었으면 그 경우에도 결과적 가중범이 성립한다"는 — 현재 일반적으로 타당한 것으로 통용되고 있는 — 법명제(이하 명제A)를 당연한 것으로 전제한 데서 나온 것이 아닐까 한다.

2. 문제의 제기

학계에서도 이 명제가 통설로 통용되고 있음은 주지의 사실이다. 다시 말해 입법자가 특별히 결과적 가중범의 미수처벌규정을 두고 있지 않은 법상태하에서 비록 행위자의 기본범죄행위가 미수에 그친 경우라도 결과적 가중범이 성립하는 데 아무런 지장이 없다는 것이다. 하지만 과연 그러한가? 과연 명제A는 결과적 가중범에서 기본범죄가 미수인 경우에 일반적으로 통용될 수 있는 법해석원칙인가? 필자가 위 사안과 관련하여 의구심을 갖는 것은 바로 이 점이다.

필자가 제기한 이 사안의 쟁점 역시 이러한 언명과 연장선상에 놓여 있다. 중복되는 언급이지만, 위 사안에서 대법원은 甲에게 현존건조물방화죄의 미수를 인정하고 그로 인해 야기된 (L에 대한) 상해의 결과를 묶어 甲에게 현존건조물방화치상죄의 성립을 인정한 것으로 보인다. 그런데 이러한 태도는 형법해석론의 관점에 비추어 볼 때 중대한 문제점을 안고 있다. 먼저, 우리 형법 제174조(미수범)에서는 현주건조물방화죄(제164조 제1항)의 미수범은 처벌하고 있지만, 현주건조물방화치(사)상죄(제164조 제2항)의 미수범을 처벌한다는 명문규정은 두고 있지 않다. 물론 여기서 이와 관련하여 결과적 가중범의 미수를 인정할 수 있는가 하는 문제(이에 관해서는 아래 Ⅲ.3.에서 자세히 언급될 것이다)가 제기될 수 있다. 하지만 이 글에서 필자가 제기하는 물음의 중요성은 이 문제에 놓여 있지 않다. 왜냐하면 여기서 중요한 것은 결과적 가중범의 미수라는 법형상을 인정할 것인가 말 것인가 하는 것이 아니라, 명문의 처벌규정이 없음에도 불구하고 (일반적인 법해석 원칙 또는 기준으로 통용되고는 있으나 그 타당성이 의심되는 법명제를 원용하여) '기본범죄의 미수 + 중한 결과'라는 행위양태를 결과적 가중범으로 처벌할 수 있는가 하는 점이다.[1] 다음으로, 형법 제164조 제2항은 '제1항의 죄를 범하여'라고 규정하고 있는바, 법규들(제164조 제1항, 제2항, 제174조) 상호간의 관계를 고려하여 볼 때 여기서 '제1항의 죄'는 — 제174조에서 그 처벌을 규정하고 있는 현주건조물방화죄의 미수범은 제외하고 — 그 기수범만을 의미하는 것으로 보는 것이 죄형법정원칙 및 체계적·논리적 (문언)해석에 부합하는 것이 아닐까 생각한다. 이상이 필자가 제기하는 의문점이다.

그런데 이러한 의문점에 대한 해결책을 모색하자면, 좁게는 현주건조물방화죄 관련규정들(제164조, 제174조)만을 그 취급대상으로 삼을 수도 있겠지만, 더 합리적이고 더 나은 해결책을 찾으려면 우리 형법에서 입법자가 규율하고 있는 '기본범죄의 미수 + 중한 결과'라는 법형상 전반을 전체적이고 체계적으로 검토하는 것이 필요하다고 본다. 따라서 이하에서는 먼저 이 글의 직접

1) 결과적 가중범의 미수를 인정하지 않는 부정설과는 달리, '기본범죄의 미수 + 중한 결과'라는 행위양태를 결과적 가중범의 미수(범)라고 보는(규정하는) 긍정설의 입장에서는 결과적 가중범의 미수 인정 여부가 상대적으로 중요한 의미를 지닐 수 있다. 왜냐하면 이 관점에 따를 경우에는 그 미수처벌규정이 없을 때에는 원칙적으로 처벌이 불가능하다고 볼 수 있기 때문이다. 하지만 이러한 논리적 귀결에도 불구하고 실제로는 긍정설을 취하는 학자들도 대부분 명제A를 당연한 것으로 여기고 있는 듯하다.

적인 논의장소인 위 규정들과 관련한 논의현황을 간략히 살펴보고, 그런 다음 결과적 가중범에서 기본범죄가 미수인 경우를 취급함에 있어 입법자가 어떤 규율방식을 사용하고 있는가를 그 유형별로 고찰하기로 한다. 그런 연후에야 필자가 제기한 사안의 쟁점에 대한 설득력 있는 해결책을 발견할 수 있으리라 생각한다.

Ⅱ. 논의의 현황

위 사안에서와 같이 현주건조물방화의 실행에 착수한 자가 과실로 상해의 결과를 발생시킨 경우 현주건조물방화치상죄가 성립하는지 여부(달리 표현하자면 이는 현주건조물방화치상죄의 범행주체에 관한 문제이다)에 관해서는 현재 거의 논란이 없는 상태이다.[2] 즉 현주건조물방화치(사)상죄의 범행주체에는 현주건조물방화죄를 범한 자, 즉 그 기수범뿐만 아니라 미수범도 포함된다(긍정설)고 보고 있다. 아마도 이는 결과적 가중범에서 기본범죄가 미수인 경우에 일반적으로 통용되고 있는 법해석원칙(명제A)에 따라 위 경우에도 현주건조물방화죄가 성립함을 당연한 것으로 여기고 있기 때문이 아닌가 한다. 이에 반해 ― 아주 드물게, 아니 거의 예외적이라 할 수 있을 만큼 ― 현주건조물방화치(사)상죄의 범행주체에는 현주건조물방화죄의 미수범은 포함되지 않고 기수범에 국한된다는 관점(부정설)도 있다.[3] 이 견해는 형법해석의 엄격성원칙에 따라 제164조 제1항 소정의 '~죄를 범한 자' 또는

2) 이와 관련하여 현주건조물방화치사상죄의 범행주체를 현주건조물방화죄를 '범한 자 또는 그 미수범'으로 명시하고 있는 것으로는 김일수・서보학, 형법각론, 박영사, 2003, 563쪽 참조.

3) 오영근, 형법각론, 대명출판사, 2002, 711쪽.

'~죄를 범하여'라는 문언은 기수범만을 의미한다고 해석해야 하며, 따라서 입법론에 의하지 않고 해석론상 미수범을 포함시키는 것은 불가능하다는 점을 그 논거로 한다.

그렇다면 이상의 두 가지 관점 중 어느 견해, 즉 어느 법해석이 (더) 타당하다고 볼 것인가? 이 물음에 답하기 위해서는 결과적 가중범에서 기본범죄가 미수인 경우의 취급에 관한 우리 형법의 입법체계를 분석해 볼 필요가 있다.

Ⅲ. 입법체계의 분석(유형별 고찰)

결과적 가중범에 관한 우리 형법상의 제 규정을 체계적인 관점에서 분석할 때 기본범죄가 미수인 경우를 취급하는 방식은 크게 다섯 가지로 구분해 볼 수 있다.

1. 제1유형

첫 번째 유형은, 범죄목록의 장별(章別)규정에 있어 입법자가 미수범 일반에 관한 규정을 먼저 두고 그 뒤의 결과적 가중범 규정에서 당해 미수범 또는 미수범을 범한 자도 그 범행주체로 포함시키고 있는 방식이다. 이러한 유형에 속하는 범죄로는 특수공무방해치사상죄(제144조 제2항), 체포·감금치사상죄(제281조), 강간등치상죄(제301조), 강간등치사죄(제301조의2)를 들 수 있다. 가령 형법 제144조 제2항은 '제1항의 죄를 범하여 공무원을 상해에 이르게 한 때'라고 규정하고 있는바, 그 제1항(특수공무방해죄)에서는 '제140조 내지 前條[제143조(미수범)]의 죄를 범한 때'라고 규정하여 그 미수범도 특수공무방해치상죄의 범행주체에 해당함을 명시하고 있다. 따라서 가령 제144조 제1항 소정의 '前條의 죄'에 해당하는 공무상비밀표시무효죄(제140조)의 미수범(제143조)은 비록 그의 행위가 미수에 그쳤더라도 그로 인해 상해의 결과를 발생시켰다면 특수공무방해치상죄가 성립한다.

따라서 이러한 제1유형에 속하는 결과적 가중범에 있어서는 그 기본범죄가 미수인 경우에도 당해 결과적 가중범이 성립하는지 여부의 논란이 애당초 발생할 여지가 없다. 다시 말해 위 법규정들 소정의 '~의 죄를 범하여'라는 문언을 둘러싸고 해석의 문제가 제기될 여지가 없다. 다행스럽게도 이 경우에는 입법자가 문제의 소지를 원천적으로 봉쇄해 놓았기 때문이다.

이와 같은 법상황에도 불구하고 제1유형에 속하는 결과적 가중범의 성립 여부를 논하면서, 그 기본범죄가 미수인 경우에도 당해 결과적 가중범이 성립한다는 점을 근거짓기 위해 명제A의 법해석원칙을 원용하고 있는 것이 대체적인 현실이다. 판례 역시 이러한 오류를 범하고 있다. 예컨대 판례는 강간이 미수에 그친 경우라도 그로 인하여 피해자가 상해를 입었으면 강간치상죄가 성립한다는 언명이 마치 결과적 가중범의 해석에 관한 일반적인 법해석원칙(명제A)으로부터 비롯되는 결론인 양 판시하고 있다.[4] 하지만 그러한 결론은 명제A에서 나오는 것이 아니라 형법 제301조에 근거하여 도출되는 너무나도 당연한 결론일 뿐이다. 따라서 자명한 법적 근거가 있음에도 불구하고 — 형법해석의 기준으로 삼기에는 의문의 여지가 있는 — 불확실한 법해석원칙을 원용하는 것은 결코 바람직한 것이라 볼 수 없다.

---

4) 大判 2003. 5. 30, 2003도1256; 大判 1999. 4. 9, 99도519 등 참조.

2. 제2유형

두 번째 유형은, 입법자가 결과적 가중범에 대한 처벌규정을 먼저 두고 그 뒤에서 그 결과적 가중범의 기본범죄의 미수를 처벌하는 규정을 두고 있는 방식이다. 우리 입법자가 규정한 형법상의 결과적 가중범 중 상당히 많은 범죄가 이러한 형태의 규율방식을 취하고 있는바, 폭발성물건파열치사상죄(제172조 제2항), 가스전기등방류치사상죄(제172조의2 제2항), 가스전기등공급방해치사상죄(제173조 제3항), 현주건조물일수치사상죄(제177조 제2항), 교통방해치사상죄(제188조), 음용수혼독치사상죄(제194조), 중손괴죄(제368조 제1항), 재물손괴・공익건조물파괴치사상죄(제368조 제2항)가 그러하다. 상해치사죄(제259조)의 경우도 비록 그 기본범죄의 미수범처벌규정(제257조 제3항)을 앞서 규정하고 그 뒤에서 결과적 가중범의 처벌규정을 두고 있어 다른 유형과 비교해 그 선후가 뒤바뀌긴 했지만, 본질상 이 유형에 해당한다고 하겠다. 위 사안과 관련하여 논의의 대상이 되고 있는 현주건조물방화치상죄(제164조 제2항) 역시 이 유형에 해당한다.

이러한 제2유형에 속하는 결과적 가중범의 경우에는 그 기본범죄의 미수범을 처벌한다는 규정을 두고 있을 뿐이어서 그 기본범죄의 미수범이 당연히 당해 결과적 가중범의 범행주체로 될 수 있는 것은 아니다. 따라서 여기서는 기본범죄가 미수인 경우에도 당해 결과적 가중범이 성립한다고 볼 것인지 여부의 문제가 발생한다. 다시 말해 위 법규정들 소정의 '~의 죄를 범하여'라는 문언을 둘러싼 해석의 문제가 제기된다. 이 점에 관해서는 Ⅱ.에서 보았듯이 두 가지 관점이 대립할 수 있다. 이 부분에 관한 필자 나름의 해석론은 아래 Ⅳ.에서 전개하기로 한다.

3. 제3유형

세 번째 유형은, 입법자가 명시적으로 결과적 가중범의 미수범 처벌을 규정하고 있는 방식이다. 이러한 규율방식을 취하고 있는 범죄로는 인질치상죄(제324조의3), 인질치사죄(제324조의4), 강도치상죄(제337조), 강도치사죄(제338조), 해상강도치상죄(제340조 제2항), 해상강도치사죄(제340조 제3항)가 있다. 가령 인질치상죄의 경우, 제324조의3에서 '제324조의2의 죄(인질강요죄)를 범한 자가 인질을 … 상해에 이르게 한 때'에는 처벌한다고 규정하면서, 아울러 제324조의5에서 그 미수범을 처벌한다고 규정하고 있다.

이러한 유형의 결과적 가중범에서는 기본범죄가 미수인 경우에도 그 결과적 가중범이 성립하는지 여부의 문제가 발생하지 않는다. 다만 애당초 결과적 가중범의 미수의 성립을 인정하지 않는 견해에 의하면 문제의 소지는 여전히 남아 있다. 형법 제324조의5는 "제324조 내지 제324조의4의 미수범은 처벌한다"라고 규정하고 있는바, 이 규정의 미수범 처벌대상에는 — 그 문언 형식상 '제324조의3[인질상해 · 치상]', '제324조의4[인질살해 · 치사]'라고 표현되어 있어 — 인질상해죄와 인질살해죄 외에 인질치상죄와 인질치사죄도 당연히 포함되는 것으로 보인다. 그럼에도 불구하고 결과적 가중범의 미수를 부정하는 견해에 의하면 제324조의5의 미수범 처벌규정은 인질상해죄와 인질살해죄에만 적용되는 것으로 파악할 수 있다. 하지만 이와 같은 부정설을 취하더라도 인질치상죄와 인질치사죄 규정의 범행주체가 되는 제324조의2(인질강요죄)의 — 기수범은 물론 — 그 미수범도 현행 형법에서 처벌하고 있는 이상(제324조의5), 결과적 가중범의 미수를 부정하는 입장으로서도 여전히 명제A를 원용하여 그러한 경우(인질강요죄가 미수에 그친 경우)에 결과적 가중범의 성립을 인정할 것이다. 그런데 이러한 결론은 결과적 가중범의 미수(의 관념)를 애당초 인정하면서, 동시에 제324조의5가 규정하고 있는 제324조의3 및 제324조의4의 미수범 처벌에는 인질상해죄와 인질살해죄의 미수범뿐만 아니라 인질치상죄와 인질치사죄의 미수범까지도 포함되는 것으로 파악하는 관점과 그 결론에 있어서는 다르지 않다. 어떤 식의 해석을 전개하든 간에 인질치상죄나 인질치사죄에 있어 그 기본범죄인 인질강요죄가 미수인 경우에는 그 결과적 가중범이 성립하기 때문이다.[5] 이러한 두 가지 해석가능성 중 후자의 관점이 더 바람직하다고 보아야 할 것이다. 왜냐하면 전자의 해석방법은 그 타당성이 의심되는 명제A와 같은 법해석원칙에 의존하고 있는 반면, 후자의 관점은 법률의 규정에서 명확한 근거를 구하고자 하는 해석방법에 기대고 있기 때문이다. 따라서 제324조의5의 규정은 인질상해죄와 인질살해죄의 미수범을 처벌하는 근거규정일 뿐만 아니라, 인질치상죄와 인질치사죄에 있어 그 기본범죄(인질강요행위)가 미수에 그친 경우에 대해서도 그 처벌근거를 제공하는 규정이라고 보아야 할 것이다.

4. 제4유형

네 번째 유형은, 입법자가 결과적 가중범의 처벌규정을 먼저 규정하고 그 뒤에서 미수범 일반에 관한 처벌규정을 두되, 선행하는 당해 결과적 가중범 규정의 관련문언에서(즉 범행주체와 관련하여) 그 범행주체를 특정한 미수범에 한정한다고 규정하고 있는

5) 물론 이 경우에 성립하는 결과적 가중범을 ― 관점의 차이에 따라 ― 기수로 취급할 것인가 미수로 취급할 것인가 하는 문제가 남아 있기는 하지만, 설령 기수로 취급하더라도 그 경우를 기본범죄가 애당초 기수에 이른 경우의 기수범과 다르게 취급해야 한다는 점은 확실하다.

방식이다. 이러한 방식을 취하고 있는 것으로는 「성폭력범죄의 처벌 및 피해자보호 등에 관한 법률」(제9조, 제10조, 제12조 관련)을 들 수 있다. 예컨대 (특수)강간치상죄(같은 법 제9조 제1항)에서는 '제5조 제1항, 제6조 또는 제12조(제5조 제1항 또는 제6조의 미수범에 한한다)의 죄를 범한 자가 … 상해에 이르게 한 때'라고 규정하고 있는바, 그 뒤의 제12조에서는 미수범 일반에 관한 처벌규정(여기에는 제9조도 포함된다)을 두고 있다.

이러한 유형의 결과적 가중범에서는 기본범죄가 미수인 경우에도 그 결과적 가중범이 성립하는지 여부의 문제가 애당초 발생할 여지가 없다. 이미 입법자가 해석상의 논란의 소지를 원천적으로 제거하는 규율방식을 취하고 있기 때문이다. 다만 이러한 유형의 결과적 가중범에 있어 입법자가 결과적 가중범의 범행주체가 될 수 있는 경우를 — 기수범을 비롯하여 — 특정한 미수범에 한정한다고 규정하고 있음을 두고서, 다음과 같은 두 가지 해석이 가능할 수 있다. 그 하나는, 입법자가 결과적 가중범의 범행주체를 특정한 미수범에 한정한다고 규정하고 있지 아니한 — 즉 성폭력특별법상의 규율방식을 제외한, 예컨대 제2유형과 같은 규율방식을 취하고 있는 — 때에는 기본범죄의 미수를 범한 자도 당연히 당해 결과적 가중범의 범행주체가 될 수 있다고 해석하는 것이다. 그리고 다른 하나는, 기본범죄의 미수범도 당연히 당해 결과적 가중범의 범행주체가 될 수 있다고 보아서는 안되며, 위 성폭력특별법상의 규율방식처럼 입법자가 당해 결과적 가중범의 범행주체로서 (특정한) 미수범도 포함한다고 규정하고 있을 경우에야 비로소 그 미수범도 그 결과적 가중범의 범행주체가 될 수 있다고 해석하는 것이다. 이러한 해석가능성 중 후자가 죄형법정원칙에 충실한 해석임은 재론을 요하지 않는다.

5. 제5유형

위 네 가지 유형에서는 모두 입법자가 기본범죄의 미수범 처벌규정을 두고 있다. 하지만 기본범죄의 미수를 처벌하는 규정을 두고 있지 아니한 경우에도 동일한 논란이 일어날 수 있다. 우리 형법상 기본범죄의 미수범을 처벌하는 규정을 두고 있지 아니한 결과적 가중범의 형태로는 폭행치사상죄(제262조), 동의낙태치사상죄(제269조 제3항), 업무상동의낙태·부동의낙태치사상죄(제270조 제3항), 단순·존속중유기죄(제271조 제3항, 제4항), 유기치사상죄(제275조)를 들 수 있다. 이 중 낙태치사상죄를 둘러싸고는 그 기본범죄가 미수인 경우에도 당해 결과적 가중범이 성립한다고 볼 것인지 여부의 논란이 있다.

이 유형은 해석론상 문제가 되고 있는 부분도 있으나, 기본적으로 입법자가 기본범죄의 미수를 처벌하는 규정을 두고 있지 않다는 점에서 위에서 살펴본 네 가지 유형과는 그 성격이 다르다. 따라서 이 유형과 관련해서는 입법자가 기본범죄를 처벌하는 규정을 두고 있지 않은 이상 기본범죄가 미수에 그치고 그로 인해 사상의 결과를 발생시켰다면 결과적 가중범으로는 처벌할 수 없고 과실치사상죄로만 처벌할 수 있을 뿐이라고 보아야 한다. 이러한 결론이 행위자에 대해 면죄부를 주는 것이 아님은 물론이거니와, 논란이 되고 있는 낙태치사상죄의 경우에는 이미 낙태죄를 추상적 위험범으로 파악함(다수설)으로써 태아의 생명보호의무를 앞당겨 이행하고자 노력하고 있는 상황에서 굳이 입법자가 처벌규정도 두고 있지 아니한 행위양태를 끌어들여 — 대체로 기본범과 과실범의 형을 합한 것보다 더 중하게 처벌받는 범죄인 — 결과적 가중범의 성립을 인정하는 것은 죄형법정원칙과 책임원칙에 비추어 바람직하지 않다고 판단되기 때문이다.

Ⅳ. 논증: 해석론의 전개

이상에서 살펴본 바와 같이 위 유형들 중 제1유형, 제3유형, 제4유형의 결과적 가중범에서는 그 기본범죄가 미수인 경우의 법해석과 관련하여 전혀 문제가 없거나 또는 그다지 의문스러운 점이 없다고 할 수 있다. 이 점은 상대적으로 이러한 유형들에 대해서는 어느 정도 명확한 법해석이 이루어질 수 있음을 보여 주는 셈이다. 물론 다소간 문제되는 부분들이 있었지만, 위에서 필자가 살펴본 바대로 어느 정도 합리적인 해결가능성이 존재한다고 하겠다. 가장 문제가 되는 것은 제2유형이다. 그리고 이 유형은 필자가 서두에서 제기하였던 논의의 쟁점, 즉 명제A의 타당성 여부와 직결되어 있는 것이어서 특별히 중요성을 띨 뿐만 아니라, 위 사안과 관련하여 문제되는 현주건조물방화치상죄 역시 이 유형에 속해 있는 결과적 가중범이기 때문에 이 글의 결론과도 밀접한 관련성을 지니고 있다.

그런데 제2유형에 속해 있는 결과적 가중범에 관한 입법의 일반적인 문언형식을 보자면 ― 위에서도 언급했듯이 ― '~의 죄를 범하여'라고 표현되어 있다. 따라서 제2유형의 결과적 가중범과 관련해서는 불가피하게 '~의 죄를 범하여'라는 부분을 어떻게 해석할 것인가 하는 점이 가장 중요한 문제로 부각된다. 이 문제에 관한 결론부터 언급하자면, '~의 죄를 범하여'에서 '~의 죄'에는 기본범죄의 기수만이 포함되는 것으로 보아야 하고 그 미수까지 포함되는 것으로 보는 것은 옳지 않다는 것이 필자의 생각이다. 아래에서 언급할 제반 사항은 모두 이러한 관점(부정설)을 근거짓는 데 기여할 것이다.

1. 입법의 비체계성

위에서 고찰한 유형분석에 의하면 입법자가 결과적 가중범에서 그 기본범죄가 미수인 경우의 취급을 규율하는 방식에는 제2유형과 같은 한 가지 방식만이 있는 것이 아니라 다양한 형태의 방식이 존재하고 있음을 알 수 있다. 동일한 속성을 지닌 법형상에 관한 입법자의 규율방식이 다양하다는 말은 달리 표현해 그 규율방식이 결코 통일적이지 않고 일관되지도 않음을 의미한다. 물론 제2유형 외에도 제1, 제3, 제4 유형과 같은 방식을 두었다는 점, 더욱이 제2유형이 여타의 유형들과 비교해 볼 때 그 규율방식에 있어 어쩌면 가장 이질적이라고 볼 수 있다는 점에서 제2유형과 관련된 해석상의 논란의 소지는 애당초 입법자 스스로가 제공한 것이라 하겠다. 결과적 가중범이라는 동일한 속성의 법형상을 지니고 있음에도 그 기본범죄가 미수인 경우의 처벌에 관해 여러 유형을 둠으로써 명확하게 규정하지 못한 것은 입법의 체계성을 결한 것임에 분명하다.

2. 처벌로 지향된 해석정책

또한 위 유형분석에 비추어 볼 때, 결과적 가중범에서 기본범죄가 미수인 경우의 법해석에 관한 문제를 ― 일반적으로 타당한 것으로 통용되고 있기는 하지만 그 타당성이 의심되는 ― 명제A를 원용함으로써 해결하고자 하는 통설적 해석론에 대해 서두에서 제기했던 의구심이 상당히 근거 있는 것으로 밝혀진 셈이다. 즉 통설적 해석론은 결과적 가중범에 관한 해석론을 전개하면서 관련부분에 관한 전반적이고 체계적인 고찰 없이 명제A의 적용범위를 무리하게 모든 형태의 결과적 가중범에로 확장했다고 할 것이다. 왜냐하면 제2유형의 규율방식은 단지 여러 가지 유형의 규율방식의 하나에 불과할 뿐이지, 그것이 전형적이거나 표준적인 형태라고는 볼 수 없기 때문이다. 따라서 명제A의 타당성에 기초하고 있는 통설적 해석론의 적용범위는 — 여전히 그 적용영역이 남아 있다고 보더라도 — 제2유형에 국한될 수밖에 없을 것이다. 하지만 이러한 가능성마저 유지될 수 있을지는 미지수다. 이와 같은 통설적 해석론은 필자가 보기에 아마도 처벌로 지향된 해석정책(Interpretationspolitik, Politics of Interpretation)을 중시한 데서 비롯된 것이 아닌가 한다.

3. 법체계적 관점에서의 문제점

위의 유형분석에 따를 때, 제2유형은 — 비록 상당수의 결과적 가중범이 이 유형에 속하고는 있으나 — 결과적 가중범에서 그 기본범죄가 미수인 경우의 취급에 관한 원칙적인 규율방식이 아니라 오히려 예외적인 규율방식이라고 할 수 있다. 다른 유형의 경우에는 입법자가 기본범죄의 미수범도 그 결과적 가중범의 범행주체에 포함하도록 어느 정도 명확하게 규정하고 있는 데 반해 제2유형의 경우에서는 그렇지 않기 때문이다. 이로써 원칙과 예외의 전도현상이 초래된다고 하겠다. 따라서 형법 전체의 체계적 관점에서 본다면 제2유형의 결과적 가중범에 있어 입법자가 기본범죄의 미수범의 포함 여부를 분명하게 규정하지 않은 것은 통일성과 체계일관성을 결한 중대한 오류라고 볼 수 있을 것이다.

이상으로, 결과적 가중범에서 기본범죄가 미수인 경우의 법해석에 있어 일반적인 법해석 원칙 또는 기준으로 통용되고 있는 명제A의 적용범위가 사실상 여러 규율방식 중의 하나에 불과한 제2유형에 국한됨으로써, 다시 말해 위의 유형분석에 비추어 제2유형의 규율방식이 오히려 예외적인 규율방식이라는 진단을 받게 됨으로써, 이제는 명제A가 제2유형의 결과적 가중범에 대해서만큼은 아직도 여전히 타당한 해석원칙인가 하는 문제가 제기된다. 이 문제에 대해서는 아래의 논거들을 좀더 살펴본 연후에 분명한 답변이 가능하리라고 본다.

4. 죄형법정원칙상의 문제점

명제A 및 그에 기초를 둔 통설적 해석론은 다음과 같은 죄형법정원칙상의 문제점을 안고 있다.

첫째, 제2유형에 속하는 결과적 가중범들 소정의 '~의 죄를 범하여'라는 문언에서 '~의 죄'는 기본범죄의 기수범만을 의미하는 것으로 보는 것이 문언해석의 엄격성원칙에 비추어 볼 때 더 설득력이 있다. 현주건조물방화치사상죄의 경우를 예로 들어 보자. 형법 제164조 제2항은 '제1항의 죄를 범하여'라고 규정하고 있는바, 관련 법조문(제164조 제1항, 제2항, 제174조) 간의 상호관계를 고려할 때 여기서 '제1항의 죄'는 현주건조물방화죄의 기수범만을 지칭한다고 보아야 한다. 왜냐하면 현주건조물방화죄(제164조 제1항)의 미수범 처벌은 제174조에서 규정하고 있는데, 만일 입법자가 이 미수범까지 현주건조물방화치사상죄의 범행주체에 포함시키려 했다면 제164조 제2항의 문언을 현행대로 '제1항의 죄를 범하여'라고 표현하는 대신 '제1항의 죄 또는 그 미수범을 범하여'라고 표현했어야 하기 때문이다. 따라서 위 '~의 죄를 범하여'라는 문언에서 '~의 죄'에 기본범죄의 기수뿐만 아니라 미수도 당연히 포함되는 것으로 해석하는 것은 죄형법정원칙(유추해석금지의 원칙 내지 엄격해석의 원칙)에 반한다고 보아야 할 것이다.

둘째, (결과적 가중범의 미수를 인정하는 관점에서 볼 때) 특히 위 사안에서 문제되는 현주건조물방화치상죄의 경우에는, 개정 전 형법 제174조에서는 현주건조물방화죄와 그 결과적 가중범까지 함께 규정하고 있던 개정 전 형법 제164조의 미수범을 처벌한다고 분명하게 규정하고 있었으나, 개정 후 현행형법에서는 현주건조물방화죄의 미수범만을 처벌한다고 규정하고 있을 뿐 그 결과적 가중범인 현주건조물방화치(사)상죄의 미수범을 처벌한다는 규정은 두고 있지 않다.

5. 판례의 비일관성(예시적 본보기의 중요성)

위에서 언급한 바 있듯이, 판례는 일반적으로 명제A의 타당성을 인정하고 있다. 하지만 판례의 이러한 태도를 비판적으로 볼 수 있는 판례가 있어 필자의 해석론의 타당성을 뒷받침하기 위한 논거로 소개하고자 한다.

대법원은, 「성폭력범죄의 처벌 및 피해자보호 등에 관한 법률」(1997. 8. 22. 법률 제5343호로 개정되기 전의 것) 제9조 제1항[6]의 죄의 범행주체에 같은 법 제6조의 미수범도 포함되는지 여부가 문제된 사안[7]에서 이를 부정한 바 있다. 당시의 법규정을 보자

---

6) 제9조 제1항: 제6조의 죄를 범한 자가 사람을 상해하거나 상해에 이르게 한 때에는 무기 또는 7년 이상의 징역에 처한다.
[참고] 제9조 제1항(1997. 8. 22. 법률 제5343호로 개정된 것): 제5조 제1항, 제6조 또는 제12조(제5조 제1항 또는 제6조의 미수범에 한한다)의 죄를 범한 자가 사람을 상해하거나 상해에 이르게 한 때에는 무기 또는 7년 이상의 징역에 처한다.

7) 大判 1995. 4. 7, 95도94. [사건개요] 甲(피고인)은 1994. 5. 29. 03:00경 마산시 합포구 창포동 3가 7 소재 협천횟집 부근 포장마차에서 친구와 술을 마시고 헤어져 혼자 甲의 집으로 갔다가 같은 날 04:55경 부엌에서 칼날 길이 13cm 가량의 과도를 들고 나와 위 포장마차 부근을 돌아다니던 중 乙(피해자, 여 36세)이 교회에 가기 위해 혼자서 걸어가는 것

면, 같은 법 제9조 제1항의 죄(특수강간등상해 · 치상죄)는 그 범행주체로서 '제6조의 죄[8]를 범한 자'로 명시하고 있었고, 제6조에 대한 미수범 처벌규정[9]이 있었음에도 미수범을 범행주체로 포함한다는 명시적 언급은 없었다. 이 경우는 위 유형분류에 의하면 제2유형에 속한다. 이러한 상태에서 위 사안에 대해 제1심과 항소심은 피고인을 같은 법 제9조 제1항의 범행주체에 해당한다고 보았다. 다시 말해 제6조 제1항의 미수범(제12조)인 피고인을 제9조 제1항 소정의 '제6조의 죄를 범한 자'에 해당하는 것으로 판단하여 같은 법 제9조 제1항을 적용하여 처벌하였다.

하지만 대법원은 그와 같은 판단에는 같은 법 제9조 제1항의 해석적용을 그르친 위법이 있다고 보았다. 즉 "형벌법규는 그 규정내용이 명확하여야 할 뿐만 아니라 그 해석에 있어서도 엄격함을 요하고 유추해석은 허용되지 않는 것이므로 같은 법 제9조 제1항의 죄의 주체는 '제6조의 죄를 범한 자'로 한정되고 같은 법 제6조 제1항의 미수범까지 여기에 포함되는 것으로 풀이할 수는 없다"는 것이다. 즉 제9조 제1항 소정의 '제6조의 죄를 범한 자'는 제6조의 기수범만을 의미하는 것이고, 비록 그 미수범을 처벌하는 규정이 있다고 하여 이를 '제6조의 죄를 범한 자'

을 발견하고 갑자기 욕정을 일으켜 乙을 강간하기로 마음먹고 乙을 뒤따라가다가 갑자기 乙의 어깨를 잡고 "아가씨, 이리 와 봐라"고 하면서 乙을 끌고 가려고 하였으나 乙이 "너는 아줌마인지 처녀인지 구별도 못하느냐"면서 손을 뿌리치며 반항하자 위 과도로 乙의 복부를 5회 찔러 乙이 비명을 지르자 놀라 도망가는 바람에 그 뜻을 이루지 못하고, 이로 인하여 乙에게 요치 약 6주간의 장간막혈관파열, 대장천공 등의 상해를 입게 하였다.

8) 사안과 관련된 규정인 제6조 제1항만 소개하고 나머지 제2항 내지 제4항은 생략하기로 한다. 제6조 제1항: 흉기 기타 위험한 물건을 휴대하거나 2인 이상이 합동하여 형법 제297조(강간)의 죄를 범한 자는 무기 또는 5년 이상의 징역에 처한다.

9) 제12조: 제5조 내지 제11조의 미수범은 처벌한다.

에 포함되는 것으로 해석·적용하는 것은 유추해석이자 유추적용으로서 허용될 수 없다는 것이다. 그리고 그 뒤 대법원의 이러한 판단이 반영되어 1997. 8. 22. 법률 제5343호로 개정된 법 제9조 제1항에서는 미수범도 범행주체로 포함한다는 점을 명시적으로('제5조 제1항 또는 제6조의 미수범에 한한다') 언급하였다.

위와 같은 판례의 태도야말로 죄형법정원칙에 구속받는 형법문언해석에서 해석자가 견지해야 할 바람직한 태도라 아니할 수 없다. 그렇다면 제2유형에 속하는 결과적 가중범에서 그 기본범죄가 미수인 경우의 법해석에 있어서도 이러한 판례의 태도 및 그 취지에 따라 신중하면서도 죄형법정원칙에 충실한 해석관점을 취하지 못할 바 없다고 여겨지며, 오히려 그러한 방향으로 일관되게 나아가는 것이 온당한 행보일 것이다.

V. 맺 음 말

이상으로, 위 유형분석과 논증과정을 종합하여 볼 때 다음의 몇 가지 점을 이 글의 결론으로 얻을 수 있다고 본다.

첫째, 결과적 가중범에서 그 기본범죄가 미수인 경우의 취급에 관한 법해석에 있어 학계에서나 판례에서 일반적으로 통용되고 있는 언명, 즉 "결과적 가중범에서 기본범죄가 미수에 그친 경우라도 그로 인해 피해자가 중한 결과(상해 또는 사망)를 입었으면 그 경우에도 결과적 가중범이 성립한다"는 법명제는 결과적 가중범 일반에 관한 타당한 법해석 원칙 또는 기준이 될 수 없다.

둘째, 나아가 위에서 살펴본 여러 가지 근거들을 통해 드러난 바와 같이, 이러한 법명제는 제2유형의 결과적 가중범과 관련해서도 그 효력을 주장하기 어렵다. 다시 말해 제2유형의 결과적 가중범에서 그 기본범죄가 미수에 그친 경우라도 그로 인해 중한 결과를 야기했다면 그 경우에도 당연히 결과적 가중범이 성립한다고 결론지을 수는 없다. 이러한 제2유형의 결과적 가중범에 내재되어 있는 문제는 — 다른 유형에서 입법자가 분명히 하고 있는 바와 같이 — 근원적으로 입법(명확성의 원칙에 합치하는 법개정)을 통해 해결하는 것이 바람직하다. 다시 말해 제2유형에 속하는 결과적 가중범의 경우에 있어 기본범죄의 미수범도 당해 결과적 가중범의 범행주체가 될 수 있음을 분명히 규율하는 방식을 취함으로써 불확실한 해석기준에 의한 오류를 근원적으로 없애는 것이 적합한 방법일 것이다.[10)]

마지막으로, 이러한 결론이 제2유형의 결과적 가중범에 속하는 현주건조물방화치상죄에도 그대로 적용됨은 물론이다. 따라서 위 대상판례의 사안에서와 같이 현주건조물방화치상죄에서 기본범죄인 현주건조물방화죄가 미수에 그치고 그로 인해 행위자가 상해의 결과를 야기한 경우에 있어, 위의 법명제(명제A)를 원용함으로써 그 경우에도 현주건조물방화치상죄가 성립한다고 보는 학설 및 판례의 태도는 옳지 않다.[11)] 이는 — 위에서 자세히 언급했듯이 — 결과적 가중범의 규율 전반에 관한 법체계적 관점 및 죄형법정원칙(유추해석금지의 원칙 내지 엄격해석의 원칙)의 요청에 비추어 받아들이기 어려운 관점이기 때문이다.

---

10) 이 경우 체계 일관되게 규율하자면 — 해석론상 논란의 여지가 없는 — 상해치사죄도 문언의 수정이 필요할 것이다. 즉 제259조 제1항 소정의 "사람의 신체를 상해하여"는 "제257조 제1항과 제3항의 죄를 범하여"로, 그리고 제2항 소정의 "자기 또는 배우자의 직계존속에 대하여 전항의 죄를 범한 때에는"은 "제257조 제2항과 제3항의 죄를 범하여 사망에 이르게 한 자는"으로 개정하는 것이다.

11) 따라서 이 경우에는 현주건조물방화미수죄와 과실치상죄가 성립하고 양자는 상상적 경합관계에 있다고 보아야 할 것이다.

성전환자의 강간죄 행위객체성*

대상판결 1 대법원 2009. 9. 10. 선고 2009도3580 판결(상고기각)

사실관계 피고인은 2008. 8. 31. 08:10경 부산 부산진구에 있는 피해자 V(58세, 남성으로 태어나 여성으로 성전환을 한 자임)의 집에서, 잠겨 있지 않은 화장실 문을 열고 집 안으로 들어가 방안에 있던 피해자의 가방에서 현금 10만원 상당을 꺼내어 이를 절취하고(절도의 점), 이후 부엌으로 가 그 곳에 있던 흉기인 식칼(칼날길이 약 16cm)을 들고 다시 방안으로 들어가 인기척에 깨어난 피해자를 식칼로 위협하여 반항을 억압한 다음 피해자의 음부와 항문에 피고인의 성기를 삽입하고, 피해자로 하여금 피고인의 성기를 빨게 하는 등으로 피해자를 1회 간음하여 강간하였다(주거침입강간의 점).

판결요지 (1) 종래에는 사람의 성을 성염색체와 이에 따른 생식기·성기 등 생물학적 요소에 따라 결정하여 왔으나 근래에 와서는 생물학적인 요소뿐만 아니라 개인이 스스로 인식하는 남성 또는 여성으로서의 귀속감 및 개인이 남성 또는 여성으로서 적합하다고 사회적으로 승인된 행동·태도·성격적 특징 등의 성역할을 수행하는 측면, 즉 정신적·사회적 요소들 역시 사람의 성을 결정하는 요소 중의 하나로 인정받게 되었으므로, 성의 결정에 있어 생물학적 요소와 정신적·사회적 요소를 종합적으로 고려하여야 한다.[1]

(2) 성전환증을 가진 사람의 경우에도, 남성 또는 여성 중 어느 한쪽의

---

* 비교법연구 제10권 제1호, 동국대학교 비교법문화연구원, 2009. 12, 7쪽 이하.

1) 大決 2006. 6. 22.자, 2004스42 전원합의체; 大判 1996. 6. 11, 96도791 참조.

성염색체를 보유하고 있고 그 염색체와 일치하는 생식기와 성기가 형성·발달되어 출생하지만 출생 당시에는 아직 그 사람의 정신적·사회적 의미에서의 성을 인지할 수 없으므로, 사회통념상 그 출생 당시에는 생물학적인 신체적 성징에 따라 법률적인 성이 평가될 것이다. 그러나 출생 후의 성장에 따라 일관되게 출생 당시의 생물학적인 성에 대한 불일치감 및 위화감·혐오감을 갖고 반대의 성에 귀속감을 느끼면서 반대의 성으로서의 역할을 수행하며 성기를 포함한 신체 외관 역시 반대의 성으로서 형성하기를 강력히 원하여, 정신과적으로 성전환증의 진단을 받고 상당기간 정신과적 치료나 호르몬치료 등을 실시하여도 여전히 위 증세가 치유되지 않고 반대의 성에 대한 정신적·사회적 적응이 이루어짐에 따라 일반적인 의학적 기준에 의하여 성전환수술을 받고 반대 성으로서의 외부성기를 비롯한 신체를 갖추고, 나아가 전환된 신체에 따른 성을 가진 사람으로서 만족감을 느끼며 공고한 성정체성의 인식 아래 그 성에 맞춘 의복, 두발 등의 외관을 하고 성관계 등 개인적인 영역 및 직업 등 사회적인 영역에서 모두 전환된 성으로서의 역할을 수행함으로써 주위 사람들로부터도 그 성으로서 인식되고 있으며, 전환된 성을 그 사람의 성이라고 보더라도 다른 사람들과의 신분관계에 중대한 변동을 초래하거나 사회에 부정적인 영향을 주지 아니하여 사회적으로 허용된다고 볼 수 있다면, 이러한 여러 사정을 종합적으로 고려하여 사람의 성에 대한 평가기준에 비추어 사회통념상 신체적으로 전환된 성을 갖추고 있다고 인정될 수 있는 경우가 있다 할 것이며, 이와 같은 성전환자는 출생시와는 달리 전환된 성이 법률적으로도 그 성전환자의 성이라고 평가받을 수 있을 것이다.[2)]

대상판결 2 대법원 1996. 6. 11. 선고 96도791 판결(상고기각)

사실관계 피고인들은 공소외인과 합동하여, 1995. 4. 24. 00:30경 서울 용산구 한남동 산 10의 136 하이얏트호텔 부근에서 호객행위를 하던 피

---

2) 大決 2006. 6. 22.자, 2004스42 전원합의체 참조.

해자 길○○(36세, 남성으로 태어나 여성으로 성전환을 한 자임)을 승용차에 납치하여 서울 중구 장충동 2가 산 5에 있는 한국자유총연맹 건물 부근의 골목길로 끌고 간 후 폭행과 협박을 가하여 피해자의 반항을 억압한 다음 차 안에서 피고인 1, 위 공소외인, 피고인 2 순서로 성기를 위 피해자의 음부에 삽입하여 여성으로 성전환 수술을 받은 위 피해자를 각 강간하고 이로 인하여 위 피해자로 하여금 전치 1주를 요하는 안면부타박상 등을 입게 하였다.

판결요지 무릇 사람에 있어서 남자, 여자라는 성(性)의 분화는 정자와 난자가 수정된 후 태아의 형성 초기에 성염색체의 구성(정상적인 경우 남성은 xy, 여성은 xx)에 의하여 이루어지고, 발생과정이 진행됨에 따라 각 성염색체의 구성에 맞추어 내부생식기인 고환 또는 난소 등의 해당 성선(性腺)이 형성되고, 이어서 호르몬의 분비와 함께 음경 또는 질, 음순 등의 외부성기가 발달하며, 출생 후에는 타고난 성선과 외부성기 및 교육 등에 의하여 심리적, 정신적인 성이 형성되는 것이다. 그러므로 형법 제297조에서 말하는 부녀, 즉 여자에 해당하는지의 여부도 위 발생학적인 성인 성염색체의 구성을 기본적인 요소로 하여 성선, 외부성기를 비롯한 신체의 외관은 물론이고 심리적, 정신적인 성, 그리고 사회생활에서 수행하는 주관적, 개인적인 성역할(성전환의 경우에는 그 전후를 포함하여) 및 이에 대한 일반인의 평가나 태도 등 모든 요소를 종합적으로 고려하여 사회통념에 따라 결정하여야 할 것이다.

Ⅰ. 문제제기

지난 2009년 9월 10일 대법원은 성전환자에 대한 강간죄 성립 여부가 문제된 사안에서 처음으로 강간죄의 성립을 인정하는 판결을 내린 바 있다. 이는, 남성으로 태어나 여성으로 성전환을 하고 30년 이상 여성으로 살아 온 피해자에 대해 이를 법률상 여성으로 보고 강간죄의 객체가 된다고 본 제1심(부산지방법원) 판결을 유지한 원심(부산고등법원)의 판단을 대법원이 최종적으로 적법하다고 확인한 것이다. 사회적·법률적으로 볼 때 대단히 의미 있는 판결이라 하지 않을 수 없다. 그런데 이 판결을 접한 사람이라면, 13년 전 대법원이 선고한 또 다른 판결, 즉 생물학적으로 남성으로 태어난 자가 여성편향증세를 느껴 여성으로 성전환을 하고 이후 여성으로 생활하던 중 수인의 남성에 의해 강간을 당한 사건에서 피해자를 강간죄의 객체인 '부녀'로 볼 수 없다고 한 판결(大判 1996.6.11, 96도791)을 떠올리게 될 것이다. 동시에 일견 유사한 사건으로 보임에도 불구하고 왜 서로 다른 판결이 나왔을까 하는 의문을 갖게 될 것이다. 충분히 품어볼 수 있는 의문이라 여긴다.

필자가 이 글을 쓰기로 마음먹은 데도 이러한 의문이 작용하였다. 그렇다면 최근의 판례가 종래의 판례의 태도를 변경한 것인가? 가령 세월의 흐름과 그에 따른 사회 일반의 의식변화를 고려하여 판단(내지 그 기준)을 변경한 것인가? 우선 최근의 판결에 대한 재판부의 구성형식 및 이 판결이 사안과 관련하여 주된 규범적 판단기준으로 원용하고 있는 판결(大決 2006. 6. 22.자, 2004스42 전원합의체)에 비추어 볼 때 판례를 변경한 것이 아님은 분명하다. 그렇다면 두 사건 사이에 사실관계의 차이가 있는 것인가? 아니면 두 사건의 어느 한쪽에서 대법원이 판단을 그르친 것인가? 즉 두 판결 사이에 어떠한 모순이나 문제점이 깃들어 있는 것인가?

아래에서는 이러한 문제에 답하고자 한다. 이를 위해 먼저 강간죄의 행위객체인 '부녀'의 의미를 간략히 언급하고, 다음으로 문제되는 두 판례를 사실관계와 규범적 판단의 측면에서 분석하여 비교 검토한 후 양자의 공통점과 차이점을 살펴볼 것이다. 끝으로, 이를 토대로 하여 대법원의 판단에 대한 평가를 내림과 동시에 최근 판례의 의의에 대해 간략히 언급할 것이다.

Ⅱ. 강간죄의 행위객체

형법 제297조는 "폭행 또는 협박으로 부녀를 강간한 자는 3년 이상의 유기징역에 처한다"고 규정하고 있다. 이처럼 형법 제297조는 '폭행 또는 협박으로 부녀를 강간한 자'라고 하여 강간죄의 행위객체를 부녀에 한정하고 있다. 그리고 여기서 부녀라 함은 '여자'를 말하며, 성년이든 미성년이든, 기혼이든 미혼이든 불문한다. 여자라 함은 통상 생물학적으로 여성의 성염색체를 가지고 태어나 여성의 성기구조를 갖추고 여성으로서 의식을 가지고 사회생활도 그에 맞게 생활하는 자를 말한다. 따라서 현행법상 남성이 강간죄의 행위객체가 될 수 없음은 분명하다. 물론 강간죄의 보호법익이 성적 의사결정의 자유임을 감안하면 여성뿐만 아니라 남성도 강간죄의 행위객체에서 배제해야 할 이유는 없다.[3] 이런 점에서 입법론상 남성에 대한 강간에 관해서도 처벌규정을 두는 것이 당연하며, 현재 이러한 주장이 힘을 얻고 있는 실정이다.

강간죄의 행위객체성과 관련하여 현실적으로 문제가 되고 있는 것은 성전환자의 경우이다.[4] 즉 생물학적으로 남성으로 태

---

3) 곽병선, "성범죄에 대한 비판적 검토 — 피해자의 관점에서," 피해자학연구 제14권 제1호, 한국피해자학회, 2006. 4, 165쪽.

4) 그 밖에 처에 대한 강간죄가 성립할 수 있는지 여부가 논란이 되고 있으나, 엄밀히 말해 이는 행위객체성의 문제는 아니라고 본다. 판례 역시 혼인관계의 특수성을 고려하여 실질적인 부부관계를 유지하고 있다고 볼 수 없는 경우에 한해 부분적으로 강간죄 성립을 인정하는 취지로 보이므로, 처 역시 강간죄의 행위객체에는 해당한다고 해석해야 할 것이다.

어나 이후 여성으로 성전환을 한 자도 강간죄의 행위객체가 될 수 있는가 하는 문제가 그것이다. 이 세상에 태어날 때 주어진 성, 즉 생물학적 측면에서의 성만을 기준으로 하여 성별을 판단해야 한다면 이와 같은 성전환자는 여성이라 볼 수 없으므로 당연히 강간죄의 행위객체가 될 수 없다는 결론에 이르게 될 것이다. 하지만 타고난 성에 대한 정체성 혼란을 겪으면서 의학기술의 발달에 힘입어 타고난 성을 바꾸고 이후 전환된 성에 따라 자신의 삶을 영위하고 있는 사람들이 생겨남에 따라, 법적으로 이러한 성전환자의 성을 어떻게 규정해야 할 것인가 하는 문제가 심각한 사회적 문제로 대두되었다.

위 두 개의 대상판례는 바로 이러한 문제상황에 대해 일정한 시간적 간극을 두고 이루어진 최고법원의 판단이라는 점에서 대단히 중요한 의미를 지닌다. 여기서 핵심적인 것은 인간의 성이 자연적 내지 생물학적 성과는 별개로 규정될 수 있는가, 나아가 법적 측면에서의 성을 규정함에 있어 생물학적 요소 외에 정신적 또는 사회적 요소들을 고려할 수 있거나 또는 고려하여야 하는가이다. 좀더 엄밀히 말하면 이는 생물학적 내지 자연적 성과 정신적 또는 사회적 성이 서로 불일치할 경우 법은 어느 쪽의 성을 인정해 주어야 할 것이며, 또 그러한 인정의 토대가 되는 판단기준들은 무엇인가 하는 문제이다. 이 경우 법적 측면에서 인간의 성이 생물학적 내지 자연적 성과는 달리 규정될 수 있다면 공부(公簿)상 성별이 여성 또는 남성으로 기재되어 있는지 여하는 강간죄의 행위객체인 부녀에 해당하는지 여부를 정하는 데 결정적인 영향을 주지 못할 것이다. 즉 법적 의미에서 성전환자의 성이 자연적인 요소, 즉 생물학적 요소 외에 다른 요소들을 통해 규정될 수 있다면, 비록 공부상의 성이 출생 당시 타고난 성인 남성으로 기재되어 있다 하더라도 강간죄의 행위객체인 부녀, 즉 여성으로 인정하는 데 장애가 될 수 없음은 분명하다.5) 아래에서는 이러한 인식관심에 따라 법적 성을 정함에 있어 대법원이 취한 태도에 대해 비판적으로 검토해보고자 한다.

Ⅲ. 대상판례의 분석

여기서는 [대상판례 1]과 [대상판례 2]를 대상으로 하여 두 가지 점에서 분석해 보고자 한다. 먼저, 법적으로 사람의 성을 평가함에 있어 대법원이 두 경우에 제시하고 있는 규범적 판단기준을 비교 분석할 것이다. 다음으로, 그러한 판단기준의 적용대상이 된 사실관계에 나타난 피해자의 성징과 구체적 사정 등을 비교 검토할 것이다. 이를 통해 양자 사이에 어떤 공통점과 차이점이 있는지를 알아보고, 판단기준의 제시 및 그러한 기준의 적용 면에서 대법원의 판단에 어떤 오류나 문제점이 깃들어 있는지를 살펴볼 것이다.

1. 규범적 판단기준

(1) [대상판례 2]의 판단기준

대법원은 [대상판례 2]에서 형법상 강간죄의 행위객체로서 부녀(여자)에 해당하는지 여부에 관해 다음과 같이 판시하고 있다:

---

5) 大決 2006. 6. 22.자, 2004스42 전원합의체 참조. 여기서 대법원은 "성전환자에 해당함이 명백한 사람에 대해서는 호적법상의 호적정정절차에 따라 호적의 성별란 기재의 성을 전환된 성에 부합하도록 수정할 수 있도록 허용함이 상당하다"고 보았다. 또한 부산지방법원 2009. 2. 18, 2008고합669 판결 참조.

> 형법 제297조에서 말하는 부녀, 즉 여자에 해당하는지의 여부도 위 발생학적인 성인 성염색체의 구성을 기본적인 요소로 하여 성선, 외부성기를 비롯한 신체의 외관은 물론이고 심리적, 정신적인 성, 그리고 사회생활에서 수행하는 주관적, 개인적인 성역할(성전환의 경우에는 그 전후를 포함하여) 및 이에 대한 일반인의 평가나 태도 등 모든 요소를 종합적으로 고려하여 사회통념에 따라 결정하여야 할 것이다.

이러한 판시내용으로 보면, 대법원은 형법상 강간죄의 행위객체인 부녀인지 여부에 관해 일반 사회통념에 따라 판단하되 이때 고려해야 할 것으로 중요한 몇 가지 요소들을 제시하고 있다. "성전환자가 강간죄의 객체가 될 수 있는지"의 문제를 정면으로 다루고 있는 [대상판례 1]과는 달리, 강간죄의 행위객체인 부녀인지 여부를 다루면서 필요한 부분에 한해 성전환자의 경우를 언급하고 있음이 눈에 띈다. 그렇다 하더라도 이는 결국 성전환자가 부녀(여자)에 해당하는지 여부, 이로써 법률적으로 성전환자의 성을 어떻게 규정할 것인가와 직결된 것이므로 문제될 것은 없다.

위 판시내용에 비추어 볼 때 대법원은 인간의 성을 규정함에 있어 고려해야 할 사항으로 다음 몇 가지 요소를 제시하고 있다. 첫째, 생물학적 요소로서 이는 사람이 태어날 때부터 이미 자연적으로 주어져 있는 요소를 말하며, 성염색체(남성의 경우 XY, 여성의 경우 XX)와 신체의 외관(성선과 외부성기)이 이에 해당한다. 둘째, 심리적 · 정신적 성(요소)이다. 이 부분에 관해서는 구체적인 언급이 없으나, 당해 개인이 자신의 성에 대해 심리적 · 정신적으로 어떻게 생각하고 느끼고 있는지, 가령 기존의 타고난 성에 대해 불일치감이나 불만족 내지 갈등을 느끼고 있는지 여부와 그 정도, 이로써 자신을 남성으로 인식하고 있는지 아니면 여성으로 인식하고 있는지 여부 등을 의미하는 것으로 보인다. 셋째, 성전환을 전후하여 사회 내에서 수행하는 개인의 성역할 및 이에 대한 사회 일반인의 태도와 평가이다. [대상판례 2]에서는 이를 사회적 요소라 칭하고 있다. 예컨대 남성으로 태어나 여성으로 성전환을 한 자가 성전환 이후에도 여전히 남성으로서의 성 역할을 수행하거나, 설령 전환된 성에 따른 역할을 수행하더라도 주변 사람 등 사회 일반인이 여전히 남성으로 대우하거나 평가한다면, 이러한 측면은 법률상 그 성전환자에게 전환된 성을 인정함에 있어 부정적인 요소로 작용할 것이라는 취지로 새겨진다.

요컨대, 대법원은 생물학적 요소, 정신적 요소, 사회적 요소를 법률상 인간(성전환자 포함)의 성을 판단하는 규범적 기준으로 제시하고 있다. 생물학적 성과 기타의 성, 즉 심리적·정신적 성과 사회적 성 사이에 충돌이 없는 경우에는 법률상 인간의 성을 규정함에 아무런 문제가 없을 것이다. 문제가 되는 것은 전자와 후자가 충돌 내지 불일치하는 경우인데, 이 경우 성을 규정하는 방법에는 — 위 요소들을 감안할 때 — 크게 세 가지, 즉 ⓐ 생물학적 내지 자연적 요소만으로 정하는 방법, ⓑ 생물학적 요소를 제외하고 정신적·사회적 요소만으로 정하는 방법, 그리고 ⓒ 양자를 모두 고려하여 정하는 방법이 있을 수 있다. 이 가운데서 대법원은 ⓒ의 방법을 제시하고 있다.

전통적으로 인간의 성을 규정하는 기준으로 작용해 온 ⓐ의 방법은 오늘날에도 여전히 성결정에 대한 일반인의 사회통념에 부합되는 것이라 볼 수 있지만, 성에 대한 사회적 인식의 변화, 특히 타고난 성에 대해 만족하지 못하고 삶을 번민과 고통 속에서 살아야 하는 일단의 사람들이 존재하고 있다는 엄연한 사회적 현실에 합리적으로 대응하기 어렵다는 점에서 적절하지 못하다. ⓑ의 방법은 당해 개인의 심리적·정신적 측면과 사회 일반의 인식이나 태도 등 사회적 측면을 성결정을 위한 핵심적 고려요소로 삼는다는 점에서 현재의 성인식과 타고난 성 사이에 불일치가 있는 사람들에게 성적 자유와 해방을 안겨줄 수 있는 여지를 제공한다는 점에서 긍정적인 면을 갖고 있다. 하지만 가령 성전환자와는 달리, 게이나 동성애자와 같이 — 일시적이든 영속적이든 — 타고난 성과는 다른 성인식을 갖고 그에 따른 성역할을 수행하는 사람들에 대해서도 정신적·사회적 측면을 감안하여 스스로 인식·수행하고 있는 성을 인정해 줄 수밖에 없을 것이다. 이러한 결과는 현재의 성관념이나 성의식에 비추어 볼 때 받아들이기 어려울 뿐만 아니라 인간의 성인식 및 성역할과 관련하여 사회적 혼동을 초래할 수 있다는 점에서 적절하지 않다. 마지막으로 ⓒ의 방법은 인간의 성결정에 있어 기본적으로 생물학적 내지 자연적 측면을 중시한다는 점에서 일반의 성의식에 부합한다는 점, 나아가 인간의 성결정과 관련된 사회적 인식과 여건의 변화에 적절하게 대응할 수 있다는 점, 특히 자신의 성정체성에 극도의 혼란을 일으킴으로써 성적 실존에 심각한 억압과 부자유를 느끼는 사람들에게 사회적 탈출구를 마련해줄 수 있는 여지를 두고 있다는 점에서 타당한 판단기준이라고 생각된다. 이런 점에서 일단 대법원의 태도는 적절하다고 본다.

(2) [대상판례 1]의 판단기준

대법원은 최근의 판례([대상판례 1])에서 법률상 인간의 성을 어떻게 규정할 것인가에 관해 다음과 같이 판시하고 있다:

> ① 종래에는 사람의 성을 성염색체와 이에 따른 생식기·성기 등 생물학적 요소에 따라 결정하여 왔으나 근래에 와서는 생물학적인

요소뿐만 아니라 개인이 스스로 인식하는 남성 또는 여성으로서의 귀속감 및 개인이 남성 또는 여성으로서 적합하다고 사회적으로 승인된 행동·태도·성격적 특징 등의 성역할을 수행하는 측면, 즉 정신적·사회적 요소들 역시 사람의 성을 결정하는 요소 중의 하나로 인정받게 되었으므로, 성의 결정에 있어 생물학적 요소와 정신적·사회적 요소를 종합적으로 고려하여야 한다.

② 위와 같이 사람의 성을 결정하는 데에 여러 가지 요소가 존재한다는 것은 위 각 요소들이 일치하지 않는 경우가 발생할 수 있다는 의미이고, 특히 생물학적 측면의 성은 출생시 곧바로 확인될 수 있지만 정신적·사회적 측면에서의 성이 생물학적 측면의 성과 일치하는지 여부는 출생 당시에는 쉽사리 알 수 없다가 출생 후 성장하면서 비로소 개인이 인식하는 성귀속감과 수행하는 성역할이 생물학적인 성과는 전혀 다른 것으로 확인되기도 한다. 성전환증을 가진 사람의 경우에도, 남성 또는 여성 중 어느 한쪽의 성염색체를 보유하고 있고 그 염색체와 일치하는 생식기와 성기가 형성·발달되어 출생하지만 (ⅰ) 출생 당시에는 아직 그 사람의 정신적·사회적 의미에서의 성을 인지할 수 없으므로, 사회통념상 그 출생 당시에는 생물학적인 신체적 성징에 따라 법률적인 성이 평가될 것이다. 그러나 (ⅱ) ㈎ 출생 후의 성장에 따라 일관되게 출생 당시의 생물학적인 성에 대한 불일치감 및 위화감·혐오감을 갖고 반대의 성에 귀속감을 느끼면서 반대의 성으로서의 역할을 수행하며 ㈏ 성기를 포함한 신체 외관 역시 반대의 성으로서 형성하기를 강력히 원하여, 정신과적으로 성전환증의 진단을 받고 상당기간 정신과적 치료나 호르몬치료 등을 실시하여도 여전히 위 증세가 치유되지 않고 반대의 성에 대한 정신적·사회적 적응이 이루어짐에 따라 일반적인 의학적 기준에 의하여 성전환수술을 받고 반대 성으로서의 외부 성기를 비롯한 신체를 갖추고, ㈐ 나아가 전환된 신체에 따른 성을 가진 사람으로서 만족감을 느끼며 공고한 성정체성의 인식 아래 ㈑ 그 성에 맞춘 의복, 두발 등의 외관을 하고 성관계 등 개인적인 영역 및 직업 등 사회적인 영역에서 모두 전환된 성으로서의 역할을 수

행함으로써 주위 사람들로부터도 그 성으로서 인식되고 있으며, ㈒ 전환된 성을 그 사람의 성이라고 보더라도 다른 사람들과의 신분관계에 중대한 변동을 초래하거나 사회에 부정적인 영향을 주지 아니하여 사회적으로 허용된다고 볼 수 있다면, 이러한 여러 사정을 종합적으로 고려하여 사람의 성에 대한 평가기준에 비추어 사회통념상 신체적으로 전환된 성을 갖추고 있다고 인정될 수 있는 경우가 있다 할 것이며, 이와 같은 성전환자는 출생시와는 달리 전환된 성이 법률적으로도 그 성전환자의 성이라고 평가받을 수 있을 것이다.[6)]

여기서 대법원은 사람의 성에 대한 결정을 함에 있어 종래의 판례([대상판례 2])에 나타난 기준을 그대로 따르고 있다. 즉 "성의 결정에 있어 생물학적 요소와 정신적·사회적 요소를 종합적으로 고려하여" 판단하는 방식을 취하고 있다. 다만, 일정한 요건을 구비한 때에는 사회통념상 전환된 성을 갖추고 있다고 인정될 수 있는 경우가 있음을 인정하고, 이 경우 성전환자는 법률적으로도 타고난 성과는 달리 전환된 성을 가진 자로 인정될 수 있다고 보았다.

여기서 일정한 요건이란 위 ②에서 제시된 ㈎~㈒의 요건을 말한다. ㈎ 먼저, 생물학적 성에 대한 불일치감을 갖고 반대의 성에 대한 귀속감을 느끼며 반대의 성으로서의 역할을 수행하여야 한다. ㈏ 둘째, 신체의 외관을 반대의 성으로 형성하기를 원

---

6) 성전환자의 성에 대한 이러한 판단기준은 大決 2006. 6. 22.자, 2004스42 전원합의체 결정 내용을 그대로 따른 것이며, ㈎~㈒는 필자가 임의대로 표기한 것이다. 대법원의 판단에서는 해당 요건을 이와 같이 세부적으로 구분하지 않고 있으나, 대상판례에 대한 제1심 판결에서는 요건을 세부적으로 구분하여 표시하였다(부산지방법원 2009. 2. 18, 2008고합669 판결 10쪽 참조). 그에 따르면 ㈏의 요건을 두 단계('일반적 의학적 기준에 의하여 …'부분을 별도로 구분함)로 세분한 반면, ㈐와 ㈑는 합쳐 하나의 요건으로 되어 있다.

하여 성전환수술을 받고 반대 성으로서의 신체 외관을 갖추어야 한다. ㈐ 셋째, 전환된 성에 대한 만족감을 느끼고 그에 대한 성 정체성을 인식하여야 한다. ㈑ 넷째, 이를 전제로 전환된 성에 맞는 외관을 하고, 개인적 영역(성관계 등)과 사회적 영역(직업 등)에서 모두 전환된 성으로서의 역할을 수행하여야 하며, 주위 사람들로부터도 전환된 성으로 인식되어야 한다. ㈒ 다섯째, 전환된 성에 따르더라도 타인과의 신분관계에 중대한 변동을 주거나 기타 부정적인 영향을 주지 않는 등 사회적으로 허용될 수 있어야 한다.

이러한 요건들을 위에서 언급한 각 요소들에 비추어 평가해 본다면, ㈎와 ㈐는 생물학적 성에 대한 정체성 갈등 및 전환된 성에 대한 정체성 인식 등을 내용으로 하는 것으로 심리적·정신적 요소에 관련된 것이라 하겠다. ㈑와 ㈒는 성전환 이후 개인적·사회적 측면에서의 성역할과 그에 대한 사회적 인식 및 성전환에 따른 사회적 영향 등을 내용으로 하는 것으로 사회적 요소에 관한 것이다. 물론 ㈎에서도 이러한 사회적 요소는 일부(즉 성전환 이전 상태에서 반대 성으로서의 역할 수행) 언급되고 있다. 그리고 ㈏는, 반대 성으로 형성하기를 강력히 원하여 성전환수술을 받고 반대 성으로 신체의 외관을 갖출 것을 요구하고 있다는 점에서 심리적·정신적 요소와 생물학적 요소가 결합된 요건이라 볼 수 있다. 하지만 그 중점은 생물학적 요소에 있는 것으로 보인다. 즉 이는, 법률상 타고난 성과는 다른 성을 인정받으려면 어쨌든 반대 성으로서의 신체 외관을 갖추어야 함을 요구한 것으로 보인다.

그런데 ㈏에 관해 언급한 대법원의 판시내용의 취지나 표현에 비추어 볼 때 한 가지 불확실한 것은 반대 성으로 형성하기를 원해 무조건 성전환수술을 하고 반대 성으로의 외관만 갖추면 이 요건을 충족한 것으로 볼 수 있는가 하는 점이다. “정신과적으로 성전환증의 진단을 받고 상당기간 정신과적 치료나 호르몬치료 등을 실시하여도 여전히 위 증세가 치유되지 않고 반대의 성에 대한 정신적 · 사회적 적응이 이루어짐에 따라 일반적인 의학적 기준에 의하여 성전환수술을 받고”라는 표현에 비추어 볼 때 일반 의학적인 기준에 의한 성전환수술을 받았는지 여부와, 그 전단계로서 전문가에 의한 성전환증 진단을 받고 이를 치료하기 위한 노력이 있었는지 여부가 중요한 점으로 고려되고 있는 듯하다. 그렇다면 이는 생물학적 요건을 언급한 것임과 동시에 일정한 절차적 요건을 언급한 것으로 짐작된다. 즉 성전환수술을 받아 반대 성의 외관을 갖추어야 하되, 성전환증이라는 정신과적 진단과 치료의 노력 및 의학적 기준에 의한 성전환 수술이라는 일련의 절차를 거칠 것을 요구하고 있는 게 아닌가 한다.[7] 물론 이러한 절차적 요건은 성불일치감을 느끼며 성정체성에 혼란을 겪는 자가 일반 의학적인 측면에서 성전환증(transsexualism)[8]이라는 증세를 가진 자여야 한다는 실체적 측면을 함축하고 있다고 볼 수 있다.

---

7) 제1심 판결(부산지방법원 2009. 2. 18, 2008고합669 판결)에는 이 부분에 대한 강조가 분명하게 드러나 있다: “성전환자가 특별히 성범죄의 피해자가 된 경우에는 … 문제의 성격상, 피해자가 진성의 성전환자로서 공인된 절차를 거쳐 성전환수술을 받고, 상당기간을 다른 성으로 살아온 사정이 인정되는 등의 실질적 요건을 구비한 상태에서, …”(15쪽 참조).

8) 성전환증이란 자신의 해부학적 성에 대한 불편함이나 부적절감을 가지고 있으면서 반대되는 성으로 살고 또 반대되는 성으로 인정받고 싶은 욕망, 그리고 자신의 몸을 자신이 선호하는 반대 성의 몸에 가급적 일치되도록 호르몬치료와 수술을 받고자 하는 증후군으로서 성적 주체성의 장애의 일종을 말한다(김민규, “우리나라 성주체성장애자에 대한 법적 시각의 변화,” 의료법학 제3권 제2호, 대한의료법학회, 2002. 12, 310쪽 참조).

(3) 비교 검토

위에서 살펴보았듯이 두 개의 대상판례는 성전환자가 강간죄의 행위객체인 부녀에 해당하는지 여부, 이로써 법률상 성전환자의 성을 어떻게 규정할 것인가에 관한 규범적 판단기준을 제시함에 있어 기본적으로 동일한 입장을 취하고 있다. 즉 생물학적 요소를 비롯하여, 이 외에 심리적·정신적 요소와 사회적 요소를 종합적으로 고려하여 사회통념에 따라 판단해야 한다는 것이다. 다만 [대상판례 1]에서 대법원이 성전환자가 강간죄의 행위객체가 될 수 있는지 여부의 문제를 정면으로 거론하면서, 위 요소들에 관련된 세부요건들을 매우 상세히 제시하고 있음은 특징적이다. 이는, 대법원(및 관련 하급심 법원)이 [대상판례 2]가 선고된 때와의 시간적 간극 및 저간의 사회적 의식의 변화 등을 염두에 두고 그 기준 제시에 나름 고심을 한 흔적으로 보인다.

하지만 동일한 판단기준의 제시 및 그 구체화에도 불구하고 [대상판례 1]과 [대상판례 2]에 나타난, 실제 사안에 대한 대법원의 최종적 판단은 전혀 달랐다. 양자 모두에서 생물학적으로 남성으로 태어나 여성으로 성전환을 한 자에 대한 강간죄 성립 여부가 문제되었지만, 전자의 경우에는 강간죄 성립을 인정한 반면 후자의 경우에는 강간죄가 성립하지 않는다고 보았다. 이와 같이 서로 상반되는 결론이 도출된 이유는 과연 어디에 있는가? 이 점을 분명히 하기 위해 위와 같은 규범적 판단기준의 적용대상이 된 사실관계를 상세히 검토해 볼 필요가 있다.

2. 사실관계

[대상판례 1]과 [대상판례 2]는 모두 성전환자, 즉 생물학적으로 남성으로 태어나 일정 기간 남자로 생활하다가 타고난 성

에 대한 불일치감 및 여성으로의 귀속감 등 성정체성에 혼란을 겪다가 성전환수술을 통해 여성으로서의 신체 외관을 바꾼 자에 대한 강간죄 성립 여부가 문제된 사안이었다. 물론 전자의 경우에는 「성폭력범죄의 처벌 및 피해자보호 등에 관한 법률」 제5조 제1항의 주거침입강간죄가 문제된 반면, 후자의 경우에는 같은 법 제9조 제1항의 (합동)강간치상죄가 문제되었다는 점에서 차이가 있지만, 법률적 판단의 핵심쟁점에서는 아무 차이가 없다. 따라서 법률상 중요한 것은 남성으로 태어나 여성으로 성전환을 한 상태에서 성폭력을 당한 피해자의 성을 무엇으로 볼 것인가 하는 점이다. 또한 이와 연계하여 사실관계의 측면에서도 두 사건의 피해자가 성적 측면에서 과연 어떤 상황에 있었고, 어떤 계기에서 어떤 방식으로 성전환을 하게 되었으며, 성전환 이후의 성인식 및 성역할은 어떠하였는지, 또 전환된 성에 대한 주변의 인식은 어떠하였는지 등이 중요한 점이라 하겠다.

(1) [대상판례 2]의 사실관계

[대상판례 2]의 피해자는 1958. 8. 3.생이고 (ㄱ) 남성으로서의 성기구조를 갖춘 남자로 태어나 남자 중학교까지 졸업하였으나 (ㄴ) 어릴 때부터 여자 옷을 즐겨 입거나 고무줄놀이와 같이 여자가 주로 하는 놀이를 즐겨하는 등 여성으로서의 생활을 동경하고 여성으로서의 성에 귀속감을 느낀 나머지 (ㄷ) 1989년경부터 수 년간 여장남자로서의 행세를 하여 오다가 (ㄹ) 1991년과 1992년 일본에 있는 병원에서 자신의 음경과 고환을 제거하고 그 곳에 질을 만들어 넣는 방법으로 여성으로의 성전환 수술을 받음으로써 여성으로서의 질 구조를 갖추고 있고 유방이 발달하는 등 외관상으로는 여성적인 신체구조를 갖추게 되어 (ㅁ) 보통의 여자와 같이 남자와 성생활을 할 수 있으며 성적 쾌감까지 느끼

고 있으나 ㈅ 여성의 내부성기인 난소와 자궁이 없기 때문에 임신 및 출산은 불가능한 상태였다.

이상의 사실관계에 비추어 위 피해자의 성징과 사정은 다음과 같이 요약할 수 있다. ㈀ 첫째, 피해자는 생물학적으로 남성으로 태어났다. 즉 남성의 성염색체와 성선 및 성기구조를 갖고 태어났다. ㈁ 둘째, 피해자는 어린 시절부터 여성으로서의 생활을 동경하고 여성으로서의 성귀속감을 느꼈다. 이는 피해자가 자신의 타고난 성에 대한 정체성에 불일치감을 느끼며 혼란을 일으켰음을 짐작케 해준다. ㈂ 셋째, 성전환 전에 수 년간 여장남자로 행세하였음에 비추어 피해자가 성전환 전 여성으로서의 성역할을 수행하였음을 알 수 있으며, 또한 이를 통해 피해자가 여성으로서의 성인식을 지니고 있었음을 엿볼 수 있다. ㈃ 넷째, 피해자는 34세경에 이르러 자신의 자발적인 의사에 따라 성전환수술을 받고 외관상 여성의 신체구조를 갖추었다. ㈄ 다섯째, 성전환 이후 남자와 성생활을 할 수 있음은 물론 성적 쾌감까지 느낄 수 있었다. ㈅ 여섯째, 외관상 여성의 신체구조는 갖추었으나 임신과 출산은 불가능하였다.

이상의 사실을 [대상판례 1]에서 대법원이 성전환자에 대해 법률상 전환된 성을 인정하기 위해 갖추어야 할 요건으로 제시한 내용과 비교해 볼 때, ㈀~㈂은 ㈎의 요건(생물학적 성에 대한 불일치감을 갖고 반대의 성에 대한 귀속감을 느끼며 반대의 성으로서의 역할을 수행하여야 한다)을 충족한다고 볼 수 있다. ㈃은 ㈏의 요건(신체의 외관을 반대의 성으로 형성하기를 원하여 성전환수술을 받고 반대 성으로서의 외관을 갖추어야 한다)과 관련성을 갖고 있는 부분이다. 다만 이 경우 피해자가 이 요건을 완전히 충족한다고 볼 수 있을지는 다소간 불확실하다. 왜냐하면 대법원은 성전환을 통해 외관상 반대 성으로의 신체구조를 변경하는 것에 덧붙여—

앞서 언급하였듯이 — 이른바 절차적 요건, 즉 의사에 의한 성전환증 진단을 받고 이를 치료하기 위한 노력을 기울였는지 여부 및 의학적 기준에 따른 성전환 수술인지 여부를 함께 고려하고 있는 것처럼 보이기 때문이다. 만일 이러한 해석이 적절한 것이라면, 피해자가 ㈏의 요건을 충족하였다고 보기는 어려울 것 같다. 다음으로, ㈒은 ㈐의 요건(전환된 성에 대한 만족감을 느끼고 그에 대한 성정체성을 인식하여야 한다) 및 ㈑의 요건 일부(개인영역에서의 성역할)와 관련성을 가진 부분이라 할 수 있다. 성전환 이후 남자와 성생활을 할 수 있고 또 성적 쾌감까지 느낄 수 있었다는 사실만으로 곧바로 이 요건을 충족한다고 단정하기 어려운 면이 없지 않으나, 소극적인 측면에서 본다면 위 피해자의 경우 특별히 이 요건의 성립을 부정해야 될 이유는 없어 보인다. 그리고 ㈓은 대법원이 제시하고 있는 요건과 아무 관련이 없는 부분이다. 하지만 피해자에게 생식능력이 없다는 점이 [대상판례 2]에서 대법원이 내린 결론, 즉 피해자는 강간죄의 행위객체인 부녀에 해당하지 않는다는 판단에 중요한 요소로 작용하였음은 주지의 사실이다.

그 밖에 위 사실관계에는 상세히 언급되어 있지 않지만 위 피해자는 성전환 이후 주로 야간에 술집 등 유흥업소에서 일을 하며 생계를 유지한 것으로 보인다.9) 그렇다면 피해자는 성전환 이후 사회적 영역에서 여성으로서의 성역할을 수행하였다고 볼 수 있으며, 이로써 요건 ㈑의 일부(사회적 영역에서의 전환된 성으로서의 역할 수행)을 충족한다고 볼 수 있다. 그런데 위 피해자의 사정이 나머지 요건, 즉 ㈑의 일부(주위 사람들로부터도 전환된 성으로 인식되어야 한다)와 ㈒의 요건을 충족하는지 여부는 위 사실

9) [대상판례 2]의 [사실관계] 참조.

관계에 비추어 볼 때 분명치 않다.

(2) [대상판례 1]의 사실관계

[대상판례 1]의 피해자는 (ㄱ) 남성으로 태어나 (ㄴ) 성장기부터 남성에 대한 불일치감과 여성으로서의 귀속감을 나타내면서 따돌림을 당하였고, 사춘기에 이르러 여성으로서의 분명한 성정체성이 형성되기 시작하면서 이를 감당하지 못하여 집을 떠났고, (ㄷ) 24세이던 1974년 경 성전환수술을 결심하고 정신과병원에서 정밀진단과 심리치료관찰을 거쳐 성전환증이라는 확진을 받은 다음 성형외과에서 남성의 성기와 음낭을 제거하고 여성의 질 등 외부성기를 형성하는 수술을 받고 이후 상당기간 호르몬 요법의 시술을 받았다. 그리고 2차로 일본 오사카현 이마사토에 있는 한 성형외과병원에서 가슴성형수술을 받은 바 있고 3차로는 1998.2. 부산에 있는 ○○○ 성형외과에서, 2000년경에 이르러 태국의 한 병원에서 각 가슴보강수술과 질확장술을 받았다. 또한 (ㄹ) 피해자는 남성 또는 여성으로서 자녀를 출산한 경험이 없고 생식기능 또한 존재하지 아니하나, (ㅁ) 성전환수술 후 여성으로서의 성생활에 전혀 지장이 없으며, 특히 피해자의 사정을 이해하는 남성과 과거 10여 년간 동거하며 지속적으로 성관계를 영위함에 아무런 문제가 없었고, 성적 만족을 느끼는 데도 이상이 없었다. 나아가 (ㅂ) 피해자는 여성으로서의 신체와 외관을 갖추고 있을 뿐만 아니라 여성으로서의 성적 정체성도 확고하고 자신이 여성임에 만족하고 있으며, (ㅅ) 피해자의 가족들과도 가출 후 10년이 지나면서부터 소식을 주고받으며 관계가 유지되어 왔고, 현재 살아 있는 가족들이 피해자의 처지와 사정을 잘 이해하여 관계가 개선되었으며, (ㅇ) 성전환수술 후 30여 년간 여성무용수로서 국내와 국외를 오가며 활동하여 왔는데, 피해자가 국내에 거주할 때는

주로 부산시 소재 일정지역에 30년 가까이 주거를 정하여 살면서 주민들과는 여성으로서 오랜 세월 동안 친분을 유지하여 왔다.

위 사실관계에 비추어 [대상판례 1]에 나타난 피해자의 성징과 사정은 다음과 같이 요약할 수 있다. ㈀ 첫째, 피해자는 생물학적으로 남성으로 태어났다. ㈁ 둘째, 성장기부터 남성에 대한 불일치감과 여성에 대한 귀속감을 보이며 여성으로서의 성정체성이 형성되었다. ㈂ 셋째, 20대 중반에 이르러 여성으로의 성전환을 결심하고 성전환수술을 하여 여성의 성기구조를 갖추고, 이후 두 차례에 걸쳐 가슴성형수술 등을 받았다. 여기서 특징적인 것은 성전환수술에 앞서 정신과로부터 성전환증의 확진을 받았다는 점이다. 앞서 언급하였듯이 이는 [대상판례 2]의 피해자와 다른 점이다. ㈃ 넷째, 위 피해자 역시 — [대상판례 2]의 피해자와 마찬가지로 — 생식능력은 없었다. ㈄ 다섯째, 성전환 이후 성적 만족을 느끼는 등 여성으로서의 성생활에 아무 지장이 없었다. ㈅ 여섯째, 성전환 이후 자신이 여성임에 만족하였으며 여성으로서의 성정체성이 확고하였다. ㈆ 일곱째, 성전환 이후 가족들로부터 피해자가 처한 사정을 이해받는 등 관계가 개선되었다. ㈇ 여덟째, 성전환 이후 30여 년간 여성무용수로서 사회적 활동을 해왔으며, 인근 주민들과도 여성으로서 친분을 유지하는 등 여성으로 인식되어 왔다.

이상의 내용을 [대상판례 1]에서 대법원이 제시한 요건, 즉 성전환자에 대해 전환된 성을 인정하기 위해 갖추어야 할 요건에 관련시켜 보면, 위 피해자는 ㈎~㈒의 요건을 모두 충족하는 것으로 볼 수 있다. 물론 대법원이 위 피해자에 대해 강간죄의 행위객체인 부녀에 해당한다고 판단하였음을 감안할 때, 이 점은 이론의 여지가 없어 보인다.

(3) 비교 검토

위 두 판례에 나타난 사실관계에 의할 때 두 피해자 사이에는 일정한 공통점과 차이점이 있음을 알 수 있다. 먼저 다음과 같은 공통점을 확인할 수 있다. 생물학적으로 볼 때 두 피해자는 모두 남성의 성염색체와 성선 및 성기구조를 지닌 남자로 태어났다. 또한 어릴 때부터 타고난 성에 대한 불일치감 및 여성으로서의 귀속감을 느껴 성정체성에 극심한 혼란을 겪었으며, 이로 인해 성기구조를 외관상 여성의 그것으로 바꾸는 성전환수술을 하였다. 성전환 이후 여성으로서 남성과 성관계를 갖는 데 아무 문제가 없었고(즉 개인적 영역에서 전환된 성으로서의 역할을 수행하였고), 성적 만족을 느낌은 물론 여성으로서의 성정체성을 인식하고 있었다. 나아가 사회적 영역에서도 — 직업생활을 영위하는 그 방법에는 다소 차이가 있으나(야간업소의 무용수와 접대부) — 전환된 성으로서의 역할을 수행하였다.

이러한 사정에도 불구하고 양자 사이에는 약간의 차이점이 존재하고 있다. 첫째, 두 피해자 모두 극도의 성불일치감 및 성정체성에 대한 혼란으로 인해 성전환수술을 받았으나, [대상판례 1]의 피해자는 성전환 수술 이전에 정신과적 진단을 받고 일정 기간의 심리치료와 관찰을 거쳐 성전환증이라는 확진을 받은 이후 성전환수술을 하였다는 점이다. 이는 일반 의학적인 절차와 판단에 따라 성전환증이라는 증상을 가져야 한다는 의미로 비친다. 그렇다면 규범적 요건에 비추어 볼 때 [대상판례 1]의 피해자는 위 절차적 요건을 구비한 반면, [대상판례 2]의 피해자는 이를 결여했다고 하겠다. 그 밖에 [대상판례 1]의 피해자는 일정 시간 이후 가족들과의 관계도 개선되어 자신이 처한 사정을 이해받게 되었음은 물론, 오랫동안 주위사람들로부터도 전환된 성인 여성으로 인식되어 왔다는 점도 서로 다른 부분이다.[10)]

3. 비판적 검토

얼핏 보기에 본질적인 점에서 크게 다르다고 할 수 없는 두 사례에 대해 과거 대법원의 판단과 최근 대법원의 판단이 다른 이유는 무엇일까? 이 점과 관련하여 중요한 것은, 위와 같은 차이점들 및 그에 상응하는 — [대상판례 1]에서 대법원이 제시한 —규범적 요건들이 본질적인 것인가 아니면 비본질적인 것인가 하는 점이다. 필자가 보기에 본질적인 차이라고 여겨지지는 않는다. 오히려 위 차이점들 및 그에 상응하는 규범적 요건들은 주변적인 것이거나 불필요한 것으로 보인다.

(1) [대상판례 2]에 대한 검토

위 두 사안의 피해자가 형법상 강간죄의 행위객체인지, 즉 법률상 여성인지 여부에 관한 대법원의 최종적 판단은 다음과 같다:

[대상판례 1] 위와 같은 사정을 종합하여 보면, 피해자는 성장기부터 남성에 대한 불일치감과 여성으로서의 귀속감을 나타내었고, 성인이 된 후 의사의 진단 아래 성전환수술을 받아 여성의 외부 성기와 신체 외관을 갖추었고, 수술 이후 30여 년간 여성으로 살아오면서 현재도 여성으로서의 성정체성이 확고하여 남성으로 재전환할 가능성이 현저히 낮고, 개인생활이나 사회생활에서도 여성으로 인식되어, 결국 사회통념상 여성으로 평가되는 성전환자에 해당한다고 봄이 상당하(고, 이 사건 피고인도 피해자를 여성으로 인식하여 강간

---

10) 물론 세세한 부분이나 요소까지 모두 고려하면 이러한 차이점 외에 다른 차이점들도 있을 수 있으며, 경우에 따라 공통점으로 파악된 부분에도 미묘한 차이가 있을 수 있다. 하지만 규범적 판단기준과 요건에 비추어 볼 때 이 정도의 서술로도 족하다고 본다.

범행을 저질렀)다.

[대상판례 2] 그렇다면 위 피해자는 비록 어릴 때부터 정신적으로 여성에의 성귀속감을 느껴 왔고 위의 성전환 수술로 인하여 남성으로서의 내·외부성기의 특징을 더 이상 보이지 않게 되었으며 남성으로서의 성격도 대부분 상실하여 외견상 여성으로서의 체형을 갖추고 성격도 여성화되어 개인적으로 여성으로서의 생활을 영위해 가고 있다 할지라도, 기본적인 요소인 성염색체의 구성이나 본래의 내·외부성기의 구조, 정상적인 남자로서 생활한 기간, 성전환 수술을 한 경위, 시기 및 수술 후에도 여성으로서의 생식능력은 없는 점, 그리고 이에 대한 사회 일반인의 평가와 태도 등 여러 요소를 종합적으로 고려하여 보면 위 피해자를 사회통념상 여자로 볼 수는 없다 할 것이다.

[대상판례 1]에서 대법원은 성장기부터의 성불일치감과 그로 인한 성정체성에 대한 혼란, 이로 인한 성전환수술을 통한 여성의 성기구조로의 신체 외관의 변경, 성전환 이후의 성역할 및 피해자에 대한 사회적 인식 등을 거론하며 피해자를 강간죄의 행위객체인 여성으로 보았다. 반면, [대상판례 2]에서 대법원은 어릴 때부터의 성불일치감과 여성으로서의 성귀속감, 이로 인한 성전환수술에 의한 외부 성기구조의 전환 및 여성으로서의 성역할 등 [대상판례 1]에 나타난 피해자의 성징과 사정에 있어 본질상 거의 동일하다고 볼 수 있음에도 불구하고 당해 피해자를 여성으로 볼 수 없다고 판단하였다. 즉 강간죄의 행위객체성을 부정하였다.

그런데 이러한 차이를 가져온 주된 원인은, [대상판례 1]에서는 성전환자의 성결정에 있어 사회적 요소들이 주로 반영된 반면, [대상판례 2]에서는 생물학적 내지 자연적 요소가 핵심적으로 반영되었기 때문인 것으로 보인다. 여기서도 전체적으로는 — [대상판례 1]에서의 판단방법과 마찬가지로 — 이런저런 요소를 '종합적으로 고려하여' 판단해야 한다고 하고 있으나, 실제로는 — [대상판례 1]이 사회적 요소에 초점을 맞춘 것과는 달리 — 생물학적 요소를 기본으로 하여 그 측면에만 무게를 두고 판단한 것이다. 특히, 생물학적 요소라 할지라도 피해자의 성염색체의 구성은 고려사항이 될 수 없다고 본다. 이는 기본적으로 고려할 사항이 아니라 '그럼에도 불구하고'의 의미가 담긴 요소로서 고려사항에서 제외했어야 하는 부분이다.[11] 또한 정상적인 남자로 생활한 기간을 고려한 것도 문제라고 본다. 두 사례에서 피해자가 각기 남성으로 생활한 기간은 [대상판례 1]의 경우에는 24년, [대상판례 2]의 경우에는 대략 33년으로서 양자 간에 10년 정도의 차이가 있다. 하지만 이러한 차이는 거의 중요치 않은 것이다. 왜냐하면 양자 모두 어릴 때부터 성불일치감 및 성정체성에 혼란을 느꼈고 이후 그러한 증세가 성전환수술을 결행하기에 이를 만큼 지속되었음을 감안할 때, '남자로서 생활한 기간'이라 함은 타고난 성에 대한 만족과 그에 대한 확고한 성정체성으로

---

11) 같은 취지의 지적으로는 고종주, "성전환자에 대한 법적 인식과 처우," 사법논집 제35집, 법원도서관, 2002, 451쪽; 김일수, "합동강간치상죄의 불능미수," 판례연구 제8집, 고려대학교 법학연구소, 1996. 9, 102쪽; 김혜정, "시대의 변화에 따른 강간죄의 객체 및 행위태양에 관한 재구성," 비교형사법연구 제9권 제1호, 한국비교형사법학회, 2007. 7, 193쪽; 문유석, "성전환수술을 받은 자의 성별," 인권과 정의 통권 제311호, 대한변호사협회, 2002. 7, 92쪽; 정현미, "성전환수술자의 강간죄의 객체여부," 형사판례연구 제6호, 박영사, 1998. 7, 179쪽 참조. 여기서는 종합적 판단기준을 제시하였음에도 전체적으로 참작하지 않고 성염색체의 구성 등 생물학적 요소에 치우쳐 성의 사회적 역할과 기능을 무시한 판결이라거나, 이로써 제시한 기준과 실제사안에 대한 판단이 어긋나는 자기모순적 판결이라는 등의 비판이 제기되고 있다.

이어진 평탄한 세월이 아니라 — 비록 성전환수술을 좀 일찍 하고 늦게 한 데에는 개인적인 이유나 사정이 있겠지만 — 정신적 고통과 혼란으로 연속된 인고의 세월이었음을 충분히 짐작할 수 있기 때문이다. 따라서 이 점과 관련하여 중요한 것은 단순히 남성으로 생활한 기간이 아니라 생물학적으로 남성으로 살아오면서 여성으로서의 귀속감과 성정체성을 가졌는지 여부 및 그 정도라고 본다.

더욱이 [대상판례 2]에서 대법원은 여성으로서의 생식능력이 없다는 점을 강간죄의 행위객체성을 부정하기 위한 중요한 전거로 고려한 듯하다. 이는 [대상판례 1]에서 대법원이 보여 준 태도와는 완전히 다르다. 후자의 경우에도 전자의 경우와 마찬가지로 피해자에게 생식능력이 없었음에도 불구하고 대법원은 강간죄의 행위객체성을 인정하였다. 이 점에서 대법원은 중요한 오류를 범하였다고 볼 수 있다. 즉 동일한 규범적 판단기준하에서 전적으로 동일한 사실을 전적으로 다른 결론을 이끌어내는 데 중요한 근거제시요소로 사용하였기 때문이다. 이는 두 판결문의 언어사용맥락을 보더라도 동일한 사실을 완전히 다른 각도에서 보고 있음을 엿볼 수 있다.12)

나아가, 이러한 판단차이를 초래한 데에는 또 다른 요소가 중요하게 작용한 것으로 보인다. 이는 규범적 판단기준에 대한 해석 및 적용의 문제와 연계되어 있는 부분이다. [대상판례 1]과

12) [대상판례 1]에서는 "피해자는 남성 또는 여성으로서 자녀를 출산한 경험이 없고 생식기능 또한 존재하지 아니하나" 이러저러한 점을 고려할 때 결국 사회통념상 여성으로 평가되는 성전환자에 해당한다고 판단하고 있는 반면, [대상판례 2]에서는 "비록 … 할지라도, … 생식능력은 없는 점 … 등을 고려하여 보면 위 피해자를 사회통념상 여자로 볼 수는 없다"고 판단하고 있다.

[대상판례 2] 모두에서 대법원은 성전환자를 포함한 인간의 성을 결정함에 있어 생물학적 요소는 물론 심리적·정신적 요소와 사회적 요소를 종합적으로 고려하여 판단해야 한다는 입장을 취하고 있다. 그런데 전체적인 판단의 방법에 있어 생물학적 요소, 심리적·정신적 요소 및 사회적 요소를 “종합적으로 고려하여” 판단해야 한다는 기준을 성전환자에게 적용함에는 어려움이 따른다. 성전환자는 생물학적 성과 심리적·정신적 및 사회적 성 사이에 불일치가 있는 경우이기 때문이다. [대상판례 1]에서 대법원 역시 이 점을 감안하여 (ⅰ) “출생 당시에는 아직 그 사람의 정신적·사회적인 의미에서의 성을 인지할 수 없으므로, 사회통념상 그 출생 당시에는 생물학적인 신체적 성징에 따라 법률적인 성이 평가될 것”이지만, (ⅱ) 출생 후 성장에 따라 출생 당시의 생물학적 성에 대한 불일치감을 느끼는 성전환증을 가진 자의 경우에는 — 심리적·정신적 및 사회적 측면에서 일정한 요건을 구비함을 전제로 하여 — 법률상 생물학적 성과는 다른 성이 인정될 수 있다고 판시하였다.

그렇다면 성전환자의 경우에 법률상 남성 또는 여성인지를 결정함에 있어 중요하게 작용하는 것은 심리적·정신적 요소와 사회적 요소일 뿐, 생물학적 요소는 아니라고 보아야 할 것이다. 굳이 생물학적 요소를 고려하는 것이 의미가 있다고 하더라도, 이 경우 생물학적 요소란 본래적으로 타고난 성징을 뜻하는 것이 아니라, 갈망하는 성의 측면에서 바라본 생물학적 측면을 뜻한다고 보아야 할 것이다. 그렇다면 태어날 때 본래적으로 주어진 자연적 요소, 즉 성염색체, 성선 및 성기구조 등의 요소는 성전환자의 성결정에 있어 아무런 의미를 갖지 못하며, 다만 성전환수술 이후 구비한 외부적 성기구조만이 생물학적 요소로서 의미를 갖는다고 할 것이다. 이와 같이 본다면 성전환자의 경우 법률상 전환된 성으로 평가되지 못하는 이유는 타고난 생물학적 요소를 결하였기 때문이 아니라 규범적으로 요구되는 심리적·정신적 및 사회적 요소를 구비하지 못한 데 있는 셈이다. 이런 점에서 [대상판례 2]에 대한 대법원의 판단과정에 깃들어 있는 문제는 명백해 보인다. 그것은, 고려사항으로서 전혀 의미가 없는 타고난 생물학적 요소에 지나치게 기대어 판단한 나머지,[13] 사회적 요소를 구체화하여 논증하는 데 실패했다는 점이다.[14]

(2) [대상판례 1]에 대한 검토

이와는 달리 [대상판례 1]에서 대법원은 — 물론 大決 2006. 6. 22.자, 2004스42 전원합의체에서 제시된 기준을 그대로 따른 것이지만 — 정신적·사회적 요소에 기대고 있음은 물론, 나름대로 이를 구체화하여 논증하고 있다. 하지만 여기서도 문제가 전

13) 이 점은 "위 피해자는 본래 남성으로서, 달리 여성의 성염색체 구조를 갖추고 있다거나, 성염색체는 남자이면서 생식선의 분화가 비정상적으로 되어 고환과 난소를 겸비한 진성반음양, 또는 고환이나 난소의 발육이 불완전한 가성반음양이라고는 인정되지 아니한다"고 판시함으로써 형법상 부녀의 개념을 생물학적 범주에 맞춰 이해하고 있는 듯한 태도를 취한 데에서도 잘 드러나고 있다.

14) 비슷한 지적으로는 고종주, 앞의 논문, 460쪽; 문유석, 앞의 논문, 91쪽 참조. 여기서는, 추상적인 기준만 반복하고 있을 뿐 적시 항목과 관련하여 구체적으로 어떤 점에서 성전환을 인정할 수 없다는 것인지 자세한 설시가 없다는 점, 판단기준으로 도입된 각 요소들 중 일부가 서로 상충하는 경우 어떤 요소를 기준으로 성을 결정할 것인지에 대한 구체적인 기준이 없다는 점 등을 거론하고 있다. 아울러 불확정적인 '사회통념'에 따라 판단해야 한다고 제시한 부분도 비판의 대상으로 삼고 있다. 반면 위 피해자가 성전환수술을 받을 요건을 구비하고 있었는지는 알 수 없다는 점, 우리 사회 일반인의 성전환자에 대한 인식이나 평가도 그다지 우호적이지 않다는 점 등을 들며 대법원의 판단이 정당하다는 견해를 밝힌 것으로는 조희대, 성전환수술을 받은 자가 강간죄의 부녀에 해당하는가, 대법원판례해설 제25호, 법원도서관, 1996.1, 618쪽 이하 참조.

혀 없는 것은 아니다.

앞서 언급하였듯이, 대법원은 성전환자가 법률상 전환된 성으로 인정받기 위해 갖추어야 할 몇 가지 요건을 제시한 바 있다. 타고난 성에 대한 불일치감, 반대 성에 대한 귀속감과 성정체성의 혼란, 성전환수술을 통한 신체 외관의 변경, 성전환 이후의 개인적·사회적 영역에서의 성역할 등은 충분히 납득할 만한 고려요소라고 여겨진다. 하지만 그 중 ㈑의 요건(전환된 성에 따르더라도 타인과의 신분관계에 중대한 변동을 주거나 기타 부정적인 영향을 주지 않는 등 사회적으로 허용될 수 있어야 한다) 및 ㈏의 요건 일부(일반 의학적 방법에 따른 성전환수술)에 대해서는 수긍하기 어려운 점이 없지 않다.

먼저, ㈑의 요건과 관련해서는 과연 이 요건이 성전환자에 대해 법률상 전환된 성을 인정하기 위한 요건으로 필요한 것인지 의문이다. 타고난 성을 스스로 부정하고 그와 다른 성을 갖기 위해 성전환을 하는 행위는 어떤 인간에게든지 단순히 모험의 차원을 넘어 온갖 사회적 난관을 대상으로 투쟁해야 하는 전쟁이라고 할 수 있다. 이러한 선택을 감행하는 자들 중 애초에 사회에 부정적 영향을 주기 위해 그런 전쟁을 치르고자 하는 사람은 아무도 없을 것이다. 대법원이 요구하고 있는 요건 ㈑는 성전환을 하게 되는 동기나 계기, 성전환 이후 성전환자의 계획 등 그 어디에도 들어 있지 않은 부분이다. 그것은 성전환 이후 그로 초래될 수 있는 파장이자 효과요, 전혀 의도되지 않은 결과일 뿐이다. 그럼에도 전환된 성을 인정받기 위한 요건의 하나로 이를 요구하는 것은 성전환자가 불가피하게 선택한 다른 성을 통해 성적 자유를 누릴 수 있도록 하는 데 장애가 될 뿐이다. 다음으로, 성전환증의 확진을 받고 일반 의학적 방법에 따라 성전환수술을 받아야 한다는 요구와 관련해서는 성불일치감을 느끼며 성정체성에 대한 혼란을 겪는 당해 개인이 처한 사회적 갈등상황을 고려할 때 굳이 공식적인 과정, 즉 일반 의학적인 진단과 그에 따른 수술절차를 거칠 것을 요구할 필요가 있을까 의문이 든다. 의학적 기준에 따른 절차가 사회적 측면에서 필요하다고 하더라도, 이를 직접적인 요건으로 요구하기보다는 의료적 측면에서 간접적으로 규제하면 충분하리라 본다. 즉 당해 개인의 요청에 따라 성전환수술을 할 경우에 의사들로 하여금 성전환증의 확진 등 일련의 과정을 거친 후에 수술을 시행하도록 요구하고, 그에 반할 경우에 한해 규범적 통제를 가하면 될 것이다. 또한 이러한 절차를 거치지 않고 수술을 받은 성전환자를 법률상 달리 취급해야 할 합리적 근거를 찾기도 쉽지 않다. 이미 엎질러진 물은 다시 담을 수 없는 법이고, 더욱이 그러한 성전환이 극도의 성불일치감 및 성정체성 혼란을 견디다 못해 — 즉 성실존의 위기의식 속에서 — 취해진 결단임을 감안한다면, 그러한 동기나 계기에 의해 결과적으로 성전환수술을 받고 원하는 성으로의 외부성기구조를 갖추었는지 여부만을 중요한 고려사항으로 삼아야 할 것이다.

그 밖에 주위 사람들로부터 전환된 성으로 인식되어야 한다는 요건과 관련해서는 주위 사람들의 범위를 어떻게 볼 것인가의 문제가 있다. [대상판례 1]에서 대법원이 보여준 태도, 즉 성전환자의 성을 규정함에는 생물학적 측면보다 정신적·사회적 측면을 훨씬 더 비중 있게 고려할 것을 요구하고 있는 태도에 비추어 볼 때 주변 사람들의 범위 역시 피해자의 직업영역을 둘러싸고 피해자가 자주 또는 일상적으로 접하는 사람들로 한정하는 것이 타당하다고 본다. 과거의 공유된 생활경험 등에 의해 개인적으로 피해자와 밀접한 이해관계를 가지고 있는 가족이나 친척 등을 주위 사람들로 볼 경우 피해자가 전환된 성으로 인식되기는 매우 어려울 것이라 예상되기 때문이다. 대법원 역시 [대상판례 1]에서 이와 같은 취지로 보고 있는 듯하다.

Ⅳ. 평 가

이상으로, 성전환자가 강간죄의 행위객체인 부녀에 해당하는지 여부와 관련하여 거의 13년의 간극을 두고 선고된 두 대법원 판례를 대상으로 하여 그 문제점을 비판적으로 검토해 보았다. 종전의 판례는 시간의 궤적을 탓할 만큼 그 규범적 판단기준의 제시 및 그 적용에 있어 충분히 다듬어지지 못한 느낌이다. 반면 최근에 선고된 대법원 판례의 태도는 규범적 측면에서뿐만 아니라 사회적 측면에서 — 즉 성전환자를 강간죄의 행위객체로 볼 수 있는 여지를 본격적으로 열어놓았다는 점에서 — 도 매우 환영할 만하다. 물론 법률상 성전환자의 성을 결정함에 있어 이 판례는 이미 2006년에 대법원이 제시한 기준을 그대로 따른 것이지만, 어쨌든 상호간 밀접한 연관성하에서 성전환자의 강간죄 행위객체성이라는 쟁점을 놓고 전체적으로 보면, 외관상 판례변경의 형식을 취하진 않았지만 사실상 기존의 판례([대상판례 2])의 태도를 변경한 셈이라 해도 틀린 말은 아닐 듯하다. 즉 양자 모두 생물학적 요소 외에 심리적·정신적 요소와 사회적 요소를 종합하여 판단해야 한다는 규범적 판단기준을 제시하였으나, 그럼에도 불구하고 [대상판례 2]에서는 생물학적 관점에 기대어 판단한 것으로 보이는 반면, [대상판례 1]에서는 후자의 요소를 중점적으로 고려함은 물론 그러한 요소들을 나름대로 구체화하여 논증하고 있기 때문이다. 하지만 최근의 판례 역시 성전환자에 대해 법률상 전환된 성을 인정하기 위한 요건으로 제시한 내용

중에서 일부 불필요한 부분을 담고 있다고 생각된다. 이로써 성전환 후의 여성으로서의 안착된 사회생활의 영위 여부와 그러한 기간도 고려사항에 넣은 듯하며, 나아가 전환된 성을 인정함으로 인한 부정적인 사회적 영향까지 판단요소로 고려한 듯하다. 이 점이 부적절하다는 점에 대해서는 이미 언급하였다.

필자가 보기에, 성전환자에 대해 법률상 전환된 성을 인정할 것인지 여부를 결정함에는 타고난 성에 대한 불일치감을 느끼며 성정체성에 혼란을 겪었는지 여부, 이를 해결하기 위한 방안으로 스스로 원하여 성전환수술을 받았는지 여부, 그리고 성전환 이후 개인적·사회적 측면에서 전환된 성으로서 성역할을 수행하고 있는지 여부 정도만 고려하더라도 문제가 없다고 본다. 삶의 핵심을 변경하는 실존적 선택을 감행한 자가 성전환 이후 짊어져야 할 사회적 부담은 새로운 성으로 살고 싶어 하는 자에 대해 가해지는 낯설음과 이방인적 눈길로도 충분할 것이다. 따라서 가령 타고난 성을 갖고 생활한 기간, 일반 의학적 방법에 의한 성전환, 성전환 이후 전환된 성으로 살아온 기간, 전환된 성을 인정함에 의한 사회적인 부정적 효과 등은 고려사항 내지 요건에서 제외하는 것이 마땅하다고 본다. 이런 점에서 볼 때 최근의 대법원 판례를 통해 성전환자가 형법상 여성으로 보호받을 수 있는 길이 열린 것은 반길 일이지만, 아직 그 문이 충분히 열리지 않았다는 점은 되짚어 볼 일이다.

4

업무방해죄에서 업무의 개념과 범위*

— 회사의 공장이전사무가 업무방해죄에서의 업무에 해당하는지 여부 —

대상판결 A 대법원 2005. 4. 15. 선고, 2004도8701 판결(파기환송)

사실관계 한국시그네틱스 주식회사(피해 회사)는 회사 정상화를 위한 기업구조개선작업의 일환으로 서울공장의 매각대금으로 1,773억 원의 부채를 변제하는 한편 안산공장을 신축, 이전하여 그 사업을 계속하고자 2000. 11.경 당시 노조집행부의 동의 하에 안산공장 부지를 확정하고, 2001. 7.경까지 서울공장의 장비이전과 안산공장의 완공 및 생산가동을 목표로, 서울공장 내의 종합사무실에서 관리직 사원 30여 명이 서울공장의 시설물보호 및 재고파악, 안산공장 이전에 따른 생산 및 인원수급 계획수립 등의 업무를 추진하면서 그 업무의 일환으로 다른 회사에 처분한 일부 노후 장비와 안산공장에 옮겨 설치할 그 밖의 장비의 반출 및 이전사무를 실시하다가 피고인을 비롯한 피해 회사 노조원들의 실력행사로 말미암아 위 장비의 반출에 실패함은 물론, 종합사무실에서마저 쫓겨 나오는 바람에 위 장비의 이전설치와 병행하여 추진되던 안산공장의 완공 및 정상가동 등 위 공장이전과 관련한 회사의 제반 업무가 약 1개월 내지 1개월 보름가량 지연되어 그로 말미암아 적지 않은 영업상 손실을 입었다.

판결요지 회사가 사업장의 이전을 계획하고 그 이전을 전후하여 사업을 중단 없이 영위할 목적으로 이전에 따른 사업의 지속적인 수행방안,

* 형사판례연구[16], 한국형사판례연구회, 2008. 6, 108쪽 이하.

새 사업장의 신축 및 가동개시와 구 사업장의 폐쇄 및 가동중단 등에 관한 일련의 경영상 계획의 일환으로서 시간적·절차적으로 일정기간의 소요가 예상되는 사업장 이전을 추진, 실시하는 행위는 그 자체로서 일정기간 계속성을 지닌 업무의 성격을 지니고 있을 뿐만 아니라 회사의 본래 업무인 목적 사업의 경영과 밀접불가분의 관계에서 그에 수반하여 이루어지는 것으로 볼 수 있으므로 이 점에서도 업무방해죄에 의한 보호의 대상이 되는 업무에 해당한다.

원심판결 피해자(한국시그네틱스 주식회사)가 서울 강서구 염창동 소재 공장(서울공장)을 안산시 소재 신축공장(안산공장)으로 이전하는 공장이전 계획에 따라 일부 노후된 반도체 조립장비는 세명엔지니어링에 매각하고 나머지 장비는 안산공장으로 옮기기 위하여 위 각 장비를 서울공장에서 반출하는 행위는 모두 위 공장이전업무의 일환으로 이루어진 것으로 볼 수 있는데, 위와 같은 공장이전 혹은 장비이전 등의 행위는 일회적 사무에 불과하여 업무방해죄의 객체가 되는 '업무'에 해당하지 아니한다는 이유를 들어 이 부분 공소사실에 대하여 모두 무죄를 선고한 제1심판결을 그대로 유지하고 검사의 항소를 기각하였다.

대상판결 B 대법원 1989. 9. 12. 선고, 88도1752 판결(상고기각)

사실관계 피고인들은 공모하여 피해자 손○○이 경영하는 전자부품 제조공장의 이전업무를 위력으로써 방해하였다.

판결요지 업무방해죄에 있어서의 '업무'라 함은 사람이 그 사회생활상의 지위에 기하여 계속적으로 종사하는 사무나 사업을 의미하는 것으로서, 주된 업무뿐만 아니라 이와 밀접불가분한 관계에 있는 부수적인 업무도 포함되는 것이지만, 계속하여 행하는 사무가 아닌 공장의 이전과 같은 일회적인 사무는 업무방해죄의 객체가 되는 '업무'에 해당되지 않는다.

원심판결 원심은, 피고인들이 공모하여 피해자 손○○이 경영하는 전자부품 제조공장의 이전업무를 위력으로써 방해하였다는 업무방해의 공소사실에 대하여, 위와 같은 공장의 이전사무는 성질상 손○○의 새로운 전자부품 제조업무를 준비하기 위한 일시적인 사무는 될지언정 전자부품 제조업무에 부수되는 계속성을 지닌 업무라고는 볼 수 없다는 이유로 무죄를 선고하였다.

Ⅰ. 문제제기 — 사안 관련 문제점

업무방해죄란 허위의 사실을 유포하거나 위계 또는 위력으로써 타인의 업무를 방해함으로 성립하는 범죄를 말하며(형법 제314조 제1항), 여기서 업무라 함은 사람이 직업 또는 사회생활상의 지위에 기하여 계속적으로[1] 종사하는 사무나 사업을 의미한다(통설, 판례). 업무방해죄에서 업무의 개념을 이와 같이 파악할 때 업무개념을 구성하는 핵심적 내지 본질적 요소는 ㉮ 사회생활상의 지위(또는 사회적 지위)와 ㉯ 계속성이라 할 수 있다.[2] 이러한 업무에는 주된 업무를 비롯하여 부수적 업무도 포함된다는 것이 판례는 물론 학계의 지배적인 태도이다. 그런데 대상판례와 관련하여 문제되는 것은 주된 업무와 관련된 부수적 업무가 업무방해죄에서의 업무에 해당하기 위한 요건은 무엇인가 하는 점

---

1) 이는 '계속 반복적으로'(정성근・박광민, 형법각론, 삼지원, 2002, 203쪽; 정영일, 형법각론, 박영사, 2006, 168쪽) 또는 '반복적 혹은 계속적으로'(박상기, 형법각론, 박영사, 2005, 205쪽)라고 표현되기도 한다,

2) 김일수・서보학, 형법각론, 박영사, 2004, 209쪽; 배종대, 형법각론, 홍문사, 2006, 296쪽; 오영근, 형법각론, 박영사, 2005, 231-232쪽; 이재상, 형법각론, 박영사, 2004, 205쪽; 이정원, 형법각론, 법지사, 2000, 253쪽; 정성근・박광민, 앞의 책, 203쪽; 박상기, "업무방해죄에서의 「업무방해」의 의미," 형사판례연구[2], 1994, 215쪽.

이다. 즉 계속성을 띠고 있는 주된 업무와 밀접불가분의 관계에 놓여 있기만 하면 되는 것인가, 아니면 주된 업무와의 밀접불가분성 외에 별도로 그 자체 계속성의 요건을 함께 구비하고 있어야 하는 것인가? 이는 곧 부수적인 업무로서 일시적 또는 일회적인 사무가 업무방해죄에서 정한 업무에 해당하는가의 문제와도 직결되어 있는 문제이며, 대상판례와 관련하여 구체적으로 언급하자면, 본래의 업무에 부수되는 업무인 회사의 공장이전사무가 업무방해죄의 업무에 해당하는가 하는가의 문제이다.

얼핏 보기에 [B]사안 관련 판례는 공장이전사무는 계속하여 행하는 업무가 아닌 일회적 업무라고 하여 업무방해죄의 업무에 해당하지 않는다고 파악하고 있는 반면, [A]사안 관련 판례는 공장이전사무도 그 자체 계속성을 가지거나/가지면서 본래의 업무와 밀접불가분의 관계에 놓여 있다고 볼 수 있으면 업무방해죄의 업무에 해당하는 것으로 파악하고 있는 듯하다. 그렇다면 대법원은 공장이전사무는 사안의 형태나 성격에 따라 업무방해죄의 업무에 해당할 수도 있고 그렇지 않을 수도 있다고 보고 있는 셈이다. 과연 그러한가? 그렇다면 외견상 서로 모순되는 듯한 판례의 태도를 통일적 관점에 따라 구성하는 것은 가능한가? 만일 그러한 통일적 구성이 가능하다면 판례의 태도는 더 이상 아무런 문제도 없는 것인가? 이러한 의문에 답해 보기 위해 아래에서는 먼저 업무방해죄에서 업무의 개념과 범위에 관해 그 쟁점사항을 대략적으로 살펴본다. 다음으로, 대상판례를 비롯하여 관련 판례들을 다소 세밀하게 분석·검토해 봄으로써 부수적인 업무로서 일시적 또는 일회적인 사무가 업무방해죄의 업무에 해당하는지 여부에 관한 판례의 태도를 정리해 보기로 한다. 그런 다음 해당 논제와 판례에 대한 학계의 태도를 훑어보고, 마지막으로 대상판례 및 그 문제점에 대해 비판적으로 평가해 보고자 한다.

Ⅱ. 업무방해죄에서 업무의 개념과 범위

1. 쟁점 파악

업무방해죄가 추상적 위험범으로서의 성격을 띠고 있다는 점에 대해서는 대체로 견해가 일치하고 있다(통설, 판례). 따라서 업무방해죄가 성립하려면 업무방해행위로 인해 현실적으로 업무가 방해되는 결과가 초래될 필요는 없고, 업무가 방해될 위험성만 있으면 족하다. 하지만 업무방해죄의 법적 성격과 보호법익에 관해서는 견해가 대립하고 있다.

(1) 업무방해죄의 법적 성격

업무방해죄의 법적 성격 내지 본질에 관해서는 재산죄설,[3] 자유보호설, 재산죄적 성격과 인격침해적 성격을 함께 갖고 있다는 결합설이 대립하고 있다. 현재 재산죄적 성격과 사회적 활동의 자유에 대한 죄로서의 성격을 갖는다고 보는 견해가 다수설의 입장이다.[4] 이에 따르면 업무방해죄는 "사람의 인격, 사회활동의 자유를 경제적 측면에서 보호하는 범죄,"[5] "재산죄로서의

---

3) 이 견해는 자본주의 경제질서의 관점에서 파악하여 이 죄의 본질을 사람의 경제생활관계를 보호하는 것으로 이해한다. 유기천, 형법학[각론강의(上)], 일조각, 1982, 168쪽 참조.

4) 이재상, 형법각론, 박영사, 2004, 205쪽; 박상기, 형법각론, 박영사, 2005, 205쪽; 배종대, 형법각론, 홍문사, 2006, 295쪽; 이형국, "업무방해죄," 고시연구(95.9), 74쪽; 윤종행, "업무방해죄의 입법론적 검토," 형사법연구 제22호 특집호, 2004, 746쪽.

5) 강구진, "업무방해죄에 있어서의 업무," 고시계(1981. 2), 25쪽; 배종대, 앞의 책, 295쪽.

성격도 가지고 있는 인격적 활동의 자유를 보호하는 범죄, 사람의 활동의 자유를 경제적 측면에서 보호하는 범죄"[6]로 이해한다. 하지만 업무와 관련된 개인의 자유와 안전을 보호하는 범죄(인격침해범죄)로서의 성격을 가진다고 보는 것이 옳다.[7] 이 죄의 규율목적은 개인의 (경제적 활동을 비롯한) 사회적 활동의 안전과 자유이고, 이 죄의 규율을 통해 보호되는 재산적 이익은 반사적 이익에 불과하며, 이 죄의 행위객체인 업무는 재산적 이익과 무관한 사회적 활동이나 업무도 포함하기 때문이다. 이런 점에서 결합설은 결과적으로 자유보호설과 차이가 없다고 볼 수 있다.[8] 판례 역시 이 죄를, 재산적 의미까지 포함하여 일반적인 사회적 활동의 자유를 침해하는 죄로 파악하는 자유보호설의 입장에 서 있는 듯하다.[9]

(2) 업무방해죄의 보호법익

이 죄의 보호법익에 관해서는 크게 사람의 업무로 보는 견해[10]와 업무와 관련된 개인의 (경제적 활동을 포함한) 사회적 활동의 안전과 자유라고 보는 견해[11]가 대립하고 있다.[12] 사람의 업

6) 이재상, 앞의 책, 205쪽.

7) 김일수·서보학, 형법각론, 박영사, 2004, 209쪽; 김성천·김형준, 형법각론, 동현출판사, 2000, 263쪽; 이정원, 형법각론, 법지사, 2000, 256쪽; 박홍규, "업무방해죄 판례의 비상식성," 영남법학 제5권 1·2호(1992. 2), 324쪽.

8) 박상기, 앞의 책, 205쪽.

9) 박상기, 앞의 책, 205쪽; 이근우, "업무방해죄," 인권과 정의, 제251호(1997. 7), 113쪽.

10) 이재상, 앞의 책, 205쪽; 이정원, 앞의 책, 253쪽; 배종대, 앞의 책, 295쪽; 오영근, 형법각론, 박영사, 2005, 231쪽; 임웅, 형법각론, 법문사, 2001, 202쪽.

11) 김일수·서보학, 앞의 책, 209쪽; 김성천·김형준, 앞의 책, 263쪽; 박상기, 앞의 책, 206쪽; 정성근·박광민, 형법각론, 삼지원, 2002, 203쪽;

무는 행위객체일 뿐, 보호법익은 아니다. 전자는 보호법익과 행위객체의 구분을 혼동하고 있는 셈이다. 행위객체는 구성요건적 행위실현의 구체적 대상을 지칭하는 반면, 보호법익은 구성요건에 의해 보호되는 가치적·관념적 실체를 말한다. 그리고 양자는 외견상 구체성과 일반성(내지 추상성)의 형태로 대립적 구도를 취하고 있지만, 실상 상관개념으로 이해되어야 한다.[13] 따라서 후자의 견해가 타당하다고 본다.

2. 업무의 내용과 범위

업무방해죄에서의 업무는 경제활동으로서의 업무를 비롯하여 사회활동 전반에 걸친 업무를 포함한다. 따라서 경제적 업무는 물론 비경제적 또는 정신적 업무도 포함하며, 보수나 영리 목적의 유무는 불문한다. 주된 업무 외 부수적 업무도 포함하며, 생명·신체에 대한 위험을 수반하는 업무일 필요도 없다. 취미나 오락으로 하는 부수적 업무도 여기서의 업무에 포함된다는 견해가 있으나,[14] 이는 직업 또는 사회생활상의 지위에 기하여 수행되는 사무로 볼 수 없을 뿐더러, 이러한 지위에 기초하여 행해지

정영일, 형법각론, 박영사, 2006, 167쪽; 이형국, 앞의 논문, 74-75쪽; 윤종행, 앞의 논문, 747쪽.

12) 이에 대해, 업무의 개념을 정적 가치물로 보면 견해대립은 실익이 있으나, 업무의 개념을 사람이 사회생활상의 지위에서 계속적으로 행하는 사무로 본다면 업무는 곧 사람의 활동이 되므로 견해대립은 실익이 없다는 견해로는 손동권, 형법각론, 율곡출판사, 2004, 184쪽 참조.

13) 이런 점에서 보호법익 없는 범죄는 있을 수 없으나 행위객체 없는 범죄는 있을 수 있다고 본 종래의 통설은 양자의 상관성을 제대로 이해하지 못하였다고 볼 수 있다. 김일수·변종필, (객관식) 형법[제10판], 두성사, 2003, 111쪽 참조.

14) 임웅, 앞의 책, 204쪽.

는 주된 업무에 부수되는 업무로 보기 어렵다. 따라서 취미나 오락을 위한 일시적 업무는 업무방해죄의 업무에 해당하지 않는다고 보는 것이 옳다.[15)]

이러한 업무는 형법상 보호가치 있는 업무여야 한다. 사회생활상 용인되는 업무에 국한되지만, 그렇다고 하여 반드시 적법·유효한 업무일 필요는 없다(통설·판례). 하지만 형법상 보호할 가치 없는 위법한 업무는 업무방해죄의 업무에서 제외된다. 즉 어떤 사무나 활동 자체가 그 위법의 정도가 중하여 사회생활상 도저히 용인될 수 없을 정도의 반사회성을 띤 행위는 업무에 해당하지 않는다.[16)] 여기서 형법상 보호할 가치 있는 업무인지 여부는 그 사무가 실제 평온한 상태에서 일정기간 계속적으로 운영됨으로써 사회적 생활의 기반을 이루고 있느냐에 따라 결정된다.[17)]

그런데, 일시적 또는 일회적인 사무도 여기서의 업무에 해당하는가? 직업 또는 사회생활상의 지위에 기초하여 행해지는 본래적 업무가 일시적이거나 일회적인 것일 수 없다는 사정을 감안한다면, 이 물음은 주된 업무에 부수하여 행해지는 일시적 또는 일회적인 사무가 업무방해죄의 업무에 해당하는가 하는 문제로 귀착된다. 결국 이 문제는 대상판례와 관련하여 제기하고자 하는 문제이다. 아래에서는 이 점을 중심으로 하여 서술하되, 대상판례를 비롯한 관련판례들을 좀더 상세히 분석·검토해보고, 이들 판례에 대한 학계의 태도를 함께 다루어본다.

---

15) 강구진, 앞의 논문, 25쪽; 김일수·서보학, 앞의 책, 210쪽; 배종대, 앞의 책, 296쪽; 손동권, 앞의 책, 185쪽; 정성근·박광민, 앞의 책, 204쪽; 정영일, 앞의 책, 168쪽; 이형국, 앞의 논문, 75쪽.

16) 大判 2001. 11. 30, 2001도2015.

17) 大判 1986. 12. 23, 86도1372; 김일수·서보학, 앞의 책, 210쪽; 정성근·박광민, 앞의 책, 204쪽 등.

Ⅲ. 대상판례 등에 대한 분석과 검토

1. 대상판례에 대한 분석

(1) [B]사안

먼저, 전자부품 제조공장의 이전업무를 위력으로 방해한 사례([B]사안)에서 대법원은 다음과 같이 판시하고 있다:

> "주된 업무뿐만 아니라 이와 밀접불가분한 관계에 있는 부수적인 업무도 포함되는 것이지만, 계속하여 행하는 사무가 아닌 공장의 이전과 같은 일회적인 사무는 업무방해죄의 객체가 되는 업무에 해당되지 않는다."

이러한 판시내용의 전후맥락에서 확인할 수 있는 점은, 대법원이 공장의 이전업무를 업무방해죄의 업무에 해당하지 않는다고 보고 있는데, 그 이유인즉 그것이 계속하여 행하는 사무가 아닌 일회적인 사무라고 보았기 때문이라는 것이다. 이 점은, 위와 같은 공장의 이전사무는 성질상 피해자의 새로운 전자부품 제조업무를 준비하기 위한 일시적인 사무는 될지언정 전자부품 제조업무에 부수되는 계속성을 지닌 업무라고는 볼 수 없다는 이유로 피고인에게 무죄를 선고한 원심판결[18]에 대해 법리오해의 위법이 없다고 판단하는 한편, 공장의 이전사무는 공장을 경영하기 위하여 극히 필요한 업무로서 업무방해죄의 보호대상이 되는 업무로 보아야 한다는 취지의 논지는 받아들일 것이 못된다며 상고를 기각한 데서도 분명하게 드러난다.

---

18) 서울형사지법 1988. 7. 20, 88노2813.

따라서 [B]사안과 관련하여 볼 때 대법원은 부수적인 업무가 업무방해죄의 업무에 해당하기 위해 갖추어야 할 요건으로서 주된 업무와의 밀접불가분성 및 (그 부수적 업무의) 계속성을 들고 있는 것 같다.

(2) [A]사안

다음으로, 그 본질적 속성상 [B]사안과 별반 차이가 없다고 볼 수 있는 경우, 즉 회사의 공장이전과 관련한 업무를 위력으로 방해한 경우([A]사안)에 대해 대법원은 [B]사안에서와는 달리 다음과 같이 판시하면서 업무방해죄를 인정하였다:

> "피해 회사의 위 공장이전과 관련한 공소사실 기재 제반 사무는 업무방해죄의 보호대상이 되지 못하는 단순히 일회적 혹은 일시적인 성격의 행위가 아니라 그 자체로서 상당기간의 계속성을 지닌 데다가 회사의 목적 사업에서 연유하는 경영권 행사의 연장선상에서 본래의 업무수행의 일환으로서 그와 밀접불가분의 관계에 있는 업무라고 봄이 상당하다 … 원심이 이 사건 공장이전의 구체적 추진 경위 및 내용과 그 실질을 살피지 아니한 채 단지 그 자체로서는 일회적일 수밖에 없는 공장이전 혹은 장비이전이라고 하는 단편적인 개념에만 집착한 나머지 이 부분 공소사실에 관하여 무죄를 선고한 것은 업무방해죄의 객체가 되는 업무에 관한 법리를 오해한 위법이 있다."

대법원의 이러한 판단에서 알 수 있는 것은, 공장의 이전사무라고 하여 모두 일시적 또는 일회적인 성격을 갖고 있는 것이 아니라 그 구체적 추진 경위와 내용 등에 비추어 볼 때 계속성을 인정할 수 있으면 업무방해죄의 업무에 해당할 수 있다고 보고 있다는 점이다. 다시 말해 공장의 이전사무는 대체적으로 그 자체 일회적일 수밖에 없는 특징을 지니고 있지만, 그렇다고 하여 모든 경우를 그렇게 볼 것은 아니며, 공장의 이전과 관련된 사무라 하더라도 그것이 본래의 업무와 밀접불가분성을 유지하면서 어느 정도의 (시간적 · 절차적) 계속성을 지니고 있으면 업무방해죄의 업무에 해당한다고 보고 있다는 점이다. 즉 부수적인 업무가 업무방해죄의 업무에 해당하기 위해서는 주된 업무와의 밀접불가분성과 함께 그 자체 일정한 계속성을 지니고 있어야 한다는 것이다.

(3) 검 토

이와 같이 볼 때 위 [A], [B]사안에서 대법원의 판단의 기초가 되고 있는 법리는 동일하다고 할 수 있다. 즉 부수적인 업무로서의 공장이전사무가 업무방해죄의 업무에 해당하려면 본래의 업무(주된 업무)와의 밀접불가분성 및 계속성을 지녀야 한다는 것이다. 이는 업무방해죄에서 요구되는 업무의 본질적 요소가 사회생활상의 지위(에 기초한 업무)와 계속성임을 고려할 때 일견 그에 부합하는 태도로 보인다. 하지만 이러한 태도는 일정한 논란의 소지를 남겨 두고 있다고 본다. 우선, 대법원의 그러한 태도가 여타의 다른 판례에도 일관되게 적용되고 있는가 하는 것이다. 이 점은 아래의 또 다른 판례들에 대한 분석 및 검토 과정에서 언급될 것이다. 다음으로, 설령 그렇다고 하더라도 주된 업무가 아니라 (그와 밀접불가분의 관계에 놓여 있는 일시적 또는 일회적인) 부수적 업무에 대해서도 일정한 계속성을 지녀야만 업무에 해당한다고 볼 것인가 하는 것이다. 이 점에 관해서도 이하의 서술과정에서 언급하기로 한다.

이러한 의문 외에 [A], [B]사안에 대한 대법원의 판단에는 언어적 수사 내지 표현에 있어 일정한 문제점이 깃들어 있다. 먼저, [B]사안과 관련하여 볼 때 대법원의 판단은 — 앞서 언급했듯이 — 공장의 이전사무가 어느 정도의 시간적 계속성을 가진다면 그것이 비록 일회적인 것일지언정 예외적으로 업무방해죄의 업무에 해당할 수 있다는 취지를 표방한 셈이다. 하지만 그 판단과정에서의 언어적 표현을 보면, 대법원의 판단은 공장의 이전사무는 그 성질 자체가 일시적이고 일회적인 것이어서 애당초 업무방해죄의 업무에 해당할 여지가 없다는 외관을 취하고 있다. 이러한 식의 표현은 그 판단의 취지를 잘못 독해할 수 있는 여지를 남겨 놓았다고 보며, 그러한 여지는 [A]사안에 관한 원심의 판단[19] — "위와 같은 공장이전 혹은 장비이전 등의 행위는 일회적 사무에 불과하여 업무방해죄의 객체가 되는 업무에 해당하지 않는다." — 에서 현실로 나타난 것으로 보인다.

다음으로, [A]사안에 대한 판단에서도 대법원은 언어적 표현상의 오류를 드러내고 있다(<a>, <b>):

<a> "일회적인 사무라 하더라도 그 자체가 어느 정도 계속하여 행해지는 것이거나 혹은 그것이 직업 또는 사회생활상의 지위에서 계속적으로 행하여 온 본래의 업무수행과 밀접불가분의 관계에서 이루어진 경우에도 업무방해죄의 업무에 해당한다." [대전제]

<b> "일련의 경영상 계획의 일환으로서 시간적·절차적으로 일정기간의 소요가 예상되는 사업장 이전을 추진, 실시하는 행위는[소전제] 그 자체로서 일정기간 계속성을 지닌 업무의 성격을 지니고 있을 뿐만 아니라 회사의 본래 업무인 목적 사업의 경영과 밀접불가분의 관계에서 그에 수반하여 이루어지는 것으로 볼 수 있으므로 업무방해죄의 업무에 해당한다." [결론]

19) 서울중앙지법 2004.11.26, 2003노8645.

즉 대법원은 [대전제](판결요지)로부터 [결론](사례에 대한 법적 판단)에 이르는 과정에서 표현상의 오류(논리적 오류)를 범하고 있다. [대전제]에서는 일회적인 사무라도 그것이 업무방해죄의 업무에 해당할 수 있음을 전제로 하면서, 그 요건에 대해 그 사무의 (어느 정도의) 계속성과 본래의 업무(주된 업무)와의 밀접불가분성을 택일적으로 요구하고 있다. 하지만 그 [결론]에서는 계속성과 밀접불가분성이 동시에 요구되는 것처럼 표현하고 있다. 이는 중대한 언어적 오류 내지 모순에 해당하며, 이로써 새로운 논란의 불씨를 지피는 측면도 없지 않다. [대전제]에 해당하는 부분을 단순히 언어적 표현의 오류로 보고, 병합관계로 서술해야 할 것을 택일관계로 잘못 서술한 오류를 범한 것으로 이해하고 넘어갈 수도 있을 것이다. 하지만 그것이 단순히 표현상의 오류가 아니라면, 주된 업무에 수반된 부수적 업무가 일시적인 것으로서 업무방해죄의 업무에 해당하기 위해서는 밀접불가분성과 계속성을 동시에 갖출 필요는 없고 어느 한 요소만 구비하면 된다는 식으로 해석할 여지를 남겨둔 것이 된다. 앞서 살펴본 대법원의 태도에 비추어 본다면 후자로 해석할 여지는 거의 없어 보이지만, 어쨌든 위와 같은 오류 역시 가볍게 생각하고 넘어갈 문제는 아닌 것 같다.

2. 관련판례에 대한 비교검토

(1) 大判 1995. 10. 12, 95도1589([C]사안)

"업무방해죄에 있어서의 업무라 함은 직업 또는 사회생활상의 지위에 기하여 계속적으로 종사하는 사무 또는 사업을 말하는 것인바, 여기에서 말하는 사무 또는 사업은 그것이 사회생활적인 지위에 기한 것이면 족하고 경제적인 것이어야 할 필요는 없으며, 또 그 행위

자체는 1회성을 갖는 것이라고 하더라도 계속성을 갖는 본래의 업무수행의 일환으로서 행하여지는 것이라면, 업무방해죄에 의하여 보호되는 업무에 해당된다."

이 판례는 종중 정기총회를 주재하는 종중 회장의 의사진행 업무가 업무방해죄의 업무에 해당한다고 본 경우이다. 일회적인 것이라 하더라도 업무에 해당할 수 있으나, 다만 본래의 업무수행의 일환으로 행해져야 함을 언급하고 있다. 본래의 업무수행의 일환이라 함은 본래의 업무와 밀접불가분의 관계에서 행해지는 것이어야 한다는 의미와 같은 취지로 보인다. 그런데 일회적인 것과 관련하여 계속성이 요구되는지 여부에 관해서는 별도의 언급이 없다. 따라서 계속성의 요소를 염두에 두고 볼 때 본래의 업무가 계속성을 지니고 있으면 되고 그 일환으로 행해지는 일회적인 부수업무는 계속성이 없어도 된다는 것인지, 아니면 당연히 계속성을 전제로 한다는 것인지를 정확히 확인할 수 없다.

(2) 大判 1992. 2. 11, 91도1834([D]사안)

"주간에 있어서의 공장 조업이 끝났다고 하더라도 공장을 가동하여 섬유제품을 생산, 가공, 판매하는 회사 본래의 주된 영업활동을 원활하게 수행하기 위하여 위 회사는 공장건물 및 기자재 관리나 당직근무자 등을 통한 공장출입자에 대한 통제를 야간에도 계속해야 함은 물론 전체 회사 직원들의 출퇴근이 제대로 이루어질 수 있도록 공장 정문의 정상적인 개폐 등에도 만전을 기하여야 하는 것이며, 이러한 업무는 위 회사의 주된 업무와 밀접불가분의 관계에 있으면서 계속적으로 수행되어지는 회사의 부수적 업무라 할 것이므로 이는 업무방해죄에서 보호의 대상으로 삼고 있는 업무에 해당된다."

이 판례는 조업이 끝난 후 공장 정문의 개폐 등 관리사무가 업무방해죄의 업무에 해당한다고 본 경우이다. 여기서 나타난 판례의 태도는 앞서 살펴본 [A], [B]사안에 대한 대법원의 그것과 정확히 일치함을 확인할 수 있다. 즉 부수적 업무가 업무방해죄의 업무에 해당하려면 그것이 주된 업무와 밀접불가분한 관계에 있어야 함은 물론 계속성도 지녀야 한다는 것이다.

(3) 大判 1985. 4. 9, 84도300([E]사안)

"업무방해죄에 있어서 업무라 함은 직업 기타 계속적으로 종사하는 사무 또는 사업을 말하며 사람의 주된 업무뿐만 아니라 이에 밀접불가분의 부수적인 업무도 포함되나, 비닐가공공장을 경영하는 자가 공장을 이전하는 업무는 성질상 새로운 비닐가공업무를 준비하기 위한 일시적인 사무는 될지언정 이를 비닐가공업무에 부수한 계속성을 지닌 업무라고는 말할 수 없어 위 이전업무를 방해한 행위는 업무방해죄에 해당하지 아니한다."

이 판례는 주지하다시피 비닐가공공장의 공장이전사무를 방해한 경우에 대해 업무성을 부정한 사례이다. 여기서도 대법원은 부수적 업무에 대해 업무성이 인정되기 위해서는 밀접불가분성과 계속성이 필요하다고 보고 있다. 대법원의 이러한 판단은 위 [B]사안에 대한 그것과 맥을 같이하는 셈이다. 즉 비닐공장 이전사무는 일시적인 사무로서 계속성을 지녔다고 볼 수 없어 업무방해죄의 업무에 해당하지 않는다는 것이다. 다만 특이한 점은 ― [B]사안에 대한 원심의 판단과 마찬가지로 ― 대법원이 공장이전사무의 성질을 "새로운 비닐가공업무를 준비하기 위한 일시적인 사무"로 규정하고 있다는 것이다.

(4) 검 토

위 관련판례들에 대한 분석에서 보았듯이, 부수적 업무가 업무방해죄의 업무에 해당하기 위한 요건과 관련하여 대법원은 앞서 살펴본 [A], [B]사안에서와 마찬가지로 주된 업무와의 밀접불가분성과 계속성을 요구하고 있음을 알 수 있다. 특히 [A], [B]사안과 동일한 소재에 속하는 공장이전사무([E]사안)에 대해 전체적으로 일관된 입장을 유지하고 있음을 확인할 수 있다.

하지만 본래의 업무에 부수되는 업무로서 일시적 또는 일회적인 성격을 띤 공장이전사무가 어떤 경우에는([A]사안) 계속성이 인정되어 업무방해죄의 업무에 해당하고 또 어떤 경우에는([B], [E]사안) 계속성이 없어 업무에 해당하지 않는다는 것인가? 더욱이 그러한 사무가 주된 업무를 준비하기 위한 예비행위로서 계속성 없는 일시적 사무에 불과하다고 보는 경우 도대체 그 판단기준은 무엇인가? 이 물음에 대한 대법원의 대답은, 일정한 공장이전사무가 "경영상 계획의 일환으로서 시간적·절차적으로 일정기간의 소요가 예상되는 사업장 이전을 추진·실시하는 행위"로서의 업무인지 여부이다. 그러나 공장이전행위의 실제적 현실에 비추어 볼 때 어떠한 형태의 공장이전행위도 거의 예외 없이 — 비록 시간·절차 면에서 다소간의 상대적인 차이는 있겠지만 — 그러한 기준을 충족한다는 점을 고려하면, 그러한 대답은 그 판단기준에 있어 분명하지도 않으며 또 설득력 있어 보이지도 않는다.

Ⅳ. 판례에 대한 학계의 태도

1. 논의현황

주된 업무에 부수되는 업무로서의 성격을 지닌 일시적 또는 일회적인 사무가 업무방해죄의 업무에 해당하는지 여부에 관한 학계의 태도는 일관되지도 않으며 통일적이지도 않은 상황이다. 즉 기존의 관련 판례를 부분적으로 — 그 범위에서는 상대적인 차이가 있지만 — 원용함으로써 일정한 견해를 피력하고 있는 실정이다. 그럼에도 불구하고 이 문제에 관한 전반적인 태도는 다음과 같은 몇 가지 형태로 대략 정리해 볼 수 있을 것 같다.

먼저, 판례의 태도와 마찬가지로, 공장의 이전(전자부품제조공장의 이전업무)[20]이나 건물임대인이 행한 조경공사[21]와 같은 일회적 내지 일시적 사무는 업무에 해당하지 않는다고 보는 것이 원론적인 입장인 듯하다. 둘째, 그렇다고 하여 일회적인 사무가 업무에 해당할 수 있는 가능성을 전적으로 배제하고 있지는 않으며, 일정한 경우에 한해 업무성을 인정하고 있다. 다만 어떠한 경우에 업무성을 인정할 것인지에 관해서는 다소 상이한 주장이 제기되고 있다. 일회적인 사무라도 계속성 내지 지속성을 결한 것은 업무에 해당하지 않는다는 관점(ⓐ설),[22] 일회성을 띠고 있는 사무라도 계속성을 지닌 본래의 업무수행의 일환으로 행해진 것은 업무에 해당한다는 관점(ⓑ설),[23] 최근의 대법원 판례를 원

20) 大判 1989. 9. 12, 88도1752.

21) 大判 1993. 2. 9, 92도2929.

22) 김성천・김형준, 앞의 책, 265쪽; 박상기, 앞의 책, 205-206쪽; 박종민, "업무방해죄에 있어서 위계 및 위력의 의미," 대법원판례해설 제56호, 2005, 309쪽.

23) 손동권, 앞의 책, 185쪽; 오영근, 앞의 책, 232-233쪽; 이재상, 앞의 책, 206쪽; 정성근・박광민, 앞의 책, 203쪽. 가령 오영근 교수는 일시적인 사무이지만 업무에 해당할 수 있는 경우로 (i) 경비원이 상사의 명령에 따라 일시적으로 그 직장의 업무를 수행한 경우(大判 1971. 5. 24, 71도399), (ii) 종중 정기총회를 주재하는 종중 회장의 의사진행업무(大判 1995. 10. 12, 95도1589), (iii) 일정기간의 소요가 예상되는 사업장 이전을 추진하는 행위(大判 2005. 4. 15, 2004도8701)를 들면서, (i)의 경우,

용하여, 일시적 사무라도 그 자체가 어느 정도 계속하여 행해지는 것이거나 계속성을 지닌 본래의 업무수행과 밀접불가분의 관계에서 이루어진 경우에는 업무에 해당한다고 보는 관점(ⓒ설),[24] 일회적인 사무라도 그것이 전체 업무의 일부로 볼 수 있으면 계속적인 업무에 해당한다고 보는 관점(ⓓ설)[25] 등이 그것이다.

2. 검 토

우선, ⓐ설은 주된 업무에 부수하여 행해지는 일회적 또는 일시적인 사무가 업무방해죄의 업무에 해당하려면 그 일회적 내지 일시적인 사무에 대해서도 — 주된 업무에 대해서와 마찬가지로 — 계속성이 필요하다고 보는 것 같다. 이는 판례의 태도와 부분적으로 그 궤를 같이한다고 볼 수 있겠지만, 추가로 주된 업무와의 밀접불가분성도 요구되는 것인지 여부에 관한 언급이 없어 다소간의 불명확성을 드러내고 있다. 둘째, ⓑ설은 계속성을 지닌 본래의 업무(수행)에 대해 그 일환으로 행해지는 것이면 부수적인 일회적 또는 일시적인 사무라도 업무에 해당한다는 의미로 파악된다. 즉 필자가 보기에 이는 일회적인 사무가 계속성을 띤 본래의 업무(주된 업무)와 밀접불가분한 관계에 놓여 있다면 업무방해죄의 업무에 해당할 수 있다는 취지인 것 같다. 하지만 여기

경비원이 평소의 업무와 달리 일시적으로 종사하는 업무도 경비원으로서 계속적으로 종사하는 사무로서 업무가 될 수 있다는 의미로 이해하고, (iii)의 경우, 종중 회장으로서의 사회적 지위에서 계속적으로 행하여 온 종중 업무수행의 일환으로 행하여진 것이라면 업무에 해당한다는 태도를 취하고 있다.

24) 배종대, 앞의 책, 296쪽; 정영일, 앞의 책, 169쪽. 大判 2005. 4. 15, 2004도8701 참조.

25) 이정원, 앞의 책, 253쪽.

서는 본래적 업무 외에 일시적으로 수행되는 업무가 본래의 업무와 마찬가지로 어느 정도의 계속성을 지니고 있어야 하는지에 관해서는 언급이 없다. 만일 이 견해가 부수적으로 수행되는 일회적 사무에 대해서는 주된 업무와의 밀접불가분성의 요건만 충족하면 업무에 해당하는 것이지 일회적 사무 자체가 별도로 계속성을 지닐 필요는 없다는 식으로 이해하고 있다면, 이는 그 당부를 떠나 대법원의 기본입장과는 맞지 않는다고 생각된다. 왜냐하면 앞서 살펴보았듯이, 대법원의 기본태도는 부수적으로 수행되는 일시적 또는 일회적인 업무에 대해서도 밀접불가분성의 요소 외에 계속성의 요소를 요구하고 있기 때문이다. 셋째, ⓒ설은 [A]사안에 대한 대법원의 판단을 그대로 따르고 있는바, 이에 대해서는 앞서 언급한 문제점이 그대로 적용될 수 있다. 즉 부수적으로 수행되는 일회적 사무에 대해 업무성을 인정하기 위해 갖추어야 할 요건인 주된 업무와의 밀접불가분성과 계속성이 택일적 관계에 놓여 있는 것인지 아니면 병합적인 관계에 놓여 있는 것인지가 불분명하다는 점이다. 넷째, ⓓ설은 — 대법원이 일시적인 사무가 업무인지 여부에 관해 상호 모순적인 입장을 보이고 있다고 비판하면서 — 오직 전체적인 관찰에 의하여 '전체업무의 일부'인가를 기준으로 업무의 계속성을 판단해야 한다고 주장한다. 그리고 이러한 입장에 기초하여 공장의 이전은 공장의 건립이나 운영 등과 마찬가지로 계속적인 공장업무행위의 일부이기 때문에 업무방해죄의 업무에 해당한다고 보고 있다.[26] 이는 일시적 사무라도 계속적인 본래업무의 일부이기만 하면, 즉 계속적인 본래적 업무와 밀접불가분의 관계에 놓여 있는 것이라면 업무에 해당한다는 취지로 보인다. 따라서 일시적 업무가 업무방해죄의

26) 이정원, 앞의 책, 254쪽.

업무에 해당하기 위해서는 계속적으로 수행되어 온 주된 업무와의 밀접불가분성의 요건만 충족하면 되고, 그 자체가 별도의 계속성을 지닐 필요는 없다는 주장인 듯하다. 이러한 태도는 대법원 판례의 그것과는 그 궤를 달리하는 것으로서, 대단히 의미 있는 주장이라고 생각된다.

V. 맺 음 말

이상으로, 필자는 주된 업무에 부수하여 행해지는 일시적 또는 일회적인 사무, 특히 공장의 이전과 같은 일회적인 사무가 업무방해죄의 업무에 해당하는지 여부를 놓고 대상판례 및 여타의 관련판례들을 분석 검토한 다음, 그러한 판례의 태도를 원용하면서 전개되고 있는 학계의 입장을 살펴보았다. 주된 업무와의 밀접불가분성 외에 계속성의 요건까지 요구하고 있다는 것이 판례 분석 및 검토의 결과였으며, 이 점에 관한 학계의 입장은 다소 모호하면서 일면적인 고찰에 머물고 있다는 것이 필자의 생각이다.

대법원 판례에 대한 필자의 분석이 정확한 것임을 전제로 한다면, 일회적 사무의 업무성 여부에 관한 판례의 태도는 다음과 같은 몇 가지 근거들에 기초해 볼 때 수용하기 어렵다고 본다.

첫째, 공장의 이전과 같은 일회적 내지 일시적인 사무가 업무에 해당하는지 여부의 문제는 주된 업무에 부수된 업무와 관련하여 문제되고 있다. 그런데 주된 업무와 부수적 업무는 그 대비의 성격상, 가령 경제적 업무와 비경제적(내지 정신적) 업무, 영리적 업무와 비영리적 업무의 대비와는 구분되는 특징을 갖고 있다. 즉 주된 업무와 종된 업무라는 대칭성을 갖고 있다. 그렇다면 부수적 업무로서의 일시적 사무가 주된 업무와 밀접불가분한 관계에 놓여 있기만 하면 되는 것이지, 굳이 계속성의 요건까지 요구해야 할 필요는 없다고 본다.

둘째, 부수적 업무의 업무성에 있어 중요한 것은, 그것이 일시적이냐 일회적이냐 하는 것이 아니라 주된 업무를 원활히 수행하기 위한 일환으로서 행해지는 것이냐 하는 점에 있다고 본다. 판례의 태도를 빌리자면 이는 '주된 업무와의 밀접불가분성'으로 표현되고 있다고 생각된다. 이런 점에서 건물임대인이 구청장의 조경공사 촉구지시에 따라 임대건물 앞에서 행한 조경공사가 일회적인 성격을 띠는 경우[27]와 회사의 공장이전사무가 일회적인 성격을 띠는 경우([B], [E]사안)는 일회성이라는 측면에만 집착하여 동일한 차원에서 취급할 성질의 것이 아니라, 양자는 일회성이라는 외관에도 불구하고 그 성격상 엄격히 구별하여 취급해야 할 것이다. 후자의 경우는 그 자체로 독립적인 목적을 지니고 행해지는 것이 아니라 본래적 업무수행의 범위 내에서 회사업무의 지속적인 영위와 수행을 위한 불가피한 조치의 일환으로 행해지는 것이 통례이며, 이로써 일시적 또는 일회적인 것이라 하더라도 계속적으로 수행되는 주된 업무의 범위 안에 드는 사무라고 볼 수 있기 때문이다.

셋째, 계속성 내지 지속성의 요건을 판단할 경우 업무와 관련된 특정한 행위 자체만을 따로 떼어 판단할 것이 아니라 전체적인 관점에서 — 시간적으로 보면 현재뿐만 아니라 장래까지도 포함하여 — 판단하는 것이 옳다고 본다. 그렇다면 회사의 공장이전사무는 회사의 본래적 업무활동의 원활한 수행을 위한 조치라는 점을 고려할 때 — 상대적으로 시간적 간극의 차이는 있겠지만 — 본래업무가 미치는 기능적으로 연장된, 하시라도 가능한 회

27) 大判 1993. 2. 9, 92도2929.

사업무활동의 일환이라는 점에서 단순히 업무성이 부정되는 일회적 또는 일시적인 사무라고 보기 어렵다.

넷째, 설령 [A]사안 관련 판례의 태도를 긍정한다 하더라도 회사의 공장이전사무의 성격상 — 예상되는 시간소요 및 절차의 상대적인 차이는 있을지언정 — 어느 정도의 계속성을 필요로 하지 않는 이전관련 행위 내지 사무는 거의 없다는 점을 감안할 때, [B]사안 관련 전자부품 제조회사의 공장이전사무에 대해 업무성을 부인한 판례의 태도는 그 계속성을 판단함에 있어 정작 공장이전행위의 성격 등 기본틀은 가볍게 보면서 추진 경위 등 세세한 과정과 내용에 지나치게 무게를 둠으로써 오히려 통일적이고 일관된 논리구성을 저해한 문제점이 있다고 하지 않을 수 없다.

따라서 주된 업무에 부수되는 일시적 또는 일회적인 사무가 업무방해죄의 업무에 해당하기 위해서는 계속성을 지닌 주된 업무와의 밀접불가분성 외에 부수적인 일시적 업무 자체가 별도로 계속성을 지녀야 할 필요는 없다고 본다. 그럼에도 굳이 부수적인 일시적 사무에 대해서도 계속성의 요건이 필요하다고 보고자 한다면, 주된 업무의 계속성이 인정되는 한, 부수적 업무의 계속성도 그에 수반하여 함께 인정되는 것으로 보아야 할 것이다.[28)]

---

28) 이러한 결론은 ⓓ설의 관점과 일치한다고 할 수 있다.

5

준강도죄의 범행주체*
—판례 및 학설의 이론적 정합성에 대한 검토를 중심으로—

Ⅰ. 대상판례

1. 절도미수범의 범행주체성을 인정한 판례

大判 1990. 2. 27, 89도2532

판결요지 형법 제335조의 조문 가운데 '절도' 운운함은 절도기수범과 절도미수범을 모두 포함하는 것이고, 준강도가 사람을 상해했을 때에는 형법 제337조의 강도상해죄가 성립된다.[1)]

大判 1984. 9. 11, 84도1398, 84감도214(야간주거침입절도미수)

사건개요 피고인 겸 피감호청구인은 야간에 절도의 목적으로 피해자의 집에 담을 넘어 들어갔다가 피해자의 처에게 발각되어 다시 담을 넘어 도망치던 중 추격해온 피해자에게 붙잡히게 되자 체포를 면탈할 목적으

---

* 비교형사법연구 제3권 2호, 한국비교형사법학회, 2001. 12, 428쪽 이하.

1) 大判 1989. 3. 28, 88도2291("2인이 공모하여 타인의 재물을 절취하려다 미수에 그친 이상 그 중 일방이 체포를 면탈하려고 경찰관에게 상해를 가할 때 다른 일방이 비록 거기에는 가담하지 아니하였다고 하더라도 전자의 행위를 예견하지 못한 것으로 볼 수 없는 한 준강도상해의 죄책을 면할 수 없다")도 같은 취지이다.

로 폭행을 가하여 상처를 입혔다.

판결요지 준강도는 절도범인이 절도의 기회에 재물탈환항거 등의 목적으로 폭행 또는 협박을 가함으로써 성립되는 것이므로, 그 폭행 또는 협박은 절도의 실행에 착수하여 그 실행중이거나 그 실행 직후 또는 실행의 범의를 포기한 직후로서 사회통념상 범죄행위가 완료되지 아니하였다고 인정될 만한 단계에서 행하여짐을 요하는 것인바, 피고인 겸 피감호청구인이 야간에 절도의 목적으로 피해자의 집에 담을 넘어 들어간 이상 절취한 물건을 물색하기 전이라고 하여도 이미 야간주거침입절도의 실행에 착수한 것이라고 하겠고, 그 후 피해자에게 발각되어 계속 추격당하거나 재물을 면탈하고자 피해자에게 폭행을 가하였다면 그 장소가 범행현장으로부터 200미터 떨어진 곳이라고 하여도 절도의 기회 계속 중에 폭행을 가한 것이라고 보아야 할 것이다.

大判 1990. 2. 27, 89도2532

사건개요 피고인은 제1심 공동피고인 K와 합동하여 절도의 목적으로 일출 전인 1967. 4. 19. 오전 5시 30분경 서울 중구 충무로 2가 64번지 소재 성명미상자 경영 미장그릴 정문부 소형철문을 통하여 내정에 침입, 동소에 인접한 성명미상자 경영 자동차수리공장(세일공업사)에 침입하려고 동 공장 판자벽을 뛰어넘다가 방범대원에게 발견되어 동인으로부터 추격을 받자 체포를 면탈할 목적으로 수권으로 동인의 안면을 1회 강타 지면에 전도케 하는 등 폭행을 가하였다.

판결요지 피고인이 절도의 목적으로 타인이 경영하는 자동차수리공장의 담을 넘으려다가 방범대원에게 발각되어 추격을 받자 체포를 면탈할 목적으로 수권으로 동인의 안면을 1회 강타하여 지면에 전도케 하는 등 폭행을 가한 경우, 피고인은 주거침입과 절도의 결합범인 형법 제330조의 야간주거침입절도행위에 착수하였다 할 것이고, 따라서 피고인이 체포를 면탈할 목적으로 폭행을 가한 이상 준강도죄가 성립한다 할 것이다.

大判 1966. 11. 29, 66도1387(특수절도미수)

사건개요 피고인은 1966. 2. 20. 오전 4시경 미군 내무반 건물 서남측 출입문을 소지하였던 드라이버로 손괴하고 침입하여, 그 곳에 있던 미국 정부소유 텔레비전을 절취하려다가 그 곳에 취침중이던 미공군 상병인 피해자에게 체포되자 체포를 면탈할 목적으로 소지하였던 드라이버로 피해자의 왼쪽 눈을 1회 구타하여 왼쪽안개열상, 왼쪽눈 출혈, 눈 각막이탈 등 요치 30일간의 상해를 입혔다.

판결요지 절도미수범이 체포를 면탈할 목적으로 폭행 또는 협박을 가한 때에는 형법 제335조의 규정에 의하여 준강도죄로 논할 것이고, 같은 조문 중에 '절도' 운운함은 절도기수범과 절도미수범을 모두 포함한다고 할 것이고, 준강도가 사람을 상해하거나 치상한 때에는 형법 제337조가 적용된다 할 것이다.

2. 강도범의 범행주체성을 부인한 판례

大判 1992. 7. 28, 92도917

사건개요 합동하여 강도를 하기로 공모한 상태에서 나머지 피고인들이 피해자의 집 안에서 강취행위를 하는 동안 피고인은 현관문 밖에서 망을 보던 중 신고를 받고 출동한 경찰관이 피고인을 검거하려고 하자 가스총을 피해자의 얼굴을 향해 1회 발사하고 총구 끝 부분으로 피해자의 코 부위를 1회 쳐 피해자의 공무집행을 방해하였다.

판결요지 절도범인이 체포를 면탈할 목적으로 경찰관에게 폭행·협박을 가한 때에는 준강도죄와 공무집행방해죄를 구성하고 양죄는 상상적 경합관계에 있으나, 강도범인이 체포를 면탈할 목적으로 경찰관에게 폭행을 가한 때에는 강도죄와 공무집행방해죄는 실체적 경합관계에 있고 상상적 경합관계에 있는 것이 아니다.

Ⅱ. 문제제기

위 판례들에서 알 수 있듯이, 대법원은 우리 형법 제335조 준강도죄의 범행주체에 절도기수범은 물론 절도미수범도 당연히 포함되는 것으로 해석하고 있다. 따라서 절도미수범이라 하더라도 형법 제335조의 적용이 있을 경우에는 같은 법 제342조(제329조 내지 제341조의 미수범) 규정을 적용하지 않는다고 하며,[2] 절도미수범도 절도이므로 절도미수범이 체포를 면탈하기 위하여 폭행을 가한 때에는 형법 제335조의 (준강도기수가 되지) 준강도미수로 볼 수 없다고 한다.[3] 한편 위 大判 1992. 7. 28, 92도917에서 보듯이, 강도범인이 체포를 면탈할 목적으로 경찰관에게 폭행을 가한 때에는 강도죄와 공무집행방해죄가 성립하고 양자는 실체적 경합관계에 있다고 함으로써, 우회적으로 강도범의 준강도죄 범행주체성을 부인하고 있다. 물론 이 경우 강도범도 준강도죄의 범행주체가 된다고 보면, 강도죄와 준강도죄의 실체적 경합을 인정하게 될 것이다. 그럼 이러한 판례의 태도는 타당한 것일까?

우리 형법 제335조는 "절도가 재물의 탈환을 항거하거나 체포를 면탈하거나 죄적을 인멸할 목적으로 폭행 또는 협박을 가한 때에는 전2조의 예에 의한다"고 규정하고 있다. 여기서 '전2조의 예에 의한다'라는 말은 제333조의 강도죄와 제334조의 특수강도죄에 정한 형으로 처벌한다는 의미이다. 판례의 태도와 관련하여 중요한 것은 우선 형법 제335조 소정의 '절도'에 대한 해석문제일 것이다. 그런데 같은 조 소정의 '절도'의 범위를 어디까지로 정할 것인가 하는 문제에는 단순히 '절도'에 대한 문리해

---

2) 大判 1969. 10. 23, 69도1353.
3) 大判 1964. 11. 20, 64도504.

석의 문제만이 개재되어 있는 것은 아니다. 여기에는 죄형법정원칙 등 형법이론적 문제를 비롯하여 준강도죄의 법적 성격 및 그것의 강도죄와의 관계 등 체계적 문제 역시 중요한 요소로 관련되어 있다. 이하에서는 먼저 이들 쟁점들과 관련된 현재의 논의 현황을 개관한 다음, 판례의 타당성 여부를 평가하고자 한다.

Ⅲ. 논의의 현황

1. 준강도죄의 법적 성격

(1) 법적 성격

준강도죄의 법적 성격에 관해서는 ㉮ 강도죄의 특수형태로 보는 견해,[4] ㉯ 절도죄의 가중적 구성요건으로 보는 견해,[5] ㉰ 절도와 강요(폭행・협박 등)가 결합된 독자적 구성요건으로 보는 견해[6]가 대립하고 있다. ㉮설에 의하면, 통상의 강도죄는 폭행・협박이 먼저 행해지고 그런 다음 재물취득이 뒤따르는 구조를 취하고 있으나 준강도죄는 먼저 재물을 취득하고 그 후에 폭행・협박이 행해진다는 데서 양자간에 차이가 있을 뿐이고, 준강도죄

---

4) 김종원, 형법각론(상), 법문사, 1971, 201쪽; 정성근, 형법각론, 법지사, 1996, 411쪽; 임웅, 형법각론, 법문사, 2001, 301쪽.

5) 강구진, 형법강의 각론 I, 박영사, 1984, 303쪽.

6) 김일수, 한국형법 Ⅲ[각론 上], 박영사, 1997, 595쪽; 김일수, 형법각론(제4판), 박영사, 2001, 282쪽; 박상기, 형법각론, 박영사, 1999, 269쪽; 배종대, 형법각론, 홍문사, 2001, 390쪽; 이재상, 형법각론(제4판), 박영사, 2000, 294쪽; 이정원, 형법각론, 법지사, 2000, 369쪽; 이형국, 형법각론연구 I, 법문사, 1997, 427쪽; 진계호, 형법각론, 대왕사, 1996, 306쪽.

의 경우 재물취득과 폭행·협박 사이에 (시간적·장소적) 근접성이 요구되며 또 그 폭행·협박의 정도도 강도죄와 동일하기 때문에 강도죄의 특수한 형태로 보는 것이 타당하다고 한다. ㉯설에 의하면 준강도죄는 재물절취의 점에서 본질상 절도죄와 동일하며 그 수단으로 폭행·협박이 가해진다는 점에서 절도죄에 비해 불법이 가중된 구성요건이라고 한다. 그리고 ㉰설에 의하면 준강도죄는 강도의 폭행·협박이 부가된다는 점에서 절도와 다른 위법성이 인정되어 강취강도와 비슷하지만, 여기서의 폭행·협박은 타인의 재물에 대한 점유를 획득하는 데가 아니라 이미 획득된 점유를 유지·방어하는 데 기여한다는 점에서 강취강도와 다른 특성을 갖고 있어 강도죄와 구분되는 독자적 구성요건으로 파악하는 것이 타당하다고 한다.

(2) '강도의 예'에 따라 처벌하는 근거

1) 학　설

이에 관해서는 크게 ⓐ 불법등가설과 ⓑ 위험성설이 대립하고 있다. ⓐ설에 의하면 폭행·협박과 재물강취가 결합되어 강도죄와 그 불법내용을 등가적으로 평가할 수 있다는 데서 그 근거를 찾는다.[7] 그런데 여기서 불법내용이 등가적이라고 평가할 수 있기 위해서는 폭행·협박이 절도의 기회에 행해져야 하고 그 정도도 강도죄의 그것과 같아야 한다. 그런데 ⓑ설에 의하면 양 범죄의 행위불법이나 책임은 등가적이지 않고 서로 다르다. 즉 준강도죄의 경우에는 점유유지의 목적이라는 특별한 주관적 불법요소와 체포면탈이나 죄적인멸의 목적이라는 특별한 책임요소가 있어, 준강도죄의 불법 및 책임은 강도죄의 그것과 다르다[8]는 것

7) 이재상, 앞의 책, 294쪽; 이정원, 앞의 책, 369, 376쪽.

8) 김일수, 한국형법Ⅲ, 595쪽. 김일수 교수는 준강도죄에 병렬적으로 열

이다. 따라서 ⓑ설에서는, 행위자가 실제로 발각되었거나 또는 발각되었다고 오인함으로써 폭행・협박의 범행을 유발시킬 특별한 위험상황이 있고 이 상황에서 돌출할 수 있는 행위자의 (행위의) 위험성이 준강도죄를 강도죄와 등가적으로 취급할 수 있는 (형사정책적) 근거가 된다.

2) 헌법재판소의 태도

헌법재판소는 야간에 피해자의 주거에 침입하여 물건을 훔치려고 하다가 발각되자 체포를 면탈하기 위하여 드라이버로 피해자의 손등을 찔러 요치 2주일의 상해를 가한 사건과 관련하여 제기된 위헌소원[9]에서, 형법 제335조 소정의 체포면탈의 목적에 형법상 불법성을 부여하여 이 경우를 강도와 같은 예에 따라 처벌하는 것은 헌법 제12조 제1항의 신체의 자유, 제27조 제1항의 재판청구권, 제37조 제2항의 과잉금지원칙에 위반된다는 취지의 청구인의 주장에 대해 다음과 같이 판시하고 있다. "우리 형법에서 체포면탈 목적의 준강도를 인정한 취지는 자연적인 인간본성의 발현 자체에 강도와 같은 정도의 불법성을 부여하는 것이 아니라, 준강도죄의 성격에 관하여 우리의 판례와 통설에서 인정하고 있는 바와 같이 절도범인 중 형법 제335조 소정의 행위를 한 자의 그 죄질이나 위험성을 강도와 같게 보아서 강도와 동일한

거된 세 가지 목적이 동등한 지위를 갖는 것은 아니라고 본다. 우선 재물탈환의 항거목적은 특별한 주관적 불법요소로서 목적범의 목적에 해당하며 이 경우 재물의 탈취완성과 관련하여 폭행・협박이 이루어진다면 이를 강도죄와 동등하게 취급할 수 있지만, 체포면탈이나 죄적인멸의 목적은 목적범의 목적이 아니라 책임가중을 결정하는 특별한 심정요소(특별한 책임표지)이기 때문에 이를 전체적으로 강도에 준하여 무겁게 처벌하고자 한다는 것이다(앞의 책, 599쪽).

9) 憲裁決 1997. 8. 21, 96헌바9.

법정형으로 처벌하도록 함에 있는 것이다. 즉 강도는 먼저 폭행・협박을 사용하고 그 다음에 재물을 탈취하는 것이지만, 준강도는 먼저 재물을 탈취하거나 또는 이의 실행 중에 폭행・협박을 사용한다는 점에서 차이가 있을 뿐, 절도범행의 실행중 또는 실행직후에 발각되었을 때 폭행・협박의 범행을 유발할 수도 있는 특별한 위험상황을 배제할 수 없고 그와 같은 상황이 일어난다면 그 행위의 죄질이 강도와 등가로 평가할 수 있기 때문"에 (체포면탈 목적의) 준강도를 강도의 예에 따라 처벌하고 있다는 것이다.

물론 이러한 판단은 체포면탈 목적의 준강도에 국한된 것이기는 하나, 그 판단의 취지로 볼 때 재물탈환의 항거 목적이나 죄적인멸 목적의 준강도에도 그대로 적용될 수 있을 것으로 보인다. 그리고 위 판시대로 보자면 헌법재판소는 죄질과 위험성을, 준강도를 강도의 예에 따라 처벌하는 근거로 삼고 있다. 그런데 이러한 태도는 언뜻 보기에는 위 ⓐ설의 요소(죄질)와 ⓑ설의 요소(특별한 행위상황에서의 폭행・협박의 위험성)를 동시에 포함하고 있는 것으로 읽혀지나, 강도죄와 준강도죄의 행위구성요소의 시간적 선후관계(차별성)를 다소 가볍게 평가하면서 죄질의 등가성을 그 주된 근거로 들고 있어, 결과적으로 절취행위와 폭행・협박의 근접성 및 폭행・협박의 정도의 동일성을 불법등가성의 중요한 기준으로 삼고 있는 ⓐ설에 근접해 있는 것으로 보인다.

(3) 강도죄와의 관계: 동일성과 독자성

그런데 이상의 견해들의 특성과 그 판단의 요지를 적확하게 평가하기 위해서는, 강도죄와 비교해 볼 때 준강도죄가 어떤 점에서 그것과 동일하고 또 어떤 점에서 그것과 다른지를 정리해 볼 필요가 있다.

먼저 양자는 매우 밀접한 유사성을 띠고 있다. 양자 모두 (폭행이나 협박으로부터) 재산적 가치의 보호를 목적으로 하며, 그 법정형도 동일하다. 즉 양자는 보호법익과 죄질에 있어 동일하다. 그리고 준강도죄는 재물의 절취 후 그에 대한 점유를 유지할 목적 등으로 사람에 대해 폭행이나 협박을 행사함으로써 성립되는 범죄이고, 강도죄 역시 위법영득의 의사로써 폭행이나 협박을 통해 타인의 재물을 취거함으로써 성립하는 범죄로서 양자 모두 재물절취의 요소(절도죄)를 포함하고 있다. 이런 점에서 양자는 절도행위와 강요행위(폭행 · 협박)가 결합된 결합범의 형식을 띠고 있다. 그런데 양자가 재물절취를 공통으로 하고 있기는 하나 단순히 절도죄의 가중범은 아니다. 왜냐하면 재물의 취거행위에 폭행 · 협박이 결합됨으로써 행위의 본질은 완전히 바뀌기 때문이다. 즉 폭행 · 협박행위가 결합됨으로써 행위의 성격은 절취행위에 폭행 · 협박이 단순히 '추가'(Plus)되는 정도에 머무는 것이 아니라 절도와는 전혀 '다른 종류의 것'(Aluid)으로 변하게 된다. 이런 점에서 준강도죄를 절도죄의 가중적 구성요건으로 보는 견해인 ㉯설은 타당하다고 할 수 없으며, 강도죄와 준강도죄는 그 본질상 절도죄와는 다른 독자적인 범죄로 보아야 한다.

그런데 이와 같은 양자의 유사성 또는 동일성에도 불구하고, 즉 양자는 모두 절취행위와 강요행위의 두 부분으로 이루어져 있어 행위구성의 부분에서 동일요소로 결합되어 있음에도 불구하고, 우선 각 부분간의 시간적 선후는 정반대로 규정되어 있다. 다시 말해 강도죄가 사람에 대해 폭행 또는 협박을 하고 이후 그러한 상태에서 재물을 절취함으로써 성립되는 범죄인 데 반해, 준강도죄는 절도가 절취행위와 다소간 (시간적 · 장소적으로) 근접한 상태에서 일정한 목적하에 사람에 대해 폭행 또는 협박을 함

으로써 성립되는 범죄라는 점에서 차이가 난다.[10)]

(4) 검 토

1) 법적 성격의 부분

그렇다면 준강도죄의 법적 성격을 어떻게 파악하는 것이 타당한 것일까? ㉮설은 양자간에 존재하는 각 부분의 시간적 선후의 차이는 다소 가볍게 평가하면서 재물취득과 폭행·협박 사이의 근접성, 폭행·협박의 정도의 동일성을 들어 후자의 측면에 중점을 두는 반면, ㉰설은 양 범죄에서 요구되는 폭행·협박의 '정도'(상대방의 저항을 불가능하게 하거나 현저히 곤란하게 할 정도의 억압행위)의 동일성의 측면에 비해 그러한 폭행·협박이 무엇을 목적으로 하여 행해지는가, 즉 재물에 대한 점유획득의 목적인가 아니면 이미 획득된 점유의 유지목적인가 하는 점에 중점을 두면서 — 외관상 양 범죄의 행위구성요소(절취와 폭행·협박)가 동일함에도 불구하고 — 행위의 의도관련성 내지 목적관련성의 측면에서의 차별성, 이로써 폭행·협박행위의 시간적 선후관계에 기초한 독자성을 강조하고 있다. 필자가 보기에 이러한 견해대립은 양자의 동일성 및 독자성과 관련하여 이미 전제되어 있는 '선이해의 차이'에 기인하는 듯하다. 즉 양 범죄의 (입법적) 구조에서 찾아볼 수 있는 동일성(유사성) 및 차별성(독자성)과 관련하여 ㉮설과 ㉰설 모두 두 측면을 알고 있고 또 이를 인정하고 있다고 여겨지는바, 문제는 어느 측면에 강조점을 두느냐 하는 데 견해차이의 본질이 있는 듯하다. 즉 견해의 대립은 준강도죄의 법적 성격을 강도죄와의 유사성 내지 동일성에 중점을 두어 평가하느냐, 아니면 차별성 내지 독자성의 측면에 중점을 두어 평가하느

---

10) Maurach/Schroeder/Maiwald, Strafrecht BT.1, 7.Aufl., 1988, 353쪽 이하.

냐에 있다는 것이다.

이와 같이 본다면 준강도죄의 법적 성격 및 그와 연관된 기타 법률적 쟁점에 관한 이해의 문제는 해석자의 선이해(先理解)의 차이에 기초한 중점'결정'('선택')의 문제로 귀착되는 셈이다. 하지만 관련 각자의 결정이 곧바로 그러한 결정의 타당성 내지 정당성을 보장해주는 것은 아니다. 따라서 그러한 중점'결정'이 준강도죄 체계 내의 다른 부분들에 관한 설명과 논리적으로 얼마나 조화를 이루고 있는지(논리적 일관성 내지 체계적 연계성의 문제), 또한 그것이 일반적으로 승인되고 있는 형법이론적 틀에 부합되고 있는지(법이론적 합치성의 문제) 등의 문제를 엄밀하게 고찰해 본 연후에야 특정 견해의 이론적 타당성이 밝혀질 것으로 본다.

2) 동일처벌의 근거 부분

앞서 보았듯이, ⓐ설은 불법내용의 등가성에서 그 근거를 찾고 있으며 그 등가성평가의 중요한 기준으로 절취행위와 폭행·협박의 근접성 및 폭행·협박의 정도의 동일성을 꼽고 있다. 따라서 ⓐ설이 하나의 이론으로서 정합성을 가지려면 그 법적 성격에 관한 학설로서 ㉮설과 ㉰설 모두를 취할 수 있다고 본다. 먼저, 준강도죄를 강도죄의 특수한 형태로 보는 ㉮설의 관점에서 보자면, 여기서 말하는 '특수성'이란 동일성을 전제로 하면서 독자성에까지 나아가지 않을 정도의 것으로 이해되는바, 그렇다면 법적 성격의 동일성부분을 처벌동일성의 이론적 근거로 삼는 것은 얼마든지 가능하다. 다음으로, 준강도죄를 강도죄와 구분되는 독자적 범죄로 파악하는 ㉰설의 관점에서 보자면, 그 법적 성격에 있어 동일성보다는 차별성 내지 독자성을 강조하고 있음에도 왜 강도의 예에 따라 처벌하느냐 하는 그 처벌동일성 논증에서는 동일성 부분으로 논증하는 것이 온당하기 때문이다.

논증의 방식과 관련해서는 ⓑ설도 다르지 않다고 본다. ⓑ설은 절취 이후의 행위상황에서 이미 획득한 점유의 유지와 관련하여 야기될 수 있는 행위자의 폭행·협박의 위험성에서 동일처벌의 근거를 구하고 있다. 그런데 이 견해 역시 준강도죄에서의 폭행·협박의 정도를 강도죄의 그것과 같게 보기 때문에 절취행위와 관련된 폭행·협박이라는 외관상의 행위구조의 동일성에서 동일처벌의 근거를 찾고 있는 것이다.[11] 다만 ⓐ설과 다른 것은 양 범죄의 불법과 책임이 다르다고 보는 점이다. 그것도 재물탈환의 항거목적은 이를 특별한 주관적 불법요소로 파악하기 때문에 별반 차이가 없으나, 체포면탈의 목적이나 죄적인멸의 목적은 통상적 이해와는 다르게 이를 불법요소가 아니라 특별한 책임요소로 파악한다는 데에 결정적인 차이가 있다. 여하튼 간에 이러한 세부적 영역에서의 이해차이에도 불구하고 ⓐ설이든 ⓑ설이든 동일성(또는 유사성)논증을 통해 처벌동일의 근거를 설명하고 있다는 점에서는 차이가 없다고 본다.

2. 준강도죄의 범행주체

(1) 학　설

1) 정범성을 지닌 절도범

준강도죄의 범행주체는 '절도'(竊盜)이다. 절도의 정범이 이에 해당함은 의문의 여지가 없으나, 공범도 포함되느냐와 관련해서는 다소간 논란이 있다. 절도의 정범성을 지닌 자에 한하고, 절도의 교사범이나 방조범은 범행주체가 될 수 없으며,[12] 공범자가

---

11) 양 범죄의 행위구조의 유사성으로 인한 사회적 위험성의 동일성에서 동일처벌의 근거를 구하는 견해로는 배종대, 앞의 책, 390쪽.

12) 김일수, 앞의 책, 596쪽; 김성천·김형준, 형법각론, 동현출판사, 2000,

폭행·협박에 가담한 경우에는 준강도죄의 공범이 될 뿐이라고 보는 것이 타당하다. 그리고 절도범인인 한, 단순절도범이건, 야간주거침입절도범이건, 특수절도범이건, 상습절도범이건 불문한다. 이 점은 판례도 마찬가지이다. 또한 절도의 기수범이 그 주체가 됨은 물론이며, 절도의 예비만으로는 부족하다는 데에도 이론의 여지가 없다. 문제는 절도미수범도 준강도죄의 범행주체가 될 수 있느냐 하는 것이다. 이에 관해서는 크게 긍정설과 부정설이 대립하고 있다.

㉮ 긍 정 설

현재 절도미수범도 준강도죄의 범행주체가 된다는 것이 다수설[13]과 판례의 태도이다. 그 근거로는 i) 절도죄는 미수범을 처벌하므로 여기의 절도에는 절도의 기수범뿐만 아니라 미수범도 포함한다는 점,[14] ii) 절도기수범에 한한다고 특별히 축소해석할 필요가 없다는 점, 예컨대, 독일의 경우(독일 형법 제252조)에는 '절취한 재물을 보유할 목적'만 규정되어 있어 해석상 준강도죄의 주체는 절도기수범을 전제로 하지만, 우리 형법은 그러한 목적 외에 체포면탈이나 죄적인멸의 목적을 추가로 규정하고 있는 까닭에 그와 같이 해석할 필요가 없다는 점, iii) 준강도죄상의 재물탈환의 항거, 체포면탈, 죄적인멸의 목적은 절도기수뿐만 아니라 절도미수에 대해서도 타당할 수 있다는 점 등을 들고 있다.[15]

411쪽; 백형구, 형법각론, 청림출판, 1999, 158쪽; 이재상, 앞의 책, 295쪽; 이정원, 앞의 책, 371쪽; 임웅, 앞의 책, 302쪽.

13) 김성천·김형준, 앞의 책, 410쪽; 박상기, 앞의 책, 269쪽; 배종대, 앞의 책, 390쪽; 이재상, 앞의 책, 295쪽; 이정원, 앞의 책, 370쪽; 임웅, 앞의 책, 301쪽.

14) 이재상, 앞의 책, 295쪽; 이정원, 앞의 책, 370쪽.

15) 배종대, 앞의 책, 390쪽. 배종대 교수는 종래 부정설에 찬동했으나, 준강도죄와 강도죄의 법정형이 동일하므로 이론구성을 복잡하게 할 필요가

㉯ 부 정 설

절도의 기수 이후 완수 이전에 있는 자만이 준강도죄의 범행주체가 될 수 있다고 보는 견해[16]이다. 이 견해에 의하면 절도미수범이 재물탈환에 항거할 목적으로 폭행·협박을 가한다는 것은 탈취죄인 절도죄의 성격상 불가능하고, 행위자가 재물탈환에 항거하려면 적어도 그가 도품을 취득하여 절도의 기수에 이르러야 하며, 또한 절도의 미수범이 재물절취를 위해 폭행·협박했으나 탈취에 성공하지 못한 경우에는 구조상 강취행위와 다를 바 없어 그 자체가 (강취)강도죄의 미수범에 해당하고,[17] 절도미수범이 도망치던 중에 폭행·협박을 한 경우에는 절도미수죄와 폭행·협박죄의 실체적 경합이 된다고 한다.[18]

㉰ 부분긍정설(이분설)

재물탈환의 항거목적인 경우에는 절도기수범만이 범행주체가 되나, 체포면탈이나 증거인멸의 목적인 경우에는 절도미수범도 범행주체가 된다는 견해[19]이다. 재물의 탈환에 항거할 수 있으려면 탈취죄인 절도죄의 성격상 행위자가 이미 절도의 기수에 이르러야 하지만, 기타의 경우에는 그럴 필요가 없다는 것이다.

2) 강도범의 포함 여부

㉮ 긍 정 설

강도범도 준강도죄의 범행주체가 될 수 있다는 견해[20]로서,

없고, 재물절취에 폭행·협박이 선행하는 것과 후행하는 것은 행위구조가 다르기 때문이라는 이유에서 긍정설로 견해를 변경하였다고 한다.

16) 김일수, 한국형법Ⅲ, 596쪽; 이형국, 앞의 책, 430쪽.

17) 김일수, 한국형법Ⅲ, 601쪽. 이재상, 앞의 책, 297쪽 참조.

18) 김일수, 형법각론, 282쪽.

19) 유기천, 형법학[각론강의 (上)], 일조각, 1982, 227쪽; 정영석, 형법각론, 법문사, 1982, 325-326쪽.

i) 강도의 구성요건은 절도의 구성요건을 포함하므로 강도범 역시 절도죄의 일부라는 점,[21] ii) 절도범이 도품을 유지하기 위해 사후적으로 폭행·협박한 경우가 강도에 준한 행위로서 준강도죄가 되는데, 강도범이 강취품을 유지하기 위해 폭행·협박한 경우 이를 폭행·협박죄로만 다룬다면 그 평가의 균형이 맞지 않을 뿐더러 형사정책적으로도 바람직하지 않다는 점을 그 논거로 든다. 따라서 강도범이 강취품을 유지하기 위해 폭행·협박을 한 경우에는 강도죄와 폭행·협박죄의 실체적 경합이 아니라 강도죄와 준강도죄의 실체적 경합이 된다고 하며, 이는 금지된 유추해석이 아니라 허용된 확장해석이 되어 법이론적으로 문제될 것이 없고, 형사정책적으로도 준강도죄의 입법취지를 살린다는 점에서 해석론상 허용된다고 한다.[22]

그런데 강도미수범도 준강도죄의 범행주체가 될 수 있는지가 문제이다. 절도기수범만이 범행주체가 될 수 있다는 견해에 의하면 강도범 역시 기수범에 한하며, 미수범은 포함되지 않는다고 한다.[23] 그 견해의 관점에서는, 강도미수범 역시 재물강취에는 실패한 경우이기 때문에 이와 같은 결론은 논리적으로 당연하다고 할 것이다. 반면 절도미수범도 준강도죄의 범행주체가 된다고 보는 관점에서는, 비록 이 점을 명시적으로 밝히고 있지는 않지만, 추정컨대 강도기수범을 범행주체에 포함하는 한 강도미수범이라 하여 범행주체에서 배제할 이유는 없으리라 생각된다.

---

20) 김일수, 앞의 책, 596쪽; 김성천·김형준, 앞의 책, 411쪽; 배종대, 앞의 책, 391쪽; 이재상, 앞의 책, 295쪽; 이정원, 앞의 책, 370쪽.

21) 이에 따라 예컨대 단순강도범이 체포면탈 등의 목적으로 흉기를 휴대하고 폭행·협박하는 경우에는 특수강도의 준강도죄가 성립한다고 하는 견해도 있다(이정원, 앞의 책, 370쪽 참조).

22) 김일수, 앞의 책, 596쪽.

23) 김일수, 한국형법 Ⅲ, 596쪽.

㉯ 부 정 설

이는 강도범은 준강도죄의 범행주체가 될 수 없다고 보는 견해[24]이다. 강도범을 준강도죄의 범행주체에 포함시키는 것은 문언해석에 반한다는 것이 그 이유이다.[25] 따라서 예컨대 단순강도가 재물강취에 착수했으나 사태가 여의치 않자 체포를 면할 목적으로 현장에 있는 흉기를 들어 협박한 경우에는 단순강도죄의 미수범과 특수협박죄의 실체적 경합범이 된다고 한다. 앞서 보았듯이, 판례는 우회적으로 강도범의 범행주체성을 부인하는 태도를 취하고 있다.[26]

Ⅳ. 평 석

1. 해석의 여지: '절도'

현행 형법 제335조는 준강도죄의 범행주체를 '절도'라고 명시하고 있다. 이에 대해, 준강도죄는 절도죄와 폭행・협박죄의 결합범으로서 절도를 범죄의 주체가 아니고 행위라고 보아 절도나 절도범인은 준강도죄의 주체가 아니라고 보는 다소 특이한 견해[27]도 있으나, 법문에서 '절도'(범)를 범행주체로 명시하고 있는 현행법규정에 비추어 이러한 견해는 받아들이기 어렵다. 그런데 법문은 '절도'라고만 표현하고 있어 절도의 어느 범위까지를

24) 백형구, 앞의 책, 159쪽; 임웅, 앞의 책, 302쪽. 그런데 백형구 교수는 특별한 근거 없이 안 된다고만 표명하고 있다.

25) 임웅, 앞의 책, 302쪽.

26) 大判 1992. 7. 28, 92도917.

27) 백형구, 앞의 책, 159쪽.

포함할 것인가 하는 문제가 생긴다. 즉 절도의 예비범, 미수범, 기수범 중 어디까지가 '절도'의 의미 속에 포함되는 것으로 해석할 것인가 하는 것이다. 현행 형법상 절도의 예비는 처벌하고 있지 않은 까닭에 절도의 예비가 제335조의 '절도'에 해당할 수 없음은 물론이다. 또한 절도의 기수범을 준강도죄의 범행주체로 보는 데에도 이견이 없다. 문제는 절도미수범도 준강도죄의 범행주체가 될 수 있느냐 하는 것이다. 이와 관련하여 — 앞서 살펴보았듯이 — 학설은 긍정설(판례)과 부정설 및 부분긍정설로 대립해 있는 상황이다. 나아가 절도미수범 외에 강도범(강도기수범, 강도미수범)도 '절도'라는 문언의 해석범위에 포함될 수 있는가 하는 것도 문제이다. 여기에서도 긍정설과 부정설이 대립하고 있음은 앞서 본 바이다. 준강도죄의 범행주체를 놓고 이러한 견해대립을 보이는 것은 결국 '절도'라는 법문언을 놓고 가장 기초적인 해석의 문제가 중요한 입지를 차지함을 알 수 있다.

2. 논 증

(1) 문언 관련 논증

1) 절도미수범의 해당 여부

㉮ '절도'의 의미

먼저 사전적 의미로 절도란 남의 재물을 훔치는 행위 또는 그러한 행위를 한 사람을 말하는바, 형법 제335조 소정의 절도란 같은 조 문장의 문법적 구조상 후자를 지칭함이 자명하다. 즉 여기서 절도란 절도범, 즉 절도죄를 범한 자를 말한다. 그렇다면 '절도죄를 범한 자'에 절도기수범 외에 절도미수범도 포함한다고 볼 수 있는가? 이를 긍정하는 다수설이나 판례가 들고 있는 근거를 보면, 사실 특별한 것이 없다. 우선 판례는 특별한 근거 없이 절도미수범의 범행주체성을 당연한 것으로 인정하고 있고, 학설의 태도 역시 현행 형법상 절도미수범을 처벌하고 있기 때문이라거나 절도기수범에 국한시켜 축소해석할 필요가 없다는 것이 고작이다. 한 마디로 말하자면, 절도미수범 역시 절도범의 일부로서 현행 형법상 처벌하고 있으니 당연히 범행주체가 된다고 보더라도 문제될 것이 없다는 논리이다. 하지만 미수범을 처벌하는 규정이 존재하기 때문에 해석론상 당연히 '절도'의 개념의미에 포함된다고 보는 것은 신중하지 못한 태도가 아닌가 한다.

물론 여기서 우리는 형법 제335조 소정의 '절도'를 '절도죄를 범한 자'로 풀이하고 이를 다시 일상적 언어관용에 따른 '도둑놈'으로 바꿔 놓고 이른바 도둑놈의 일상언어적 의미를 물어봄으로써 '절도'의 의미론적 범위를 확정하고자 시도할 수도 있다. 그리고 이러한 방법에 따른다면 필자 역시 절도미수범도 '도둑놈'에 속할 가능성이 높다고 생각한다. 예컨대 가정집에 침입하여 재물절취에 성공하지 못한 상태에서 주인에게 들켜 도망을 치면서 주인의 추적을 받는 상황을 염두에 둘 경우, "저 도둑놈 잡아라!"라는 외침이 그 주인의 입에서 터져 나오리란 것을 쉽게 예상해 볼 수 있기 때문이다. 형법해석에 있어 해당 문언의 의미론적 범위를 놓고 해석자 간에 의견이 분분하거나 난관에 봉착할 경우 그 문언이 갖는 일상적 언어관용을 통해 그 범위를 구획하는 것이 타당하며 또 원칙적 입장이라고 생각되나, 다시 한 번 신중을 기한다 하더라도 지나침은 없다고 본다. 우리는, 아무런 논거 없이 마치 당연하다는 듯이 절도미수범을 준강도죄의 범행주체로 인정했던 앞서 열거한 판례들과는 달리, 이러한 신중함의 예시를 또 다른 판례에서 찾아볼 수 있다.

㉯ **판례의 예**

대법원은, 「성폭력범죄의 처벌 및 피해자보호 등에 관한 법률」

(1997. 8. 22. 법률 제5343호로 개정되기 전의 것) 제9조 제1항[28]의 죄의 범행주체에 같은 법 제6조의 미수범도 포함되는지 여부가 문제된 사안[29]에서 이를 부정한 바 있다. 당시의 법규정을 보자면, 같은 법 제9조 제1항의 죄(특수강간등상해 · 치상죄)는 그 범행주체로서 '제6조의 죄[30]를 범한 자'로 명시하고 있었고, 제6조에 대한 미수범 처벌규정[31]이 있었음에도 미수범을 범행주체로 포함한다는 명시적 언급은 없었다. 이러한 상태에서 위 사안에 대해 제1심과 항소심은 피고인을 같은 법 제9조 제1항의 범행주체에 해당한다고 보았다. 다시 말해 제6조 제1항의 미수범(제12조)인

---

28) 제9조 제1항: 제6조의 죄를 범한 자가 사람을 상해하거나 상해에 이르게 한 때에는 무기 또는 7년 이상의 징역에 처한다.

[참고] 제9조 제1항(1997. 8. 22. 법률 제5343호로 개정된 것): 제5조 제1항, 제6조 또는 제12조(제5조 제1항 또는 제6조의 미수범에 한한다)의 죄를 범한 자가 사람을 상해하거나 상해에 이르게 한 때에는 무기 또는 7년 이상의 징역에 처한다.

29) 大判 1995. 4. 7, 95도94. [사건개요] 甲(피고인)은 1994. 5. 29. 03:00경 마산시 합포구 창포동 3가 7 소재 협천횟집 부근 포장마차에서 친구와 술을 마시고 헤어져 혼자 甲의 집으로 갔다가 같은 날 04:55경 부엌에서 칼날 길이 13cm 가량의 과도를 들고 나와 위 포장마차 부근을 돌아다니던 중 乙(피해자, 여 36세)이 교회에 가기 위해 혼자서 걸어가는 것을 발견하고 갑자기 욕정을 일으켜 乙을 강간하기로 마음먹고 乙을 뒤따라가다가 갑자기 乙의 어깨를 잡고 "아가씨, 이리 와 봐라"고 하면서 乙을 끌고 가려고 하였으나 乙이 "너는 아줌마인지 처녀인지 구별도 못하느냐"면서 손을 뿌리치며 반항하자 위 과도로 乙의 복부를 5회 찔러 乙이 비명을 지르자 놀라 도망가는 바람에 그 뜻을 이루지 못하고, 이로 인하여 乙에게 요치 약 6주간의 장간막혈관파열, 대장천공 등의 상해를 입게 하였다.

30) 사안과 관련된 규정인 제6조 제1항만 소개하고 나머지 제2항 내지 제4항은 생략하기로 한다. 제6조 제1항: 흉기 기타 위험한 물건을 휴대하거나 2인 이상이 합동하여 형법 제297조(강간)의 죄를 범한 자는 무기 또는 5년 이상의 징역에 처한다.

31) 제12조: 제5조 내지 제11조의 미수범은 처벌한다.

피고인을 제9조 제1항 소정의 '제6조의 죄를 범한 자'에 해당하는 것으로 판단하여 같은 법 제9조 제1항을 적용하여 처벌하였다. 하지만 상고심인 대법원은 그와 같은 판단에는 같은 법 제9조 제1항의 해석적용을 그르친 위법이 있다고 보았다. 즉 "형벌법규는 그 규정내용이 명확하여야 할 뿐만 아니라 그 해석에 있어서도 엄격함을 요하고 유추해석은 허용되지 않는 것이므로 같은 법 제9조 제1항의 죄의 주체는 '제6조의 죄를 범한 자'로 한정되고 같은 법 제6조 제1항의 미수범까지 여기에 포함되는 것으로 풀이할 수는 없다"는 것이다. 즉 제9조 제1항 소정의 '제6조의 죄를 범한 자'는 제6조의 기수범만을 의미하는 것이고, 비록 그 미수범을 처벌하는 규정이 있다고 하여 이를 '제6조의 죄를 범한 자'에 포함되는 것으로 해석·적용하는 것은 유추해석이자 유추적용으로서 허용될 수 없다는 것이다. 참으로 사려 깊고 신중한 판단이라고 아니할 수 없다.

따라서 대법원의 이러한 판결의 취지는 우리의 문제인 형법 제335조 소정의 '절도'에 관한 해석론에도 그대로 수용되어야 마땅하리라고 본다. 그렇다면 절도미수를 처벌하는 규정이 있으므로 의당 절도미수범도 준강도죄의 범행주체가 될 수 있다거나 특별히 절도기수범에 국한시켜 해석할 필요가 없다는 등의 태도는 절도미수범의 범행주체성을 인정하는 적절한 논거가 되기 어렵다고 할 것이다. 또한 이러한 사정이 반영되어 1997. 8. 22. 법률 제5343호로 개정된 법 제9조 제1항에서는 미수범도 범행주체로 포함한다는 점을 명시적으로 언급하고 있는바('제5조 제1항 또는 제6조의 미수범에 한한다'), 이것이 죄형법정원칙에 구속받는 형벌법규가 취해야 할 온당한 태도라 할 것이고, 차후 이러한 입법적 태도는 준강도죄의 범행주체에 관한 영역에서도 견지되는 것이 바람직할 것이다.

㉰ 독일의 경우

독일 형법 제252조는 "절도가 현행범으로 체포되어 절취한 재물을 보유할 목적으로 사람에 대하여 폭행을 하거나 신체 또는 생명에 대한 현재의 위험을 고지한 협박을 가한 때에는 이를 강도에 준하여 처벌한다"[32]고 규정하고 있다. 그런데 여기서 동조의 범죄가 성립하려면 선행행위로서 절도(독일 형법 제242조 이하)가 기수에 이를 것이 요구된다.[33] 따라서 재물을 절취하지 못한 상태에서, 즉 절도미수의 상태 하에서 폭행이나 협박을 행사한 경우는 준강도죄에서 배제된다. 물론 절취행위가 기수에 이르면 족하고 완수에 이를 것은 필요로 하지 않는다.[34]

이와 관련하여 — 앞서 본 바와 같이 — 예컨대, 독일 형법 제252조의 경우에는 '절취한 재물을 보유할 목적'만 규정되어 있어 해석상 준강도죄의 범행주체는 절도기수범을 전제로 하지만, 우리 형법은 그러한 목적 외에 체포면탈이나 죄적인멸의 목적을 추가로 규정하고 있는 까닭에 그와 같이 해석할 필요가 없다고 하는 견해가 있으나,[35] 우리 형법상으로도 재물탈환의 항거목적이 규정되어 있는 이상, 적어도 이 경우만이라도 절도미수범은 범행주체가 될 여지가 없다는 식으로 해석하는 것이 옳지,[36] 이 경우까지 포함하여 모든 경우에 절도미수범도 범행주체가 될 수

---

32) §252(Räuberischer Diebstahl): Wer, bei einem Diebstahl auf frischer Tat betroffen, gegen eine Person Gewalt verübt oder Drohungen mit gegenwärtiger Gefahr für Leib oder Leben anwendet, um sich im Besitz des gestohlenen Gutes zu erhalten, ist gleich einem Räuber zu bestrafen.

33) Schönke/Schröder, Strafgesetzbuch Kommentar, 25.Aufl., 1997, 1768쪽.

34) Maurach/Schroeder/Maiwald, Strafrecht BT.1, 7.Aufl., 1988, 361쪽.

35) 임웅, 앞의 책, 301쪽.

36) 예컨대, 재물탈환의 항거목적인 경우에는 절도미수범은 주체가 될 수 없지만, 체포면탈이나 죄적인멸의 목적인 경우에는 절도의 기수·미수를 묻지 않는다고 보는 부분긍정설이 이런 입장이다.

있다고 해석하는 것은 논리적으로도 타당하지 않다.

㉱ 요 약

이상으로 '절도'에 대한 해석과 관련된 문제점을 살펴보았는바, 현행 형법상 절도미수를 처벌하고 있기 때문에 절도미수범도 당연히 준강도죄의 범행주체가 된다고 보는 긍정설의 태도는 죄형법정원칙(유추해석금지원칙)의 위배 여부에 대해 신중하게 검토하지 아니한 경솔함이 있다고 할 것이다.

2) 강도범의 해당 여부

앞서 보았듯이, 강도범이 준강도죄의 범행주체가 될 수 있는지 여부와 관련하여 긍정설과 부정설이 대립하고 있다. 긍정설은 그 이유로서, 강도의 구성요건은 절도의 구성요건을 포함한다는 점, 절도범이 도품유지를 위해 사후에 폭행·협박하면 준강도죄가 성립하는데도 강도범이 강취품유지를 위해 폭행·협박한 경우를 단순히 폭행·협박죄로만 다루게 되면 평가의 균형이 맞지 않으며 형사정책적으로도 바람직하지 않다는 점을 들고 있다. 이러한 논거의 핵심 역시 죄형법정원칙(유추해석금지원칙)과 직결되어 있다. 준강도죄의 '절도'에 '강도'가 포함된다고 해석하더라도 형법상 금지된 유추해석이 되지 않으며, 나아가 죄형(형사책임)의 균형원칙이나 형사정책적 관점을 고려할 때 그와 같은 해석은 필요하다는 것이다.

하지만 위와 같은 해석은 그것이 죄형법정원칙에 위배되는지 여부에 대한 엄격한 심사를 전제로 하여 나온 것이라기보다는 오히려 죄형균형이나 형사정책적 필요성을 중시한 나머지 그 결과로 초래되는 죄형법정원칙의 완화를 정당화하고 있는 것이 아닌가 하는 의구심이 든다. 우선, 긍정설이 원용하는 형사정책적 필요성의 관점은 이미 주어진 형벌법규의 배후에 깃든 그 정책적 의도를 헤아려본다는 점에서는 의미 있는 것이지만, 위와 같이 법문언의 대상범위를 놓고 그 한계를 가리는 문제에서 의미 있는 기준이 될 수는 없다고 본다. 다음으로, 긍정설은 죄형균형의 원칙을 원용하고 있는바, 물론 이 원칙은 전체 형법체계 내에서 다른 형벌법규와의 비교를 통해 그 처벌에 있어 현저한 불균형이 존재한다면 이를 보정하기 위한 하나의 기준으로 사용될 수 있다고 본다. 예컨대, 결과적 가중범에 있어 진정결과적 가중범이 그 원칙적 형태이나 형의 불균형을 시정하기 위해 부진정결과적 가중범도 그에 포함되는 것으로 해석하는 경우를 꼽을 수 있다.

그렇다면 위 경우도 과연 그러한가? 즉 준강도죄의 범행주체인 '절도'에 '강도'도 포함되는 것으로 해석할 수 있는가? 현행 형법상 절도와 강도가 같은 장(제38장)에 함께 규정되어 있고 또 강도죄의 구성요건이 절도죄의 구성요건을 포함하고 있기는 하나, 문리해석상 강도범이 절도범에 포함된다고 보는 것은 일상언어적으로 볼 때 도무지 불가능한 일일 것이다. 따라서 강도범을 — 미수이든, 기수이든 간에 — 준강도죄의 범행주체로 인정하는 견해는 받아들이기 어렵다고 본다. 물론 문언해석(유추해석)을 이유로 강도범의 범행주체성을 부인한다면 긍정설의 주장대로 죄형의 불균형이 초래되는 것은 사실이다. 하지만 그것은 죄형법정원칙에 부합되는 해석의 결과로 나타나는 불가피한 결론이므로, 그러한 불균형을 시정하기 위해 죄형법정원칙을 훼손하는 것은 허용될 수 없을 것이다. 다시 말해 죄형균형의 원칙이 형법문언의 바람직한 해석을 위한 하나의 중요한 기준이 될 수 있음은 물론이나, 그 원칙이 형법해석의 대전제인 유추해석금지원칙과 명백히 충돌하는 경우라면 그것을 해석의 기준으로 삼아서는 안될 것이다. 이러한 이유에서 강도범을 준강도죄의 범행주체에서 제외하고 있는 판례의 태도는 타당하다고 본다.

(2) 체계성 관련 논증

여기서는 먼저 준강도죄의 기수·미수시기에 관한 학설을 전체적으로 조망해본 다음, 이를 준강도죄의 범행주체에 관한 학설(절도기수범만 범행주체로 보는 견해, 절도미수범도 포함한다고 보는 견해) 및 그 법적 성격에 관한 학설과 연계시켜 살펴봄으로써 각 학설이 체계적 연관성의 관점에서 과연 적절히 이론전개를 하고 있는지 여부, 즉 이론적 정합성을 제대로 갖추고 있는지 여부를 짚어보고 이를 통해 문제해결의 바람직한 방향을 제시하고자 한다.

1) 준강도죄의 기수·미수시기

㉮ 폭행·협박기준설

이는 준강도죄의 미수·기수를 (절취행위의 기수·미수를 불문하고) 폭행·협박의 미수·기수를 기준으로 판단하는 견해[37]이다. 즉 준강도죄의 구성요건행위를 폭행·협박으로 보고 이를 기준으로 미수·기수를 결정하려는 입장이다. 판례도 같은 태도이다.[38] 따라서 이 견해에 의하면 ㉠ (절도미수범도 범행주체가 된다

---

37) 김일수, 형법각론, 284쪽; 김성천·김형준, 앞의 책, 414쪽; 박상기, 앞의 책, 271쪽; 배종대, 앞의 책, 395쪽; 백형구, 앞의 책, 160쪽; 유기천, 앞의 책, 228쪽.

38) 준강도는 절도범인이 절도의 기회에 재물탈환항거 등의 목적으로 폭행 또는 협박을 가함으로써 성립되는 것이므로, 그 폭행 또는 협박은 절도의 실행에 착수하여 그 실행중이거나 그 실행 직후 또는 실행의 범의를 포기한 직후로서 사회통념상 범죄행위가 완료되지 아니하였다고 인정될 만한 단계에서 행하여짐을 요한다(大判 1999. 2. 26, 98도3321). [사건개요] 피해자의 집에서 절도범행을 마친 지 10분가량 지나 피해자의 집에서 200m가량 떨어진 버스정류장이 있는 곳에서 피고인을 절도범인이라고 의심하고 뒤쫓아온 피해자에게 붙잡혀 피해자의 집으로 돌아왔을 때 비

는 견해[39] 중 이 설을 취하는 경우) 절도미수이더라도 폭행·협박이 기수에 이르면 준강도죄의 기수가 되고, 절도기수이더라도 폭행·협박이 미수에 그치면 준강도죄의 미수가 된다. 하지만 ㉡ 절도기수범만을 범행주체로 보는 견해[40]에 의하면 절도가 미수에 그친 경우에는 준강도죄가 성립하지 않는다.

그 논거로는, i) 강도살인죄나 강도상해죄에서 재물취득 여부가 기수의 성립에 영향을 주지 않는다고 해석하는 이상 사후강도죄인 준강도도 달리 보아야 할 이유가 없고, 준강도의 구성요건행위를 폭행·협박으로 보면서 기수·미수의 결정기준을 절취행위에서 찾는 것은 논리적으로 모순이라는 점,[41] ii) 준강도죄의 특징은 절도범의 폭행·협박에 있으며, 특히 체포면탈을 위한 폭행·협박은 절도의 미수단계에서도 가능하기 때문에 절취행위기준설을 취하게 되면 절도의 미수단계에서 체포면탈의 목적으로 폭행·협박이 행해지는 경우에는 언제나 준강도죄의 미수만이 성립하게 되어 불균형적이라는 점,[42] iii) 강도미수가 준강도기수로 처벌받는 것은 강도죄와 준강도죄의 행위구조가 다른 데서 기인하는 당연한 귀결이며, 준강도죄의 폭행·협박은 강도처럼 재물강취를 위한 수단이 아니라 단지 가벌성을 증가시키는 요인일 뿐이며, 형사정책적으로도 준강도죄규정은 미수상태의 절도가

로소 피해자를 폭행하였다. 대법원은 이 경우 피고인의 폭행이 사회통념상 절도범행이 이미 완료된 이후에 행하여졌다는 이유로 준강도죄가 성립하지 않는다고 하였다.

39) 이 견해를 취하는 학자들의 경우에는 준강도죄의 기수·미수 시기를 보는 관점이 폭행·협박기준설과 절취행위기준설 및 양 행위기준설로 다양하게 나뉘고 있다.

40) 이 견해를 취하는 학자들은 폭행·협박을 준강도죄의 기수·미수 판단의 기준으로 삼는다.

41) 김일수, 형법각론, 284쪽.

42) 박상기, 앞의 책, 271쪽.

체포면탈이나 증거인멸의 목적으로 폭행·협박을 한 경우에도 적용될 수 있어야 한다는 점,[43] iv) 절도미수범도 범행주체로 인정되는 이상, 그 상태에서 폭행·협박을 했는데도 준강도죄의 기수가 아니라고 하는 것은 논리적으로 맞지 않다('이상하다')는 점 등을 들고 있다.[44]

㉯ 절취행위기준설

이는 준강도죄의 미수·기수를 절취행위의 미수·기수를 기준으로 하여 구분하려는 견해[45]이다. 이 견해에 따르면 절취행위가 미수에 그친 한 상대방의 저항을 불가능하게 할 정도의 폭행·협박이 행해졌더라도 준강도죄의 미수가 된다. 여기서는 결합범으로서의 강도죄와 준강도죄를 동일시한다.[46]

그 논거로는, i) (준강도죄도 포함하여) 강도죄는 개인의 재산과 자유를 동시에 보호법익으로 하고 있으나 강도죄는 본질상 재산죄라는 점, ii) 강도죄는 재물을 강취하여야 기수가 됨에도 불구하고 폭행·협박을 기준으로 기수·미수를 결정하게 되면 폭행·협박은 끝났지만 재물강취에 이르지 못한 경우(강도의 미수)가 준강도죄의 기수로 처벌받게 되는 불균형이 초래된다는 점을 든다. 다시 말해 폭행·협박행위기준설에 의하면 절도미수범이 재물탈환의 항거목적 등으로 폭행·협박하는 경우도 준강도죄의 기수가 되므로 강도죄의 기수와 동일한 형으로 처벌해야 하지만, 단순강도죄에서 폭행·협박한 후에 재물을 탈취하지 못하면 강도죄의 미수가 되어(형법 제25조에 의한 감경 가능) 양자간

43) 배종대, 앞의 책, 395쪽.

44) 김성천·김형준, 앞의 책, 414쪽.

45) 이재상, 앞의 책, 297쪽; 정영석, 앞의 책, 326쪽.

46) 준강도죄는 강도죄의 특별한 경우로서 양자는 폭행·협박이 재물탈취의 사전에 있었는가 사후에 있었는가 하는 점에서만 차이가 날 뿐, 그 죄질에 있어 아무런 차이가 없다(정영석, 앞의 책, 326-327쪽).

에 형의 심한 불균형이 생기므로 절취행위를 기준으로 해야 한다는 것이다.[47]

㉰ 양 행위기준설(종합설)

준강도죄의 미수·기수는 절취행위와 폭행·협박행위의 양 요소를 기준으로 결정해야 한다는 견해[48]이다. 이 견해에 의하면 절도가 기수이더라도 폭행·협박이 미수에 그친 경우, 폭행·협박이 기수에 이르렀더라도 절도가 미수에 그친 경우에는 준강도죄의 미수가 되고, 절도의 기수범이 폭행·협박의 기수에 이른 경우에만 준강도죄의 기수가 성립한다.[49]

그 논거로는, i) 결합범인 강도죄에서 그 미수·기수가 보호법익과 관련된 두 측면, 즉 재물취득과 폭행·협박의 두 측면에서 결정된다면 이 점은 결합범인 준강도죄에서도 마찬가지인바, 준강도죄에서도 절취행위와 폭행·협박행위가 결합되어 있다는 점, ii) 특히 폭행·협박기준설은 강도죄에서는 재물강취가, 준강도죄에서는 폭행·협박이 주된 행위라고 봄으로써 결국 준강도죄를 재산범죄라기보다는 가중된 특별한 폭력범죄로 파악하고 있

47) 하지만 이는 준강도죄의 범행주체를 절도미수범도 포함한다는 다수설의 관점에서 본 결과일 뿐이다.

48) 이정원, 앞의 책, 376쪽; 임웅, 앞의 책, 305쪽.

49) 임웅, 앞의 책, 305쪽. 준강도죄의 기수성립의 경우만을 고려하면 이러한 결론은 절도기수범만을 범행주체로 보는 견해의 결론과 같다. 왜냐하면 그 견해 역시 절도기수범이 재물탈환의 목적 등으로 상대방의 저항을 불가능하게 할 정도의 폭행·협박을 가했을 때 준강도죄의 기수가 된다고 보기 때문이다. 하지만 미수성립의 경우를 보면, 결론은 다르다. 절도가 미수에 그친 상태에서 상대방의 저항을 불가능하게 할 정도의 폭행·협박이 가해진 경우, 양 행위 기준설에 의하면 준강도죄의 미수가 성립하지만, 절도기수범만을 범행주체로 보는 견해에 의하면 (재물탈환의 항거목적으로 폭행·협박을 행사하면) 강도미수죄 또는 (체포면탈이나 증거인멸의 목적으로 폭행·협박을 행사하면) 절도미수죄와 폭행·협박죄의 실체적 경합범이 성립하기 때문이다.

어 타당하지 않다는 점[50] 등을 든다. 이런 점에서 이 견해 역시 결합범으로서의 강도죄와 준강도죄를 거의 동일시하고 있음이 분명하게 드러난다.

도표 준강도죄의 법적 성격, 범행주체 및 미수·기수 성립시기의 연계성(학설)

범행주체	기수·미수 시기	학설의 적용(죄책)	법적 성격
절도기수범만 된다는 견해	폭행·협박기준설	절도기수 —— 폭행·협박기수 절도미수 ······ 폭행·협박미수	독자적 범죄(㉰설)
절도미수범도 포함한다는 견해	폭행·협박기준설	절도기수 —— 폭행·협박기수 절도미수 ······ 폭행·협박미수	독자적 범죄(㉰설)
	절취행위기준설	절도기수 —— 폭행·협박기수 절도미수 ······ 폭행·협박미수	강도죄와 동일(㉮설)
	양 행위기준설	절도기수 —— 폭행·협박기수 절도미수 ······ 폭행·협박미수	강도죄와 동일(㉮설)

* ——— : 준강도기수 ············ : 준강도미수.

2) 체계성 또는 이론적 정합성의 측면에서 본 문제점

㉮ 절취행위기준설에 대해

절취행위기준설은 우선 절도미수범도 범행주체가 된다고 하면서 그 상태에서 폭행·협박이 기수에 이르렀는데도 이를 준강도죄의 기수가 아니라 미수라고 보는 점에서 결정적인 논리적 결함을 안고 있다. 또한 준강도죄를 독자적 구성요건으로 보면서(위 ㉰설) 절취행위기준설을 따르고 있는 견해가 있는데,[51] 이는 체계적 연계성의 측면에서 납득하기 어렵다. 왜냐하면 위 [도표]

50) 이정원, 앞의 책, 375쪽.

51) 예컨대 이재상, 앞의 책, 294, 297쪽.

에서 보듯이, 절취행위기준설은 그 법적 성격에서 준강도죄를 강도죄와 동일하다고 보는 전제하에서 그 타당성을 주장하고 있기 때문이다.

㉯ 양 행위기준설에 대해

먼저, 준강도죄의 법적 성격에 관해 위 ㉮설(강도죄의 특수형태설)을 취하면서 그 기수·미수의 시기와 관련하여 양 행위기준설을 취하는 태도[52]는 어느 면에서 이론적 일관성을 유지하고 있다고 볼 수 있다. 하지만 이러한 견해 역시 절도미수범을 준강도죄의 범행주체로 인정하면서도 폭행·협박이 기수에 이른 경우를 준강도죄의 기수가 아닌 미수로 취급하고 있어 중요한 체계적 흠결을 안고 있다. 다음으로, 준강도죄의 법적 성격에 있어서는 ㉰설을 취하면서 그 기수·미수 시기와 관련해서는 양 행위기준설을 취하는 견해[53]는 이론적 정합성의 측면에서 납득하기 어렵다. 왜냐하면 그 견해는 준강도죄를 독자적 범죄로 파악하면서도 양 행위기준의 타당성을 설명하기 위한 논증에서는 강도죄와의 동일성을 강조하고 있기 때문이다.

Ⅴ. 맺 음 말

준강도죄와 강도죄는 그 외관상의 구조에서 일정한 동일성을 갖고 있다. 즉 재물절취와 폭행·협박의 두 요소가 관계하고 있다는 점에서 양자는 '외관상으로' 동일하다고 볼 수 있다. 하지만 준강도죄는 폭행·협박과 재물강취의 양 요소를 그 구성요건행위로 하는 강도죄와는 달리, 폭행·협박만을 그 구성요건행

52) 임웅, 앞의 책, 301, 305쪽.
53) 예컨대 이정원, 앞의 책, 369, 376쪽.

위로 한다. 다시 말해 준강도죄의 구성요건행위는 폭행·협박행위이지, 절취행위는 아니다. 이는 형법 제335조 준강도죄의 법문의 구조상 자명한 것으로 보인다. 이런 점에서 절취행위기준설이나 양 행위기준설은 준강도죄의 구성요건행위를 잘못 이해하고 있으며, 이는 외관상으로 동일한 것처럼 보이는 양 범죄의 구성요소를 그 각 요소가 전체 범죄구조에서 차지하는 입지나 지위도 동일한 것으로 파악한 데 그 원인이 있다고 할 것이다. 즉 주어('절도')와 술어('폭행·협박')를 구조적으로 엄격하게 분리하여 접근하지 않고 주어를 술어화함으로써('절도'를 절취'행위'로 파악함으로써) 체계상의 혼란을 초래하고 있는 것이다.

반면 위 [도표]를 통해 보듯이, 절도기수범만을 범행주체로 파악하면서 준강도죄의 기수·미수시기를 폭행·협박을 기준으로 판단하려는 견해와 절도미수범도 범행주체가 된다고 보면서 폭행·협박기준설에 따라 준강도죄의 기수·미수 여부를 판단하려는 견해는 나름대로 그 체계적 연관성 내지 이론적 정합성을 유지하고 있다고 평가할 수 있다. 전자에 의하면 절도가 미수인 경우는 애당초 준강도죄로 문의할 수 없게 되어 그 범행주체성의 관점과 일치하고, 후자에 의하면 절도가 미수에 그쳤더라도 폭행·협박이 기수인 경우에는 준강도죄의 기수가 되어 범행주체로서의 절도미수범도 준강도죄의 기수범이 될 수 있는 여지가 남아 있기 때문이다. 또한 이러한 결론과 법적 성격에 관한 판단 사이에도 체계성을 해할 정도의 별다른 모순은 발견되지 않는다.

하지만 앞서 고찰하였듯이, 절도미수범도 준강도죄의 범행주체가 될 수 있다고 보는 견해(긍정설과 부분긍정설)는 형법 제335조 소정의 '절도'에 대한 해석론을 전개함에 있어 뚜렷한 근거 없이 또는 절도죄의 미수범 처벌규정이 존재한다는 이유만으로 그와 같은 결론에 이르게 됨으로써 그러한 해석이 —'판례의 예'에서 보았듯이 — 죄형법정원칙(유추해석금지원칙)에 위배될 소지가 있음을 제대로 검토하지 않은 잘못을 범하고 있다고 하겠다. 이와 같이 볼 때, 준강도죄의 범행주체를 절도기수범에 한정시키면서 그 기수·미수의 시기를 폭행·협박을 기준으로 하여 판단하는 견해가 준강도죄와 관련된 모든 쟁점영역에서 전체적으로 이론적 정합성 내지 체계적 연계성을 제대로 구비하고 있는 관점이라고 평가할 수 있다. 따라서 이러한 관점과 틈새를 보이는 제반 견해들 및 판례의 태도는 이론적 정합성 내지 논증의 일관성이라는 측면에서 그 타당성이 재검토되어야 할 것으로 본다.[54)]

54) 물론 이러한 평가관점과는 다소 무관한 강도죄의 범행주체성 인정 여부와 관련해서는, 필자 역시 부정설의 입장에 서 있는 판례의 태도를 지지함은 앞에서 밝힌 바이다.

제 2 부

형법해석과 논증

대법원의 형법해석론에 대한 비판적 고찰*

Ⅰ. 머 리 말

1. 형법해석의 기준

형법규정 내지 형법문언에 대한 해석론이 직접적으로 문제되거나 다투어진 사안들에서 대법원이 제시하고 있는 형법해석의 언명들은 대체로 다음 몇 가지 기준으로 정리해 볼 수 있다:

① 형벌법규의 해석은 엄격하여야 하고(또는, 형벌법규는 문언에 따라 엄격하게 해석·적용하여야 하고[1]), 법규정문언의 가능한 의미를 벗어나는 경우에는 유추해석으로서 죄형법정주의에 반한다.[2](또는, 명문규정의 의미를 피고인에게 불리한 방향으로 지나치게 확장해석하거나 유추해석하는 것은 죄형법정주의에 어긋난다).[3]

② 형벌법규는 문언에 따라 엄격하게 해석·적용하여야 하

---

* 비교형사법연구 제7권 제1호, 한국비교형사법학회, 2005. 7, 1쪽 이하.

1) 大判 2002. 2. 21, 2001도2819 전원합의체. 이 언명은 형법해석에서는 해당 법률문언의 의미범위에 엄격히 구속되어야 함을 천명한 것이다. 판례나 일부 학설은 이를 엄격해석원칙이라고 칭하기도 하는바, 전통적인 해석카논에 비추어 보면 문리해석 또는 의미론적 해석의 카논을 이렇게 표현한 것이라 하겠다.

2) 大判 1997. 3. 20, 96도1167.

3) 大判 1999. 7. 9, 98도1719; 大判 2002. 2. 8, 2001도5410; 大判 2004. 2. 27, 2003도6535.

지만, 형벌법규의 해석에 있어서도 법률문언의 통상적인 의미를 벗어나지 않는 한 그 법률의 입법 취지와 목적, 입법연혁 등을 고려한 목적론적 해석이 배제되는 것은 아니다.[4)]

③ 형벌법규의 해석에 있어 유추해석이나 확장해석도 피고인에게 유리한 경우에는 가능한 것이나, 문리를 넘어서는 이러한 해석은 그렇게 해석하지 아니하면 그 결과가 현저히 형평과 정의에 반하거나 심각한 불합리가 초래되는 경우에 한하여야 하고, 그렇지 아니하는 한 입법자가 그 나름대로의 근거와 합리성을 가지고 입법한 경우에는 입법자의 재량을 존중하여야 한다.[5)]

2. 정리 및 문제의 제기

이상에서 보듯이, 대법원의 형법해석에 관한 기준들은 의외로 단순해 보인다. 이를 다시 두 가지 언명으로 줄여보면 다음과 같다: [1] 형법해석은 문언에 따라 엄격하게 해야 하며, 법문언의 가능한 의미를 피고인에게 불리한 방향으로 지나치게 확장해석하거나 유추해석하는 것은 금지된다(다만 유추해석이나 확장해석도 피고인에게 유리한 경우에는 허용된다). [2] 형법해석은 문언에 따라 엄격하게 해야 하지만, 법률문언의 통상적인 의미를 벗어나지 않는 한 그 법률의 입법 취지와 목적 등을 고려한 목적론적 해석도 허용된다. ③의 기준은 학계에서도 일반적으로 통용되고 있는 부분, 즉 "유추해석이나 확장해석도 피고인에게 유리한 경우에는 허용된다"는 부분만을 [1]에 추가하였고, 나머지 부분은 이 글의 전체적인 고찰대상에서 제외하였다. 왜냐하면 ③의 기준은, 유추

4) 大判 2002. 2. 21, 2001도2819 전원합의체; 大判 2003. 1. 10, 2002도2363.

5) 大判 2004. 11. 11, 2004도4049.

해석이나 확장해석도 피고인에게 유리한 경우에는 가능하지만, 이는 모든 경우에 무조건 허용되는 것이 아니라 입법자가 이미 별도의 규정을 마련하여 그와 같은 (피고인에게 유리한) 유추해석의 적용가능성을 입법적으로 제한하고 있다면 그 경우에는 — 형평과 정의에 현저히 반하지 않는 한 — 원칙적으로 입법자의 입법재량을 존중해야 한다는 내용을 언급하고 있는 것이므로, 특별히 논란거리가 될 만한 여지가 없다고 여겨지기 때문이다.

이 글에서는 먼저 위 대법원의 해석기준에 나타난 몇 가지 용어사용의 문제를 검토하여 정리하고자 한다. 대법원은 형법상 (지나친) 확장해석과 유추해석도 금지된다고 보고 있는바, 확장해석과 유추해석의 관계 및 그 허용 여부를 정확히 규명할 필요가 있어 보인다. 또한 문언의 가능한 의미와 문언의 통상적인 의미를 혼용하면서 양자를 동일한 것으로 사용하고 있는 듯한데, 이 점 역시 분명하게 해야 할 부분이다. 다음으로, 형법해석상의 다툼이 치열하게 전개된 몇 가지 중요한 사안들([사안1]~[사안7])을 놓고, (다수의견과 반대의견을 포함하여) 대법원이 어떠한 해석기준에 따라 어떠한 방식으로 해석론을 전개하고 있는지를 개괄적으로 살펴보고자 한다. 이 경우 다수의견과 반대의견 중 어느 쪽이 타당한지 여부는 고찰하지 않을 것이며, 양측이 자신들의 해석을 정당화하기 위해 어떠한 해석카논을 원용하여 어떤 방식으로 논증을 전개하고 있는지에 중점을 두고 사안을 분석한 뒤, 이를 비판적으로 검토할 것이다. 따라서 여기서는 양측이 자신들의 해석론을 정당화하는 과정에 있어 적절한 논증을 행하고 있는지, 또는 [1], [2]의 해석기준을 적용함에 있어 모순이나 문제점은 없는지가 주된 검토대상이 될 것이다. 그런 다음, 이러한 검토과정에서 밝혀진 일련의 내용들을 요약·정리한 다음, 필자 나름의 문제의식을 제시하는 것으로 끝을 맺고자 한다.

Ⅱ. 용어사용에 관한 검토

1. 확장해석의 허용 여부

형법해석의 방법으로서 확장해석이 허용되는지 여부에 관해, 형벌법규는 엄격히 해석해야 한다는 점에서 확장해석 역시 형법상 금지되어야 한다는 견해도 있으나,[6] 이를 인정하고 있는 것이 학계의 지배적 견해이다. 이에 의하면 유추는 형법해석의 한계기준으로 작용하는 법문언의 가능한 의미를 넘어선 것으로서 허용되지 않는 법의 창조이자 일종의 입법임에 반해, 확장해석은 법문의 가능한 의미 내에서 어의를 확장하여 해석하는 방법이다.[7] 즉 양자는 개념상 법문언의 가능한 의미를 기준으로 하여 그 범위 내에서 이루어진 것이냐 아니면 그 범위를 넘어선 것이냐에 따라 구분된다고 한다.[8]

---

6) 이재상, 형법총론, 박영사, 2000, 25-26쪽.

7) 김일수・서보학, 형법총론, 박영사, 2005, 36, 40쪽; 박상기, 형법총론, 박영사, 2004, 32쪽; 손동권, 형법총론, 율곡출판사, 2004, 29-30쪽; 임웅, 형법총론, 법문사, 2000, 21-22쪽; 하태훈, 사례중심 형법총론, 법원사, 2002, 21쪽. 이런 점에서 양자 사이에는 양적 차이와 질적 차이가 있다고 본다(정성근・박광민, 형법총론, 삼지원, 2001, 25쪽). 여기서 확장해석을 목적론적 해석과 연계시켜 목적론적 확장해석이라고 지칭하고 있는 견해(김일수・서보학, 36쪽)도 있으나, 확장해석이 목적론적 해석카논을 통해 이루어지는 것이 대체적인 경향이기는 하지만 그럼에도 반드시 그런 것만은 아니라고 본다. 왜냐하면 체계적 해석방법 등을 통해서도 문언의 의미는 확장될 수 있기 때문이다. 이는 일정한 해석카논들에 기초하여 행해진 해석이 문언의 가장 좁은 의미 또는 문언의 가장 넓은 의미에 근접했는지에 따라 축소해석과 확장해석을 구분하는 방식에 비추어 보더라도 당연한 것이라 하겠다.

8) 이에 대해, 문언의 가능한 의미를 기준으로 양자를 구분하면서도 다소

그런데 위 판시에서 보았듯이, 대법원은 법문언의 의미를 피고인에게 불리한 방향으로 지나치게 확장해석하거나 유추해석하는 것은 죄형법정원칙상 허용되지 않는다고 한다.[9] 또한 다른 곳에서는 '지나친'을 생략하고 아예 확장해석과 유추해석은 허용되지 않는다는 표현을 사용하기도 한다.[10] 따라서 이 점과 관련하여 대법원이 확장해석을 유추해석과 같이 취급하여 양자 모두를 일반적으로 금지하고 있다고 볼 것인지 여부가 문제된다. 이러한 표현으로 인해 일부 문헌에서는 대법원이 확장해석을 허용하고 있는지 여부를 논의의 대상으로 삼거나,[11] 일반적인 인식에 비추어 이러한 태도는 잘못된 것으로 바로잡아야 한다는 식의 서술도 눈에 띈다.[12] 나아가 대법원의 이러한 표현을, 대법원이 법이론적으로 유추와 해석을 엄밀하게 구분하지 않고 양자가 — 비록 불분명하지만 — 사실상 같은 것이라고 보고 있다는 추론의 타당근거로 삼고 있는 관점도 있다.[13]

접근방법을 달리하고 있는 견해도 있다. 가령 오영근 교수는 "확장해석은 해석의 결과를 기준으로 한 것이고, 유추해석은 해석의 방법을 기준으로 한 것인바, 확장해석 중에는 유추해석에 해당하는 것도 있을 수 있고, 해당하지 않는 것도 있을 수 있다. 문언의 가능한 의미를 넘어가는 확장해석은 유추해석이고, 그렇지 않은 경우에는 허용되는 해석이다"라고 한다(오영근, 형법총론, 박영사, 2005, 61쪽). 하지만 양자를 해석결과 및 해석방법이라는 기준과 연계시켜 설명하는 것은 이해하기 어렵다. 양자는 구조적으로는 동일하지만, 문언의 가능한 의미 내에 있느냐, 아니면 그것을 넘어섰느냐에 따라 구분된다고 말하는 것이 더 적절한 표현일 것이다.

9) 大判 1999. 7. 9, 98도1719.

10) 大判 1994. 12. 20, 94모32 전원합의체 등.

11) 오영근, 형법총론, 박영사, 2005, 61쪽.

12) 손동권, 형법총론, 율곡출판사, 2004, 30쪽.

13) 이상돈, "형법해석의 한계," 법률해석의 한계(신동운 외 4인), 법문사, 2000, 48쪽.

여하튼 대법원의 위와 같은 태도가 확장해석과 유추를 구분해 온 전통적인 해석방법론에 대해 제기되고 있는 새로운 문제의식, 즉 구조상의 동일성에 기초하여 양자를 같은 것으로 취급하는 관점에 관한 진지한 법이론적 통찰에서 비롯된 것이라고 볼 수는 없을 것 같다.[14] 또한 위 해석기준[2]에 비추어 볼 때, 대법원 역시 문언의 통상적인 의미를 벗어나지 않는 한 목적론적 해석카논에 의한 문언의미의 확장을 허용하고 있다고 볼 수 있다. 그렇다면 대법원이 형법상 확장해석이 금지된다고 표현하고 있는 경우에는 확장해석 자체를 일반적으로 금지하고 있는 것이 아니라, — 일부의 판시에서처럼 — '지나친' 확장해석을 금지한다는 취지[15]로 보는 것이 체계적 관점에 비추어 적합하다고 본다. 따라서 대법원 역시 차후에 이 점을 분명히 할 것이 요구된다.

2. 문언의 가능한 의미와 통상적 의미

형법상 법문언의 가능한 의미는 허용되는 (확장)해석과 금지된 유추(해석)를 구분하는 기준이라는 것이 통설적 견해이다. 즉 대부분의 형법학자는 문언의 가능한 의미가 문언해석의 한계기준으로 작용한다는 점을 인정하고 있다. 이는 대법원 역시나 마찬가지다.

그런데 대법원은 — 위 해석기준 [1]과 [2]에도 나타나 있듯

14) 이상돈, 앞의 논문, 49면. 여기서 이 교수는, 대법원의 그러한 이해는 섬세한 법이론적 구성에 의해 뒷받침된 것이기보다는, 법률적용의 실무경험에서 형성된 직관에 의해 획득된 것일 가능성이 높다고 지적하고 있다.

15) 유추와 해석 간에는 차이가 없고, 죄형법정원칙상 금지되는 것은 지나친 확장해석이라는 견해로는 W. Hassemer, Tatbestand und Typus, 165쪽 참조.

이 — 법문언의 '가능한' 의미를 벗어나는 것은 유추해석으로서 금지된다고 하면서, 동시에 법문언의 '통상적인' 의미를 벗어나지 않는 한 목적론적 해석도 허용된다고 한다.[16] 이러한 표현에 비추어 보면 금지된 (지나친) 확장해석 내지 유추해석과 허용되는 해석의 경계를 이루는 것이 문언의 가능한 의미 또는 문언의 통상적인 의미라는 것인바, 대법원은 문언의 가능한 의미와 통상적인 의미를 같은 개념으로 사용하고 있음을 알 수 있다. 이 양자의 언어사용과 관련하여, 학계에서는 이 문언의 가능한 의미를 해석의 출발점이자 동시에 해석의 한계를 이루는 기준으로 이해하는 관점,[17] 문언의 일상적 의미는 해석의 출발점으로, 문언의 가능한 의미는 해석의 한계로 파악하는 관점,[18] 문언의 일상적 의미는 해석의 출발점으로, 문언의 가능한 의미는 해석의 결과로 이해하는 관점,[19] 법문의 일상적 의미는 개념의 핵에, 법문의 가

16) 문언의 가능한 의미(大判 1997. 3. 20, 96도1167), 문언의 통상적인 의미(大判 1997. 11. 20, 97도2021; 大判 2000. 11. 16, 98도3665 전원합의체; 大判 2002. 2. 21, 2001도2819 전원합의체).

17) 대체로 이렇게 보고 있는 듯하다. 가령 이러한 관점은 라렌쯔의 언급에서 잘 나타나고 있다: "일반적 언어관용으로부터 이끌어낼 수 있는 문언의 의미는 해석의 출발점을 이루며, 동시에 해석의 한계를 결정한다. 왜냐하면 문언의 가능한 의미를 벗어난 것은 가장 확장해서 해석을 하더라도 그 문언의 의미와 조화될 수 없고, 법률의 내용으로서 타당할 수 없기 때문이다"(Karl Larenz, Methodenlehre der Rechtswissenschaft, Berlin-Heidelberg-New York 1979, 332쪽).

18) "해석이란 법조문의 내용을 문언의 일상적인 의미로부터 시작하여 문언의 가능한 의미에 이르기까지 파악해가는 과정이다"(김일수·서보학, 앞의 책, 34쪽).

19) 김영환, "형법상 해석과 유추의 한계," 법률해석의 한계, 법문사, 2000, 95, 96면: "'법문의 가능한 의미'가 해석의 '결과'라면 '법문의 일상적 의미'는 해석의 '출발점'이다 … 법해석자는 '법문의 일상적 의미'로부터 출발해서 '법문의 의미의 폭'을 구성해 나가는 것이다."

능한 의미는 개념의 뜰에 대응시키는 관점[20] 등이 존재하고 있다. 이들 중의 어떤 관점에 따르더라도 문언의 가능한 의미가 형법해석의 한계기준으로 작용하고 있음을 대체로 인정한다는 점에는 아무런 차이가 없다. 이 경우에 우리는 대법원의 언어관용을 단순히 확인하는 것으로 만족하고 그 문제점을 그냥 넘길 수도 있을 것이다.

하지만 그러한 대법원의 언어사용방식은 수정하는 것이 마땅하다. 먼저, 그러한 언어사용은 — 위에서 보았듯이 — 양자를 구분하여 쓰고 있는 현재의 방식에 배치될 뿐만 아니라, 양자는 실제로 그 논리적 위치와 의미내용에 있어서도 서로 다르기 때문이다.[21] 더욱이 그러한 언어사용은 일상적인 언어관용에도 부합하지 않는 것으로 보인다. 언어의 '통상적인' 의미라는 표현은 그 언어가 일상생활 속에서 통상 사용되고 있는 쓰임새를 지칭하는 반면, 언어의 '가능한' 의미라는 표현은 그 언어의 외연을 고려한, 언어적으로 있을 수 있는 의미를 지칭하는 것이기 때문이다. 물론 이와 같이 양자를 구분하는 것이 과연 문제해결에 도움이 되는지에 관해서는 이견이 있을 수 있다. 그러나 위와 같은 몇 가지 점을 고려할 때 언어사용의 혼동을 막기 위해서라도, 문언의 통상적인 의미와 문언의 가능한 의미는 분명하게 구분하여 사용하는 것이 바람직하다고 본다.

---

20) 이상돈, 앞의 논문, 60-61쪽. 여기서 이 교수는 이러한 구분방식을 수용하는 것이 아니라, 단지 자신의 방법론과 비교하기 위한 분석의 전제로서 그와 같은 구분방식을 인용하고 있을 뿐이다. 가령 문언의 가능한 의미의 가변영역이 개념의 핵심과 개념의 뜰 사이에 걸쳐 있다고 보는 견해로는 F. Bydlinski, Juristische Methodenlehre und Rechtsbegriff, Wien-New York 1982, 440쪽 참조.

21) 김영환, 앞의 논문, 96쪽.

Ⅲ. 주요사례들의 분석 및 검토

1. [사안1] 형법상의 실화관련사례

(1) 견해의 대립

형법 제170조 제2항 소정의 “자기의 소유에 속하는 제166조 또는 제167조에 기재한 물건”의 해석이 문제된 사안이다.[22] [다수의견]은 ‘자기의 소유에 속하는 제166조에 기재한 물건 또는 자기의 소유에 속하든, 타인의 소유에 속하든 불문하고 제167조에 기재한 물건’을 의미한다고 해석하였다. 제170조 제1항과 제2항의 관계에 비추어 제166조와 제167조의 규율대상을 고찰한 다음, 이를 전제로 하여 판단해 볼 때 위와 같이 해석하는 것은 타당하고, 또한 그렇게 해석하는 것이 관련조문을 전체적·종합적으로 해석하는 방법이라고 보았다. 아울러 그렇게 해석하더라도 그것이 법규정의 가능한 의미를 벗어난 것이라 할 수 없어 죄형법정원칙상 금지된 유추해석이나 확장해석에 해당하지 않는다고 보았다. 반면 [반대의견]은 우리말의 보통의 표현방법상 ‘자기의 소유에 속하는’이라는 말은 ‘제166조 또는 제167조에 기재한 물건’을 한꺼번에 수식하는 것으로 볼 수밖에 없고, 타인의 소유에 속하는 제167조에 기재한 물건을 소훼하여 공공의 위험을 발생하게 한 경우에도 비록 그 처벌의 필요성은 인정되나, 법개정이 아닌 해석을 통해 그와 같이 하는 것은 죄형법정원칙을 훼손할 우려가 크다고 보았다. 그러면서 형벌법규의 해석은 문언해석으로부터 출발하여야 하고, 문언상 해석가능한 의미의 범위를 넘어

22) 大決 1994. 12. 20, 94모32 전원합의체.

서는 것은 법창조 내지 입법행위로서 허용되어서는 안 된다고 하였다.

(2) 검 토

위 사안에서 다수의견은 문제가 되는 위 문언, 즉 “자기의 소유에 속하는 제166조 또는 제167조에 기재한 물건”을 “자기의 소유에 속하는 제166조에 기재한 물건 또는 자기의 소유에 속하는 제167조에 기재한 물건”으로 해석하여 “타인의 소유에 속하는 제167조에 기재한 물건”을 소훼하여 공공의 위험을 발생하게 한 경우를 처벌에서 제외하게 되면 다른 경우들에 비해 명백히 불합리하다고 보았고, 그에 따라 위와 같은 해석론의 당위성을 역설하였는바, 이런 점에서 처벌의 필요성 내지 불처벌로 인한 불합리성이 위와 같은 해석의 전개에 작용했음을 엿볼 수 있다. 그러면서 그러한 해석의 정당화근거로서 “관련조문을 전체적·종합적으로 해석하는 방법”[23]을 원용하였다. 반면 반대의견은 비록 처벌필요성에는 공감하고 있으나, 문언의 가능한 의미에 충실한 해석방법, 즉 문언해석(이른바 엄격해석원칙, 문리해석)을 원용하였다. 그런데 여기서 다수의견은 자신들의 해석이 법규정의 가능한 의미를 벗어난 것이 아니라고 항변하고 있는 반면, 반대의견은 그와 같은 해석이 금지된 유추해석이라는 취지로 판시하고 있다.

여기서는 어느 쪽의 해석론이 타당한지에 관한 상세한 논의는 접어두고,[24] 논증 내지 그 방법의 측면에서 일견 눈에 띄는

23) 전통적인 해석카논의 측면에서 볼 때 사실 이것이 정확히 어떠한 해석기준을 지칭하는 것인지는 분명치 않다. 다수의견의 해석과정에 비추어 아마도 체계적 해석 내지는 포괄적으로 이해된 체계적 해석을 지칭하는 듯하다.

24) 이 사안을 둘러싼 — 다소 치열한 — 해석론적 논쟁에 관해서는 신동운 외 4인, 법률해석의 한계, 법문사, 2000 참조.

문제점 몇 가지만을 언급하고자 한다. 우선 다수의견이 자신들의 해석론의 전제로서 '불처벌의 불합리성'을 연계시킨 점은 이해하기 어렵다. 직접 당해 법률규정에 의해 규율되는 사례에 비추어 그렇지 못한 사례, 즉 그 규정을 유추적용할 수 있는 사례는 대부분 처벌필요성이 인정되는 경우일 것인데, 그렇다면 결국 유추적용은 손쉽게(다른 우회적인 방법을 사용하여) 정당화될 우려가 있기 때문이다. 물론 위 사안에서는 이른바 체계적 해석방법을 적절하게 활용함으로써 그러한 위험성을 희석시킨 점은 다소 긍정적으로 평가할 수 있다고 여겨진다. 하지만 아무리 현실적인 처벌필요성이 있고 — 이러한 필요성이 해석과정에서 실제로 얼마나 강하게 작용했는지는 알 수 없지만 — 또 그 필요성이 크다 하더라도, 이를 형법해석의 타당근거로 삼는 것은 문제가 아닐 수 없다. 다음으로, 반대의견은 그 정당화근거로 '보통의 표현방법'을 들고 있는바, 이것이 과연 그런 것인지 여부에 관한 추가적인 언급이나 논거는 찾아볼 수 없다. 한 마디로 「자신들의 해석은 보통의 표현방법에 따른 것이다. 따라서 정당하다」라는 식이다. 그렇다면 아주 엄밀한 논증(예컨대 그 점에 관한 사회학적 내지 언어학적 논증)은 행하지 않더라도, 적어도 그러한 해석이 우리말의 '보통의 표현방법'에 따른 것이라는 별도의 논증을 행하는 것이 바람직한 태도였을 것이다. 이는 형법해석에 있어 해석자 자신의 극히 주관적이거나 인위적으로 (의미)부여된 언어관념 내지 언어사용을 배척하기 위함이다. 더욱 본질적인 문제는 양쪽 모두 전통적으로 형법해석의 한계기준으로 기능하고 있는 '문언의 가능한 의미'를 염두고 두고 이를 자신들의 해석론에 유리한 방향에서 원용하면서도 서로 상이한 해석결과를 초래하였다는 점이다. 그렇다면 도대체 그 한계기준은 양측의 해석과정에서 어떻게 작용한 것인가. 분명한 것은, 적어도 그에 관한 공통된 인식은 불가능했지만, 그럼에도 그 한계기준이 일방 내지 타방의 해석(내지 해석결과)의 타당성 여부를 가늠하는 개념적 잣대로 활용되고 있다는 점이다.

2. [사안2] 공직선거법상의 자수관련사례

(1) 견해의 대립

범행발각이나 지명수배 여부와 관계없이 체포 전에만 자진출두하면 「공직선거 및 선거부정방지법」 제262조의 자수에 해당하는지 여부가 문제된 사안이다.[25] [다수의견]은 자수에 해당한다고 보았는바, 자수라는 단어의 관용적 용례에 따르면 범행발각 전뿐만 아니라 범행이 발각되고 지명수배된 후에 자진출두하는 것도 자수에 포함된다고 해석한 것이다. 다시 말해 위 법조의 자수를 '범행발각 전에 자진출두한 경우'로 한정하는 것은 결국 언어의 가능한 의미를 넘어 위 법조의 자수의 범위를 그 문언보다 제한함으로써 처벌범위를 확대하게 되어 유추해석금지원칙에 반한다는 것이다. 반면 [반대의견]은 위 법조의 입법 취지[26]와 목적 및 (형의 필요적 면제대상이 되지 아니하는) 같은 법상의 다른 처벌규정과의 체계적 관련성, 국민 일반의 법감정, 헌법상 평등원칙 위반 등을 논거로 들면서, 위 법조의 자수를 '범행발각 전의 자진출두'로 제한하더라도 이는 목적론적 축소해석에 불과하여 유추해석금지원칙에 반하지 않는다고 보았다. 그리고 이렇게 해

25) 大判 1997. 3. 20, 96도1167 전원합의체.

26) 선거부정을 위한 금품 등의 제공행위는 수수자 사이에 은밀히 이루어져 통상 그 범행의 발견이 수령자의 자수가 없는 한 지극히 어렵기 때문에 자수를 통해 범행의 발견에 기여한 수령자에게 형면제라는 특혜를 주어서라도 스스로 범행을 밝히게 함으로써 선거부정을 위한 금품 등의 제공행위를 근절하려는 데 있다고 한다.

석하는 것이 전체적·종합적으로 헌법에 합치되게 해석하는 방법[27]이라고 하였다.

(2) 검 토

위 사안에서 다수의견은 자수라는 단어의 관용적 용례를 원용하여, 즉 문언해석(내지 문리해석)의 방법을 논거로 하여 자신들의 해석론을 정당화하고 있다. 이 점은 다수의견이 그 논증의 출발점에서 "형벌법규의 해석에 있어서 법규정문언의 가능한 의미를 벗어나는 경우에는 유추해석으로서 죄형법정주의에 위반하게 된다"고 판시하고 있음에 비추어 분명해 보인다. 반면 반대의견은 공직선거법 제262조가 자수를 형의 필요적 면제사유로 규정한 입법의 취지와 목적을 주된 논거로 들면서, 부수적으로 범죄와 형벌의 균형에 관한 국민 일반의 법감정에 맞지 않아 정의와 형평에 현저히 반한다는 점, 임의적 감경대상이 되는 범죄의 자수자와 비교해 볼 때 헌법상의 평등원칙에 반한다는 점 등을 거론하고 있다.

위 경우, 다수의견이 거론하고 있는 자수라는 언어의 관용적 용례란 엄밀히 말해 일반적 언어관용이 아니라 자수라는 개념이 법체계적으로 갖는 의미라고 하겠다. 왜냐하면 다수의견은 그와 같은 해석론의 전거로서 형법 제90조 제1항 단서, 제101조 제1항 단서('목적한 범죄의 실행에 이르기 전에 자수한 때') 등에 규정되어 있는 자수개념과의 체계적 연관성을 거론하고 있기 때문이다. 따라서 다수의견은 문제의 자수개념에 관한 자신들의 풀이를 정

27) [사안1]의 다수의견에서 사용하는 '관련조문을 전체적·종합적으로 해석하는 방법'과는 달리, 여기서는 '헌법에 합치되게'라는 표현을 사용하고 있으므로, 이는 체계적 해석의 일환으로서의 헌법합치적 해석 내지 포괄적인 의미의 체계적 해석을 지칭한다고 볼 수 있겠다.

당화하기 위해 일종의 체계적 해석방법을 원용한 것이라 할 수 있다. 이 점은 반대의견의 경우도 마찬가지다. 일견 입법의 취지와 목적 등을 거론함으로써 목적론적 해석[28]의 방법을 원용한 것으로 볼 수 있겠으나, 이것 역시 전체적으로는 체계적 해석방법(다수의견의 그것보다는 포괄적으로 이해된 체계적 해석, 특히 헌법합치적 해석방법[29])에 용해되고 있어, 결국 반대의견 역시 체계적 해석방법을 주된 논거형식으로 원용하고 있는 셈이다.

여기서 반대의견은 그 해석의 정당화근거로서 이른바 일반 국민의 법감정을 원용하고 있는데, 이는 적절치 않은 논거라 하겠다. 왜냐하면 시대와 장소 및 사람에 따라 다양하게 나타날 수 있는 극히 주관적이며 고도로 문화적인 관념인 법감정으로부터 법해석의 타당근거를 구하는 것은 합리적이라 볼 수 없기 때문이다.[30] 더욱이 그 점에 관한 추가적(경험적) 논증을 전혀 소홀히

---

28) 물론 이 경우에 주관적·목적론적 해석방법이라고 보아야 할 것인지 아니면 객관적·목적론적 해석방법이라고 보아야 할 것인지 여부는 분명치 않다. 하지만 '법률'이라 하지 않고 '입법'이라고 명시한 점에 비추어 표현상으로는 전자로 보는 것이 적절할 것 같다.

29) 방법론적으로 볼 때 헌법합치적 해석은 체계적 해석의 한 측면이다(Stephan Bahlmann, Rechts- oder kriminalpolitische Argumente innerhalb der Strafgesetzesauslegung und -anwendung, 1.Aufl., Baden-Baden 1999, 172쪽; Peter Raisch, Juristische Methoden: Vom antiken Rom bis zur Gegenwart, Heidelberg 1995, 180쪽). 이를 체계적·목적론적 해석의 아류로 보는 견해로는 F. Bydlinski, 같은 책, 455쪽 참조.

30) 법감정의 이러한 측면에 대한 비판적 고찰로는 변종필, "법감정의 일반화를 위한 제언," 법철학연구 제3권 제1호, 2000, 235-264쪽 참조. 해석의 정당화근거로 법감정을 원용하는 것에 대한 비슷한 비판으로는 F. Bydlinski, 같은 책, 559쪽: "상호주관적 통제가능성은 완전히 주관적인 차원에 의존해서는 달성될 수 없다. 따라서 일정한 법적 문제가 일정한 (해석)방법을 통해 이미 해결되었는지 여부를 결정함에 있어 단순히 세부적으로 구체화되지 않은 법감정을 사용해서는 안 된다."

한 것도 문제이다. 다음으로, 다수의견은 반대의견의 해석을 형법상 허용되지 않는 유추해석이라고 규정하고 있다. 즉 반대의견의 해석이 위 법조 소정의 '자수'라는 문언의 가능한 의미를 벗어났다는 논리이다. 그런데 여기서도 확인할 수 있는 것은, 다수의견의 그러한 평가는 반대의견의 논증방식 내지 논거들에 대한 심도 깊은 또는 구체적인 비판에서 비롯된 것이 아니라, 자신들의 해석(내지 해석결과)을 두고 이를 정당화하기 위한 개념적 잣대로 그러한 한계기준을 언급하고 있다는 점이다. 이러한 비판을 뒤집어 보면, 결국 다수의견의 해석은 '문언의 가능한 의미' 내에서 이루어졌다는 것이다. 하지만 문제는, 그러한 한계기준이 다수의견의 해석과정에서는 어떻게 작용했는지 도무지 알 수 없다는 것이다. 다수의견이 위 법조 소정의 '자수'라는 문언의 의미를 밝히기 위해 체계적 해석이라는 해석카논을 원용했듯이, 반대의견 역시 그 문언의 의미를 규명하기 위해 좀더 포괄적인 의미의 체계적 해석을 시도하였다는 점에서는 별반 차이가 없다.

3. [사안3] 국가보안법상의 '탈출' 관련사례

(1) 견해의 대립

외국인이 북한의 지령을 받아 중국을 거쳐 북한에 들어간 것이 국가보안법 제6조 제2항(지령탈출죄) 소정의 '탈출'에 해당하는지 여부가 문제된 사안이다.[31] [다수의견]은 종래의 대법원판례를 원용하여, 위 법조항에서 말하는 탈출이란 특별한 사정이 없는 한 자의로 대한민국의 통치권이 실지로 행사되는 지역으로부터 벗어나거나,[32] 반국가단체의 지배하에 있는 지역으로 들어

31) 大判 1997. 11. 20, 97도2021 전원합의체.

32) 大判 1987. 9. 8, 87도1341; 大判 1990. 6. 8, 90도646; 大判 1993. 10. 8,

가는 행위[33]를 말한다고 해석하였다. 이로써 외국인이 대한민국의 통치권이 현실적으로 미치지 아니하는 제3국에 거주하다가 반국가단체의 지배하에 있는 지역으로 들어가는 것도 위 법조항의 탈출에 해당한다고 보았다. 반면 [반대의견]은 '탈출'의 의미를, 대한민국의 통치권이 실지로 행사되는 지역으로부터 반국가단체의 지배하에 있는 지역으로 자의로 들어가거나, 대한민국의 통치권이 실지로 행사되는 지역으로부터 그러한 통치권이 미치지 아니하는 지역으로 자의로 들어가는 것이라고 새기는 한편, 다수의견의 해석은 건전한 상식인이라면 누구나 알 수 있는 탈출이라는 단어의 통상적인 의미를 벗어나는 것으로서 법률해석의 한계를 일탈한 것이라고 보았다. 아울러 국가보안법의 입법 취지와 같은 법 제6조의 문언의 취지에 비추어 볼 때 동 법조는 '대한민국의 통치권이 실지로 행사되는 지역으로부터' 이탈하는 것을 당연한 전제로 하고 있다는 점을 추가적 논거로 삼았다.

(2) 검 토

이 사안에서 먼저 다수의견은 종래의 대법원의 태도를 그대

93도1951 등.

33) 大判 1983. 4. 18, 83도383: "국가보안법 제6조 소정의 탈출죄는 대한민국의 통치권이 실제로 행사되는 지역으로부터 직접 반국가단체의 지배하에 있는 지역으로 탈출한 경우뿐만 아니라 우리나라 국민인 이상 제3국으로 통하거나 또는 제3국에 거주하다가 반국가단체의 지배하에 있는 지역으로 탈출한 경우에도 성립한다." 위 사안에서는 여기서의 '우리나라 국민인 이상'이라는 문구를 둘러싸고 다수의견과 반대의견 간에 해석의 대립이 있었다. 다수의견(보충의견)은 내국인에 있어서는 국내범인지 국외범인지를 가릴 필요가 없음을 밝힌 것에 불과하고 외국인의 경우에는 제6조 소정의 '탈출'에 해당하지 아니한다는 뜻으로 판시한 것이 아니라고 한 반면, 반대의견은 다수의견의 그와 같은 태도는 결국 판례를 변경하는 것이라고 보았다.

로 유지하면서 문제의 행위가 위 법조 소정의 탈출에 해당한다고 보았다. 물론 다수의견은 판시과정에서 국가보안법 제6조의 입법 취지와 제1항 및 제2항의 관계 등을 아울러 고려하여 그러한 해석을 내놓았다. 그러면서 오히려 반대의견은 그와 같은 입법 취지나 조항간의 상호관련성을 떠나 탈출개념의 일상적인 어감에 얽매임으로써 부당한 해석결과에 이르렀다고 비판하고 있다.[34] 위 사안에서 반대의견이 다수의견과는 다른 해석결과를 낳게 된 주된 원인이 '탈출'개념의 통상적인 의미(어느 지역으로부터 이탈하여 다른 지역으로 들어가는 것)를 원용한 데 있음은 어느 정도 분명해 보인다. 하지만 반대의견 역시 자신들의 해석을 전개하면서 종래 대법원판례에 대한 나름의 해석론과 국가보안법의 입법 취지 및 같은 법 제6조의 문언의 취지 등을 함께 고려하고 있다. 다시 말해 문언의 통상적 의미를 중시하고 있기는 하나, 그 전거로서 입법 및 문언의 취지를 고려하는 목적론적 해석 내지 체계적 해석을 보충적으로 수행하고 있다. 이 점은 다수의견의 경우에도 마찬가지다. 그러나 이와 같은 사정에도 불구하고 일방에서는 자신들의 해석이 문언의 통상적인 의미(가능한 의미)를 벗어난 해석이라고 볼 수 없다는 항변을 제기하고 있는 반면(다수의견), 타방에서는 그러한 해석은 문언의 통상적인 의미를 벗어난 것으로 형법해석의 한계를 그르쳤다는 혐의를 씌우고 있다. 그렇다면 과연 어느 쪽의 해석이 타당한 것인가. 유감스러운 일이지만, 여기서도 '문언의 가능한 의미'라는 한계기준 — 이를 해석에 앞서 있는 기준으로 보든, 해석의 결과라고 보든 간에 — 은

34) 일상적인 어감에 비추어 볼 때 탈출이라는 용어는 구속상태 기타 어떤 나쁜 상황에서 벗어나거나 빠져나가는 것을 뜻한다고 볼 수 있지만, 국가보안법 제6조에서 말하는 탈출개념은 이러한 일상적인 어감상의 의미와는 반드시 같은 뜻으로 이해할 수는 없다(다수의견의 보충의견).

실상 아무런 도움도 주지 못하고 있다. 다만 여전히 분명한 것은, 그것이 상대방의 해석(내지 해석결과)의 타당성 여부를 최종적으로 평가하는 개념적 수단으로 활용되고 있다는 점이다.

4. [사안4] 외국환관리법상의 추징관련사례

(1) 견해의 대립

외국환관리법위반죄에서 공범 간에 취득한 이익이 다른 경우에 그 추징방법이 문제된 사안이다.[35] [다수의견]은 여러 사람이 공모하여 범칙행위를 한 경우 몰수대상인 외국환 등을 몰수할 수 없을 때에는 범칙자 전원에 대해 그 가액 전부의 추징을 명해야 하고, 그 일부라도 납부되지 아니했을 때에는 그 범위 내에서 각 범칙자는 추징의 집행을 면할 수 없다고 하여 공동연대추징을 인정하였고, 이러한 해석을 정당화하기 위한 논거로서 같은 법 제33조 규정[36]의 취지와 외국환관리법의 입법목적(제1조)을 원용하였다[37](목적론적 해석). 반면 [반대의견]은 형벌법규는 유추해석금지나 명확성의 원칙상 문리에 따라 해석하여야 한다(문리해석)는 전제하에서, 외국환관리법의 추징을 공동연대추징으로 보는 것은 타당하지 않고, 몰수대상이 된 외국환 등을 취득한 사람만

---

35) 大判 1998. 5. 21, 95도2002 전원합의체.

36) 외국환관리법 제33조: "제30조 내지 제32조의 각호의 1에 해당되는 자가 당해 행위로 인하여 취득한 외국환 기타 증권, 귀금속, 부동산 및 내국지급수단은 이를 몰수하며, 이를 몰수할 수 없을 때에는 그 가액을 추징한다."

37) 그리고 이에 기초하여, 외국환관리법상의 추징이 범인들이 당해 범죄행위로 인해 부당하게 얻은 이익을 박탈하려는 데 그 목적이 있다고 보아, 공범들이 개별적으로 얻은 이익의 한도에서 추징하여야 한다는 견해를 표명하였던 종래의 대법원판례(大判 1980. 4. 22, 79도1847; 大判 1985. 3. 12, 84도2747)를 변경하였다.

이 추징대상자가 된다고 보았다. 아울러 형법상 목적론적 해석이 전혀 배제되는 것은 아니며, 다수의견이 외국환관리법 위반사범의 단속과 일반예방의 철저를 기하기 위해 같은 법상의 추징에 대해 징벌적 제재의 성격을 강조한 것은 일견 타당한 면이 없지 않으나, 이와 같은 목적을 달성코자 한다면 주형을 엄격하게 해야 할 것이지, 부가형인 몰수에 대한 환형처분에 불과한 추징으로 할 것은 아니라고 하였다. 그리고 이러한 해석의 타당근거로서 문리해석 외에 체계적 해석의 방법[몰수・추징에 관한 일반규정인 형법 제48조와의 대비, 관세법상의 추징규정과의 체계적 비교(규정내용과 형식의 차이)]을 원용하였다. 그리하여 다수의견의 해석을 유추해석으로서 죄형법정원칙에 반한다고 보았다.

(2) 검 토

이 사안에서 다수의견은 기존의 몇몇 판례를 변경하면서 결과적으로 당해 사건의 피고인에게 불리한 해석 및 판결을 하였으나, 논증의 충실이라는 점에서 본다면 상당한 문제점을 안고 있다고 볼 수 있다. 반대의견은 문리해석을 토대로 하면서도 관세법상의 추징과의 체계적 비교 등 추가적인 해석방법까지 동원하여 자신들의 해석의 타당성을 논증하고 있는 반면, 다수의견은 해당 규정의 취지와 입법목적을 원용하면서 곧바로 “외국환관리법상의 몰수와 추징은 일반 형사범의 경우와는 달리 범죄사실에 대한 징벌적 제재의 성격을 띠고 있다”는 결론을 도출하고 있기 때문이다. 다수의견의 이와 같은 해석은 — 비록 반대의견에 의해 간접적인 방법으로 제시된 것이기는 하지만 — 외국환관리법 위반사범의 단속과 일반예방에 철저를 기한다는 처벌효과를 염두에 둔 것으로서, 이른바 결과지향적 해석의 전형적인 모습을 보여주고 있는 것이 아닌가 한다. 그리고 합리적 논거 없는 이러한 해석에서 탄력적 역할을 수행하고 있는 것이 바로 목적론적 해석방법이다. 하지만 반대의견도 언급했듯이, 형법상 목적론적 해석이 전혀 배제되는 것은 아니다. 하지만 일련의 합리적 논거들을 수반하지 않는 목적론적 해석은 극단적으로 해석이라고 보기 어려운 면이 없지 않다. 위에서도 보았듯이, 다수의견은 그저 "이 규정(제33조)의 취지와 입법목적(제1조)에 비추어"라고만 언급하고 있을 따름이다. 이들 규정에서 위와 같은 판결요지(다수의견의 해석결론)를 직접적이고 명시적으로 언급하고 있지 않은 이상, '규정의 취지와 입법목적' 자체를 단순히 원용하는 것만으로 위와 같은 결론이 논리적으로 도출될 수 없음은 명약관화한 일이다. 목적론적 해석카논이나 논거형식을 원용하더라도 그에 기초한 해석의 타당성 내지 정당성을 논증하는 절차가 수반되어야 함은 불가피하다. 따라서 이 사안의 경우, 다수의견의 해석이 그 정당성을 주장하기에는 — 비록 자신들의 해석이 문언의 가능한 의미를 벗어나지 않았다고 항변하고 있지는 않으나 그러한 항변을 하기에는 — 그 논증방식이 너무나도 빈약하다.

5. [사안5] 구 학교보건법상의 '시설 및 행위' 관련사례

(1) 견해의 대립

종전부터 컴퓨터게임장을 설치·운영하던 자가 유예기간까지 그 시설을 이전폐쇄하지 아니하고 시설을 유지하면서 운영하는 행위(영업)가 구 학교보건법 제6조 제1항 소정의 '시설 및 행위'에 해당하는지 여부가 문제된 사안이다.[38] [다수의견]은 위 법

38) 大判 2000. 11. 16, 98도3665 전원합의체. 구 학교보건법(1998. 12. 31. 법률 제5618호로 개정되기 전의 것) 제19조는 같은 법 제6조 제1항의 규정에 위반한 자를 처벌하도록 규정하고 있다. 그리고 같은 조항은 "누

조항이 '행위 또는 시설'이라고 표현하지 않고 '행위 및 시설'이라고 하여 '행위'를 먼저 내세우면서 '시설'과 묶어서 일체로 표현하고 있다는 점(문언의 표현방식) 및 같은 법의 목적[39]에 비추어 영업행위가 없으면 시설의 존재만으로는 학생들의 학습소홀 등의 교육 유해환경원인이 되지 않을 것이라는 점(목적론적 해석) 등을 들어 이를 긍정하였다. 반면, [반대의견]은 법규정(제6조 제1항)의 문언이나 조문의 배열·형식 등을 고려하면서(일종의 체계적 해석), 형벌법규는 그 문언에 따라 엄격하게 해석하여야 한다는 문리해석(엄격해석원칙)을 원용하여 이를 부정하였다. 특별히 형벌법규의 해석은 '사물의 변별능력을 제대로 갖춘 일반인의 이해와 판단'에 따른 문언의 통상적 의미를 바탕으로 해야 함을 강조하면서, 이에 비추어 볼 때 다수의견의 해석은 수긍하기 어렵다고 보았다. 아울러 명문의 규정이 없음에도 입법목적을 앞세운 해석을 통해 처벌의 대상을 확대함으로써 그 규제목적을 달성하려는

구든지 학교환경 위생정화 구역 안에서는 다음 각호의 1에 해당하는 행위 및 시설을 하여서는 아니된다"라고 규정하면서, 제1호에서 '환경보전법 제14조 위반의 행위 및 시설'을 규정하고, 제2호 내지 제13호에서는 '극장, 호텔, 사행행위장' 등 30종의 시설이름만을 열거규정하여 금지되는 행위를 열거하지는 않고, 제14호에서 '제1호 내지 제13호와 유사한 행위 및 시설과 미풍양속을 해하는 행위 및 시설로서 대통령령으로 정하는 행위 및 시설'이라고 규정하고 있다. 아울러 그 제14호의 위임에 따른 학교보건법시행령(1998. 1. 16. 대통령령 제15607호로서 개정되기 직전의 것) 제4조의2는 "법 제6조 제1항의 정화구역 안에서 금지되는 시설은 다음과 같다"고 규정하고 제1호 '컴퓨터게임장' 등 제6호까지의 시설이름만을 열거규정하여 금지되는 행위를 열거하지는 않았다. 이런 규정 체계하에서 같은 법 제6조 제1항 소정의 '시설 및 행위'에 관한 해석이 문제되었다.

39) 같은 법의 목적은 학교환경 위생정화에 필요한 사항을 규정하여 학습을 소홀히 하는 것을 막아 학교교육의 능률화를 기하려는 데 있다(다수의견).

것은 엄격해석원칙 및 죄형법정원칙에 어긋나는 것으로 올바른 태도가 아니라고 비판하였다.

(2) 검 토

이 사안에서도 다수의견의 해석은 입법목적을 강조하는 목적론적 해석에 상당 부분 기대고 있는 것 같다. 물론 위 법조항의 표현방식을 나름대로 거론하고 있기는 하나, 이와 같은 논거 역시 ― 판시과정의 논리적 관계상 분명하게 나타나 있지는 않으나 ― 입법목적과 연계되어 있음을 어느 정도 엿볼 수 있다. 이러한 태도는 반대의견이 '행위 및 시설'이라는 문언의 통상적인 의미를 풀이하기 위해 사전적 의미 등을 원용하면서 기울인 노력[40]에 비하면 그 논증적 힘이 상대적으로 매우 떨어진다고 평가할 수 있다. 동시에 명문의 규정이 없음에도 입법목적을 앞세운 해석을 통해 처벌의 대상을 확대하기보다는, 위반시설 방지를 위해 행정기관이 필요한 조치와 단속을 철저히 한다면 그것만으로도 법의 입법목적은 충분히 달성할 수 있다고 언급한 부분은 매우 인상적이라 여겨진다.

40) "다수의견은 법 제6조 제1항의 '행위 및 시설'을 '행위'와 '시설'로 구분하지 아니하고 이를 하나의 단어와 마찬가지로 이해하여 포괄적으로 '시설에서의 영업행위'를 의미하는 것으로 해석하는 듯하나, '행위 및 시설'이라는 문언이 가지는 통상적 의미에 비추어 그와 같은 해석은 수긍하기 어렵다. 통상의 이해방법에 따라 '행위'와 '시설'을 구분하여 풀이한다면, '시설'의 경우 '시설을 하다'의 사전적 의미는 '설비·장치 등을 베풀어 차리다'일 뿐 그와 같은 설비·장치 등을 보유하여 운영한다는 의미는 가질 수 없는 것이고, '행위'의 경우 법문이 규정하는 것처럼 '일정한 시설(예컨대 컴퓨터영업장)에 해당하는 행위'라는 문언은 문법상 성립할 수 없는 것으로서 일반인이라면 어느 누구도 '컴퓨터영업장에서의 영업행위'를 '컴퓨터영업장에 해당하는 행위'라고 표현하지는 않을 것이다."

6. [사안6] 공직선거법상의 '제공' 관련사례

(1) 견해의 대립

후보자의 배우자가 선거사무원에게 유권자 제공용으로 금전을 교부한 행위가 「공직선거 및 선거부정방지법」 제112조 제1항 소정의 기부행위('제공')에 해당하는지 여부가 문제된 사안이다.[41)][다수의견]은 이를 긍정한 반면, 반대의견은 부정하였다. 먼저 다수의견은 사전적 의미에서 '제공'이라 함은 '바치어 이바지함', '쓰라고 줌'을 뜻하는 것으로서 일반적으로 물건 등을 상대방에게 건네주어 이를 사용 내지 처분할 수 있게 하는 것을 말하고, 반드시 어떠한 이익을 상대방에게 귀속시켜야 한다는 뜻이 내포된 것은 아니라고 하였다(다수의견의 보충의견). 그러면서 이러한 해석은 '제공'이라는 문언의 통상적인 의미와 범위 내에서 공직선거법의 취지에 따른 목적론적 해석을 한 것으로서 확장해석이나 유추해석에 해당하지 않는다고 보았다. 동시에 다수의견은 이러한 해석론을 전개하면서 공직선거법상 기부행위제한규정의 입법취지,[42)] 금권선거의 폐해방지 및 처벌필요성[43)] 등을 주된 논거

41) 大判 2002. 2. 21, 2001도2819 전원합의체. 이 판례에 대한 상세한 분석 및 비판적 고찰로는 변종필, "공직선거법상 기부행위로서의 '제공'의 의미와 죄형법정원칙," 비교형사법연구 제4권 제2호, 2002, 553-572쪽 참조.

42) 공직선거법이 기부행위제한기간 중에 일체의 기부행위를 할 수 없도록 규정한 취지는, 그러한 기부행위가 후보자의 지지기반을 조성하는 데 기여하거나 매수행위와 결부될 가능성이 높아 이를 허용할 경우 선거 자체가 후보자의 인물·식견 및 정책 등을 평가받는 기회가 되기보다는 후보자의 자금력을 겨루는 과정으로 타락할 위험성이 있어 이를 방위하기 위한 데 있다(다수의견).

43) 금품을 최종적으로 받아 가질 사람에 대해 주는 것만을 처벌대상으로 한다면 금권선거를 근절시키고자 하는 입법목적을 달성할 수 없고, 중간

로 원용하였다. 반면, [반대의견]은 위 법조항 소정의 '제공'이란 금전 등 물품을 상대방에게 귀속시키는 것이라고 풀이하면서, 이를 사전적 의미의 '교부'개념 및 공직선거법상의 '교부'개념과 분명하게 구분하였다. 물론 반대의견도 다수의견의 해석이 금권선거를 근절시켜야 한다는 현실적 필요성에는 더 잘 부합할 수 있음을 인정하지만, 그럼에도 그러한 해석은 '제공'이라는 법률문언의 가능한 의미를 벗어난 유추해석이라고 비판하였다.

(2) 검 토

다수의견은 위 법조항 소정의 '제공'의 의미를 파악함에 있어 입법의 취지나 목적을 강조하면서, 나름대로 '문언의 통상적인 의미'를 원용하고 있기는 하지만 그것을 밝히려는 진지한 노력의 흔적은 없어 보인다. 나아가 현실의 선거범죄실상과 그에 따른 처벌필요성을 연계시켜 '제공'개념의 의미범위를 확대하려고 꾀하고 있지만 그러한 시도의 타당성을 뒷받침할 수 있는 합리적인 논거들은 거의 제시하지 않고 있다. 아울러 다수의견은 주된 해석카논으로 목적론적 해석을 도입하고 있으나 입법목적이나 처벌필요성을 지나치게 강조한 나머지 오히려 그러한 객관적 해석방법이 해석자의 주관적 (처벌)의사에 의해 희석되고 있는 듯한 느낌이다. 그런 만큼 다수의견은 이른바 '문언의 통상적인 의미'에 대해 보다 심도 깊은 성찰과 논증을 했어야 했다고 본다. 반면 반대의견은 주된 해석의 기준으로 문리해석을 원용하고는 있으나, 이뿐만 아니라 체계적 해석까지 고려하였다는 점에서 다수의견에 비해 상대적으로 치밀한 통찰을 한 것으로 보인다.

단계에서 주는 경우에도 그것이 포착된다면 이를 처벌해야 할 필요성이 절실하다(다수의견의 보충의견).

위 여러 사례들에서도 보았듯이, 여기서도 더욱 본질적인 문제는 양측이 자신들의 해석의 정당성을 주장하기 위해 이른바 '문언의 일상적인 의미'를 원용하면서, 상호 간에 문언의 가능한 의미를 벗어난 것이 아니라거나 문언의 가능한 의미를 벗어난 유추해석이라는 다툼이 전개되고 있다는 점이다. 하지만 여전히 문언의 가능한 의미라는 한계기준은 그에 대한 적절한 해답을 제시해주기 어려워 보인다. 다만 반대의견의 경우 문언해석에 근거하여 당해 피고인의 가벌성을 부정하는 방향으로 나아가면서도, 자신들의 해석(내지 해석결과)을 정당화하기 위해 다수의견에 비해 상대적으로 튼실한 논증을 전개하고 있음을 확인할 수 있다.

7. [사안7] 여객자동차운수사업법 위반관련사례

(1) 견해의 대립

여객자동차운송사업면허를 받거나 등록을 하지 아니한 채 화물자동차를 사용하여 유상으로 여객을 운송하는 행위가 여객자동차운수사업법 제81조 제1호 위반죄에 해당하는지 여부가 문제된 사안이다.[44] [다수의견]은 여객자동차운수사업법 제81조 제1호 소정의 '여객자동차운송사업'이란 자동차관리법 제3조의 규정에 의한 승용자동차 및 승합자동차를 사용하여 유상으로 여객을 운송하는 사업을 말하는바, 여객자동차에 해당하지 않는 화물자동차, 특수자동차 또는 이륜자동차 등을 사용하여 유상으로 여객을 운송하는 행위는 위 법조 소정의 여객자동차운송사업에 포함되지 않는다고 보았다. 그리고 이러한 해석은 관련규정들(같은 법 제81조 제1호, 제2조 제1호, 제3호)[45]의 문언에 비추어 분명한 것이

44) 大判 2004. 11. 18, 2004도1228 전원합의체.

45) 여객자동차운수사업법 제81조 제1호: "제5조 제1항의 규정에 의한 면

라고 하면서, 이를 넘어 화물자동차 등을 사용한 여객유상운송행위까지 처벌할 수 있다고 보는 해석(반대의견)은 문언의 가능한 의미를 넘어선 유추해석 내지 확장해석이라고 보았다. 반면 [반대의견]은 위 법 제81조 제1호의 구성요건인 "같은 법 제5조 제1항의 규정에 의한 면허를 받지 아니하거나 등록을 하지 아니하고 여객자동차운송사업을 경영한 자"라 함은, 면허나 등록도 없이 여객자동차운송사업을 경영하는 자를 처벌하기 위한 조항으로서 면허나 등록 없이 승용·승합자동차를 사용하여 유상여객운송행위를 한 경우는 물론, 화물자동차 등을 사용하여 유상여객운송행위를 하는 경우와 같이 애당초 법에서 요구하는 최소한의 사업기준조차 갖추지 못해 면허나 등록 자체를 받을 수 없는 위법한 사업의 경우도 포함하며, 이렇게 해석하는 것이 관련조문을 전체적·종합적으로 해석하는 길이며, 이렇게 해석하더라도 그것이 법규정의 가능한 의미를 벗어나 법형성이나 법창조행위에 이른 것이라고는 할 수 없어 유추해석이나 확장해석에 해당하지 않는다고 보았다. 그리고 이러한 해석의 타당근거로서 위 법 제81조 제1호의 입법취지와 입법연혁 및 관련 법규의 내용 등을 원용하였다.

(2) 검 토

다수의견의 해석은 해당 규정의 문언을 중시하는 해석방법(문리해석)에 의존하고 있는 반면, 반대의견은 입법취지와 입법연

허를 받지 아니하거나 등록을 하지 아니하고 여객자동차운송사업을 경영한 자는 2년 이하의 징역 또는 2천만 원 이하의 벌금에 처한다." 제2조: 1. 자동차라 함은 자동차관리법 제3조의 규정에 의한 승용자동차 및 승합자동차를 말한다. 3. "여객자동차운송사업이라 함은 다른 사람의 수요에 응하여 자동차를 사용하여 유상으로 여객을 운송하는 사업을 말한다."

혁 등을 고려한 목적론적 해석 및 역사적 해석(발생학적 해석)의 방법에 기대면서 전체적으로 포괄적인 의미의 체계적 해석방법(관련조문을 전체적·종합적으로 해석하는 방법)을 원용하고 있다. 이를 대법원의 형법해석기준과 연계시켜 구분해보면, 다수의견은 형벌법규는 문언에 따라 엄격하게 해석·적용하여야 한다는 원칙에서 그 타당근거를 구하고 있는 반면, 반대의견은 — 한 걸음 더 나아가 — 형벌법규는 문언에 따라 엄격하게 해석·적용하여야 하지만, 이 경우에도 법률문언의 통상적인 의미를 벗어나지 않는 한 그 법률의 입법 취지와 목적, 입법연혁 등을 고려한 목적론적 해석이 배제되는 것은 아니라는 또 다른 기준에서 그 타당근거를 구하고 있다. 그러면서 다수의견은 반대의견에 대해 법문언의 가능한 의미를 벗어난 유추해석이라는 혐의를 씌우고 있고, 마찬가지로 반대의견은 자신들의 해석이 법률문언의 통상적인 의미와 범위 안에서 법의 취지에 따른 목적론적 해석으로서 허용됨은 물론, 오히려 다수의견이야말로 법령조문의 형식적 문언과 논리에만 집착한 편협한 해석이자, 공익과 입법목적상 반드시 처벌이 필요한 부문에 대한 처벌의 공백사태를 조성하고 이로써 법적 안정성까지 해치는 해석이라고 맹비난하고 있다. 여기서 반대의견이 입법목적을 거론하면서 처벌의 공백 운운하는 것은 앞서 몇 사례에서 보았듯이, 다수의견의 해석에 대한 사후적 작용으로서의 한 측면에 대해 제기되는 비판이라면 얼마든지 수용할 수 있으나, 만일 그러한 언급이 해석과정에 그와 같은 처벌효과를 미연에 고려하여야 한다는 의도로 행해진 것이라면, 이는 결코 수용할 수 없다고 할 것이다. 처벌필요성을 반영하는 해석(일종의 결과지향적 해석)은 언제나 죄형법정원칙의 법치국가적 요청을 심각하게 그르칠 위험을 안고 있기 때문이다.

다시 근본적인 문제로 넘어가서, 그렇다면 어느 측의 해석이 타당한 것인가. 이 사안에서도 이 점을 확인할 길은 여전히 보이지 않는다. 설령 다수의견과 반대의견의 논증과정을 구체적으로 검토한다 하더라도 이점을 확인하는 것은 거의 불가능할 것이다. 다만 이 경우에도 문언의 통상적인 의미 내지 문언의 가능한 의미라는 형법해석의 한계기준은 상대측의 해석(내지 해석결과)에 대해 자신들의 해석의 정당성을 항변하기 위한 개념적 도구 내지 잣대로 기능하고 있음은 여전히 분명한 것 같다.

Ⅳ. 맺 음 말

이상으로 대법원의 형법해석기준 및 해석상 다툼이 많았던 몇 가지 주요사례들을 검토하고 그에 대한 문제점을 언급하였다. 앞서도 언급했듯이 여기서는 양측의 해석 내지 해석결과의 타당성에 관한 언급은 생략하고, 상호 모순되는 해석기준의 적용, 해석방법이나 해석카논을 활용하여 해석결과를 이끌어내는 과정에서의 논증 자체 또는 그 방법의 문제에 관해 요약·언급하는 것으로 결론을 대신하고자 한다.

1. 몇 가지 확인된 문제점

(1) 해석카논의 사용

대법원의 해석기준으로서 크게 두 가지([1], [2])를 제시하였는바, 그 안에는 형법상의 해석방법 내지 해석카논인 문언해석(내지 문리해석, 엄격해석원칙), 확장해석, 유추해석, 목적론적 해석은 언급되고 있지만, 체계적 해석의 방법은 들어 있지 않으며, 실제 문제가 된 해석관련사례에서도 이 체계적 해석카논을 언급하고 있는 곳은 찾아볼 수 없는 실정이다. 그럼 대법원이 이러한 해석카논을 사용하고 있지 않는가. 각 사례들에 대한 검토부분에서 분석・언급하였듯이, 대법원은 체계적 해석카논을 가장 넓게 활용하고 있음을 알 수 있다. 때로는 단순한 의미의, 또 때로는 포괄적인 의미의(헌법합치적 해석 포함) 체계적 해석방법을 매우 넓게 사용하고 있다. 그리고 경우에 따라서는 목적론적 해석까지 아우르는 광의의 의미의 체계적 해석방법을 사용하고 있다. 이런 점에 비추어 볼 때 얼핏 대법원이 사실상 체계적 해석카논에 대해 가장 중요한 의미를 부여하고 있는 것은 아닌가 하는 생각이 들 정도이다. 물론 이 점은 여기서의 주된 연구대상은 아니며, 이에 관해서는 추가적인 분석과 연구가 필요하리라고 본다. 그럼에도 확실히 해야 할 점은 대법원이 외관상 표방하고 있는 해석기준[2](여기서는 목적론적 해석만을 언급하고 있음)과 실제 구체적인 해석관련사례에서 사용하고 있는 해석카논이 정확하게 일치하지 않는다는 점이다. 따라서 앞서 언급하였듯이, 대법원의 해석기준이 의외로 단순하다는 지적이 빈 말은 아닌 듯하다.

(2) 논거도입의 제한

처벌의 필요성 내지 불처벌의 불합리성은 합당한 해석의 논거로 인정될 수 없다. 해석기준이나 여타의 해석카논을 원용하여 해석한 결과 그러한 해석의 반작용 내지 부수적 효과로서 피고인의 가벌성이 긍정되는 것이 아니라면, 이를 해석활동의 과정에서 피고인의 가벌성을 인정하기 위한 적극적 요소로 도입하는 것은 허용되지 않는다([사안1], [사안4], [사안6], [사안7]). 즉 형법에서 결과지향적 해석은 자제해야 함이 마땅하다. 또한 국민의 법감정과 같은 극히 주관적이고 임의적인 요소 역시 해석을 정당화하기 위한 합리적인 논거로 원용할 수 없다([사안2]).

(3) 추가적 논증의 필요성

문언의 통상적인 의미를 거론할 경우에도, 가령 "이것이 해당 문언의 통상적인 의미이다"라는 식의 주장만으로는 부족하다(이 경우에는 엄격히 말해 문언해석의 방법에 의한 정당화가 존재하지 않는다고 보아야 할 것이다). 그러한 주장이 합리적인 것으로 수용될 수 있으려면 사전적 의미를 원용하든, 아니면 다른 언어학적 고찰을 원용하든 간에 그 점에 관한 나름의 경험적 논증이 수반되어야 한다([사안1]). 이 점은 해석자가 입법자의 의사, 입법 취지나 목적 등을 거론할 경우에도 마찬가지다. 이 경우에도 단순히 "입법취지(내지 입법목적)에 따르면 이렇게 해석된다거나 해석할 수 있다"는 식의 언급만으로는 충분치 않다. 과연 입법취지나 입법목적이 그러한 것인지 여부를 증명하기 위해 별도의 경험적 논증이 필요하다([사안4]).[46]

(4) 한계기준의 기능

문언의 가능한 의미를 두고 — 다수의견이든 반대의견이든 간에 — 이를 자신들의 해석의 종국적인 타당근거로 원용하고 있는 경우를 쉽게 볼 수 있다. 하지만 거의 대부분 서로 상이한 해석결과를 낳고 있음에 비추어 볼 때 적어도 이 개념을 해석결과의 타당성을 가늠하는, 이미 해석에 앞서 있는 기준(이른바 인식론

---

46) 이런 점에서 경험적 논증은 법적 논증에 있어 중요하게 작용한다(R. Alexy, Theorie der juristischen Argumentation, 2.Aufl., 1991, 286쪽 이하). 물론 경험적 지식 역시 확실치 못하다는 점을 고려할 때 법적 논증에서 그것의 중요성을 과대평가할 수는 없을 것이다. 해석의 정당성을 주장하기 위한 논거가 합리적인 것으로 수용될 수 있으려면, 그 논거 안에 들어 있는 — 경험적인 것이든, 규범적이건 것이든 간에 — 일정한 전제들이 모두 충족되어야 할 것이 요구된다. 알렉시는 이를 일컬어 '충족의 요청'이라고 한다(같은 책, 293쪽).

적 기준)으로 삼기는 어렵다는 것이다. 그런데도 실제로 해석론의 다툼에서는 그것을 일방 내지 타방의 해석 내지 해석결과의 타당성 여부를 재는 개념적 잣대로 활용하고 있는 실정이다([사안1], [사안2], [사안3],[사안6], [사안7]).

2. 해석기준의 활용방법

여기서는 대법원이 해석활동에 있어 선택한 일정한 해석기준이나 해석카논이 해석의 결과에 어떤 영향을 미쳤는지를 살펴보고자 한다. 위 사안들에 대한 검토과정을 전체적으로 종합해 볼 때, 해석카논의 사용에 있어 문언해석방법(엄격해석원칙)을 주된 논거형식으로 삼았을 경우에는(이는 해석기준 [1]과 연계되어 있다) 그 해석의 결과가 피고인의 가벌성을 부정하거나 피고인에게 유리한 방향으로 작용했고, 반면 해석카논의 사용에 있어 목적론적 해석방법이나 체계적 해석방법 등을 주된 논거형식으로 삼았을 경우에는(이는 해석기준 [2]와 연계되어 있다) 그 해석의 결과가 피고인의 가벌성을 긍정하거나 피고인에게 불리한 방향으로 작용했음을 확인할 수 있다. 이점은 굳이 구체적인 분석을 통해 확인할 필요도 없이, 각 해석카논의 성격을 제대로 파악하고 있다면 어느 정도 짐작할 수 있는 일이다.

그런데 여기서 제기되는 한 가지 의문은, 대법원이 — 다수의견이든 반대의견이든 간에 — 자신들의 해석론을 정당화하기 위해 여러 가지 해석카논을 그 논증수단으로 도입하고, 이를 토대로 하여 구체적인 논거들을 제시하면서 그와 같은 해석결과에 이르렀다고 하기보다는, 오히려 해석기준으로 제시되어 있는 일반적인 언명([1]과 [2])을 그 정당화과정에 직접 끌어들이고 있는 것이 아닌가 하는 점이다. 물론 전자와 같은 노력의 과정이나 흔적을 전혀 찾아볼 수 없다는 것은 아니나, 앞서 여러 측면에서 제기했던 논증과정상의 문제점들에 비추어 보면 그러한 혐의가 전혀 근거 없는 것은 아니라고 본다. 위 몇몇 사례에서도 분명하게 드러났듯이, 다수의견이든 반대의견이든 간에, 자신들이 엄격한 문언해석을 했음을, 그리하여 결과적으로 피고인의 가벌성을 부정하거나 피고인에게 유리한 방향으로 나아간 경우에는 거의 예외 없이 해석기준[1]을, 그리고 자신들이 법문언의 가능한 의미의 범위 내에서 목적론적 해석을 했음을, 그리하여 결과적으로 대개 피고인의 가벌성을 긍정하거나 피고인에게 불리한 방향으로 나아간 경우에는 거의 예외 없이 해석기준[2]를 원용하고 있으며, 더욱이 그러한 해석기준을 그 논증과정의 시발점이나 끝부분에서 — 마치 그러한 언명에 의해 자신들의 해석이 정당화되고 있다는 듯이 — 원용하고 있다.

그런데 그와 같은 방법, 즉 해석기준([1]과 [2])을 직접 해석의 (핵심적인) 정당성논거로 끌어들이는 방법에 의해서는 해석(내지 해석결과)이 정당화될 수 없다. 가령 해석기준[1]을 보자면, 이는 법치국가적 요청에 기초하여 해석자인 법관에게 제기되는 일반적인 규범적 언명이자 요청이다. 즉 "해석자인 법관은 형법해석에 있어 문언에 따라 엄격하게 해석해야 하며, 법문언의 가능한 의미를 넘어서서 해석해서는 안 된다"는 것이다. 이러한 규범적 요청으로부터 사안에 대한 일정한 형법해석이 곧장 정당화될 수 없음은 자명하다. 이 경우 위 요청은 그 의미상 다음과 같은 형태로 변형될 수 있다: "해석자인 법관이 형법해석에 있어 문언에 따라 엄격하게 해석하고, 그 해석이 법문언의 가능한 의미를 벗어나지 않았다면, 그것은 정당한 해석이다." 따라서 법관이 자신의 형법해석이 정당한 해석이라고 주장하기 위해서는 자신의 해석이 문언에 따라 엄격하게 행해졌고, 그 해석이 법문언의 가능한 의미를 벗어나지 않았음을 입증(즉 논증)하지 않으면 안 된다. 그런데 이러한 논증이란 바로 각종 해석카논을 원용하여 구체적이고 합리적인 논거들을 제시하는 것이다. 이와 같이 볼 때 대법원의 형법해석이 확고한 정당성을 지니려면 적어도 지금보다 훨씬 강화된 논증을 수행해야 할 것이다.

만일 대법원이 — 다수의견이든 반대의견이든 — 자신들의 해석(내지 해석결과)을 정당화하기 위해 나름의 충분하고도 합리적인 논증을 수행하지 않는다면(특히 '충족의 요청'을 만족시키기 위한 나름의 노력을 시도하지 않는다면) 결국 그러한 해석 및 그에 기초한 판결은 합리적인 근거나 논증 없는 상태에서 단순히 자신의 결정권한에 기초하여 내려진 결정이라는, 즉 실증주의적 정당화라는 혐의를 벗지 못할 것이다. 왜냐하면 문제가 되고 있는 개개의 해석관련사례에 대한 판결의 정당성은 결국 그 판결에 참여하는 전체 대법관들 중에서 어느 쪽의 해석론을 지지하는 자가 더 많은가 하는 숫자놀음에 의존할 수밖에 없을 것이기 때문이다.

7

강간죄의 폭행 · 협박에 관한 대법원의 해석론과 그 문제점*

Ⅰ. 머 리 말

강간죄란 폭행 또는 협박으로 부녀를 강간함으로써 성립하는 범죄이다(형법 제297조). 그런데 여기서 폭행 · 협박이란 유형력의 행사 또는 공포심을 일으킬 만한 해악의 고지로서 상대방의 반항을 불가능하게 하거나 현저히 곤란하게 할 정도의 것을 의미한다고 보는 것이 현재의 지배적 입장이다.[1] 판례 역시 강간죄에서 폭행 · 협박은 피해자의 반항을 현저히 곤란하게 할 정도의 것이어야 한다고 봄으로써 통설과 같은 태도를 견지하고 있다.[2] 그런데 이러한 태도에 대해서는, 그러한 해석론은 법률규정상 근거가 없으며 성폭행에 대한 불벌의 여지를 넓히는 남성위주의 가부장적 해석론으로서 피해자인 여성에게는 불리하게 작용하는 반면 가해자인 남성에게는 매우 유리하게 작용하는 해석론으로서 부당하다는 비판이 제기되고 있다.[3]

---

* 비교형사법연구 제8권 제2호, 한국비교형사법학회, 2006. 12, 147쪽 이하.

1) 김일수 · 서보학, 형법각론[제6판], 박영사, 2004, 159쪽; 김성천 · 김형준, 형법각론, 동현출판사, 2000, 222쪽; 손동권, 형법각론, 율곡출판사, 2004, 129쪽; 오영근, 형법각론, 박영사, 2005, 169쪽; 이재상, 형법각론[제5판], 박영사, 2004, 159쪽; 이정원, 형법각론, 법지사, 2000, 199쪽; 정성근 · 박광민, 형법각론, 삼지원, 2002, 160쪽; 정영일, 형법각론, 박영사, 2006, 118쪽.

2) 大判 1988. 11. 8, 88도1628; 大判 1979. 2. 13, 78도1792.

나아가 판례는 강간죄에서 폭행·협박이 상대방의 저항을 현저히 곤란하게 할 정도의 것이었는지 여부에 관하여 폭행·협박 자체의 내용과 그 정도는 물론이고, 유형력을 행사하게 된 경위, 피해자와의 관계, 범행 당시의 정황 등 제반 사정을 종합하여 피해자가 성교 당시 처하였던 구체적인 상황을 기준으로 판단해야 한다는 태도를 취하고 있다.[4] 그런데 대법원의 이러한 종합적 판단기준설에 대해서는, 강간죄의 감경적 구성요건이 없는 우리의 입법상황에서 그러한 종합판단은 강간죄의 성립을 축소시키는 방향으로 작용함으로써 결국 피해여성에게 대단히 불리하게 작용하는 경우가 적지 않다는 비판이 제기되고 있다.[5]

강간죄의 성립에 있어 요구되는 폭행·협박의 정도 및 그 판단기준을 둘러싼 이러한 논의현황에 직면하여 이하에서는 과연 통설과 판례의 입장을 그대로 유지하는 것이 바람직한 것인지, 아니면 협의설의 입장에서 제기하는 주장처럼 강간죄의 성립요건으로서의 폭행·협박의 정도를 현재의 지배적 견해와는 달리 그보다 좁게 해석하는 것이 타당한 것인지, 그리하여 대법원 판례(와 통설)에 대한 협의설의 비판이 일리 있는 지적인지, 그렇다면 그에 대한 적절한 대안으로서 해석론의 변경 또는 새로운 입법론이 요구되는 것인지를 살펴보기로 한다. 이를 위해 먼저 강간죄 성립에 요구되는 폭행·협박의 정도에 관한 기존의 논의현황(견해의 대립과 그 논거)을 좀더 상세히 고찰하기로 한다(II). 그런

---

3) 이는 협의설을 취하는 학자들(박상기, 조국, 한인섭)로부터 제기되는 비판이다.

4) 大判 2005. 7. 28, 2005도3071; 大判 2004. 6. 25, 2004도2611; 大判 2001. 2. 23, 2000도5395; 大判 1999. 4. 9, 99도519; 大判 1992. 4. 14, 92도259.

5) 조국, 형사법의 성편향, 박영사, 2003, 42쪽; 한인섭, “형법상 폭행개념에 대한 異論,” 형사법연구 제10호, 1998, 127쪽.

다음 강간죄의 폭행 · 협박개념(특히 그 정도와 판단기준)에 관한 대법원 판례의 입장과 그 태도변화 유무를 분석 · 정리하고(Ⅲ), 이를 토대로 논의주제와 관련하여 대법원 판례에 대해 제기되고 있는 비판과 그 주장내용들을 검토할 것이다(Ⅳ). 마지막으로, 대법원 판례 자체에 내재된 문제점과 더불어 그에 대한 해결방안(해석론적 내지 입법론적 방안)을 간략히 제시하고자 한다(Ⅴ).

Ⅱ. 강간죄에서의 폭행 · 협박의 정도

1. 학설의 대립

강간죄에서의 폭행 또는 협박이란 유형력의 행사 또는 공포심을 일으킬 만한 해악의 고지를 그 요소로 하는바, 그것의 정도에 관해서는 몇 가지 견해가 대립하고 있다. 먼저, ⅰ) 강도죄에서의 폭행 · 협박과 같이 상대방의 반항 내지 의사를 억압할 정도임을 요한다는 견해가 있는바,[6] 강간죄의 성립범위를 지나치게 좁게 본다는 이유에서 현재 이 견해를 취하는 학자는 없다.

다음으로, ⅱ) 상대방의 반항을 불가능하게 할 뿐만 아니라 현저히 곤란하게 할 정도의 것임을 요한다는 견해(최협의설)가 있는데, 이것이 현재의 통설이자 판례의 태도이다. 강간죄는 개인의 성적 의사결정의 자유를 보호하기 위한 범죄로서 재산권을 보호법익으로 하면서 공갈죄와 엄격히 구별해야 하는 강도죄와 같은 정도의 폭행 · 협박을 요한다고 보아야 할 특별한 이유가

6) 유기천, 형법학[각론강의(上)], 일조각, 1983, 128쪽. 이 견해에 대해서는 성범죄를 보는 남성지상주의자들의 부당한 시각 가운데 하나라는 비판이 있다(김성천 · 김형준, 앞의 책, 222쪽).

없을 뿐더러[7] 강간죄는 재산죄보다 더 중한 사람의 자유를 침해함에도 불구하고 강도죄의 폭행 · 협박과 동일한 정도를 요구하면 강도죄의 경우처럼 공갈죄에 상당하는 보충적 범죄규정이 없어 피해자 보호에 미흡하다[8]는 점을 그 논거로 한다. 그런데 이러한 논거는 주로 ⅰ)설에 대한 비판으로서 제기된 것으로 보인다. 이 견해에 의하면 완력으로써 상대방을 제압하거나 수면제를 복용시키거나 최면술을 거는 등 상대방의 반항을 전혀 불가능하게 하는 절대적 · 물리적 폭력뿐만 아니라 상대방의 반항을 스스로 포기하게 하는 강압적 · 심리적 · 의사적 폭력도 여기서의 폭행 · 협박에 해당한다.[9]

마지막으로, ⅲ) 상대방의 반항을 현저히 곤란하게 할 정도까지는 필요치 않고 협의의 폭행 · 협박이면 족하다는 견해(협의설)가 있다.[10] 강간죄에서의 폭행 · 협박은 타인의 신체에 대한 불법한 유형력 행사를 말하는 것으로 그 힘의 대소강약은 불문한다는 것이다. 이는 최협의설과 대립각을 세우면서 그에 대한 비판적 입장에서 제기되고 있는 견해이다.

ⅰ)설은 강간죄 성립에 있어 가장 강한 정도의 폭행 · 협박을 요구하고 있어 ⅱ)설의 입장에서 제기되고 있는 비판처럼 피해자보호에 상대적으로 취약하다고 할 수 있다. 하지만 피해자보호를 둘러싼 양 견해의 이러한 상관관계는 ⅱ)설과 ⅲ)설 사이에도 그대로 적용된다. 협의설이 최협의설에 대해 제기하는 주된

---

7) 이재상, 앞의 책, 159쪽.

8) 정성근 · 박광민, 앞의 책, 160쪽.

9) 손동권, 앞의 책, 129쪽; 이재상, 앞의 책, 159쪽; 이정원, 앞의 책, 200쪽; 정성근 · 박광민, 앞의 책, 160쪽; 정영일, 앞의 책, 118쪽.

10) 박상기, 형법각론[제6판], 박영사, 2005, 151쪽; 조국, 앞의 책, 48쪽; 한인섭, 앞의 논문, 122쪽 이하, 136쪽; 윤승은, "강간죄의 구성요건으로서의 폭행 · 협박의 정도," 제167회 형사판례연구 발표문(2006. 2. 11.), 17쪽.

비판의 내용 중 하나도 최협의설은 가해자에게 유리하게 작용하는 반면 피해자에게 불리하게 작용한다는 것이기 때문이다. 이러한 견해대립의 윤곽을 분명히 하기 위해서는 그 주장 내용들을 좀더 자세히 검토해 볼 필요가 있다.

2. 최협의설과 협의설의 논쟁

(1) 최협의설에 대한 협의설의 비판

협의설은 피해자의 진지한 거부의 의사표시가 있었음에도 폭행·협박을 통해 간음행위를 하면 그 폭행·협박이 반드시 상대방의 반항을 억압하거나 곤란하게 할 정도의 것이 아니더라도 강간죄가 성립한다고 본다.[11)]

이러한 협의설의 입장에서 최협의설에 대해 제기되고 있는 주된 비판내용들을 보면 다음과 같다. 첫째, 최협의설은 법률규정상의 근거가 없으며, 우리 형법상 강간죄의 구성요건은 독일형법과 달리 폭행·협박에 대한 어떠한 한정적 수식어도 없기 때문에 강간죄 성립에 필요한 폭행·협박을 최협의로 해석해야 할 필연적 이유는 없다.[12)] 바꿔 말하자면 최협의설은 일본이 취한 독일법의 해석론을 우리의 판례와 학설이 입법적 차이[13)]를

11) 박상기, 앞의 책, 151-152쪽.

12) 조국, 앞의 책, 47쪽; 한인섭, 앞의 논문, 136쪽.

13) 독일의 경우에는 1997년 개정형법 이전의 형법에서 중한 강간죄규정(제177조 제1항)을 둠과 동시에 경한 강간죄규정(제177조 제2항)도 함께 둠으로써 강간죄규율의 차등화를 도모하였다. 그리고 1997년 개정형법은 강제추행죄와 강간죄를 한 규정에 통합하여 규율하고 있는데, 여기서도 그러한 차등적 규율은 그대로 유지되고 있다(제177조 제1항과 제5항 참조).

독일 형법 제177조(강제추행죄와 강간죄)

⑴ 다음 각호의 방법으로, 타인으로 하여금 그에 대한 자기 또는 제3자

고려하지 않은 채 무비판적으로 차용했다는 것이다.[14] 둘째, 최협의설은 강간의 피해자가 반드시 가해자를 상대로 반항행위(격렬한 또는 극도의 저항)를 할 것을 전제하고 있는데,[15] 이는 모든 여성에게 균일한 방식(특히 가부장제가 요구하는 방식)으로 대응하기를 강요하는 부당한 처사로서 피해여성의 성격 등으로 인해 다양한 대응태도가 있을 수 있음을 간과한 것이다.[16] 셋째, 최협의설은 강간죄의 보호법익을 여성의 성적 자기결정권이라고 보는

의 성적 행위를 수인하도록 강요하거나 자기 또는 제3자에 대해 성적 행위를 시도하도록 강요한 자는 1년 이상의 자유형에 처한다: 1. 폭행에 의한 경우, 2. 신체 또는 생명에 대한 현재의 위험을 고지하는 협박에 의한 경우, 3. 피해자가 자기의 영향하에 보호 없이 내맡겨져 있는 상태를 이용하는 경우.

⑵ 특히 중한 경우에는 2년 이상의 자유형에 처한다. 특히 중한 경우라 함은 다음 각호에 해당하는 경우를 말한다: 1. 피해자와 성교를 하거나, 피해자에 대해 그에게 특히 굴욕감을 주는 유사성교행위를 시도하거나, 또는 자기에 대해 피해자로 하여금 그러한 유사성교행위를 시도하도록 한 경우, 특히 그러한 유사성교행위가 신체에의 삽입과 결합되어 있는 경우(강간), 2. 그 행위가 수인에 의해 공동으로 저질러진 경우.

⑶ 다음 각호의 경우에는 3년 이상의 자유형에 처한다: 1. 무기 또는 다른 위험한 도구를 휴대한 경우, 2. 그 밖에 폭행 또는 폭행을 고지하는 협박으로 타인의 반항을 저지하거나 극복하기 위한 도구나 수단을 휴대한 경우, 3. 피해자가 그 행위에 의해 건강상 중대한 손상을 입은 경우.

⑷ 다음 각호의 경우에는 5년 이상의 자유형에 처한다: 1. 행위시에 무기 또는 다른 위험한 도구를 사용한 경우, 2. 피해자가 a) 행위시에 신체상 중대한 학대를 받거나 b) 행위에 의해 사망의 위험에 처하게 된 경우.

⑸ 제1항의 행위가 중하지 아니한 경우에는 6월 이상 5년 이하의 자유형에 처하며, 제3항과 제4항의 행위가 중하지 아니한 경우에는 1년 이상 10년 이하의 자유형에 처한다.

14) 조국, 앞의 책, 41-42쪽; 한인섭, 앞의 논문, 129쪽.

15) 박상기, 앞의 책, 150쪽.

16) 조국, 앞의 책, 43-44쪽.

관점과 논리적으로 배치되는바, 성적 자기결정권이란 강간죄의 성립 여부를 여성의 의사를 중심으로 판단할 것을 전제로 하고 있다.[17] 넷째, (최협의설을 따른다면) 현행 우리 형법상 화간(和姦)과 최협의의 폭행·협박을 사용한 강간 사이의 중간지대는 존재하지 않으며, 그 결과 최협의의 폭행·협박에 이르지 않는 정도의 유형력 행사나 해악 고지에 의한 간음은 법적으로 허용되는 셈이며, 이로써 최협의설은 피해자의 거부의사가 명확히 표출된 경우조차 무죄로 처리함으로써 성폭행에 대한 불벌의 여지를 넓히고 가해자에게 매우 유리한 결과를 가져와 부당하다.[18] 다섯째, 최협의설은 자칫 문제의 중점을 여성을 피해자로서가 아니라 범죄의 원인제공자 내지 무책임한 방조자로 보게 할 위험성을 내포하고 있으며, 여성으로 하여금 강간시도에 대해 강하게 저항하였음을 입증해야 할 책임을 부담시킨다.[19]

(2) 협의설에 대한 최협의설의 비판

다음으로 최협의설의 입장에서 협의설에 대해 제기되고 있는 주된 비판내용들을 보면 다음과 같다.[20] 첫째, 성행위 자체가 유형력의 행사를 포함하고 있는데 그 대소강약을 불문하게 되면 강간죄의 성립범위가 너무 넓어지게 된다. 둘째, 강간죄와 같이 물증이 아니라 가해자와 피해자 내지 증인의 진술에 주로 의존하여 유·무죄를 확정해야 하는 범죄에서는 피해자뿐만 아니라 무고한 가해자도 보호해야 할 필요가 있다. 즉 피해여성의 입장뿐만 아니라 부당하게 강간범으로 몰려 평생을 망치게 되는 남

---

17) 박상기, 앞의 책, 150쪽.
18) 한인섭, 앞의 논문, 126, 136쪽.
19) 박상기, 앞의 책, 151쪽; 조국, 앞의 책, 44쪽; 한인섭, 앞의 논문, 124쪽.
20) 오영근, 앞의 책, 170쪽.

자의 입장도 고려하고, 자의로 성교를 한 여성이 상대방 남자로부터 강간을 당했다고 무고할 위험성을 염두에 둔다면, 입증의 문제를 논거로 해서 강간개념을 전도시키는 것은 올바른 입론(立論)이 아니라고 한다.[21] 셋째, 여성이 강간을 당하는 것은 항거불능의 폭행·협박이 있기 때문이고, 항거가 가능함에도 강간을 허용하는 부녀는 없다고 보아야 한다. 넷째, 협의설은 강간죄의 소송실태에 대한 불만에서 비롯된 것인데 이는 소송절차에서 개선해야 할 일이지 실체법해석을 변경해서 개선할 문제는 아니다.

3. 검　토

우선, 협의설이 피해여성의 자유(성적 자기결정의 자유)를 좀더 넓게 보호하려는 취지에서 종래의 통설 및 판례의 태도를 비판적으로 다루면서 폭행·협박의 정도를 완화시켜 해석하려는 시도는 일면 경청할 만하다고 여겨진다. 왜냐하면 피해자의 성적 자기결정의 자유가 침해되었다고 보아야 할 소지가 많음에도 불구하고 현재의 지배적 해석론으로는 강간죄로 처벌할 수 없는 '처벌의 사각지대'가 존재하고 있음은 분명해 보이기 때문이다. 실제의 판례사례들을 고려해 보더라도 피해자의 성교거부 의사표시가 있었고 이로써 피해자의 의사에 반하는 정도의 유형력을 행사하여 피해자를 간음하려 하였음에도 불구하고 그 유형력의 행사가 피해자의 반항을 현저히 곤란하게 할 정도에 이르지 않았다는 이유로 강간죄의 성립을 부정한 경우들이 적지 않음[22]은 협의

21) 임웅, 형법각론, 법문사, 2001, 155-156쪽.

22) 가령 大判 2004. 6. 25, 2004도2611; 大判 1999. 9. 21, 99도2608; 大判 1992. 4. 14, 92도259; 大判 1991. 5. 28, 91도546; 大判 1990. 12. 11, 90도2224 참조.

설의 주장이 어디를 지향하고 있는지를 잘 보여준다고 하겠다.

하지만 최협의설의 입장이 주장하는 논거처럼 물증이 아니라 주로 가해자와 피해자(내지 증인)의 진술에 의존하여 유·무죄를 확정해야 하는 강간범죄의 성격에 비추어 볼 때 억울한 피해자가 생겨날 위험뿐만 아니라 무고한 협의자가 생겨날 위험 역시 배제할 수 없다. 실제 사례들을 보더라도 법원이 피해자의 진술과 피고인의 진술 중 어느 쪽에 더 신빙성을 두느냐에 따라 판결의 결과가 달라지고 있음은 강간죄에서 사실인정의 어려움을 잘 보여주고 있는 셈이다. 그런데 이러한 어려움은 강간죄에서 요구되는 폭행·협박의 정도를 최협의설에 따라 정하든 협의설에 따라 정하든 어느 정도는 여전히 절차상의 난제로 남을 수밖에 없는 문제이다. 또한 학설내용(최협의설과 협의설)과 사안에 대한 그 적용결과 사이의 논리필연적인 연결효과로서 강간죄 성립범위의 광협에 있어 상대적인 차이가 나는 것은 불가피한 일이다. 물론 협의설의 해석론을 따를 경우 강간죄의 성립범위는 상대적으로 넓어지게 되고, 이로써 여성의 성적 자기결정의 자유 역시 상대적으로 더 넓게 보호될 것은 자명하다. 다만 문제는 현행 형법상의 강간죄규정에 의할 경우 협의설의 해석론이 과연 타당성을 가진다고 볼 수 있을 것인가 하는 점이다.

이러한 문제에 답하기 이전에 아래에서는 먼저 강간죄 성립요건으로서의 폭행·협박에 관한 판례의 해석론, 특히 유형력 행사의 정도와 그 판단기준에 관한 대법원의 태도를 비판적으로 검토해 보고자 한다. 이는 논제에 관한 대법원의 해석론을 체계적으로 정립해 봄으로써 그에 내재된 문제점들을 진단하기 위함일 뿐만 아니라, 이를 바탕으로 하여 과연 통설·판례에 대한 협의설의 비판이 타당한지, 만일 타당하다면 이를 어느 정도까지 수용할 수 있을 것인지를 판단하기 위함이다.

Ⅲ. 강간죄의 폭행 · 협박에 관한 대법원의 입장

1. 유형력의 정도

(1) 유형력의 정도에 관한 판례사례

판례에 의하면 강간죄에서의 폭행 · 협박은 피해자의 반항을 현저히 곤란하게 할 정도의 것이어야 한다.[23] 대법원 판례에 의할 때 피해자의 반항을 불가능하게 하거나 현저히 곤란하게 할 정도의 폭행 · 협박이 있었다고 본 사례들로는 가해자가 피해자를 홀주점 바닥에 넘어뜨리고 반항하는 피해자의 가슴을 왼손으로 누르고 치마를 걷어 올려 팬티를 내린 다음 피해자의 몸 위로 올라가 강간하려 한 경우,[24] 새벽에 피해자(18세 처녀)를 간음할 목적으로 그녀 혼자 있는 방문 앞에 가서 방문을 열어 주지 않으면 부수고 들어갈 듯한 기세로 방문을 두드리고 피해자가 위험을 느끼고 창문에 걸터앉아 가까이 오면 뛰어내리겠다고 하는데도 베란다를 통하여 창문으로 침입하려고 한 경우,[25] 가해자가 피해자와 함께 있다가 욕정을 일으켜 그의 몸에 새겨진 문신을 보고 겁을 먹은 피해자에게 자신이 전과자라고 말하면서 캔맥주를 집어던지고 피해자의 뺨을 한 번 때리면서 성행위를 요

---

23) 大判 1988. 11. 8, 88도1628; 大判 1979. 2. 13, 78도1792. 하급심 판례 역시 이러한 대법원의 태도를 그대로 따르고 있다. 가령 피해자가 피고인의 "너는 유부녀이고 나는 총각이니 들키면 누가 망신이냐"는 말에 주관적으로 수치심을 느껴 소리치지도 못하고 반항을 억압당하였다고 하더라도 그것만으로는 강간죄에서 요구되는 협박으로 볼 수 없다고 한다(서울지법 남부지원 1985. 11. 29, 85고합907).

24) 大判 1988. 11. 8, 88도1628.

25) 大判 1991. 4. 9, 91도288(강간의 수단으로서의 폭행에 착수하였다).

구한 경우,[26] 피해자(19세)를 침대에 눕히고 일어나 나가려는 피해자의 팔을 낚아채어 일어나지 못하게 하고 갑자기 입술을 빨고 계속하여 저항하는 피해자의 유방과 엉덩이를 만지면서 피해자의 팬티를 벗기려 한 경우,[27] 피해자를 여관방으로 유인한 다음 방문을 걸어 잠근 후 피해자에게 성교할 것을 요구하였으나 피해자가 거부하자 "옆방에 내 친구들이 많이 있다. 소리 지르면 다 들을 것이다. 조용히 해라. 한 명하고 할 것이냐? 여러 명하고 할 것이냐?"라고 말하면서 성행위를 요구한 경우,[28] 피해자를 강간할 생각으로 피해자가 울면서 하지 말라고 하고 "사람 살려"라고 소리를 지르는 등 반항하였음에도 피해자를 노래방 소파에 밀어붙이고 양쪽 어깨를 눌러 일어나지 못하게 하는 등으로 피해자의 반항을 억압하고는 바지와 팬티를 벗겨 간음한 경우[29] 등을 들 수 있다.

(2) 강제추행죄와의 비교

강제추행죄에서 요구되는 폭행·협박의 정도에 관해서는 i) 강간죄의 그것과 동일한 정도로서 사람의 항거를 불가능하게 하거나 현저히 곤란하게 할 정도임을 요한다는 견해(다수설)와, ii) 강간죄의 폭행·협박과 폭행죄·협박죄의 그것과 중간 정도의 것으로서 일반인으로 하여금 반항에 곤란을 느끼게 하거나 상대방의 의사의 임의성을 잃게 하는 정도이면 족하다는 견해[30]

---

26) 大判 1999. 4. 9, 99도519(항거를 곤란하게 할 정도의 유형력을 행사한 사실이 충분히 인정된다).

27) 大判 2000. 6. 9, 2000도1253(피해자의 의사에 반하여 피해자의 반항을 억압하거나 현저히 곤란하게 할 정도의 유형력의 행사를 개시하였다).

28) 大判 2000. 8. 18, 2000도1914(피해자의 항거를 현저히 곤란하게 할 정도의 유형력을 행사한 사실이 충분히 인정된다).

29) 大判 2005. 7. 28, 2005도3071.

또는 상대방의 의사를 억압할 정도의 것임을 요하지 않고 상대방의 의사에 반하는 유형력의 행사가 있는 한 그 힘의 대소강약은 불문한다는 견해[31]가 대립하고 있다. iii) 판례는 이 점에 관해 두 가지 경우로 나누어 설명한다. 먼저 추행행위를 위한 전단계로 상대방에 대한 폭행 · 협박이 가해지는 경우에는 상대방의 항거를 '곤란하게' 할 정도를 요하며, 폭행행위 자체가 추행행위라고 인정되는 경우에는 반드시 상대방의 의사를 억압할 정도의 것임을 요하지 않고 다만 상대방의 의사에 반하는 유형력의 행사가 있는 이상 그 힘의 대소강약을 불문한다는 입장이다.[32] 판례의 입장은 ii)설과 그 내용을 같이한다고 볼 수 있다.

생각건대, 강제추행죄가 형법상 강간죄와 같은 장(제32장 강간과 추행의 죄)에 규율되어 있다고 해서 반드시 그 폭행 · 협박의 정도를 동일하게 보아야 할 이유는 없을 뿐더러, 입법형태상 강간죄와 강제추행죄를 각각 이 장(章)의 기본적 구성요건으로 파악하는 것이 적절하다는 점, 강제추행죄의 법정형이 강간죄의 그것보다 현저히 낮다는 점,[33] 강제추행죄에서는 그 범죄의 구조적 성격상 폭행행위 자체가 곧 추행행위가 되는 경우도 있을 수 있다는 점 등을 감안할 때 강제추행죄의 폭행 · 협박은 강간죄의 그것과는 달리 상대방의 반항을 곤란하게 하는 정도 내지 상대

30) 김일수, 한국형법Ⅲ[各論上], 박영사, 1997, 347-348쪽.

31) 박상기, 앞의 책, 161쪽; 임웅, 앞의 책, 160쪽.

32) 大判 2002. 4. 26, 2001도2417; 大判 1992. 2. 28, 91도3182.

33) 이에 대해 강제추행죄의 법정형이 강간죄의 그것보다 낮은 것은 폭행 · 협박의 정도에 차이가 있어서라기보다는 (강간을 구성하는 본질적 행위표지인) 간음행위의 불법성이 간음 이외의 성적 가해행위인 추행행위의 불법성보다 더 중하기 때문이라고 보는 관점도 있으나(김일수 · 서보학, 앞의 책, 164쪽), 추행행위의 불법성이 간음행위의 그것보다 더 낮다면 양 범죄의 구조나 성격상 그 수단으로서의 폭행 · 협박의 불법성에도 차이가 있을 수밖에 없다고 보는 것이 옳다.

방의 의사에 반하는 유형력의 행사로 족하다고 보는 것이 옳다. 따라서 강제추행죄의 폭행・협박에 관해 최협의설의 관점을 취하는 태도는 타당하지 않다고 본다.

2. 폭행・협박이 있었는지 여부의 판단기준

(1) 종합적 판단기준설

대법원은 강간죄에서 폭행・협박이 상대방의 반항을 불가능하게 하거나 현저히 곤란하게 할 정도의 것인지 여부에 관한 판단자료 내지 판단기준과 관련하여, 유형력을 행사한 당해 폭행 및 협박의 내용과 정도는 물론이고, 유형력을 행사하게 된 경위, 폭행・협박이 피해자에게 미친 심리적・육체적 영향,[34] 피해자와의 관계, 피해자를 간음하게 된 경위,[35] 성교 당시와 그 후의 정황(피해자와 성교를 맺기 전후의 사정, 간음 이후 피고인과 피해자의 행적[36]) 등 제반 사정을 종합하여 판단하여야 한다는 입장을 취하고 있다(이른바 종합적 판단기준설).[37]

---

34) "피고인이 피해자에게 가한 폭행 또는 협박의 정도와 그 폭행 또는 협박이 피해자에게 미친 심리적・육체적 영향 등을 상세히 심리하여, 과연 피고인이 피해자의 항거를 불능하게 하거나 현저히 곤란하게 할 정도의 폭행 또는 협박으로 피해자를 강간한 것인지의 여부를 판단하여야 할 것임"(大判 1992. 4. 14, 92도259).

35) 大判 1999. 9. 21, 99도2608.

36) 大判 2004. 6. 25, 2004도2611.

37) 大判 2004. 6. 25, 2004도2611; 大判 2000. 8. 18, 2000도1914; 大判 2000. 6. 9, 2000도1253; 大判 1999. 9. 21, 99도2608; 大判 1999. 4. 9, 99도519; 大判 1992. 4. 14, 92도259. 학설 역시 대체로 이러한 기준을 수용하고 있는 것으로 보인다. 가령, "반항을 억압할 정도의 폭행・협박이 있었는지 여부는 '구체적 사정을 고려한 객관적 판단,' 즉 피해자인 여성의 연령・건강・정신상태, 행위의 장소・시각, 범행수단이 된 도구, 가해자의 성질 등 제반 사정에 처하여 사회일반인으로서의 여자가 반항할

그 밖에 피해자의 연령, 타인의 출입이 없거나 곤란한 새벽 또는 심야의 건물내실 내지 여관방에 피고인과 피해자가 단둘이 있다는 상황[38] 등도 판단요소로 고려하고 있는바, 이 경우 특징적인 것은 피해자의 연령이 어린 점이 가해자의 유형력 행사를 인정하는 데 긍정적 요소로 작용하고 있다는 점이다. 나아가 판례는 피해자가 소리를 지르는 등 적극적인 구조요청을 하였는지 여부,[39] 성교 이전에 범행장소에서 도망하거나 벗어날 수 있었는지 여부[40] 등도 유형력 행사 인정 여부의 판단요소로 고려하고 있다. 그런데 이들 경우에는 피해자의 연령을 판단요소로 고려한 때와는 달리 피해자의 구조요청이 없었다거나 피해자가 성교 이전에 범행현장에서 다소 용이하게 벗어날 수 있었다는 사정을 들어 피해자의 적극적 반항이 없었음을 이유로 유형력 행사를 인정하지 않는 경향을 보이고 있다.

유형력 행사의 결과 피해자가 실제로 항거불능 등의 상태에 빠져야 하는지 여부는 그 판단요소로 고려하고 있지 않다. 즉 상대방의 반항을 현저히 곤란하게 할 정도의 폭행 · 협박을 개시하면 족하고 그러한 폭행 · 협박에 의해 실제로 피해자가 항거가 불가능하게 되거나 현저히 곤란하게 되어야만 하는 것은 아니라고 한다.[41]

수 있었는가 하는 판단의 문제이다"(임웅, 앞의 책, 156쪽).

38) 大判 1999. 4. 9, 99도519; 大判 2000. 8. 18, 2000도1914.

39) 大判 1999. 9. 21, 99도2608; 大判 1991. 5. 28, 91도546.

40) 大判 1990. 12. 11, 90도2224.

41) 강간죄는 부녀를 간음하기 위해 피해자의 항거를 불능하게 하거나 현저히 곤란하게 할 정도의 폭행 · 협박을 개시한 때에 실행의 착수가 있고, 실제로 그와 같은 폭행 · 협박에 의해 피해자의 항거가 불능하게 되거나 현저히 곤란하게 되어야만 실행의 착수가 있다고 볼 것은 아니다(大判 2000. 6. 9, 2000도1253; 손동권, 앞의 책, 129쪽; 오영근, 앞의 책, 172쪽).

(2) 판단기준의 변화 여부

그런데 대법원은 최근의 판례[42]에서 강간죄가 성립하기 위한 가해자의 폭행·협박이 있었는지 여부와 관련하여, 그 폭행·협박의 내용과 정도는 물론 유형력을 행사하게 된 경위, 피해자와의 관계, 성교 당시와 그 후의 정황 등 모든 사정을 종합하여 피해자가 성교 당시 처하였던 구체적인 상황을 기준으로 판단해야 한다는 종래의 기준을 따르면서, 그에 덧붙여 "사후적으로 보아 피해자가 성교 이전에 범행현장을 벗어날 수 있었다거나 피해자가 사력을 다하여 반항하지 않았다는 사정만으로 가해자의 폭행·협박이 피해자의 항거를 현저히 곤란하게 할 정도에 이르지 않았다고 섣불리 단정하여서는 안 된다"는 내용을 추가한 바 있다. 그런데 이러한 판시내용은 성교 이전에 범행장소에서 도망하거나 벗어날 수 있었는지 여부를 유형력 행사 유무의 판단요소로 고려하여 피해자의 적극적인 반항이 없었음을 이유로 유형력 행사를 인정하지 않았던 종래의 몇몇 판례의 태도와 배치되는 것이 아닌가 하는 의문을 들게 한다.

판시내용의 언어적 표현, 즉 "섣불리 단정하여서는 안 된다"는 표현에 비추어 볼 때 그것이 갖는 함축적 의미는 다음과 같

42) 大判 2005. 7. 28, 2005도3071. [사실관계] 피고인은 자신이 운영하는 노래방에 피해자(노래방 도우미)를 불러 피고인과 그 일행의 유흥을 돋우는 일을 하게 하였는데 피고인의 일행이 먼저 귀가하자 이후 1시간 더 연장하자고 요청을 하여 피해자와 단둘이 노래방에 있던 중 피해자를 강간하기로 마음먹고 시간이 다 되었다면서 돌아가려는 피해자의 팔을 잡아끌어 막은 후 피해자가 울면서 하지 말라고 하고 "사람 살려"라고 소리를 지르는 등 반항하였음에도, 피해자를 소파에 밀어붙이고 양쪽 어깨를 눌러 일어나지 못하게 하는 등으로 피해자의 반항을 억압하고는 피해자의 바지와 팬티를 벗긴 후 1회 간음하였고, 이로 인해 피해자로 하여금 약 5일간의 치료를 요하는 외음부찰과상 등을 입게 하였다.

이 풀이할 수 있을 것이다. 일면 피해자가 성교 이전에 범행현장을 벗어날 수 있었다거나 피해자가 격렬한 반항을 하지 않았다고 하는 점이 여전히 피해자의 반항을 현저히 곤란하게 할 정도의 폭행·협박이 있었는지 여부를 판단하기 위한 기준이 될 수 있다는 것이지만, 타면 그렇다고 하여 그러한 점만으로 유형력 행사 유무를 곧바로 결정해서는 안 되며 신중을 기해야 한다는 것이다. 그렇다면 위의 추가내용으로 인해 종래의 판례의 태도, 즉 종합적 판단기준설에 어떤 변화가 있는 것은 아니라고 본다. 그럼에도 불구하고 이 점은 판례의 태도에 대한 협의설의 비판, 즉 최협의설은 강간죄 성립에 있어 피해자의 (극도의 내지 격렬한) 저항이 있을 것을 전제하고 있다는 비판에 직면하여 그 위력을 다소 완화시킬 수 있는 중요한 인식변화의 측면을 지니고 있다고 하겠다.

Ⅳ. 대법원 판례에 대한 비판적 검토

여기서는 대법원 판례에 대한 비판적 관점의 내용들을 언급하고 그러한 비판내용에 대해 사항별로 검토하기로 한다.

1. 판례의 태도에 대한 비판내용

첫째, 강간죄에서 요구되는 정도의 폭행·협박이 있었음을 인정하기 위해 판례가 피해자의 극도의 내지 격렬한 반항을 요구하고 있다는 점과 관련하여 협의설의 입장에서의 비판이 있다. 즉 최협의설을 따르는 판례에 의하면 강간의 피해자는 가해자를 상대로 단순한 거부적 언동이 아니라 반드시 몸부림을 치며 저항하는 등 극도의 저항을 할 것을 전제하고 있는바,[43] 이러한 판례의 태도는 범행 당시 피해자가 처한 곤경과 심리상태를 전적으로 무시한 것이며, 우리 사회에서 여성의 실존에 대한 몰이해에서 비롯된 것이라고 한다.[44] 나아가 판례는 유형력 행사의 정도를 판단함에 있어 폭행・협박 외에 부수적 상황으로 피해자의 적극적인 구조요청 여부를 판단요소의 하나로 고려하고 있는바,[45] 이를 판단요소의 하나로 삼는 것 역시 범행 당시 강간죄의 피해자가 처한 심리적 상황을 외면한 결론으로서, 만일 구조요청 가능성을 이용하지 않았다고 하여 강간의 성립을 부정한다면 가령 가족 내에서 일어나는 강제적 성관계는 법의 이름으로 정당화되고 말 것이라고 한다.[46]

둘째, 성교과정이나 성교 후의 피해자의 태도를 판단요소로 도입하는 것은 부적절하다는 비판이다. 예컨대 판례는 성교도중 피해자의 침묵이나 가해자와의 대화를 피해자의 승낙으로 판단하는 경향이 강한데, 이러한 요소는 성교에 대한 피해자의 승낙 여부를 결정하는 기준이 될 수 없고, 피해자의 입장에서 보면 이는 강간범을 안심시켜 더 이상의 피해를 예방하기 위한 조치일 수 있다는 것이다.[47]

셋째, 가해자와 피해자의 관계를 판단요소로 고려하는 것 역시 피해자에게 대단히 불리하게 작용하는 경우가 적지 않다는

---

43) 가령 大判 1990. 12. 11, 90도2224.

44) 따라서 피해자의 저항이 외적 증거로 남지 않는 경우에는 적어도 피해자가 제대로 저항하지 못한 이유에 대한 피해자학적 이해가 필요하다고 한다(한인섭, 앞의 논문, 125-126쪽).

45) 大判 1991. 5. 28, 91도546; 大判 1990. 12. 11, 90도2224; 大判 1990. 9. 28, 90도1562.

46) 박상기, 앞의 책, 152-153쪽.

47) 박상기, 앞의 책, 154쪽.

지적이다.[48] 가령 가해자와 피해자가 평소 알고 지내던 사이인 경우에는 강간죄의 성립을 부인하는 경향이 강하며,[49] 양자 간에 함께 술을 마시거나 춤을 추는 등 일정한 사전관계가 있었고 피해자의 — 연령이 어린 경우와는 달리 — 연령도 적지 않으며 성경험 있는 부녀인 경우에는 그 보호필요성이 훨씬 적다고 간주하는 경향이 있다는 것이다. 이로써 가해자와 피해자의 관계와 성교 당시의 정황을 고려함으로써 결국에는 피해자의 성력이 많을수록 또 양자가 서로 아는 사이일수록 피해자에게 불리한 해석으로 귀결되고 만다는 것이다.

결과적으로 이러한 비판적 측면들을 감안해 볼 때 강간죄의 감경적 구성요건이 없는 우리의 입법상황에서 대법원의 이러한 종합적 판단기준설은 강간죄의 성립을 축소시킴으로써 피해자에게 불리하게 작용하고 있다고 한다.[50]

2. 비판에 대한 검토

(1) 첫 번째 비판에 대해

협의설의 비판대로 판례사례들 중 상당수가 피해자의 극도의 저항 내지 격렬한 반항이 있을 것을 강간죄상의 폭행·협박 인정의 판단자료로 삼고 있음은 분명해 보인다. 그렇다면 강간죄에서 요구되는 폭행·협박이 있었음을 인정하기 위해 반드시 피해자의 격렬한 반항이 있어야 하는가. 앞서 언급한 바 있듯이 판례 역시 문제되는 모든 사례들에서 반드시 피해자의 강력한 반항을 요구하고 있는 것은 아니라고 볼 때[51] 협의설의 주장처럼

48) 한인섭, 앞의 논문, 127쪽.
49) 박상기, 앞의 책, 154쪽.
50) 조국, 앞의 책, 42쪽.

피해자의 '극도의 반항'요건이 — 물론 강간죄에서 요구되는 폭행·협박이 있었는지 여부를 결정하는 데 중요한 판단자료가 될 수 있음을 부인할 수는 없겠지만 — 반드시 최협의설의 '전제'를 이루고 있다고 보기는 어려울 것이다. 법이론상으로도 강간죄에서의 폭행·협박이 인정되기 위해서는 상대방의 반항을 현저히 곤란하게 할 정도의 유형력의 행사가 있으면 족하고, 실제로 그러한 유형력 행사에 대해 피해자의 '극도의' 반항이 있을 것을 필연적으로 요구하고 있는 것은 아니라고 할 것이므로, 협의설의 비판이 전적으로 타당한 것이라고는 할 수 없다.

판례 역시 강간상황에서 피해자가 처한 객관적 사정, 특히 폭행·협박이 피해자에게 미친 심리적·육체적 영향을 유형력 행사 인정 여부를 판단하기 위한 중요한 요소로 고려하고 있는바, 그렇다면 범행 당시 피해자의 반항을 현저히 곤란하게 할 정도의 유형력 행사가 있었는지 여부는 그 당시 피해자가 처한 객관적 사정과 심리적 상태를 엄밀하게 파악·검토하여 결정해야 할 일이다.[52] 판례의 태도에 대한 협의설의 비판 중 진지하게 고려할 만한 내용이 있다면 바로 이 점일 것이다. 왜냐하면 강간죄 성립에서 현실적으로 피해자의 극도의 내지 격렬한 저항요건을 요구하는 것은 강간상황에서 피해자가 처해 있는 곤경과 심리상

---

51) 특히 大判 2005. 7. 28, 2005도3071(판시내용) 참조.

52) 강간상황에서는 피해자의 성격이나 성관념 등에 따라 죽음을 무릅쓰고 반항하는 여성도 있겠지만, 피해상황에 대한 공포나 가해자의 보복 내지 계속적 반항에 따른 생명·신체에의 위협 등에 기인한 두려움 때문에 반항을 포기하거나 무력해지는 여성도 있을 수 있다(조국, 앞의 책, 44쪽 참조). 이런 점에서 소송절차상 강간죄 인정 여부를 가리기 위한 사실심리에서는 강간상황에 처한 피해자의 심리적·정신적 태도나 반응양식에 관한 사회심리학적 탐구 및 피해자학적 연구의 성과가 중요한 의미를 가진다고 하겠다.

태를 무시하거나 이를 제대로 이해하지 못한 처사라고 할 것이며, 이는 강간상황에서 모든 여성에게 균일화된 방식으로 반응할 것을 요구하는 그야말로 전형적인 정조 이데올로기의 강요일 수 있기 때문이다.

(2) 두 번째 및 세 번째 비판에 대해

성교과정에서의 피해자의 태도는 경우에 따라 중요한 판단자료가 될 수 있을 것이다. 하지만 판례는 성교 후의 정황, 즉 성교 후의 사정이나 피해자의 태도, 가해자와 피해자의 행적 등도 유형력 행사 인정 여부의 판단자료로 도입하고 있다. 하지만 범행 이후의 이러한 사후적 요소를 판단자료로 끌어들이는 것은 문제가 있다고 본다. 범행 이후 피해자의 심경에 변화가 생길 수 있을 뿐만 아니라, 설령 그러한 변화가 있다고 하더라도 그것이 이미 행해진 간음행위에서의 유형력 행사 여부를 판단하는 자료가 될 수는 없기 때문이다. 소송절차상 강간죄에서의 사실심리의 어려움을 감안한 결과 그러한 판단자료를 도입한 것이 아닌가 하고 추측해 볼 수 있겠지만, 폭행·협박이 피해자의 반항을 현저히 곤란하게 할 정도였는지 여부는 최대한으로 잡더라도 강간범죄가 기수에 이르는 시기까지의 상황요소들만으로 판단해야지 그 이후에 피해자가 어떠한 태도를 보였는지 여부를 고려하는 것은 사태파악을 그르칠 우려가 있다는 점에서 적절치 않다고 본다.[53]

강간관련 판례사례들에 비추어 볼 때 위의 세 번째 비판은 대단히 일리 있는 지적이라 여겨진다. 물론 우리 사회에서 서로 잘 모르는 사이가 아니라 아는 사이에서 이루어지는 성폭력의

---

53) 같은 생각으로는 김성천·김형준, 앞의 책, 224쪽 참조.

비율이 더욱 높다는 점이 판례의 해석론을 비판하는 직접적인 논거가 될 수는 없겠지만, 적어도 서로 아는 사이에서는 더욱 다양한 심리적 강제와 사회적 영향력이 폭행·협박과 뒤섞여 있음을 염두에 두어야 한다는 지적[54]은 진지하게 경청할 만한 가치가 있다고 본다.

(3) 평 가

협의설의 관점에서 볼 때 최협의설을 취하는 판례의 태도가 각종 문제되는 판례사례들에서 전체적으로 강간죄의 성립범위를 축소시키고 있다고 하는 비판은 어쩌면 당연한 것이라 하겠다. 하지만 이러한 비판의 취지를 이른바 종합적 판단기준설에도 그대로 연장하여, 최협의설을 토대로 하는 판례가 종합적 판단기준설을 취함으로 인해 강간죄의 성립범위가 더욱 축소되는 결과가 초래되고 있다고 비판한다면 이는 적절한 비판이라 보기 어렵다. 판단기준 내지 판단자료의 도입과 관련하여 판례가 가령 성교경험이 없는 여자로서 피해자의 연령이 어린 점은 강간죄 인정을 쉽게 하는 요소로, 그리고 가해자와 피해자가 서로 아는 사이이고 특히 피해자가 성경험이 있는 유부녀인 점은 강간죄 인정을 어렵게 하는 요소로 삼는 등 부분적으로 문제점을 안고 있지만, 이는 판결의 결과에 비추어 나온 분석·진단일 뿐만 아니라 사실인정이라는 절차상의 문제가 함께 작용한 것이라는 점에서 일률적으로 비판의 대상으로 삼기는 어려운 측면을 갖고 있다고 하겠다.

더욱이 중요한 것은 판례가 취하고 있는 종합적 판단기준설은 그 규범적 측면에서 볼 때 폭행·협박 자체의 내용과 그 정

---

54) 한인섭, 앞의 논문, 128쪽.

도만으로 유형력 행사 인정 여부를 판단하는 경우 결과적으로 강간죄의 성립범위를 상대적으로 더 확장시키거나 확장시킬 수 있는 판단지표로 작용한다는 점이다. 그렇다면 협의설의 비판, 즉 종합적 판단기준설은 결과적으로 강간죄의 성립범위를 축소시켜 피해자에게 불리하게 작용한다는 비판은 적어도 최협의설을 전제로 하는 한에서는 타당하지 않다. 다시 말해 그러한 비판이 설득력을 갖는 것은 협의설을 바탕으로 할 경우에 한해서이고, 현행 강간죄규정의 불법구조와 그 성격상 협의설이 그 해석론으로 자리잡기도 쉽지 않다는 점을 고려하면 그 비판의 효용은 더 더욱 떨어진다고 할 것이다.

Ⅴ. 맺음말: 판례의 문제점과 대안

오히려 강간죄에서 요구되는 폭행 · 협박의 정도 및 그 판단기준에 관한 대법원 판례의 중요한 문제점은 그러한 규범적 기준의 적용결과, 이로써 최협의설과 종합적 판단기준설이 결과적으로 강간죄의 성립범위를 축소시킨다는 점에 있는 것이 아니라, 이들 기준에 내재된 모순에 있다고 생각한다.

대법원은 강간죄에서의 폭행 · 협박은 피해자의 반항을 현저히 곤란하게 할 정도의 것이어야 한다고 보며(최협의설), 이러한 정도의 폭행 · 협박이 있었는지 여부에 관해서는 폭행 · 협박 자체의 내용과 그 정도는 물론이고, 유형력을 행사하게 된 경위, 가해자와 피해자의 관계, 피해자의 연령, 폭행 · 협박이 피해자에게 미친 심리적 · 육체적 영향, 범행 당시와 그 후의 정황 등 제반 사정을 종합하여 피해자가 성교 당시 처하였던 구체적인 상황을 기준으로 판단해야 한다는 입장이다(종합적 판단기준설). 대법원이 이러한 판단기준을 제시한 것은 비록 폭행·협박의 정도가 그 자체만으로는 피해자의 반항을 현저히 곤란하게 할 정도의 것이라 보기 어렵더라도, 범행 당시의 정황, 가해자와 피해자의 관계, 피해자의 연령, 신체적 조건, 완력의 차이 등에 비추어 그 폭행·협박이 피해자에게 강한 심리적·육체적 영향을 미쳐 실제로 피해자의 항거를 불가능하게 하거나 현저히 곤란하게 하였음이 인정된다면 강간죄상의 폭행·협박을 인정할 수 있다는 취지인 듯하다.[55)]

그런데 대법원이 종합적 판단기준설을 취하는 취지는 어느 정도 이와 같이 이해할 수 있다고 하더라도, 판단기준 자체에 일정한 문제점이 내재되어 있음은 부인할 수 없어 보인다. 그것은 다름 아니라 강간죄에서 요구되는 폭행·협박의 정도에 관한 판례의 입장과 그에 관한 구체적인 규범적 판단기준 사이에 언어논리적 모순이 존재하며, 이로써 폭행·협박의 정도를 파악함에 있어 부조화가 일고 있다는 점이다. 즉 대법원은 강간죄에서 요구되는 폭행·협박의 정도를 피해자의 반항을 현저히 곤란하게 할 정도의 것이어야 한다고 보면서 이러한 정도의 폭행·협박이 있었는지 여부를 판단하는 기준의 하나로 다시금 폭행·협박 자체의 내용과 그 정도를 포함시키고 있다는 점에서 언어논리적 모순을 범하고 있으며, 위의 판단기준을 제시한 취지에 비추어 보건대 폭행·협박의 정도가 그것만 놓고 보았을 때에는 피해자의 반항을 현저히 곤란하게 할 정도에 이르지 않은 경우라 하더라도 여타의 다른 판단자료들에 기초하여 강간죄의 성립을 인정할 수 있다고 한다면, 이는 결국 최협의의 폭행·협박이 아닌 그보다 낮은 정도의 폭행·협박만으로도 강간죄의 성립을 인정하

55) 윤승은, 앞의 논문, 15쪽 참조.

게 되는 꼴이 되어 최협의설 자체(의 내용)와는 조화되기 어렵다는 것이다.[56)]

그런데 이러한 문제점은, 대법원이 폭행 · 협박(의 내용과 그 정도) 그 자체만을 기준으로 하여 일반인이 그 상황에 처했더라도 반항이 불가능하거나 현저히 곤란할 정도였는지 여부를 판단해 오던[57)] 관점에서 한 걸음 나아가 대법원 1992. 4. 14. 선고 92도259 판결 이후 이른바 종합적 판단기준을 끌어들임으로써 야기된 듯하다. 대법원이 그와 같은 판단기준을 제시한 취지를 긍정적으로 수용하면서 별다른 문제의식 없이 이러한 모순을 가볍게 생각하고 넘겨버릴 수도 있다. 하지만 필자가 보기에 그러한 모순은 그 동안 대법원이 취해 온 최협의설의 관점을 공식적으로 포기하거나,[58)] 아니면 일면 해석론으로는 이를 유지하면서도 타면 입법론으로는 최협의의 폭행 · 협박보다 약한 정도의 폭행 · 협박(협의의 폭행 · 협박)에 의해 부녀의 성적 자기결정권을 침

---

56) 이런 측면을 감안한다면 대법원이 강간죄에서 요구되는 폭행 · 협박의 정도에 관한 해석론에서 공식적인 판례변경 없이 사실상 판례변경을 한 것이 아닌가 하는 의문이 제기될 수도 있을 것이다.

57) 윤승은, 앞의 논문, 17쪽 참조.

58) 이 경우 해석론으로 협의설을 취할 수 있을 것이나, 앞서 지적했듯이 이는 현행 강간죄규정의 불법구조와 그 성격, 강제추행죄상의 폭행 · 협박과의 관계 등을 고려할 때 수용하기 어려울 것으로 보인다. 이 점과 관련하여 우리 형법상 강간죄는 그 규정상 폭행 · 협박으로 강간함으로써 성립한다고 되어 있어 폭행 · 협박을 폭행 · 협박죄에서 의미하는 정도로 해석하더라도, 그 뒤에 있는 '강간'이라는 행위의 해석상 '강제로', '저항을 억압할 정도의'라는 뜻이 포함되어 있으므로, 굳이 강간행위의 수단으로 쓰인 폭행 · 협박의 개념을 다른 죄에 사용된 폭행 · 협박과 달리 그보다 더 좁게 해석해야 할 필요는 없다고 보는 관점이 있다(윤승은, 앞의 논문, 16쪽). 하지만 이 경우 '강간'은 강간죄규정이기 때문에 간음이라는 용어 대신 사용된 것일 뿐이므로, 거기에 별도의 다른 의미를 부여하는 것은 적절치 않다고 본다.

해한 경우에도 강간죄 성립을 인정하는 새로운 범죄구성요건(가령 독일의 입법례와 같은, 강간죄의 감경적 구성요건)을 신설함으로써[59] 해소될 수 있으리라 본다. 물론 최협의설을 취한다는 명제를 내걸고 있는 입장에서는 종합적 판단기준설을 도입함으로써 그렇지 않았던 경우에 비해 강간죄의 성립을 인정하는 범위가 상대적으로 더 넓어졌다고 볼 수 있어 협의설로부터의 비판을 다소 완화시킬 수 있는 긍정적 효과도 없지 않겠지만, 그러한 효과가 내재적 모순에 기인한 문제점을 그대로 방치한 채 향유되는 것이라면 결코 바람직한 것이라 볼 수 없을 것이다.

59) 감경적 강간죄규정을 신설함으로써 이 규정이 없는 현재 상황에서 강간죄 성립을 부정하게 되는 경우까지도 처벌하는 것이 바람직하다는 견해로는 박상기, 앞의 책, 155-156쪽; 조국, 앞의 책, 46쪽 참조.

3

형법해석에서 법정책적 논거원용의 타당성문제*

— 객관적 · 목적론적 해석카논의 사용과 관련하여 —

Ⅰ. 머 리 말

오늘날의 자유민주적 법치국가에서는 권력분립원칙 아래 입법권과 사법권이 엄격하게 분리되어 행사되고 있음은 주지의 사실이다. 즉 입법자는 국민과 헌법에 의해 부여된 입법권에 기초하여 일정한 목적 관념 내지 표상에 따라 바람직한 법상태에 관한 자신들의 생각을 법률 안에 담아 놓았으며, 생활현실 속에서 발생하는 구체적 사례들과 관련하여 이를 법적으로 해결해야 할 권한과 직무를 부여받고 있는 법관은 이와 같이 입법자가 정해 놓은, 일정한 목적표상이 깃들어 있는 사회적 행위규율체계로서의 그러한 실정법체계를 전제로 하여 그에 구속을 받으면서 사회적 분쟁을 해결하도록 하고 있다.[1] 그런데 지금까지의 법이론적, 특히 법해석학적 논의의 성과에 의하면 입법자가 만든 실정

* 형사법연구 제26호, 한국형사법학회, 2006. 12, 509쪽 이하.

1) 우리 헌법 역시 입법권은 국회에 속하고(제40조) 사법권은 법관으로 구성된 법원에 속하며(제101조 제1항) 법관은 헌법과 법률에 의하여 그 양심에 따라 독립하여 심판한다(제103조)고 규정함으로써 이 점을 분명히 확인하고 있다.

법률(내지 개별법규)은 법관이 그에 기해 현실적으로 발생하는 모든 생활사례들에 대해 마치 자동기계처럼 입만 벙긋하면 문제를 해결할 수 있도록 규정된, 즉 그것이 규율하고자 하는 대상과 범위를 애당초 모두 포함하고 있는 언어적으로 완벽하게 짜여진 규범체계(내지 규범)가 아니라(이로써 과거의 개념법학적 사고는 이미 극복된 셈이다), 입법자가 일정한 (법)정책적 판단 아래 그 규율 대상과 범위를 언어적 표현을 통해 대략적으로 스케치해 놓은 울타리에 불과하다는 점이 밝혀졌다.

이러한 특징이 작용하는 것은 형법의 경우에도 마찬가지다. 형법의 영역에서는 전통적으로 "법률 없으면 범죄 없고 형벌 없다"(nullum crimen, nulla poena sine lege)는 죄형법정원칙이 지배하고 있다. 따라서 어느 누구도 입법자가 범죄와 형벌에 관해 규정한 형사법률에 의하지 않고는 그의 행위가 범죄행위로 규정되지도, 이로써 처벌되지도 않는다.[2] 그러나 형사법률 역시 입법자가 일정한 목적표상에 따라 범죄와 형벌에 관해 규정한 대략적인 스케치에 불과하다는 점을 받아들인다면, 구체적 사례에 대한 형법적 해결을 위해 형법규범을 구체화하는 작업으로서의 형법해석, 더욱이 올바른 형법해석의 요청은 올바른 법발견 내지 법형성을 위해 불가결한 전제를 이루게 된다. 따라서 (특히 문제가 되는) 형법상의 일정한 법규 내지 문언에 관한 해석을 전개함에 있어 다양한 논거들을 도입하여 해석자(형사법관과 형법도그마티커)의 해석론을 정당화하는 것은 대단히 중요한 일이다. 더욱이 그러한 정당화작업에 있어 특정한 논증 내지 논거사용에 기댐으로써 결과적으로 관련행위자의 가벌성이 확정된다는 점을 염두에 둔다면

2) 우리 헌법 역시 "모든 국민은 … 법률과 적법한 절차에 의하지 아니하고는 처벌·보안처분 또는 강제노역을 받지 아니한다"(제12조 제1항)고 규정하고 있다.

더욱 그러하다. 이러한 측면에서 필자가 의문을 가지는 것은 과연 해석자가 형법규범의 구체화과정으로서의 일정한 형법해석을 전개하고 이를 정당화함에 있어 이른바 법정책적 내지 형사정책적[3] 논거를 사용하거나 원용할 수 있는가, 만일 있다면 그 한계는 어디인가 하는 점이다. 얼핏 보기에도 이 물음에 명쾌하게 답하기란 결코 쉬운 일이 아닌 듯하다. 그럼에도 불구하고 우리의 대법원 판결이나 형법관련 각종 교과서를 볼 때 이러한 논거들이 적지 않게 사용되고 있는데다가, 그러한 논거들을 통해 지칭하고 있는 바가 구체적으로 무엇인가도 쉽게 확인할 수 없음을 고려할 때, 그러한 논거사용은 지극히 자의적(恣意的)인 방편이 아닌가, 이로써 그러한 논거들에 기대어 나온 해석 역시 정당화될 수 없는 것이 아닌가 하는 의문을 떨쳐버리기 어렵다.

이러한 문제의식하에 이하에서는 형법해석에서 법정책적 내지 형사정책적 논거를 사용하는 것이 타당한 것인지 여부를 살펴보고자 한다. 이를 위해 먼저, 이 글의 논의범위를 객관적·목적론적 해석카논의 사용에 국한시킨 만큼, 형법해석상 법정책적 논거원용의 주된 문제장소라고 할 수 있는 객관적·목적론적 해석론의 내용과 정당화수단으로서의 그러한 해석의 작용방식 및 그 문제점을 짚어볼 것이다(Ⅱ). 다음으로, 형법도그마틱과 판례상 그러한 논거형식을 사용하고 있는 몇몇 경우들을 대상으로 하여 그러한 논거사용의 특징과 문제점을 좀더 구체적으로 살펴볼 것이다(Ⅲ). 그런 다음, 그러한 문제점 분석을 토대로 하여 이른바 객관적·목적론적 해석에서 법정책적 논거사용이 허용될

---

3) 일반적인 언어관용에 따를 경우 법정책은 형사정책을 포괄하는 상위개념이라는 점에서 양자는 구분되지만, 양자의 차이를 고려하는 것이 이 글에서 크게 의미를 갖는 것은 아니므로 양자의 개념구분은 특별히 문제삼지 않기로 한다.

수 있는지, 만일 있다면 어떤 방식으로 가능한지를 고찰해 볼 것이다(IV).

II. 형법해석상 법정책적 논거원용의 주된 근거지: 목적론적 해석

1. 목적론적 해석의 이해

목적론적 해석(teleologische Auslegung)이란 당해 법규 내지 법문의 의미를 파악하기 위해 일정한 목적을 고려하는 해석방법을 말한다. 그런데 여기서 목적이라고 할 때에는 법률 제정 당시 역사적 입법자가 추구하고 있는 일정한 목적 내지 목적표상을 지칭할 수도 있고, 법률 제정 이후 법률 자체가 추구하는 일정한 객관적 목적을 지칭할 수도 있는바, 전자는 주관적·목적론적 해석(subjektiv-teleologische Auslegung), 후자는 객관적·목적론적 해석(objektiv-teleologische Auslegung)이라 불린다. 예컨대 알렉시(R. Alexy)의 표현을 빌자면, 전자는 해석자(논증하는 자)가 역사적 입법자의 목적을 직접적으로 원용할 수 있는 목적론적 논거들을 통해 자신의 해석을 정당화하는 해석방법인 반면, 후자는 역사적 입법자의 목적을 직접적으로 원용하는 것이 불가능한 목적론적 논거들을 통해 자신의 해석을 정당화하는 방법을 말한다고 할 수 있다.[4]

이러한 목적론적 해석방법, 특히 객관적·목적론적 해석방법

---

4) Robert Alexy, Theorie der juristischen Argumentation, 2.Aufl., 1991, 296쪽 참조.

이 오늘날 형법해석에서 가장 본질적인 기능을 가지며 해석카논의 왕좌를 차지한다고 말할 정도로 중요한 의미를 갖고 있음[5]은 주지의 사실이다.[6] 물론 이러한 목적론적 해석카논과 관련된 논의에서는, 목적론적 확장해석은 형벌법규의 엄격한 해석을 고려할 때 형법해석의 방법이 될 수 없으므로 유추해석과 마찬가지로 형법상 금지해야 한다는 견해,[7] 객관적 목적론적 해석과 주관적 목적론적 해석이 충돌할 경우 어느 쪽을 우선시해야 할 것인지 여부의 문제 등이 거론되고 있다.[8] 또한 목적론적 해석방법은 이를 여타의 다른 해석방법에 대해 독립적인 해석카논으로 언급하고 있는 것이 통례이지만, 이러한 관점과는 달리 객관적 · 목적론적 해석방법을 독자적인 해석카논이 아니라 체계적 해석의 일

5) 김일수 · 서보학, 형법총론[제11판], 박영사, 2006, 38쪽; 이재상, 형법총론, 박영사, 2000, 26쪽; 이정원, 형법총론, 법지사, 2001, 33쪽.

6) 가령 라렌쯔는 "지금까지 언급한 기준으로 충분하지 않다면, 해석자는 사물의 본성, 규범영역의 사물구조, 법질서에 내재된 법원칙 등 객관적 · 목적론적 기준으로 돌아가야 한다"(Karl Larenz, Methodenlehre der Rechtswissenschaft, Berlin-Heidelberg-New York 1979, 334쪽)고 언급한다. 또한 비틀린스키 역시 "객관적 · 목적론적 해석은 제기된 해석문제가 지금까지 언급된 수단들(문언해석, 체계적 · 논리적 해석, 역사적 · 목적론적 해석)로 해결될 수 없는 경우에 필요하며, … 가령 문언해석, 논리적 · 체계적 해석, 역사적 해석카논이 해석에 있어 서로 충돌하는 경우에는 객관적 · 목적론적 기준을 중시해야 하는데, 왜냐하면 객관적 · 목적론적 기준은 어떠한 해석가설이 법이념과 가장 잘 일치하는지를 보여주기 때문"(F. Bydlinski, Juristische Methodenlehre und Rechtsbegriff, Wien-New York 1982, 453-454, 565쪽)이라고 한다.

7) 이재상, 앞의 책, 25-26쪽.

8) 가령 일단 법률이 제정되면 그 법률은 제정 당시 입법자의 목적에 종속되는 것이 아니라 독자적인 목적을 수행하는 것으로 보아야 하므로 객관적 · 목적론적 해석을 우선하거나 그에 더 큰 비중을 두어야 한다는 견해로는 오영근, 형법총론, 박영사, 2005, 59쪽; 이정원, 앞의 책, 34쪽 참조.

부로 이해하는 견해도 있다.[9] 즉 체계적 해석은 법률의 포괄적인 이성이나 정신, — 현대적 표현으로 하면 — 법률의 객관적 목적을 이끌어내는 작업에까지 미친다는 점에서 객관적 · 목적론적 해석을 체계적 해석의 아류라고 보는 것이다.

하지만 이 글의 주된 관심사는 형법해석에 있어 어떤 해석방법 내지 해석카논을 우선시할 것인가, 즉 주관적 해석방법을 우선시할 것인가 아니면 객관적 해석방법을 우선시할 것인가, 그리고 이들 해석방법이 상호 충돌할 경우 어떤 방식으로 해결할 것인가의 문제에 놓여 있는 것이 아니라, 형법해석자가 객관적 · 목적론적 해석방법을 원용하면서 그 아래에서 법정책적 내지 형사정책적 논거를 사용하는 것이 올바른 해석방법으로서 정당화될 수 있는가의 문제에 놓여 있기 때문에 해석카논 상호간의 충돌 및 그 우선순위 문제는 여기서 다루지 않기로 한다.[10] 그리고 주관적 · 목적론적 해석 역시 목적론적 해석카논의 한 유형에 속하지만, 이 해석방법은 형사입법 당시 입법자가 추구하거나 예견한 목적표상을 입법이유서 등 관련 자료들을 통해 — 물론 확실하게

---

9) Peter Raisch, Juristische Methoden: Vom antiken Rom bis zur Gegenwart, Heidelberg 1995, 149쪽. 알렉시 또한 체계적 해석을, 일정한 규범이 다른 규범이나 목적 및 원칙에 대해 취하고 있는 논리적 또는 목적론적 관계를 제시함으로써 이루어지는 해석을 말한다고 규정하면서, 특히 목적론적 관련성이 문제되는 경우를 체계적 · 목적론적 해석이라고 부르고 있다(R. Alexy, 앞의 책, 295쪽).

10) 이와 관련하여 간략히 필자의 의견을 밝히자면, 이미 그간의 논의를 통해 확인된 바이지만, 해석카논의 우선순위문제는 해석자의 선이해에 따라 각기 다르게 결정되며, 대부분의 해석관련자들이 합의할 수 있는 해석카논의 메타이론이 존재하지 않는 이상 그러한 해석결정에 관한 합리적인 정당화도 이루어지기 어려운 실정이라 하겠다. 아울러 그러한 메타이론이 등장할 수 있으리라는 기대 역시 거의 실현될 수 없다고 여겨진다.

는 아니지만 — 어느 정도 추단할 수 있고 그러한 추단 역시 경험적 측면에서 다소간 수월하게 논증될 수 있다는 점에서, 객관적 · 목적론적 해석카논을 원용하는 경우와는 차이가 있다고 여겨진다. 따라서 이하에서는 그 논의범위를 객관적 · 목적론적 해석에 국한하고자 한다.

2. 객관적 · 목적론적 해석카논과 그 작용방식

일반적으로 형법해석에 있어 당해 논거형식의 사용방법에 따라 가벌성의 확정 및 그 범위의 광협이 달라지는 체계적인 문제장소로는 보호법익, 보호정도, 객관적 · 목적론적 해석카논 등을 꼽을 수 있다. 즉 추상적 · 일반적인 언어로 파악되는 각 죄형법규의 형법적 보호이익을 어떻게 파악하느냐에 따라 가벌성의 범위에 진폭(振幅)이 생기는 경우가 있는가 하면, 해당 죄형법규의 보호정도에 관한 이해의 차이에 따라, 즉 해당 형벌법규를 침해범으로 볼 것인지, 또는 구체적 위험범으로 볼 것인지 아니면 추상적 위험범으로 볼 것인지에 따라 기 · 미수의 차이는 물론 가벌성의 범위에도 영향을 주게 되며, 나아가 구체적인 죄형법규를 해석함에 있어 객관적 · 목적론적 해석카논에 대해 어느 정도의 역할 내지 중요성을 부여하는가에 따라 가벌성과 관련하여 해석결과는 판이하게 달라질 수 있다. 그리고 객관적 · 목적론적 해석방법을 일정한 해석의 정당화근거로 도입할 경우 그 때의 목적요소로는 법익보호의 목적까지 포함하여 법률의 보장적 · 보호적 기능도 함께 고려되고 있으며,[11] 판례상의 근거제시례를 살펴보면 대체적으로 입법취지, 입법목적 등의 용어가 주로 사용되

11) 김일수 · 서보학, 앞의 책, 36쪽.

고 있다.

물론 형법해석의 방법상 목적론적 해석, 특히 객관적·목적론적 해석을 원용한다고 하여 그 해석결과가 필연적으로 가벌성을 확장하는 방향으로 작용하고 있는 것은 아니다. 가령, 절도죄의 구성요건해당성 인정 여부와 관련하여 '목적론적 해석의 관점에서' 주관적 구성요건요소로 고의 외에 위법영득의사가 필요하다고 해석함으로써 사용절도를 절도죄의 규율대상에서 제외하고 영득행위만을 규율대상으로 삼을 수 있다고 보는 경우[12]에서 그러하듯이, 이 경우에는 목적론적 해석방법의 사용이 가벌성을 제한하는 방향으로 작용하고 있음을 알 수 있다.

하지만 객관적·목적론적 해석방법이 사용되고 있는 실례를 보자면 이 해석카논은 가벌성을 제한하기보다는 오히려 확장하는 방향으로(아니, 가벌성확장의 중요한 수단으로) 활용되고 있음을 엿볼 수 있다. 가령, 범인은닉·도피죄(형법 제151조 제1항) 소정의 죄를 범한 자가 진범인이어야 하는가의 논의에 있어 진범인지 여부는 법원의 확정판결이 있기 전까지는 알 수 없고 만일 그 때까지 이 죄를 적용할 수 없다면 이 죄의 '입법취지'에 어긋나므로 반드시 진범인일 필요가 없다고 보는 부정설 및 판례의 논증이 그러한 경우에 해당한다. 더욱이 이와 같이 '입법취지'를 원용하면서도 그에 관한 세부적인 논증이나 체계적인 근거제시는 거의 찾아보기 어려운 실정이다. 사정이 이렇다면 결국 객관적·목적론적 해석카논을 해석의 정당화근거로 도입한 법해석은 (지극히) 자의적인 것이거나 아니면 바람직한 법상태(형법 내지 구체적인 죄형법규가 어떻게 형성되어야 하는가)에 관한 — 그러한 해석카논의 장막 뒤에 숨겨져 있는 — 해석자 자신의 독단적인 정의

12) 김일수·서보학, 형법각론[제6판], 박영사, 2004, 290-291쪽.

관념이나 목적표상에 기초한 것이 아닌가 하는 혐의를 받을 수 있다.

이와 같이 객관적·목적론적 해석론 및 그에 내재된 그 작용방식상의 문제점 때문에 이 해석방법에 대해서는 여러 가지 비판이 가해지고 있다. 가령 이 해석론은 다양한 유래를 갖고 있는 평가관점들의 집합개념이자, 사실상으로나 규범적으로 더 이상 한계지을 수 없는 해석가능성의 영역에 대한 집합개념일 뿐이라고 평가하는 견해가 있는가 하면,[13] 법률가들이 입법취지(또는 법률의 객관적 의미)라고 부르는 것은 언제나 결정프로그램의 결과들, 다시 말해 결정프로그램이 실현하고자 하는 것을 의미하는바, 이로써 객관적·목적론적 법해석 및 법적용은 그것이 상정하고 있는 바람직한 상태를 경험적으로 심사할 수 없는 것으로 만든다는 비판도 제기되고 있다.[14] 이런 측면에서 객관적·목적론적 해석은, 이 해석방법을 매개로 하여 형사정책적 동기를 형법도그마틱적 표현 속에 은폐함으로써 외관상 일정한 법률해석을 그럴듯하게 보이기 위한 근거제시형식이라고 평가하기도 한다.[15] 또한 이 해석방법을 형사법관(내지 형법도그마티커)에 의한, 입법취지(ratio legis)에 관한 자유로운 정립이라는 의미로 이해하고 적용하는 한, 이 해석방법은 바람직한 법상태에 관한 형사법관(내지 형법도그마티커)의 자기견해에 따른 형법해석 및 형법적용에 아주 친밀한 해석방법이지만, 그럼에도 이 해석방법은 그 안에 내재된 해석자의 주관적 관심을 명백히 거론하지 않고 객관화하는 진부

13) Friedrich Müller, Juristische Methodik, Berlin, 2.Aufl., 1976, 71쪽.

14) Hubert Rottleuthner, Zur Methode einer folgenorientierten Rechtsanwendung, in: Wissenschaften und Philosophie als Basis der Jurisprudenz, Beiheft N.F. Nr.13 des ARSP, 1980, 97, 107쪽.

15) Winfried Hassemer, Strafrechtsdogmatik und Kriminalpolitik, Reinbek, 1974, 211쪽.

한 문구 뒤에 은폐하고 있다는 점에서 많은 경우에 있어 여전히 부가적인 의문에 직면하고 있다고 지적하기도 한다.[16)]

이상의 비판과 지적에서 보듯이, 객관적·목적론적 해석은 입법취지나 법규의 객관적 목적 등 그럴 듯한 외양을 취하고 있기는 하지만, 사실은 그러한 외관상의 목적 배후에 은폐되어 있는 해석자의 주관적인 관심이나 법정책적 내지 형사정책적 동기를 직접적으로 해석 내지 해석결과에 작용하도록 연결시켜 주는 정당화기제로 기능하고 있음을, 또는 적어도 그와 같이 기능하고 있는 경우가 적지 않음을 알 수 있다. 이런 점에서 하쎄머(W. Hassemer)는 객관적·목적론적 해석론과 이 해석론의 작용방식에서 문제가 되는 것은 바로 결과(Folge),[17)] 즉 일정한 해석의 결과에 대한 고려가 당해 해석을 함께 규정한다는 의미에서의 결과라고 지적한다.[18)] 즉 이러한 의미의 결과개념이 형법해석방법론의 왕좌를 차지하고 있는 객관적·목적론적 해석카논 아래 은폐되어 있다는 것이다. 그러므로 이하에서는 이러한 비판적 시각에 기초하여 우리 형법도그마틱과 판례 가운데서 이러한 해석방법을 해석의 정당화근거로 사용하고 있는 몇몇 경우들을 예시적으로

16) Stephan Bahlmann, Rechts- oder kriminalpolitische Argumente innerhalb der Strafgesetzes- auslegung und -anwendung, 1.Aufl., Nomos Verl. -Ges., 1999, 171쪽.

17) 하쎄머, "형법해석에서 결과고려의 방법," 형법정책(배종대·이상돈 편역), 세창출판사, 1998, 85쪽.

18) 하쎄머에 의할 경우 형법해석에서 결과지향사고란 "법해석의 예상된 결과가 법해석을 함께 규정하는 것"[하쎄머, 형법정책(배종대·이상돈 편역), 세창출판사, 1998, 87쪽], "형법해석에서 해석의 결과를 고려하자는, 그리고 필요한 경우에는 해석의 결과를 기준으로 해석을 교정하자는 사고"(같은 책, 80쪽)를 말한다. 그런데 그는 객관적·목적론적 해석에 깃든 결과개념을, 현대 기능주의적 형법사고의 산물로서의 결과지향사고에서의 결과개념과 구분하고 있다(각주 28 참조).

살펴봄으로써 객관적・목적론적 해석카논의 작용방식과 그 문제점을 좀더 구체적으로 진단해 보기로 한다.

Ⅲ. 형법도그마틱과 판례에서 법정책적 요소의 원용

1. 입법취지와 입법목적의 원용

입법취지나 입법목적은 객관적・목적론적 해석방법이 애용하는 가장 핵심적인 표제어들이다. 그리고 이들 표제어가 법(경우에 따라서는 입법자)의 목적이나 의도의 지향을 그 속성으로 한다는 점에서 이 해석방법에는 불가피하게 어느 정도의 법정책적 내지 형사정책적 관점이 내재되어 있음을 엿볼 수 있다.

만일 형법도그마틱(Strafrechtsdogmatik)이나 판례에 있어서도 일정한 죄형법규상의 구체적인 법문언에 관한 해석이 아니라 일정한 법률 내지 개별법규 자체의 법적 성격 내지 의의를 설명하기 위해 법정책적 내지 형사정책적(예방적) 필요성을 원용한다면, 이는 그다지 문제되지 않을 것이다. 이는 입법자의 입법적 결정에 관한 정책적 관점에서의 의견표명이기에 당연히 허용된다고 볼 수 있기 때문이다. 가령 상해죄의 동시범특례규정(제263조)의 의의를 설명하면서 사회에서 빈번하게 일어나고 있는 집단적인 상해를 예방하기 위한 형사정책적 필요성 때문에 형법이 그와 같은 특례규정을 둔 것이라고 풀이하는 경우, 범죄단체조직죄(제114조)의 규정취지를 조직범죄의 증가와 그 위험성에 효율적으로 대처하기 위한 예방적(형사정책적) 필요성 때문에 규정한 것이라고 풀이하는 경우,[19] 폐광지역 개발지원에 관한 특별법의 입법취지를 설명하면서 도박죄의 보호법익보다 좀더 높은 국가이익을 위한다는 국가정책적 관점을 원용하는 경우,[20] 일시오락 정도에 불과한 도박행위를 처벌하지 않는 이유를 설명함에 있어 국가정책적 관점을 원용한 경우[21] 등이 그러한 예에 속한다.

하지만 형법해석자(형법도그마티커와 형사법관)가 일정한 죄형법규상의 구체적인 법문언을 해석함에 있어 그 해석의 타당근거로서 입법취지나 입법목적을 원용하는 경우에는 사정이 다르다. 우리는 형법도그마틱상의 해석론이나 판례의 형법해석론에서도 개별 법문언에 관한 해석자의 해석을 정당화하기 위한 논증방법으로 개별법규 내지 법규정의 입법취지나 입법목적을 원용하는 경우를 아주 쉽게 접할 수 있다. 가령 외국환관리법위반죄에서 공범 간에 취득한 이익이 서로 다른 경우에 그 추징방법이 문제된 사안[22]에서 다수의견은 해당 규정의 입법취지와 입법목적을 논거로 원용하면서[23] '곧바로' "외국환관리법상의 몰수와 추징은 일반 형사범의 경우와는 달리 범죄사실에 대한 징벌적 제재의 성격을 띠고 있다"는 결론(해석결과)을 도출하고 있다. 이러한 다수의견의 해석론은 일정한 형사정책적 동기나 의도, 즉 외국환관

19) 김일수·서보학, 앞의 책, 74, 543쪽.
20) 大判 2004. 4. 23, 2002도2518.
21) 大判 2004. 4. 9, 2003도6351.
22) 大判 1998. 5. 21, 95도2002 전원합의체.
23) 이 밖에도 다수의견이든 반대의견이든 간에 해석론의 타당근거로 입법취지와 입법목적을 원용하고 있는 판례로는 大判 1997. 3. 20, 96도1167 전원합의체 반대의견; 大判 1997. 11. 20, 97도2021 전원합의체 반대의견; 大判 2002. 2. 21, 2001도2819 전원합의체 다수의견 등 참조. 그런데 이러한 논거형식을 원용하는 경우, 목적론적 해석방법은 대부분 피고인에 대한 처벌필요성 논거와 긴밀하게 연계됨으로써 결과적으로 가벌성을 긍정하는 방향으로 작용하고 있다. 이 점에 관한 자세한 분석 및 비판으로는 변종필, "대법원의 형법해석론에 대한 비판적 고찰," 비교형사법연구 제7권 제1호, 한국비교형사법학회, 2005, 7쪽 이하 참조.

리법 위반사범의 단속과 일반예방에 철저를 기한다는 처벌효과를 염두에 둔 것으로 일종의 결과지향적 해석의 일종이라 할 수 있다. 그런데 다수의견은 자신의 해석결론을 정당화하기 위해 입법취지나 입법목적과 관련된 좀더 구체적이고 상세한 논증을 행하고 있는 것이 아니라 단순히 그러한 표제어를 원용하고만 있을 뿐이어서 그 논증의 타당성에 의문이 제기된다. 첫째는 입법취지나 입법목적에 관한 부가적 논증이 없어 그 개념이 불명확한 결과를 지향하고 있다는 점, 둘째는 그 불명확성을 매개로 하여 해석자 자신의 주관적인 견해나 정책적 동기가 명료하게 드러나지 않고 숨겨져 있다는 점, 그리고 셋째는 그 결과로서 전제(즉 논거)로부터 결론에 이르는 논리전개가 불합리하다는 점 때문이다.

반면, 형법해석에 있어 동일하게 입법취지 등을 원용하면서도 그에 관한 나름의 의미 있는 논증을 펼치는 경우도 있다. 가령 미성년자약취·유인죄(제287조) 소정의 미성년자에는 혼인한 미성년자도 포함된다고 해석하면서 아직 경험과 지식이 부족하고 정신적·신체적으로 미성숙단계에 있는 미성년자의 자유와 안전을 보호하고자 하는 것이 이 죄의 입법취지라는 점을 들어 그 해석의 타당성을 논변하는 경우[24]가 그러하다. 물론 여기서 민법상의 성년의제규정(이로써 법질서의 통일성 기준)을 근거로 들어 이와 반대되는 해석을 하는 것도 충분히 가능한 일이다. 그런데 이 경우 전자의 해석은 단순히 입법취지만을 내세우는 것이 아니라 그 입법취지가 무엇인지를 해석자가 나름대로 논증을 하고 있어 그렇지 않은 경우(즉 위 판례의 경우처럼 아무런 부가적 논증 없이 입법취지만을 들어 해석을 정당화하는 경우)와는 구분된다. 입법취지를 원용함에 있어 일정한 논증을 행함으로써 반증가능성을 남겨

24) 김일수·서보학, 앞의 책, 144쪽.

두고 있기 때문이다. 그렇다면 형법해석에서 그러한 방식으로 입법취지나 입법목적을 원용하는 것은 합리적 비판의 가능성에 열려 있기 때문에 자의적인 해석이라는 혐의를 씌우기 어려울 것이다. 따라서 형법해석에 있어 입법취지나 입법목적을 원용한다고 해서 타당성을 결한 해석이라 볼 수는 없고, 자의적 해석의 혐의를 받는 것은 이들 표제어를 단순히 원용만 할 뿐 전혀 그 점에 관한 논증을 행하고 있지 않는 경우이다.

2. 처벌공백을 메우기 위한 법목적적 필요성의 원용

다음으로, 기존의 관련법규들에 따르면 처벌할 수 없게 되는 결과가 초래되어 형법해석자가 이러한 처벌공백을 메우기 위해 법목적적 필요성을 근거로 들면서 해석을 정당화하는 경우가 있다. 가령 공무도 업무방해죄(제314조 제1항)의 업무에 해당하는가의 논의에서 폭행・협박・위계 이외의 수단, 즉 (폭행・협박의 정도에 이르지 않는) 위력으로써 공무원의 공무집행을 방해한 경우는 공무집행방해죄의 규율대상이 아니어서 업무방해죄로 규율하지 않으면 처벌을 할 수 없게 되므로 이 경우는 공무라 하더라도 업무에 해당하는 것으로 해석해야 한다는 절충설의 논증[25]이 바로 그러한 경우에 해당한다.

이 경우 절충설은 부정설에 따른 처벌공백을 메우기 위해 그와 같은 해석이 필요하다고 보는 측면에서 일면 타 해석에 따를 경우의 처벌공백이라는 결과를 고려한 해석이라고 볼 수 있을 뿐만 아니라, 업무방해죄와 공무집행방해죄의 상호관련성을

25) 김일수・서보학, 형법각론[제6판], 박영사, 2004, 211쪽; 정성근・박광민, 형법각론, 삼지원, 2002, 205쪽.

염두에 둔 일종의 체계적 해석방법이라고 볼 수도 있다.[26] 더욱이 형법의 규율체계상 위계와 위력은 대부분 함께 규정하고 있는 것이 상례이고, 그렇다면 위력에 의한 공무집행방해행위 역시 공무집행방해 관련 법규정들의 목적에 비추어 처벌해야 할 필요성이 제기된다고 볼 여지가 있는바, 그러한 법목적을 실현하기 위해 업무방해죄상의 업무에 관해 그와 같은 해석론을 전개한 것이라고 볼 수 있다는 점에서 — 절충설의 지지자들이 이 점을 명시적으로 언급하고 있지는 않으나 암묵적으로 — 법목적적 필요성을 그러한 해석의 중요한 논거로 삼고 있음을 추정할 수 있다. 만일 절충설에 대한 이와 같은 분석이 적절하다면, 이 경우 절충설은 법목적적 필요성을 강변하기 위해 가령 정의나 형평의 이념을 원용하는 등의 부가적 논증을 했어야 할 것이고, 그렇다면 처벌공백을 메우기 위한 논증방법으로 일반적인 정의나 형평의 이념을 원용하는 것이 허용될 수 있는가 하는 문제가 제기될 수 있다.

3. 형의 균형의 원용

나아가, 해당 규정이 사안에 현실적으로 적용된 결과를 고려하면서 이를 해석 자체에 반영하는 경우가 있다. 가령, 살인예비의 중지에 중지미수규정을 (유추)적용할 것인가의 논의에서, 실행에 착수한 다음 중지하면 당연히 중지미수의 규정이 적용되어 형의 면제까지 받을 수 있는 반면, 예비의 중지에 중지미수규정

26) 물론 체계적 해석으로 본다 하더라도, 절충설이 위력에 의한 경우도 공무집행방해죄로 처벌하는 것이 마땅하다는 (정의나 형평의 이념에 기초한) 당위적 사고를 암암리에 전제하고 있음을 감안한다면, 거기에도 역시 목적론적 요소가 작용하고 있음을 엿볼 수 있다.

을 적용하지 않으면 이러한 혜택을 받을 수 없어 형의 균형이 깨어지기 때문에 적용해야 한다고 보는 긍정설(다수설)의 논거[27]가 그 경우에 해당한다. 즉 형의 불균형을 해석의 타당근거로 삼고 있는 경우이다. 이는 해당 규정이 사안에 현실적으로 적용된 결과를 염두에 두고 이를 해석에 반영하는 것으로서 일종의 결과지향적 해석[28]이라고 할 수 있다.

이와 유사한 경우를, 강도범이 준강도죄(제335조)의 범행주체가 될 수 있는가 하는 논의에서도 찾아볼 수 있다. 가령, 절도범이 절취물을 보존하기 위해 사후적으로 폭행·협박한 경우를 준강도죄로 보는 반면 강도가 강취물을 보존하기 위해 사후적으로 폭행·협박한 경우를 단순폭행·협박죄로 다룬다면 형의 균형이 맞지 않는다고 하는 긍정설의 논증[29]이 그것이다. 더욱이 이 경

27) 박상기, 형법총론, 박영사, 1999, 333쪽; 배종대, 형법총론, 홍문사, 2001, 449쪽; 이재상, 형법총론, 박영사, 1999, 373쪽 참조.

28) 가령 내적 결과와 외적 결과의 구분을 전제로 하여 내적 결과는 결과지향적 해석에서의 결과개념에 포함시키지 않을 것을 제안하고 있는 하쎄머에 따르면, 이 경우는 결과지향적 해석에 해당하지 않을 수 있다. 그가 말하는 '내적 결과'란 일정한 법률해석 또는 도그마틱이론의 적용결과에 대한 고려가 당해 법률해석 또는 도그마틱이론에 미치는 영향을 말한다. 그리고 '외적 결과'란 확정된 법률해석의 영향으로서 기대될 수 있고, 경험적으로 설명될 수 있으며, 또한 경험적 방법론에 의해 고찰될 수 있는 미래의 상황(가령 인질의 생명에 대한 위험의 증가 등)을 말한다. 그에 의하면 목적론적 해석은 내적 결과와 관련된 해석방법이며, 결과고려사고는 외적 결과와 관련된 부분이다. 그가 위와 같은 제안을 한 것은 내적 결과의 경우에는 기대되는 해석의 결과를 통해 그러한 해석의 내용을 확정하기에 적합하다고 볼 수 있고, 내적 결과를 결과개념에 포함시키면 결과고려사고와 목적론적 해석 사이에 한계를 설정하는 것이 불가능하다고 보기 때문이다[하쎄머, 형법정책(배종대·이상돈 편역), 세창출판사, 1998, 101-102쪽 참조].

29) 김일수, 한국형법 Ⅲ, 박영사, 596쪽; 김성천·김형준, 형법각론, 동현출판사, 2000, 411쪽; 배종대, 형법각론, 홍문사, 2003, 397쪽; 이재상,

우 강도범을 준강도죄의 범행주체로 해석하더라도 이는 금지된 유추가 아니라 허용된 확장해석으로 법이론상 문제가 없고, 형사정책적으로도 준강도죄의 입법취지를 살릴 수 있다고 한다.[30] 이러한 해석론 역시 형의 균형이라는 결과를 고려한 것으로 결과지향적 해석의 한 유형에 해당한다. 그런데 여기서 '형사정책적'이라는 말로써 무엇을 함의하고 있는지는 명시적 언급이 없어 분명하지 않다. 다만 전후맥락에 비추어 볼 때 얼핏 준강도죄에서 드러난 입법취지, 더욱이 처벌로 지향된 입법의도를 지칭하고 있는 것이 아닌가 짐작될 따름이다. 이와 같이 단순히 '형사정책적'이라는 표제어를 원용하는 것이 일면 죄형법규의 배후에 놓인 입법의도를 헤아려보는 계기를 제공한다는 측면에서는 다소간 의미 있는 것일지언정, 그러한 입법취지나 입법의도가 해당 규정 자체에서 분명하게 드러나 있다면 모를까 그렇지 않은 상황에서 그러한 표제어만을 단순 원용함으로써 해석의 타당근거를 구하려는 시도는 자의적 형법해석의 배제라는 측면에서 보면 문제가 아닐 수 없다.

이처럼 형의 균형 내지 불균형을 해석의 타당근거로 삼는 견해는 당해 해석론의 해석결과 또는 그와 대립하는 타 해석론의 해석결과[31]를 당해 해석에 반영하는 것이라 하겠다.

형법각론, 박영사, 2000, 295쪽; 이정원, 형법각론, 법지사, 2000, 370쪽. 이 경우 죄형균형'원칙'이라는 표현을 사용하기도 하나, 하나의 '기준' 정도에 불과한 논거를 '원칙'이라고 표현하는 것은 적절하다고 보기 어렵다. 더욱이 이를 형법해석원칙의 하나로 볼 수 있을지는 더욱 의문스럽다.

30) 김일수, 앞의 책, 596쪽.

31) 예컨대, 타 해석론의 해석결과로서의 처벌범위의 광협을 해석의 타당근거로 원용하는 경우로는 강간죄의 수단인 폭행·협박의 정도에 관한 논의에서 찾아볼 수 있다. 강간죄에서 폭행·협박의 정도를 제한적으로 해석하는 것이 타당하다는 주장의 논거 중 하나로 강간죄에서 폭행·협

4. 평 가

형법도그마틱과 판례의 몇몇 경우를 대상으로 한 이상의 분석과 진단에 비추어 보건대, 객관적·목적론적 해석카논 하에서 형법해석자는 자신의 해석론의 타당근거로 때로는 입법취지나 입법목적을 원용하기도 하고, 때로는 명시적으로 예방적 내지 형사정책적 필요성을 원용하기도 하며, 또 때로는 형의 균형이나 불균형 및 법목적적 필요성을 원용하고 있다. 하지만 객관적·목적론적 해석카논을 사용함에 있어 해석의 타당근거로 정작 중요한 부분인 목적 내지 목적관련 요소, 즉 입법취지나 입법목적, (형사) 정책적 필요성 등의 표제어에 관해서는 거의 대부분 (사실적·경험적 또는 규범적 측면에서의) 구체적이고 상세한 논증을 수행함이 없이, 이러한 요소들을 단순 원용함으로써 해석 자체를 정당화하려고 시도하고 있다. 한 마디로 객관적·목적론적 해석을 원용하고 있지만, 그에 내재된 목적요소에 관해 엄밀하게 논증하지 않음으로써(즉 그 불명확성[32]과 합리적인 논증의 부재로 인해) 결국 그 해석카논은 해석자의 주관적인(때로는 독단적인) 정책적 동기나 관

박은 그 대소강약을 불문한다는 협의설에 의하면 강간죄의 성립범위가 너무 넓어지게 되므로 그러한 (협의설의) 해석은 형법해석원칙에 맞지 않는다는 논거를 제시하는 경우가 그것이다(오영근, 형법각론, 박영사, 2005, 170쪽). 이 점과 관련해서는 협의설 역시 최협의설의 해석은 강간죄의 성립범위를 지나치게 축소하게 되어 부당하다는 취지의 비판을 가하고 있다.

32) 가령 이러한 불명확성은, 공무상 비밀누설죄(제127조) 소정의 '법령에 의한 직무상 비밀'의 의미에 관해, 법령에 의해 특히 비밀로 할 것이 요구되는 사항에 국한해야 한다는 다수설을 지지하기 위한 논거의 하나로 국민의 알권리라는 측면에서도 비밀의 폭은 필요한 최소한에 머물도록 해석하는 것이 '목적론적으로' 합당하다는 논거를 제시하는 경우(김일수·서보학, 형법각론, 2004, 802쪽)에서도 잘 드러난다.

심을 은폐하는 데 유익한 논증형식으로 기능하고 있다.

그렇다면 그와 같이 목적요소가 함의하는 바를 은폐한 채 그것을 단순 원용하는 방식만으로 행해진 형법해석은 타당한 것인가. 이 물음은, 형법해석자가 객관적·목적론적 해석카논을 원용하고, 이로써 이 해석카논의 핵심적 표제어인 위와 같은 목적요소들을 원용하여 자신의 해석론을 정당화하려고 시도하는 경우, 어떤 방식으로 해석을 행해야 하는가 하는 물음으로 나아간다.

Ⅳ. 객관적·목적론적 해석카논을 원용한 논증의 문제

이러한 물음에 답하기 위해서는 알렉시의 '외적 정당화'개념과 '경험적 논증'개념이 유용하게 작용할 수 있을 것이라 본다. 알렉시에 따를 경우 법적 논증에서 외적 정당화(externe Rechtfertigung)란 내적 정당화[33]에서 사용된 전제들을 근거짓는 것을 말하며,[34] 이러한 외적 정당화는 객관적·목적론적 해석카논을 사용한 해석에서도 그것의 타당성을 논변하기 위해 필수불가결한 요소를 이룬다. 왜냐하면 이 해석카논 역시 일정한 규범적 전제를 포함하고 있을 뿐만 아니라 경험적 전제도 포함하고 있기 때문이다.

33) 내적 정당화(interne Rechtfertigung)란 판결이 근거제시를 위해 도입된 전제들로부터 논리적으로 비롯된 것인지 여부를 검토하는 것으로, 이와 결부된 문제들은 '법적 삼단논법'이라는 표제어하에서 많이 논의되어 왔다(R. Alexy, 앞의 책, 273쪽).

34) R. Alexy, 앞의 책, 283쪽.

1. 객관적 · 목적론적 해석카논을 원용할 경우의 논증구조

객관적 · 목적론적 해석카논은 법률로부터 도출될 수 없는 일정한 규범적 전제와 더불어, 또 다른 근거제시 내지 논증을 필요로 하는 경험적 전제를 함께 포함하고 있다. 여기서 규범적 전제란, 이 해석카논이 그 자체로 말해주고 있듯이, 일정한 목적 내지 목적관련 요소로서 우리가 위에서 살펴본 바의 입법취지, 입법목적, 법의 객관적 목적 등을 말한다. 따라서 객관적 · 목적론적 해석카논을 원용할 경우에 사용되는 논거들은 해석자가 이들 논거를 통해 과거 또는 현재에 사실적으로 존재하는 그 어떤 개인들의 목적에 관계하는 것이 아니라, 가령 합리적인 목적 내지 현행 법질서의 테두리 내에서 객관적으로 요청되는 목적에 관계한다는 점에 그 특징이 있다.[35] 그렇다면 여기서 무엇이 합리적인 목적 내지 현행 법질서의 테두리 내에서 객관적으로 요청되는 목적인가 하는 문제가 제기된다. 이에 대해 알렉시의 표현을 빌어 말하자면, 현행 법질서의 테두리 내에서 합리적인 논증에 근거하여 관련자들이 설정하게 될 목적이 합리적인 목적 내지 현행 법질서의 테두리 내에서 객관적으로 요청되는 목적이라 할 수 있다. 따라서 형법해석에서 객관적 · 목적론적 해석카논을 원용하여 일정한 해석론을 전개하는 자(즉 해석자)가 제기하는 목적에 관한 주장은 일정한 (이상적) 논증공동체를 전제로 한 논증참여자(즉 해석자)의 가설적 목적설정일 따름이므로, 그러한 주장의 정당성에 관해서는 합리적인 논증을 통해 근거제시가 이루어져야 한다. 예컨대 형법해석자가 자신의 해석을 정당화하기 위해 객관적 · 목적론적 해석카논을 원용하면서 가령 일반예방적

---

35) R. Alexy, 앞의 책, 296쪽.

필요성 내지 처벌필요성을 이 카논에서의 목적으로 삼아 해석을 펼친다면, 왜 그러한 목적요소를 지향해야 하는지 등에 관한 합리적인 근거제시가 있어야 한다.

다른 한편, 객관적·목적론적 해석카논은 또 다른 근거제시 내지 논증을 필요로 하는 경험적 전제를 포함하고 있는바, 여기서 경험적 전제란 그러한 목적이 현실과 관계하는 사실적·경험적 측면을 말한다. 가령 객관적·목적론적 해석카논 하에서 형사정책적 또는 일반예방적 목적을 원용하여 일정한 해석을 행했을 경우 그 해석의 결과로서 현실적으로 일반예방적 효과가 나타났는가 하는 경험적 측면을 말한다. 이런 점에서 객관적·목적론적 논거들은 해석자로 하여금 일정한 경험적 논증을 행하도록 지시하고 있다.

2. 경험적 논증의 함의

이러한 경험적 논증은 법적 논증에서 매우 중요한 역할을 담당하며, 이 논증의 중요성은 목적론적 해석카논을 포함한 거의 모든 법적 논거형식이 경험적 명제들을 포함하고 있다는 점에서 찾을 수 있다. 그런데 이러한 경험적 논증에서는 합리적인 논증을 위해 필요로 하는 경험적 지식이 종종 기대하는 정도만큼의 확실성을 띨 수 없다는 점이 문제로 나타난다. 이럴 경우에는 불가피하게 합리적인 추정의 규칙이 필요할 것인바, 이런 점에서 법적 논증에서 경험적 지식이 갖는 중요성을 결코 과대평가할 수는 없으며,[36] 더욱이 올바른 해석을 위한 법적 논증대화를 그

36) 이에 관해서는 가령 R. Rottleuthner, Rechtswissenschaft als Sozialwissenschaft, Frankfurt a.M., 1973, 205쪽 이하 참조.

어떤 경험적 논증대화로 환원시킬 수 있다고 생각하는 것은 잘못이다.37) 법적 논증대화에 있어 법적 논증의 문제를 전적으로 경험적 논증의 문제로 환원시키는 것은 불가능한 일이다.38) 이처럼 객관적·목적론적 해석카논을 통해 해석자의 해석을 정당화하기 위해서는 목적요소라는 규범적 전제에 관한 합리적 논증 외에 추가적으로 경험적 논증을 필요로 한다. 물론 이러한 경험적 논증을 수행하는 경험적 논증대화가 어떤 절차와 방식에 따라 행해져야 할지는 미해결로 남아 있다고 하겠다. 하지만 여하튼 간에 형법해석자가 객관적·목적론적 해석카논을 사용하여 자신의 해석을 정당화함에 있어, 설령 원용하고 있는 목적요소가 합리적 논증에 의한 것이라 하더라도, 그러한 목적요소를 단순히 원용만 할 뿐 — 이 해석카논의 또 다른 전제인 — 경험적 전제를 근거짓는 합리적 논증을 전혀 수행하고 있지 않다면 그러한 해석은 타당성의 측면에서 심각한 의문(자의적 해석이라는 의문)에 직면하게 될 것이다.39)

---

37) 가령 형법에 규정된 일정한 언어의 의미가 불명확한 경우 그 의미를 확정하기 위해, 그리고 그러한 확정의 정당화근거로서 여론조사에 의한 현실적인 언어사용에 따를 것을 고집할 수도 있으나, 그러한 태도를 취할 수 없음은 자명하다고 할 것이다[하쎄머, "올바른 언어사용을 통한 올바른 법?," 형법정책(배종대·이상돈 편역), 세창출판사, 1998, 131쪽]. 모호한 개념은 단지 규범적 해석규칙들(예컨대 포괄적인 체계적 해석의 요청)에 의해서만 구체화될 수 있다. 모호한 개념의 의미확정에 있어 경험적 탐구의 결과가 중요한 것일 수 있으나 그것이 법적용자에게 강제력을 갖는 것은 아니다(P. Raisch, 앞의 책, 142쪽).

38) R. Alexy, 앞의 책, 286-287쪽.

39) 알렉시는 이 점을 '충족의 요청'(Erfordernis der Sättigung)이라는 개념으로 설명하고 있다. 즉 일정한 해석이 규범의 문언이나 입법자의 의사 또는 규범의 목적과 합치한다고만 주장하는 경우 그 논거는 불완전하며, 이를 완전하게 하기 위해서는 원용하고 있는 일정한 해석카논에 포함된 전제(들)에 관한 언명이 필요하다는 것이다. 이러한 '충족의 요청'은

3. 객관적 · 목적론적 해석카논과 유추

이와 같이 객관적 · 목적론적 해석카논을 사용하여 형법해석을 정당화하려고 시도하는 경우 해석자는 합리적 논증을 통해 이 해석카논 안에 내재되어 있는 두 가지 전제, 즉 규범적 전제와 경험적 전제를 충족시켜야 한다. 그럴 경우에만 적어도 그 해석카논을 올바르게 원용하였다고 평가할 수 있을 것이다. 그런데 이와 같은 전제를 충족시킨다 하더라도 그러한 해석에 대해서는, 특히 객관적 · 목적론적 확장해석(법의 객관적 목적을 원용하여 법문언의 가능한 의미 내에서 최대한 확장하여 해석하는 방법)에 대해서는 과연 그것이 죄형법정원칙의 유추금지요청을 충족하는가 하는 문제는 여전히 남게 된다.

유추금지(Analogieverbot)는 헌법적 측면에서 볼 때 법치국가원칙, 특히 권력분립원칙의 표현이며, 권력분립원칙은 국가의 자의(恣意)로부터 개인의 자유를 보호하기 위한 수단으로 도입된 것이다. 아울러 유추금지는 형법적 관점에서 볼 때 일반 시민의 자유보호를 위한 보장적 요청 및 일반예방적 형벌목적에 기초하고 있다. 그런데 이와 같은 요청은 일반 시민의 형법과 형사사법에 대한 신뢰를 전제로 하며, 이러한 신뢰는 가벌성의 요건과 형벌효과가 직접적인 민주적 정당성을 가지는 입법부에 의해 사전에 다소간 추상적 · 일반적 형태로 확정되어 있을 경우에만 형성될 수 있다.[40] 다시 말해 형사법관이 형법해석에 있어 사전에 미리

해석카논 사용의 합리성을 보장해 주는데, 이 요청에 의하면 일정한 해석이 규범의 문언이나 발생사 또는 규범의 목적에서 비롯된다고 하는 식의 단순한 주장은 논거로 수용되지 못한다(R. Alexy, 앞의 책, 293, 302쪽).

40) Stephan Bahlmann, 앞의 책, 142쪽 참조.

확정되어 있는 그 무엇에 구속받지 않는다면 법관의 헌법과 법률에의 구속이라는 헌법적 요청은 무의미한 것이 되며, 이와 동시에 법관은 입법자의 자리를 차지하게 된다. 따라서 유추금지라는 법치국가적 요청은 형법해석에서 이러한 헌법적·형법적 요청을 충족하기 위한 불가결한 전제이다.[41]

그런데 문제는 현재 대부분의 형법학자와 판례가 형법상 금지된 유추인지 여부를 판단하는 기준, 이로써 또한 허용된 목적론적 확장해석과의 구분을 위한 기준으로 삼고 있는 '문언의 가능한 의미'라는 기준이 형법해석의 타당성을 가늠하는 기준이 될 수 있는가 하는 점이다. 유추금지의 측면에서 형법상의 일정한 문언을 그 자체 형법규범에 의해 규율되지 아니한 사례에까지 확장하는 것은 허용되지 않는다거나, 당해 해석은 문언의 가능한 의미의 범위를 넘어섰으므로 타당하지 않다는 식의 주장은 실상 문제해결에 전혀 도움이 되지 못한다. 왜냐하면 오늘날 해석과 유추는 구조상 서로 동일하다는 점에 인식이 모아지고 있으며,[42] 법인식론적 측면에서 볼 때 이른바 문언의 가능한 의미라는 한계는 유추와 해석을 엄밀히 구분할 수 있을 정도로 정확하게 파악될 수 없기 때문이다.[43] 따라서 이 한계기준은 정당한 형법해

41) 변종필, "공직선거법상 기부행위로서의 제공의 의미와 죄형법정원칙," 비교형사법연구 제4권 제2호, 한국비교형사법학회, 2002, 565-566쪽.

42) 즉 모든 해석, 모든 법률에 대한 이해는 해결하고자 하는 사례를 다른 확실한 '법률의 사례'나 법관이 판결한 사례와 비교하는 것을 전제로 하므로, 비교되는 관점 없이 해석이란 있을 수 없다[하쎄머, "올바른 언어사용을 통한 올바른 법?," 형법정책(배종대·이상돈 편역), 세창출판사, 1998, 135쪽]. 이런 점에서 라이쉬 역시 유비추론이 기초하고 있는 유사성관계는 (현행 법규에 의해) 규율되는 사례와 규율되지 않는 사례 간의 부분적 동일성이며, 그런 한에서 유추에 관한 방법적 취급은 다른 해석카논들의 통상적인 적용 및 취급과 구분되지 않는다고 한다(P. Raisch, 앞의 책, 153쪽).

석을 보장하는 잣대가 될 수 없다. 즉 이 기준은 각 해석자가 자신의 해석을 정당화하기 위해 원용할 수 있는 논증의 귀착점일 뿐, 정당한 형법해석을 보장하기 위한 상호주관적 통제기준으로는 불충분하다. 그러므로 이 한계기준을 형법상 유추와 해석을 구분하는 논증의 최종적 귀착점으로 삼을 수는 있겠지만, 그러한 해석결론의 타당성 여부는 이 기준에 따라 좌우되는 것이 아니라 해석자가 제반 해석카논 또는 논거형식들에 기초하여 자신의 해석론에 관해 얼마나 합리적 논증을 수행했는지 여부에 따라 결정될 것이다. 이로써 객관적·목적론적 해석카논의 남은 문제로서 법치국가적 요청과 연계된 유추금지문제는 각종 논거형식들에 의한 합리적 논증에 맡겨질 수밖에 없을 것이다.

V. 맺 음 말

이상으로, 형법해석자가 자신의 해석론을 정당화하기 위한 수단으로 객관적·목적론적 해석카논을 사용하고 그 아래에서 입법취지·입법목적 등의 법정책적 내지 형사정책적 논거(목적요

43) 이 점에 관한 상세한 판례분석으로는 변종필, "대법원의 형법해석론에 대한 비판적 고찰," 비교형사법연구 제7권 제1호, 한국비교형사법학회, 2005, 7쪽 이하 참조. 이런 측면에서 하쎄머 역시 "형법상 유추금지를 통해 해석의 한계를 그을 수 있는 가능성을 찾지 않을 수 없지만, 그러한 한계는 존재하지 않는다. 금지된 해석은 해석 밖에서 확정될 수 없고, 특정사례에서 법관의 판결이 그 한계를 너무 벗어난다고 비판하는 자는 법률규정에 따른 해석의 의미에 대한 자신의 이해와 타인의 견해를 대비시키는 것 외에 달리 할 일이 없다. 유추금지는 결코 확정된 해석의 경계가 아니며 법적 제도를 위한 믿을 만한 보장책이 아니라 단지 하나의 논거에 불과하다"(하쎄머, 앞의 책, 136쪽)고 말한다.

소)를 원용하여 행해지는 형법해석이 타당한가 하는 문제를 살펴보았다. 이러한 작업의 일환으로, 먼저 형법도그마틱과 판례상 이러한 해석카논을 사용하여 해석론 내지 판결을 정당화하려고 시도하는 과정에서 나타나는 그 해석카논의 작용방식과 문제점을 살펴보았다. 아울러 그러한 문제의 근본원인을 진단하고 바람직한 해결을 제시하기 위해 객관적·목적론적 해석카논을 원용할 경우의 논증구조를 설명하고, 이를 토대로 하여 그 해석카논에 내재된 두 가지 전제(규범적 전제와 경험적 전제)에 대한 합리적 논증의 필요성을 주장하였다. 그런 다음, 객관적 목적요소를 통한 해석의 확장문제와 관련하여 필자의 생각을 피력하였다.

요컨대, 객관적·목적론적 해석에서 원용하고 있는 목적요소들하에서 논증을 위해 도입된 내용은 아예 없거나 대단히 불명료하고,[44] 논거로 원용된 법정책적 내지 형사정책적 요소가 뜻하는 바가 무엇인지 파악하기 어렵게 됨으로써 이들 요소를 원용한 논증은 불완전하며, 이들 목적요소의 일면성으로 인해(즉 개별적인 해석결론을 근거짓기 위해 법정책적 내지 형사정책적 요소가 갖는 다양한 측면을 해석자가 의도하는 한 가지 측면, 가령 적정한 처벌이나 예방적 필요성의 측면에만 국한시킴으로써) 해석 자체의 자의성 내지 임의성의 혐의를 드러내고 있다. 또한 법정책적 내지 형사정책적 목적요소를 원용함으로써 가벌성의 축소를 근거짓는가 하면, 더욱이 가벌성의 확장까지 손쉽게 근거지을 수 있게 됨으로써 이

---

44) 이런 점에서 죄형법규에 관한 개별적 해석에서 법정책적 내지 형사정책적 목적요소만을 단순 원용하는 것은 주변적 인식만을 제공할 따름이며, 이로써 그러한 인식을 적잖이 무시해도 좋은 것으로 비치게 한다. 또한 해석결론을 지탱해주는 고찰내용을 언급함에 있어 엄밀성의 결여는 논증의 수행력을 가로막아 그 핵심을 이해할 수 없게 만든다(Stephan Bahlmann, 앞의 책, 74쪽 참조).

들 목적요소는 결국 거의 모든 것을 근거지을 수 있는, 이로써 실상 아무 것도 근거짓지 못하는 표제어에 불과하다는 인상을 지우기 어렵다.[45] 이러한 점에서 객관적·목적론적 해석카논을 원용하여 자신의 해석을 정당화하고자 하는 형법해석자라면, 그가 형법도그마티커든 형사법관이든 간에, 그 해석카논에 구조적으로 내재되어 있는 두 가지 전제, 즉 규범적 전제와 경험적 전제를 충족시키기 위한 나름의 합리적인 논증을 수행해야 할 것이다. 그럴 경우에야 비로소 객관적·목적론적 해석카논은 해석자의 은폐된 주관적 동기나 법정책적 관심을 무방비로 형법해석에 관철시키는 비밀병기가 아니라, 형법해석을 위해 필요한 의미있는 논거형식으로 자리잡을 수 있을 것이다.

45) Stephan Bahlmann, 앞의 책, 76쪽.

9

해석근거로서의 '법질서의 통일성'과 '형법의 독자성'*

Ⅰ. 문제제기

형법해석에서 우리는 특정한 해석론의 정당성 내지 타당성을 내세우기 위해 법질서의 통일성이나 형법의 독자성을 그 근거로 제시하는 경우를 자주 접하곤 한다. 그리고 통상의 경우에 이 두 가지 요청은 동일한 해석론적 논쟁지점에서 대체로 전혀 상반되는 결론을 정당화하기 위한 대립적인 논증형식으로 활용되고 있다. 형법 문언을 해석함에 있어 이러한 대립각의 형성은 그 문언에 상응하는 민법상의 관련규정 — 주로 재산이나 신분 관련규정 — 이 존재하는 경우에 특히 두드러지게 나타난다. 그러나 이 경우에 형법도그마틱 또는 형법학자들이 취하는 태도는 일관되지도 통일적이지도 않다. 가령 친족상도례상의 '친족'개념의 해석에 있어서는 예외 없이 민법규정을 따르고 있다. 다른 한편 '점유'개념의 해석에 있어서는 일면 민법상 점유와의 유사성을 인정하면서도 타면 세부적 부분에서는 그와 달리 취급하고 있다. 즉 민법상 점유를 갖지 못하는 점유보조자에 대해서는 점유가 인정되는 반면, 민법상 점유가 인정되는 상속점유나 간접점유에 대해서는 점유가 인정되지 않는다. 물론 이러한 구별취급은 형법규범 및 형법해석 자체가 지닌 특수한 성격에서 비롯되는 지극히 당연한 것이라고 여길 수도 있을 것이다.

---

* 비교형사법연구 제13권 제2호, 한국비교형사법학회, 2011. 12, 1쪽 이하.

하지만 사정이 그리 간단해 보이지만은 않는다. 예컨대, 미성년자 약취·유인죄(제287조)의 경우를 보자. 여기서도 '미성년자'에 관한 해석을 둘러싸고 견해의 대립이 존재하는데, 혼인한 미성년자도 여기서의 미성년자에 해당하는가의 논란이 그것이다. 부정설은 형법상 고유한 미성년자 개념이 없는 이상 미성년자가 혼인한 때에는 이를 성년으로 취급하는 민법규정(성년의제규정)에 따라야 하며, 이로써 혼인한 미성년자는 이 죄의 행위객체가 될 수 없다고 한다. 나아가 이 견해는 혼인한 미성년자를 이 죄의 미성년자에 해당하는 것으로 보게 되면 죄형법정원칙에 반한다고 주장한다.[1] 반면, 긍정설은 민법상의 성년의제규정의 취지는 형법상의 미성년자보호 취지와 같지 않다거나 또는 입법취지상 성년의제규정을 민법 이외의 다른 법률에 적용하는 것은 옳지 않다는 이유를 들어[2] 혼인한 미성년자 역시 이 죄의 행위객체인 미성년자에 해당한다고 본다. 즉 약취·유인죄의 '보호대상의 범위'를 설정하는 것은 형법의 고유한 문제라는 것이다. 나아가 이러한 태도는 특정한 범죄구성요건의 해석에만 국한되는 것이 아니라 형법상의 모든 범죄구성요건 해석에까지 확장된다. 즉 형법의 가벌성기준은 민법에 종속되는 것이 아니므로 형법이 독자적으로 규정하더라도 아무 상관이 없다는 것이다. 여기서 전자는

---

1) 이재상, 형법각론, 박영사, 2004, 132쪽; 권오걸, 형법각론[이론·판례], 형설출판사, 2009, 151쪽.

2) 김성돈, 형법각론, 성균관대학교출판부, 2009, 140쪽; 김일수·서보학, 형법각론, 박영사, 2007, 145-146쪽; 박상기, 형법각론, 박영사, 2008, 134쪽; 배종대, 형법각론, 홍문사, 2010, 232쪽; 이영란, 형법학[각론강의], 형설출판사, 2010, 150쪽; 임웅, 형법각론, 법문사, 2001, 142쪽; 정성근·박광민, 형법각론, 삼지원, 2002, 140쪽; 정영일, 형법각론, 박영사, 2008, 122쪽 참조. 가령 이정원 교수는 형법은 법익의 보호 관점과 방법에서 민법과 본질적으로 다르다고 본다(이정원, 형법각론, 법지사, 2000, 188쪽).

법질서의 통일성 관점을, 그리고 후자는 형법의 독자성 관점을 강조한 해석이라 할 수 있다.

이처럼 법질서의 통일성 관점과 형법의 독자성 관점 중 어떤 쪽을 중시하느냐에 따라 형법해석 및 그에 기초한 구체적 사례에 대한 결론은 달라질 수 있다. 이러한 차이는 해석의 타당성과 직결된 문제라는 점에서 매우 중요한 인식의 차이임을 알 수 있다. 단순히 그럴 수도 있고 그렇지 않을 수도 있는 또는 편의에 따라 어느 한쪽을 임의대로 선택할 수 있는 그런 종류의 문제가 아니다. 그런데 이러한 차이가 왜 나타나는가를 전체적으로 조망하여 명확하게 분석·규명한다는 것은 불가능한 일일 것이다. 현상적으로 보듯이 어떤 해석자는 전자를 강조하고 다른 해석자는 후자를 강조할 수 있을 것이다. 더욱이 동일한 해석자라도 어떤 경우에는 전자를 강조하고 다른 경우에는 후자를 강조하는 것도 가능할 것이다. 그런데 중요한 문제는 어떤 근거에서 그렇게 하고 있는가이다. 이와 관련해서는 어느 해석론이건 간에 대체로 합리적인 근거제시를 하지 않거나 생략하고 있는 실정이다. 선이해에서 비롯되는 사유의 차이일 뿐이라고 여기고 넘어갈 수도 있을 것이다. 하지만 이러한 식의 대응은 만족스럽지 못하다. 그러한 차이가 생기는 나름의 이유를 어느 정도 발견할 수 있다는 점 외에, 그러한 이유가 형법해석의 측면에서 과연 납득할 만한 근거를 지닌 것인가를 물어보는 것도 매우 중요하다고 여겨지기 때문이다.

이러한 문제의식에 기초하여 아래에서는 해석근거로서의 법질서의 통일성과 형법의 독자성이 갖는 함의와 성격을 비롯하여, 과연 이들 관점이 여타의 다른 해석방법들처럼 형법해석을 위한 구체적인 논거로서 활용될 수 있는지 여부를 살펴보고자 한다. 먼저, 형법도그마틱에서 양자가 중요한 논증형식으로서 활용되고 있는 구체적 사례를 예시로 하여 근거제시방법으로서의 양자의 쓰임새를 파악해 볼 것이다. 동시에 여기서는 해석론의 전개과정에서 드러나는 이들 관점의 역할과 특징 및 활용상의 문제점도 언급될 것이다. 둘째, 양 관점의 함의와 내용을 구체적으로 살펴보고 이들 관점의 성격을 진단해 볼 것이다. 아울러 이러한 진단에 기초하여 이들 관점을 형법해석의 구체적 기준으로 활용하는 것이 가능한지 여부 및 만일 가능하다면 어떤 방식으로 활용하는 것이 적절한지에 관해서도 검토할 것이다. 끝으로, 본문의 내용을 간략히 요약하여 제시하는 것으로 결론을 대신하고자 한다.

Ⅱ. 구체적 활용례와 그 쓰임새

1. 구체적 활용례

법질서의 통일성 관점과 형법의 독자성 관점이 일정한 해석의 구체적인 정당화기준으로 활용되고 있는 대표적인 분야로는 — 재산범죄의 행위객체에 해당하는 — '재산상의 이익'에 관한 해석론을 꼽을 수 있다. 주지하다시피 이 점에 관해서는 크게 세 가지의 해석론이 대립하고 있다. 경제적 가치와는 무관하게 법적으로 승인된 재산만이 형법상의 재산이 된다는 법률적 재산설, 경제적 교환가치가 인정되면 법적으로 승인된 권리가 아니라도 형법상 재산상의 이익이 된다는 경제적 재산설,[3] 그리고 경제적

---

3) 이는 순전히 경제적 관점에서 재산개념을 파악하고자 하는 견해이다. 이에 의하면 매춘부의 불법한 성적 서비스도 형법상 재산상의 이익에 속한다. 판례 역시 "재산상의 이익은 반드시 사법상 유효한 재산상의 이득만을 의미하는 것이 아니라 외견상 재산상의 이득을 얻을 것이라고

가치가 있는 이익 중에서 법적으로 승인된 것만이 형법상 재산상의 이익이 된다는 법률적·경제적 재산설이 그것이다. 이 글의 논의의 중점은 이들 견해 중 어느 것이 타당한 해석론인가를 검토하려는 데 있는 것이 아니라, 법질서의 통일성과 형법의 독자성이라는 근거활용의 적절성 여부를 비판적으로 성찰하는 데 있다. 따라서 현재 법률적 재산설을 취하는 학자가 없기도 하지만, 이들 두 가지 요청을 각기 해석의 정당화근거로 제시하고 있는 경제적 재산설과 법률적·경제적 재산설에 국한하여 언급하기로 한다.[4)]

우선, 경제적 재산설은 형법과 민법은 그 이념이나 목적을 같이하는 것이 아니므로 또는 형법의 재산보호와 민법상의 재산보호는 그 취지가 다르므로, 형법의 보호대상이 되는가는 형법의 재산보호 취지에 따라 형법의 독자적 입장에서 판단되어야 하며, 여기서 법질서의 통일성 관점은 고려할 필요가 없다고 한다.[5)] 이에 대해서는 법률적·경제적 재산설의 입장에서 형법이 법적 측

인정할 수 있는 사실관계만 있으면 된다"(大判 1987. 2. 10, 86도2472)고 하여 경제적 재산설을 취하고 있다.

4) 이와 관련하여 형법상 재산개념은 개별적 범죄유형의 보호법익을 고려하여 파악해야 한다는 견해가 있는데(정영일, 앞의 책, 278쪽), 그렇다면 이 견해는 적어도 이 글의 논의대상에서는 비껴서 있다고 할 수 있다.

5) 김성돈, 앞의 책, 291쪽; 이재상, 앞의 책, 295쪽; 정성근·박광민, 앞의 책, 250쪽. 김성돈 교수는 특히 법질서의 통일성은 위법성을 근거짓기 위해서가 아니라 위법성을 조각시키는 이론상의 근거로 작용함을 지적한다(같은 책, 291쪽, 각주 135). 그 밖에 경제적 재산설을 지지하는 학자로는 권오걸, 앞의 책, 440쪽; 손동권, 형법각론, 율곡출판사, 2004, 272쪽; 오영근, 형법각론, 박영사, 2009, 300쪽 참조. 그런데 오영근 교수는 법률적·경제적 재산설이 말하는 '법적으로 보호할 만한 이익'을 '형법적으로 보호할 만한 이익'이라는 의미로 새기면서 법률적·경제적 재산설이 결국은 경제적 재산설과 마찬가지 입장이라고 한다. 하지만 이러한 해석은 논의의 맥락을 벗어난 것으로 보인다.

면을 완전히 무시하는 재산개념을 취하기는 어렵다는 반론이 제기되고 있다. 그럴 경우 불법한 이익도 재산상의 이익이 되며, 경제적 가치만 있으면 무엇이든지 형법이 보호해야 할 재산이 된다는 이유에서다.[6] 이 견해에 대한 비판의 요지는, 이 견해가 형법적 판단의 독자성만을 앞세운 나머지 전체 법질서의 관점에서 해결할 수 없는 충돌을 가져옴으로써 법질서의 통일성을 해치게 된다[7]는 것이다.

반면, 법률적·경제적 재산설은 경제적 재산개념을 중심으로 삼지만 법질서의 통일성이라는 '원칙' 또는 법률적 가치에 의한 일정한 제한을 가하고 있다.[8] 즉 법질서가 인정하지 않는 이익은 형법적 보호대상에서 배제시킴으로써 법질서 전체와 조화를 꾀하려고 한다. 경제적 재산설에 따르면 법률 간의 모순이나 충돌을 해결할 수 없다는 이유에서다.[9] 따라서 법질서의 통일성 관점에서 보면 다른 법률이 보호해주지 않는 이익은 형법상의 재산으로 인정될 수 없다. 덧붙여, 법질서의 통일성과 형법의 보충적·단편적 성격을 고려한다면 다른 법질서에서조차 보호할 가치 없는 이익을 형법이 앞장서 보호할 필요는 없다고 한다.[10] 이에 대해 경제적 재산설을 취하는 학자들은, 형법적 재산가치는 반드시 재산권에 대한 사법상의 권리로부터 나오는 것은 아니므로 굳이 법질서의 통일성을 고려하여 형법상의 재산개념을 논할 필요는 없다고 주장한다.

형법상의 재산개념을 둘러싼 이러한 대립은 불법원인급여물

6) 배종대, 앞의 책, 411쪽.
7) 김일수·서보학, 앞의 책, 319쪽.
8) 김일수·서보학, 앞의 책, 319쪽; 이정원, 앞의 책, 359쪽.
9) 김성천·김형준, 형법각론, 동현출판사, 2000, 402쪽; 박상기, 앞의 책, 324쪽.
10) 김일수·서보학, 앞의 책, 319쪽; 배종대, 앞의 책, 411-412쪽.

이 사기죄의 행위객체가 될 수 있는가, 가령 뇌물 자금의 명목으로 교부받은 돈을 사취하는 경우에 사기죄가 성립하는가 하는 또 다른 논의로 이어지고 있다. 또한 법질서의 통일성 관점과 형법의 독자성 관점은 여기서도 중요한 근거로 활용되고 있다. 이 경우 사기죄의 성립을 부정하는 견해는 불법원인급여물에 대해서는 민법상 급여자의 반환청구권이 인정되지 않아 재산상의 손해가 발생했다고 볼 수 없다고 하는데, 이는 법질서의 통일성 관점을 주된 근거로 고려한 결과이다. 반면 사기죄의 성립을 긍정하는 견해는 불법원인급여물이라 하더라도 기망행위에 의해 급여자에게 재산상의 손해를 입혔음을 부정할 수 없고, 사법상 불법이라 하더라도 범죄의 성립 여부는 형법의 독자적인 관점에서 파악되어야 한다고 주장한다. 나아가, 이러한 관점의 대립은 불법원인급여물에 대한 횡령죄의 성립 여부를 둘러싼 논의에서도 그대로 재현되고 있다. 이처럼 형법상의—특히 재산범죄와 관련한[11]—특정 문언이나 개념을 해석함에 있어 형법이 민법이나 여타의 다른 법률상의 개념을 따라야 하는지 아니면 그와 무관하게 형법이 독자적으로 규정할 수 있는지를 둘러싸고 견해가 대립하고 있다. 그리고 이러한 견해의 대립은 법질서의 통일성과 형법의 독자성이라는 논증방식으로 표출되고 있다.

2. 근거제시방법으로서의 쓰임새

형법해석에 관한 특정한 쟁점영역에서 법질서의 통일성 관

---

11) 재산범죄에 있어 '민법에 대한 형법의 독자성'은 장물에 대한 절도죄·사기죄·공갈죄 등의 성립, 불법원인급여물에 대한 사기죄·횡령죄 등의 성립을 긍정하는 사고와 궤를 같이한다는 지적으로는 임웅, 앞의 책, 242쪽 참조.

점과 형법의 독자성 관점이 근거로서 활용되고 있는 방식을 살펴볼 때, 이들 근거의 쓰임새와 관련하여 다음의 몇 가지 특징적인 점을 확인할 수 있다. 첫째, 형법해석에서도 일정한 '원칙'이나 '원리'가 해석의 구체적인 정당화기준으로 활용되고 있다는 점이다. 즉 이들이 여타의 구체적인 논거형식과 같은 성격의 것으로 사용되고 있다는 것이다. 법질서의 통일성 관점이나 형법의 독자성 관점 역시 이러한 형태에 속하는 기준의 하나로 볼 수 있다. 더욱이, 이들 기준이 특정한 해석론을 정당화하기 위해 — 여타의 구체적 논거들을 제쳐둔 채 — 가장 핵심적인 논증방법으로 활용되고 있다는 점이다. 둘째, 이들 기준이 근거제시방법으로 활용되고 있는 현상형태를 볼 때 일관성 있게 사용되고 있지 않다는 점이다. 가령, 형법상의 가벌성기준은 형법이 독자적으로 정할 수 있다는 생각에서 기본적으로 형법의 독자성 관점을 강조하면서도 경우에 따라서는 법질서의 통일성 관점을 정당화기준으로 원용하는 경우가 있는가 하면, 미성년자보호와 관련해서는 형법의 독자성 관점을 중시하면서 재산보호와 관련해서는 법질서의 통일성 관점을 강조하는 경우도 존재한다. 이에 대해, 우리는 법질서의 통일성이나 형법의 독자성 관점이 영역에 상관없이 반드시 일관되게 또는 획일적으로 적용되어야 하는가, 아니면 문제영역에 따라 달리 적용될 수 있는 것인가의 물음을 제기할 수 있다. 이에 대한 대답은 이들 관점이 갖는 성격을 좀더 상세히 살펴본 뒤에야 가능할 것이다.

나아가, 이들 관점을 활용함에 있어 중요한 규범적 결함이 나타나고 있다는 점이다. 이는 근거제시의 문제와 관련되어 있는 것이다. 해석의 문제에서는 불가피하게 선이해가 작용할 수밖에 없고, 그러한 선이해에 기초한 해석자의 관심이 일정한 인식을 유도하는 것이라 할 수 있다. 하지만 문제는 원칙이나 원리가 지닌 포괄적 성격에 비추어 그러한 원리에 기초하여 수행된 해석 및 그에 수반된 법인식에 대한 합리적인 근거가 거의 제시되지 않고 있다는 점이다. 법질서의 통일성이나 형법의 독자성이 강조되어야 한다는 당위적 주장만 있을 뿐, 형법상의 구성요건 해석과 관련된 구체적 맥락에서 왜 그것이 강조되어야 하는지에 관해서는 별다른 언급이 없는 실정이다. 즉 관점의 차이에 기초한 '주장'만 제기되고 있을 뿐, 그러한 주장이 어떤 근거에서 타당한지에 관해서는 거의 언급되지 않고 있다. 물론 보호대상의 범위가 다르다거나 특별한 보호필요성이 인정된다는 등의 언급은 제시되기도 한다. 하지만 이 경우에도 여전히 왜 형법의 독자성의 측면에서 보호필요성이 인정되거나 보호범위가 확장되어야 하는지에 대한 충분한 근거제시는 찾아보기 어렵다. 필자가 보기에 이 문제는 형법의 독자성 요청이 함의하는 바가 무엇인가를 좀더 세밀하게 규정한 뒤에야 어느 정도 구체적으로 대답될 수 있을 것이라 여겨진다. 아울러 만일 형법의 독자성을 통해 말하고자 하는 바가 무엇인지를 좀더 세밀하게 규정할 수 있다면, 또 다른 문제, 즉 형법의 독자성의 세부내용을 이루는 특정한 내용이나 요소들 외에 굳이 — 매우 포괄적인 성격을 띤 — 형법의 독자성 관점을 활용할 필요가 있는가의 물음이 제기될 수 있다. 이 문제 역시 위 두 가지 요청이 각기 함의하고 있는 바를 살펴본 뒤에야 대답될 수 있을 것이다.

Ⅲ. 양 관점의 함의와 내용

법질서의 통일성과 형법의 독자성 관점은 — 몇몇 문헌에서 이들이 '원칙'이라고 불리고 있는 데서 알 수 있듯이 — 매우 포괄적인 성격을 띠고 있다고 할 수 있다. 따라서 이들 관점이 각기 무엇을 뜻하는지 또는 무엇을 지향하고 있는지를 살펴봄과 동시에 이들 관점이 포함하고 있는 구체적인 부분요소들이 있다면 그것이 무엇인지를 파악해 보는 것이 중요하다.

1. 법질서의 통일성 요청

형법해석에서 원용되는 법질서의 통일성 요청은 형법체계적 측면에서 두 가지 경우로 구분해 볼 수 있다. 하나는 형법체계 내적 통일성의 문제이고, 다른 하나는 전체 법체계와 관련한 통일성의 문제이다. 예컨대, 형법상 여러 구성요건에 규정되어 있는 폭행·협박개념의 해석 및 그 의미론적 차이의 문제는 전자에 속하는 문제영역이다. 또한 상해개념을 둘러싼 해석론적·의미론적 차이의 문제 역시 이에 속한다. 가령, 상해개념과 관련해서는, 각칙의 구성요건마다 상해의 개념을 달리 해석하는 것은 실정법상 근거가 없고 판단기준이 애매하여 자의적인 법적용을 초래할 위험이 있으므로 형법체계상 상해개념은 통일적으로 해석해야 한다는 견해가 다수의 지지를 받고 있다.[12] 하지만 형법상 상해의 정도는 각 구성요건의 목적, 내용, 보호법익, 법정형 등을 종합적으로 고려하여 결정해야 한다는 생각에 따르면, 강도상해죄나 강도치상죄 등에서의 상해는 형벌을 크게 가중하는 기능을 하므로 엄격하게 해석해야 하는 반면, 상해죄나 폭행치상죄에서의 상해는 이보다 넓게 해석해도 무방하다고 한다.[13] 그런데 이러한 논의는 해석상 애당초 다른 법률과의 연계성을 고려할 필요성 자체가 없다는 점에서 전체 법체계와 관련한 통일성 문제

12) 김일수·서보학, 앞의 책, 174쪽 참조.
13) 오영근, 앞의 책, 55쪽.

는 개입될 여지가 없다. 하지만 이 경우에도 개별 범죄구성요건의 입법취지, 보호법익, 규범의 보호목적 등이 해석기준으로 작용함은 물론이다. 이 글의 논의와 관련하여 중요한 것은 법체계 전체적 통일성의 문제이므로 여기서는 이 부분에 국한하여 언급하기로 한다.

(1) 관점의 함의

이 글의 논의맥락에서 볼 때 법질서의 통일성이란 무엇인가. 여기서는 주로 형법상의 개념을 두고 의미론적 측면에서 이를 민법상의 개념과 동일한 것으로 볼 것인가에 관심이 집중되어 있다. 즉 형법상의 특정한 법개념을 해석·적용함에 있어 민법상의 그것을 그대로 따를 것인가 하는 측면이 문제되고 있다. 하지만 민법 관련성이 주로 문제되고 있지만, 여타의 다른 법률 관련성이 배제되는 것은 아니다. 따라서 법질서의 통일성 요청이란 형법해석에 있어 형법도그마틱 또는 형법해석자는 — 형법에서 동일하게 사용되고 있는 — 민법이나 여타의 다른 법률상의 개념의 의미와 범위를 그대로 따라야 한다는 요청으로 풀이할 수 있다.

그런데 법질서의 통일성을 이와는 다른 의미로 규정하려는 입장이 있다. 법질서의 통일성이란 "형법이 사용하는 개념이 민법 내지 다른 법률의 그것과 동일해야 한다는 의미가 아니고 다른 법률이 허용하는 내용을 형법이 금지의 대상으로 삼아서는 안 된다는 의미일 뿐"[14]이라는 언급이 그것이다. 그런데 이러한 언급은 규범의 허용성의 측면만을 고려하고 금지성의 측면은 고려하지 않은 진단으로 보인다. 물론 민법이 허용하고 있는 것을 형법이 금지의 대상으로 삼는다면, 이는 용인되기 어려울 것이

14) 배종대, 앞의 책, 232-233쪽.

다. 하지만 민법이 금지하고 있는 것을 형법이 허용하는 것은 어떤가. 이 물음에 대한 대답은 확정되어 있지 않다. 그렇기에 형법해석에서 법질서의 통일성 요청에 기대는 견해는 이 물음에 대해 부정적인 대답을 제시하고 있는 것이다. 그렇다면 법질서의 통일성에 관한 위의 언급은 아직 확정되지 않은 것을 당연한 것으로 전제하고 내린 규정이라 할 수 있는데, 그 전제는 다름 아닌 형법의 독자성에 대한 사전적 긍정이다. 이러한 전제는 "민법에서 사용하고 있는 개념을 형법에서 차용할 것인지 여부는 형법이 독자적으로 내릴 수 있는 것이지, 민법이 형법에 대해 구속적으로 작용하는 것은 아니다."[15]라는 추가적인 언급에서 확인할 수 있다. 나아가 위의 생각은 개념차용 문제와 관련하여 형법의 독자성이 인정되지 않는다면 사회통제체계에서 형법이 차지하는 특수성인 보충성과 단편성은 지켜질 수 없다고 한다.[16] 하지만 이러한 주장 역시 그 타당성에 있어 의문이 든다. 형법의 보충성과 단편성은 형법해석의 원리가 아니라 형법입법의 원리인데 이들 원리가 형법해석론에까지 그 지경을 넓히는 것이 적절한지 여부, 이로써 법질서의 통일성 요청에 기초한 형법해석이 필연적으로 형법의 보충성을 해한다고 할 수 있을 것인지 여부가 대답되어야 할 뿐만 아니라, 여기에 대해서는 달리 대답될 수도 있기 때문이다.

필자의 관심은 — 앞서 언급하였듯이 — 법질서의 통일성 요청에 기대어 특정한 형법해석을 정당화하려는 데 있지 않고, 그러한 근거활용의 적절성 여부를 검토하고, 이로써 좀더 나은 근거제시방식을 구해 보고자 하는 데 있다. 따라서 여기서의 법질서의 통일성 요청은 필자가 규정한 바에 따를 것이며, 또한 이렇

15) 배종대, 앞의 책, 232쪽.

16) 배종대, 앞의 책, 232쪽.

게 하는 것이 논의의 대립적 구도를 정확히 반영하는 것이라고 본다.

(2) 체계적 해석방법과의 구별

이러한 법질서의 통일성 요청에 대해서는 이것이 법해석의 한 방법으로 알려진 체계적 해석방법과 어떻게 구별되는가 하는 물음이 제기될 수 있다. 형법해석에서도 체계적 해석방법이 매우 중요한 해석카논으로서 널리 활용되고 있음은 주지의 사실이다. 체계적 해석이란 일정한 법규범이 다른 법규범이나 목적 및 원칙에 대해 취하고 있는 논리적 또는 목적론적 관계를 제시함으로써 이루어지는 해석을 말한다.[17] 앞서 언급하였듯이 형법상 여러 구성요건에 걸쳐 규정되어 있는 폭행·협박 또는 상해의 개념 등을 해석함에 있어 그 의미를 각기 달리 파악할 수 있는 것은 바로 이러한 체계적 해석카논을 활용한 데서 기인한다. 체계적 해석방법 가운데에서 특히 중요한 것은 상위규범과 하위규범 간의 효력관계에 기초하여 법규범의 모순을 제시하는 헌법합치적 해석방법이다. 이와 같이 체계적 해석방법은 법규범들 간의 논리적 관계를 취급대상으로 하는 논거형식이라는 점에서 특징적이다. 반면 여기서 문제되고 있는, 법질서의 통일성 요청은 개별 법률들 간의 개념의 차용문제라 할 수 있다. 다만 이 경우에도 이들 법률이나 그 법률상의 개별규정이 헌법질서에 부합되는 것임을 당연히 전제한다는 점에서 헌법합치적 해석에 의한 제한을 받음은 물론이다. 그렇다면 양자의 관계는 이렇게 정리할 수 있을 것이다. 즉 양자는 모두 헌법합치적 요청을 전제로 한다는 점

17) 로베르트 알렉시, 법적 논증이론(변종필·최희수·박달현 옮김), 고려대학교출판부, 2007, 336쪽.

에서 공통되지만, 체계적 해석은 법규범들 간의 논리적 관계를 취급대상으로 삼는 반면, 법질서의 통일성 요청은 동일한 개념의 동일한 사용(해석 · 적용)을 근거짓는 논증방법이라는 점에서 구별된다.

하지만 양자의 관계를 이렇게 정립한다고 하더라도 해석카논을 활용한 해석의 문제가 완전히 해소되는 것은 아니며, 오히려 더욱 복잡한 양상이 드러나게 된다. 가령 체계적 해석방법을 활용한다면, 민법체계와 형법체계 간의 논리적 연관성을 어떻게 규정할 것인가에 따라서, 민법에서 사용되는 것과 동일한 형법상의 개념을 해석함에 있어 민법상의 개념내용을 취하지 않고 그것과는 달리 규정할 여지가 생긴다는 점이다. 그런데 이러한 여지는 체계적 해석카논을 법해석의 방법으로 활용하는 한 불가피한 것으로 보인다. 그렇다면 이 경우 체계적 해석방법은 법질서의 통일성 요청에 대립하는 논거형식으로 작용하게 된다. 따라서 여기서 한 가지 확인할 수 있는 것은, 해석방법의 측면에서 볼 때 형법의 독자성 요청은 체계적 해석방법을 활용함으로써도 실현될 수 있다는 점이다. 물론 체계적 해석방법을 활용한다고 하여 반드시 형법의 독자성 요청이 지향하는 바의 해석결과가 초래되는 것은 아닐 것이다. 왜냐하면 체계적 해석방법에 기댄다하더라도 경우에 따라서는 법질서의 통일성 요청이 지향하는 바와 동일한 해석결과가 초래될 수 있는 가능성을 배제할 수 없기 때문이다. 그렇다면 해석방법과 연계시켜 살펴볼 때 법질서의 통일성 요청과 형법의 독자성 요청은 형법해석에서도 널리 통용되고 있는 체계적 해석카논을 특정한 지향점에 따라 각기 다른 방식으로, 즉 다른 언어로 표현한 것이라고 할 수 있을 것이다.

2. 형법의 독자성 요청

형법의 독자성이란 — 논의의 맥락에 비추어 볼 때 — 주로 민법에 대한 형법의 독자성을 지칭하는 것이지만, 반드시 민법과의 관계에서만 그런 것은 아니다. 여기서는 이러한 독자성이 도대체 무엇을 말하는 것인지를 형법의 규범적 성격과 형법적 사고를 규정짓는 원리들을 중심으로 하여 짚어보기로 한다.

(1) 형법규범의 독자적 성격

형법규범의 성격으로는 가언규범, 행위규범, 재판규범, 평가규범, 의사결정규범 등을 들고 있다. 하지만 이들은 여타의 다른 규범들도 갖고 있는 일반적 성격이므로 이러한 규범적 특성이 형법해석에서 독자적인 요소로 작용할 여지는 없어 보인다.[18] 우선, 형법해석에 영향을 미칠 수 있는 요소로 생각해 볼 수 있는 것은 형법의 규범적 지향점으로서의 형법의 임무를 꼽을 수 있다. 주지하다시피 형법은 보장적 임무와 보호적 임무라는 상호

---

18) 그런데 형법해석에서 간혹 사회정의나 법적 안정성 또는 법감정과 같은 일반적 법이념을 정당화근거로서 고려하고 있는 경우도 찾아볼 수 있다. 가령 손동권 교수는 미성년자 약취·유인죄에서의 '미성년자' 해석과 관련하여 긍정설의 관점을 취하면서 "혼인 여부로써 형법상 범죄의 성립 여부를 결정하는 것은 법적 안정성을 해할 우려가 있다"는 점을 추가적인 논거로 제시하고 있다(손동권, 앞의 책, 114쪽). 또한 권오걸 교수 역시 같은 논의에서 부정설을 취하면서 법질서의 통일성 외에 법감정을 논거로 제시하고 있으며, 형법상의 재산개념 논의에서는 사회정의 실현의 관점을 간접적으로 거론하고 있다(권오걸, 앞의 책, 151, 440쪽). 하지만 법이념이나 법감정과 같은 논거는 일정한 법정책을 정당화하는 입법론적 논거로서는 중요한 의미를 지닌다고 하겠지만, 지나치게 추상적인 '먼 거리' 관점임을 감안할 때 구체적인 문언해석을 위한 논거로 활용하는 것은 적절치 않다고 본다.

이율배반적인 질서원리를 추구하고 있다.[19] 여기서 보호적 임무는 형법의 법익보호적 측면을 말함은 물론이다. 그런데 양자 가운데 어느 쪽을 강조하느냐에 따라 문언이나 개념 해석의 지향점은 달라질 수 있다. 가령, 미성년자 약취·유인죄상의 '미성년자' 해석과 관련하여 법질서의 통일성이나 형법의 독자성 요청 외에 좀더 구체적인 논거로서 특별한 '보호필요성'을 들고 있는 주장이 있는데,[20] 이러한 주장에는 형법의 보호적 측면이 녹아들어 있다. 따라서 이러한 태도는 형법의 독자성 관점을 좀더 구체화한 논증이라 할 수 있겠다. 또한 민법과 형법의 미성년자 보호취지가 다르다는 주장 역시 같은 맥락에서 이해될 수 있다. 그런데 이들 주장은 입법의 취지를 원용한 것으로 볼 수 있다. 그렇다면 그 근거제시의 방법으로서 굳이 형법의 보호적 임무라는 '먼 거리' 관점을 원용하는 대신 주관적·목적론적 해석카논이라는 '근 거리' 관점을 원용할 수도 있었을 것이다.

그런데 형법의 이러한 법익보호적 임무는 형법규범의 독자성을 특징짓는 또 다른 원리인 보충성(최후수단성)원칙에 의해 제약을 받는다. 실제의 형법해석에서도 이 원칙이 그 정당화근거로 활용되고 있음을 확인할 수 있다. 예컨대, 강제집행면탈죄의 행위주체를 채무자 외에 제3자까지 포함하는 것으로 보는 다수설과 판례의 태도를 비판하면서 법치국가형법의 보충성 요청에 반한다는 논거를 원용하고 있는 경우[21]가 그러하다. 또 다른 예로,

---

19) 오늘날 형법의 보호적 임무와 기능이 강화되고 있는 상황에서 형법의 보장적 질서원리가 갖는 중요성에 관한 지적으로는 변종필, "성범죄관련 입법동향과 형법의 정향(定向)," 강원법학 제33권, 2011, 특히 427쪽 이하 참조.

20) "혼인한 미성년자도 여기서의 미성년자로 해석해야 하는 이유는 정신적·신체적으로 미숙한 미성년자를 특별히 보호해야 할 필요성 때문이다"(배종대, 앞의 책, 233쪽; 김성천·김형준, 앞의 책, 194-195쪽).

형법상의 재산개념 논의에서 법률적·경제적 재산설을 취하는 근거로서 법질서의 통일성과 더불어 형법의 보충적·단편적 성격을 원용하면서 다른 법질서에서조차 보호할 가치 없는 이익을 형법이 앞장서 보호할 필요는 없다고 하는 주장[22]을 들 수 있다.

나아가 형법규범의 독자성을 규정하는 핵심적 질서원리로는 죄형법정원칙을 빼놓을 수 없다. "법률 없으면 범죄 없고 형벌 없다"는 이 원리는 주지하다시피 소급효(소급입법·소급적용)금지원칙, 명확성의 원칙, 관습법적용금지원칙, 유추적용금지원칙을 파생원칙으로 삼고 있다. 그런데 이것은 형법의 입법과 해석·적

---

21) 강제집행면탈죄는 "채권자의 일정한 단계에서의 채권만족을 보호하려는 데 있는 것이지, 채권 일반을 보호하거나 강제집행권 자체를 보호하려는 데 있는 것이 아니다. 제3자에게까지 금지를 확대적용한다면 결과적으로 채권 일반에 대한 보호가 되어 채권자보호에는 좋지만 법치국가 형법의 보충성요구에 반한다"(김일수·서보학, 앞의 책, 540쪽).

22) 김일수·서보학, 앞의 책, 319쪽; 배종대, 앞의 책, 411-412쪽. 그런데 형법의 보충적·단편적 성격은 형법의 독자성을 근거짓는 대표적 원칙의 하나라 할 수 있다. 그렇다면 형법의 독자성 요청은 형법해석에서 법질서의 통일성 요청과 대립적으로 작용한다고 보아야 할 것이다. 그리고 "다른 법질서에서조차 보호할 가치 없는 이익을 형법이 앞장서 보호할 필요는 없다"는 것이 형법의 보충성요구와 무슨 직접적인 관련이 있는지도 모를 일이다. 왜냐하면 형법상의 보충성원칙은 법적 보호대상이 되는 이익을 다른 법률에 의해서도 제대로 보호하지 못하는 상황에 처하게 될 때 최종적으로 형법이 개입할 수 있음을 뜻하는 것이기 때문이다. 그렇다면 여기서 형법의 보충적·단편적 성격을 원용한 것이 적절한 것인지는 다소 의문스럽다. 나아가 같은 논의와 관련하여 이 경우 형법의 보충성이 전제되어야 한다고 하면서, 그 내용으로 사회정의는 형법과 다른 법규범의 공존을 통해 달성된다는 언급을 덧붙이고 있는 경우도 보인다(권오걸, 앞의 책, 440쪽). 하지만 이러한 언급이 보충성원칙과 무슨 관련이 있는지 불분명할 뿐더러, 보충성원칙의 취지도 적절히 드러내지 못한 것으로 보인다. 왜냐하면 형법상의 보충성원칙은 타 규범들과의 단순한 '공존'을 의미하는 질서원리가 아니라 — 최후수단으로서의 — 공존의 '방식'을 뜻하는 질서원리이기 때문이다.

용 단계에서 작용하는 일반적인 법원리이다. 소급입법금지원칙과 명확성원칙은 형법입법을 통제하는 원리로, 그리고 나머지는 형법적용을 통제하는 원리로 기능한다. 법적용이 법해석을 전제로 하는 것임을 고려하면 적용원리는 해석원리로도 이해될 수 있다. 특히 유추적용금지원칙은 유추해석금지원칙과 불가분의 관련을 맺고 있다. 형법해석과 관련하여 해석의 한계로서 작용하는 유추해석금지원칙은 그 성격과 중요성에 비추어 아래에서 별도로 다루기로 한다. 그렇다면 여기서 제기될 수 있는 문제는, 그 밖의 원칙들이 형법해석에 어떤 영향을 미치는 요소로 작용할 수 있는가이다. 이에 대해서는 대체로 그렇지 않다고 답할 수 있을 것이다. 형법입법의 원리는 해석원리로서 그다지 중요한 의미를 갖지 못하기 때문이다. 이 점은 앞서 언급한 보충성원칙에 대해서도 마찬가지다. 보충성원칙 역시 기본적으로는 형법입법의 원리이므로 형법해석에서 이를 다른 논거들처럼 통상적인 논거로 활용하기에는 적절치 않다. 다만, 이러한 입법원리도 해석원리로서의 활용가능성이 있는 한에서는 형법해석에 원용될 수 있을 것이다. 그렇더라도 입법원리로서의 성격이 강하게 내포된 원리는 가급적 해석의 근거나 기준으로 원용하지 않는 것이 바람직하다고 본다. 미시적으로 접근한다면 일련의 해석카논들이나 형법의 보호적・보장적 지향성 등 '근 거리'논거들을 얼마든지 원용할 수 있을 것이기 때문이다. 따라서 이러한 미시적 논거들을 활용하여 일정한 해석을 정당화할 수 있음에도 불구하고 거시적인 입법원리들을 원용하는 것은 원칙적으로 허용될 수 없다고 보아야 할 것이다. 다만, 입법원리이자 동시에 해석원리로서의 성격도 함께 지니고 있는 책임원칙이나 비례성원칙은 다소간 달리 취급할 여지가 있다고 본다.

(2) 형법해석의 독자적 원리로서 유추금지

유추(해석)금지원칙은 형법해석과 관련하여 형법의 독자성을 보여주는 가장 중요한 원리이다. 이것은 헌법적 측면에서 볼 때 법치국가원칙, 특히 권력분립원칙의 표현이며, 권력분립원칙은 국가의 자의로부터 개인의 자유를 보호하기 위한 수단으로 도입된 것이다. 동시에 이 원칙은 형법적 관점에서 볼 때 일반 시민의 자유보호를 위한 보장적 요청 및 일반예방적 형벌목적에 기초하고 있다.[23] 그런데 문제는 형법상 금지된 유추인지 여부를 판단하는 잣대로 삼고 있는 '문언의 가능한 의미'라는 기준이 형법해석의 타당성을 가늠하는 한계로서의 역할을 전혀 수행하지 못한다는 점이다. 즉 이 기준은 각 해석자가 자신의 해석을 정당화하기 위해 원용할 수 있는 논증의 귀착점일 뿐이며, 이로써 이것을 타당한 형법해석을 보증하기 위한 상호주관적 척도로 삼기에는 불충분하다. 따라서 일정한 해석의 타당성 여부는 이 기준에 따를 수 없고, 해석자가 제반 해석카논이나 논거형식 — 경우에 따라서는 특정한 해석원리 — 에 기초하여 자신의 해석을 얼마나 합리적으로 근거짓느냐에 달려 있다고 하겠다.

유추해석금지의 요청은 형법해석의 정당성을 가늠하는 최후 보루이자 논란이 되는 해석문제에서 최종적 귀착점으로 작용하기 때문에 어떠한 해석론적 논쟁에서도 유추혐의가 제기되는 한에서는 단순히 '유추해석이다' 또는 '유추해석이 아니다'라는 주장만으로는 부족하고, 그러한 주장에 대한 나름의 근거들을 제시하여야 한다. 그럼에도 논란은 종결되지 않고 지속될 여지를 안고 있지만, 이러한 상황에서 형법해석자가 자신의 해석의 정당성을 보

---

23) 변종필, "형법해석에서 법정책적 논거원용의 타당성문제," 형사법연구 제26호 특집호, 한국형사법학회, 2006, 524-525쪽.

여주는 최소한의 필요조건은 합리적 근거를 제시하는 것이다. 그것이 충분한 것인지 여부는 그 다음의 문제이자 동시에 비판에 열려진 문제이다.

3. 원리로서의 성격

(1) 형법해석과 원리

앞에서도 간간이 언급한 바와 같이, 형법해석에서 원칙 또는 원리는 매우 중요한 역할을 수행하고 있다. 책임원칙, 비례성원칙, 죄형법정원칙, 유추금지원칙, 법익보호원칙, 권리보장원칙 등이 그 대표적 예에 속한다. 물론 통용되는 — 즉 효력 있는 것으로 활용되고 있는 — 모든 원리가 형법해석의 구체적 근거나 기준으로 활용될 수 있는 것은 아니다. 가령 앞서 언급하였듯이, 보충성원칙과 같이 입법원리로서의 성격을 강하게 띠는 원리는 원칙적으로 해석원리로 활용될 수 없다. 이러한 점에 비추어 볼 때 이 글의 논의대상인 법질서의 통일성 요청과 형법의 독자성 요청 역시 일종의 해석원리로 이해할 수 있다. 따라서 전자는 "형법해석은 법질서의 통일성을 꾀하는 방향으로 이루어져야 한다"는 원리로, 그리고 후자는 "형법해석은 형법의 독자성을 꾀하는 방향으로 이루어져야 한다"는 원리로 파악할 수 있다. 그런데 이 두 가지 원리는 형법해석의 쟁점영역에서 서로 상반되거나 대립적인 방향으로 작용한다는 점에서 특징적이다.

드워킨이나 알렉시에 의하면, 원리는 한 방향에서 주장되는 일정한 근거를 언급하지만, 구체적 사안과 관련하여 어떤 특별한 결정을 확정적으로 수반하지는 않는다. 즉 원리는 결정을 불가피하게 확정하지는 못하며, 일방의 결정이나 타방의 결정을 지지하는 근거들만을 포함할 따름이다.[24] 물론 일정한 원리와 다른 방향에서 주장되는 다른 원리가 존재할 수 있는데, 법질서의 통일성 원리와 형법의 독자성 원리는 이와 같이 서로 상반되는 지향점을 지닌 원리들의 예라 할 수 있다. 그런데 이들 원리 중 어느 하나가 특정한 사안의 해결을 위한 근거로 차용되었다고 하여 그 원리가 다른 사안의 해결에서도 언제나 우위를 점하는 것은 아니다. 또한 차용되지 못한 원리가 효력 없는 것으로 영구히 배제되는 것도 아니다. 차용되지 못한 원리라도 다른 사안의 해결에서는 그와 상반되는 원리에 비해 중요성을 가진다면 얼마든지 근거로서 원용될 수 있기 때문이다.[25] 이런 점에서 특정한 법체계에 속하는 모든 원리는 동등하며, 처음부터 어떤 원리가 다른 원리에 우선해야 할 근거는 존재하지 않는다.[26] 그러므로 원리는 그 내용이 법적인 가능성과 사실적인 가능성하에서 가장 높은 정도로 실현될 것을 요구하는 규범으로서의 성격을 지닌다.[27] 이는 모든 원리가 각기 다른 정도로 실현될 수 있으며, 그것에 의해 명령되는 실현의 정도가 사실적인 가능성은 물론 법적인 가능성에 의해서도 영향을 받게 됨을 뜻한다.

그런데 원리의 이러한 성격은 애당초 구체적 사안 — 특히 '판결하기 어려운 사안'(hard case) — 에 대한 결정의 문제와 관련

---

24) 이런 점에서 원리는 규칙과 구별된다. 규칙과 원리의 구별에 관해서는 Ronald Dworkin, The Model of Rules Ⅰ, in: Taking Rights Seriously(7 edit.), 1994, 24쪽 이하; Robert Alexy, Zum Begriff des Rechtsprinzips, in: Argumentation und Hermeneutik in der Jurisprudenz(Hrsg. v. Werner Krawietz 외 3인), Berlin, 1979, 63쪽 이하 참조.

25) 이 점은, 규칙들과는 달리 원리들이 비중 또는 중요성의 차원을 지니고 있음에서 기인하는 특징이라 할 수 있다(Dworkin, 앞의 논문, 26쪽; Alexy, 앞의 논문, 64쪽 참조).

26) Alexy, 앞의 논문, 79쪽.

27) 알렉시는 원리들의 이러한 성격을 최적화명령(Optimierungsgebote)이라고 칭한다(Alexy, 앞의 논문, 80쪽).

하여 규정된 것이다. 그런데 필자가 보기에 원리가 지닌 이러한 논리적·구조적 특징은 다소간의 제약을 통해 형법도그마틱상의 해석문제와 관련해서도 적용될 수 있을 것으로 보인다. 그 제약이라 함은, 구체적 사안에 대한 결정이 아니라 형법도그마틱적 해석의 문제에서 원리들의 실현은 주로 법적인 가능성 — 제반 해석의 규범적 기준들과 방법들 및 상반되는 다른 원리들 등 — 에 의해 제한을 받을 뿐, 사실적 가능성에 의해서는 그다지 제한을 받지 않음을 말한다.

(2) 근거제시와 원리활용의 보충성

이와 같이 법질서의 통일성 요청과 형법의 독자성 요청을 원리로 이해할 수 있다면, 원리가 지닌 성격으로부터 다음과 같은 언명이 도출될 수 있다. 즉 형법해석과 관련된 특정한 쟁점영역에서 두 가지 요청 중 어느 것이 우선되어야 하는가에 관한 확정적인 대답은 나오지 않는다. 그렇다면, 형법상의 특정한 개념이나 문언을 해석함에 있어 민법이나 다른 법률상의 개념내용을 무조건 따라야 한다는 결론은 나오지 않는다. 동시에 그러한 개념내용을 따르는 것이 애당초 금지되어 있다는 결론도 나오지 않는다. 따라서 구체적 대상과 관련하여 형법 문언이나 개념을 해석함에 있어 법질서의 통일성 요청을 원용할 수도, 형법의 독자성 요청을 원용할 수도 있다. 또한 문제되는 모든 경우에 이들 요청을 일관되게 또는 획일적으로 활용해야 할 필연성도 존재하지 않는다. 다만 이 경우 피해갈 수 없는 것은, 두 가지 요청이나 논증방법 중 왜 하나에 기대어 특정한 해석론을 전개하였는가를, 달리 말해 왜 형법의 독자성이 강조되어야 하거나 법질서의 통일성이 강조되어야 하는가를 해석자가 논증해야 한다는 점이다. 단순히 어떤 방향으로 해석해야 한다는 주장만 제기한다면 그것은 논증이라 할 수 없다. 가령 형법의 독자성을 강조하는 방향에서 해석이 이루어져야 한다면 또 그 방향에서 해석론을 전개하고자 한다면, 형법의 독자성을 드러내는 요소들이나 논거들 — 가령 법익보호나 권리보장의 관점, 유추금지 등 — 에 기대어 나름의 근거를 제시하여야 한다. 양자 중 어떤 요청을 중시하든 간에, 이러한 근거제시가 어느 정도 충분히 이루어졌을 때 비로소 그 해석은 타당성 내지 정당성의 요청을 충족하였다고 볼 수 있다. 그런데 이러한 요청은 다른 한편으로 법질서의 통일성 관점이나 형법의 독자성 관점이 형법해석에서 보충적으로 활용되어야 함을 뜻하는 것이기도 하다. 다시 말해 이들 원리는 기타의 다른, 좀더 구체적인 논거나 해석기준이 없을 경우에나 활용될 수 있는 논증의 방법이자 형식이라는 것이다(원리활용의 보충성). 이 점은 여타의 다른 원리들에 대해서도 마찬가지다.

Ⅳ. 맺 음 말

이상으로, 해석근거로서의 법질서의 통일성 요청과 형법의 독자성 요청에 관해 살펴보았다. 몇몇 예를 통해 실제의 형법해석에서 이들 요청이 해석의 방법 또는 근거제시방법으로서 수행하는 역할과 그 특징 및 활용상의 문제점을 살펴보고, 동시에 이들 관점이 여타의 다른 해석방법이나 논거형식처럼 형법해석을 위한 구체적인 논거로서 활용될 수 있는지 여부를 검토해 보았다. 필자는 이들 관점이나 요청을 일종의 원리, 즉 형법체계 내에서 특정한 해석을 근거짓는 데 사용될 수 있는 원리로 보았다. 이는, 이들 요청 역시 특정한 형법해석을 정당화하는 데 얼마든지 원용될 수 있는 논증의 방법이자 형식임을 뜻한다. 하지만 —

앞에서도 언급하였듯이 — 가령 해석방법의 측면에서 본다면 형법의 독자성 요청은 체계적 해석방법을 활용함으로써도 실현될 수 있다고 여겨진다. 따라서 이들 요청에 대해 일종의 원리로서의 성격을 부여하는 한, 이들을 해석의 정당화근거로 활용함에는 신중을 기해야 한다는 것이 필자의 생각이다. 즉 형법해석에서 원리는 보충적으로 활용되어야 한다는 것이다. 좀더 정치하고 합리적인 형법해석을 전개하고자 한다면, 원리의 차원을 넘어서 있는 법이념적 요소들을 원용하는 것은 일단 배제되어야 할 것이다. 나아가, 원리 외의 다른 해석방법이나 논거형식들을 활용하여 해석의 근거를 제시할 수 있다면, 이러한 방식에 앞서 원리들을 먼저 직접적으로 활용하는 태도 역시 자제되어야 할 것이다. 이 경우 어떤 해석론이든 간에 특별히 유추금지의 문제는 그 해석의 타당성을 보증받기 위해 넘어서는 안 될 한계로 작용한다. 개별적인 해석카논이나 논거형식에 기초하여 근거를 제시함과 동시에 원리들에 기초한 논증을 함께 제시함이 전혀 문제되지 않을 것임은 물론이다.

10

판결의 논증구조*
— 대법원 2004.11.18. 선고 2004도5074 전원합의체 판결을 예시로 하여 —

Ⅰ. 법적 결정과 논증

1. 법적 논증의 의의와 특징

법적 논의에는 다양한 형태가 있다. 가령 법도그마틱적 논의(좁은 의미의 법학적 논의), 법관의 심의, 입법부나 각종 위원회에서의 심의, 법정에서의 논쟁, 대학생들 간이나 변호사들 간 또는 경제전문 법률가들 간에 법적 문제를 둘러싸고 이루어지는 토론 및 언론매체들에서 법적 문제와 관련하여 법적 논거를 동원하며 진행되는 논쟁 등을 들 수 있다. 그런데 이들 유형 간에는 다양한 차이가 존재한다. 예컨대 법원이나 입법부의 심의 등은 제도화된 것인 반면, 변호사들 간 및 대학생들 간의 토론은 그렇지 않다. 또한 대부분의 법적 논의가 일정한 시간의 제약을 받는 반면, 도그마틱적 논의는 그렇지 않다. 도그마틱적 논의는 시간의 제한을 받지 않을 뿐만 아니라 법적 논의 가운데 가장 자유롭다. 이런 점에서 도그마틱적 논의는 이상적 대화모델에 가장 근접한 논의형태라고 볼 수 있다. 그 밖에도 이러한 논의형태들은 논의를 통해 이루어진 결정의 구속력 여부, 일반적인 실천적 논의로

* 『한국 형사법학의 이론과 실천』(정암정성진박사 고희기념논문집), 박영사, 2010. 6, 41쪽 이하.

확대될 수 있는지 여부 등에 따라서도 구분될 수 있다.

이처럼 법적 논의는 다양한 형태와 성격을 띠고 있지만, 그럼에도 불구하고 법적 논의에서는 적어도 법적으로 논증[1)]이 이루어진다는 점이 공통된다. 그리고 법적 논증에서는 실천적인 문제들, 즉 무엇을 해야 하고 하지 말아야 하는지가 그 대상이 되며, 이러한 문제들은 정당성요청(Richtigkeitsanspruch)하에서 논의된다.[2)] 실천적 문제와 관련된 법적 논증이 실무뿐만 아니라 법학에서도 중심적 역할을 수행함은 주지의 사실이다. 또한 모든 법적 논증에서 일정한 근거제시를 하는 자는 자신의 주장이 정당한 것임을 요청하면서 그와 같이 행위함을 확인할 수 있다. 다만 법적 언명은 일반적인 규범적 언명과는 달리 — 문제되는 규범적 언명이 그 자체 합리적으로 근거지어질 것을 요구하는 것이 아니라 — '현행 법질서의 테두리 내에서' 합리적으로 근거지어질 수 있을 것을 요구한다는 점에서, 법적 논증에서 제기되는 정당성요청은 일반적인 실천적 논증에서 제기되는 그것과 구별된다. 법적 논증의 이러한 특징을 고려할 때, '법적 논증'(juristische Argumentation)은 ⅰ) 현행법에의 구속 및 일정한 제약들하에서

1) 논증이란 일정한 집단이나 공동체에서 문제되고 있는 특정한 문제나 쟁점의 해결과 관련하여 일정한 대화주체가 다른 주체들을 상대로 하여 자신의 의견이나 주장이 정당함을 내세우면서 이러한 주장의 정당성을 적절한 또는 합리적인 논거들을 제시함으로써 근거짓는 언어행위를 말한다.

2) 알렉시(Alexy)는 이러한 두 가지 특징 외에 특히, 법적 논증은 일정한 제한적 조건들 하에서 진행된다는 점(즉 법적 논증은 현행 법질서에의 구속을 비롯하여 특히 소송절차를 규율하는 일정한 제약들, 즉 역할관계의 불균형, 관련당사자들의 비자발적 참여 및 자신들의 이익추구, 논증절차의 시간적 제한, 관련법규들에 의한 규제 등 일정한 제한하에서 진행된다는 점)에 기초하여 법적 논증을 일반적인 실천적 논증의 특별한 경우라고 지칭한다('특별한 경우'테제, Sonderfallthese).

ii) 일정한 실천적인 문제들을 대상으로 하여 iii) 정당성요청을 띠고 이루어지는 iv) 참여자들(넓게는: 참여할 자격이 있는 자들) 사이의 일련의 근거제시적 언어행위로 정의할 수 있다.

2. 판결과 논증

판결을 그 핵심으로 하는 법원의 법적 결정 과정은 법적 논의의 대표적인 형태라 할 수 있다. 법률 내지 법규정의 적용이 전통적인 삼단논법에 따른 논리적 포섭에 지나지 않는다고 더는 말할 수 없다는 것이, 오늘날 법학방법론에 관한 논의에서 광범위하게 일치를 보고 있는 인식이다. 법적 판단이 삼단논법에 의해 근거지어질 수도 있으나, 대전제(법규범)와 소전제(사실)로부터 논리적으로 귀결되지 않는 법적 판단이 존재하기 때문이다.[3] 물론 이러한 인식의 타당성을 부정한다면, 여전히 전통적인 문제해결 방식을 고집하는 그릇된 선택을 하는 것도 가능할 것이다. 하지만 이런 선택은 기만과 오류를 안은 채 법적 판단을 내려야 하는 부담을 초래할 뿐만 아니라, 결국에는 재량이라는 미명하에 극도의 자의적인 또는 법정책적인 판단으로 나아가고 말 것이다. 그런데 이는, 법관이 입법자의 역할을 대신함으로써 법치국가적 권력분립원칙에 정면으로 배치되는 것이다.

그렇다면 이러한 경우 법관은 어떻게 하여야 하는가? 다시

3) 이 점은 특히 법개념의 주변부와 관련하여 그러하다. 가령 하트(H.L.A. Hart) 역시 법개념의 중심부(core, 의미가 명확한 영역)에서는 전통적인 삼단논법을 적용하여 문제해결을 할 수 있지만, 그 주변부(penumbra, 의미가 불명확한 영역)에서는 삼단논법에 의한 문제해결이 불가능하며, 따라서 이 영역에서는 부분적으로 법관에게 입법자로서의 지위를 인정해야 한다고 본다.

말해 이러한 경우 법관은 어떻게 자신의 법적 결정의 정당성을 확보할 수 있을 것인가? 오늘날 제기되고 있는 여러 형태의 논증이론들은 바로 이러한 물음에 답하기 위한 일련의 시도라 볼 수 있다. 논증이론의 관점에서 볼 때 위 물음에 대한 대답은, 법적 판단을 정당화함에 있어 (합리적) 논증 내지 근거제시를 수행하는 것이다. 그렇다면, 법관의 법적용절차는 일정한 법체계 안에서 일정한 사건과 관련하여 법적으로 명령 또는 요구되는 바가 무엇인가라는 물음에 대한 해답을 찾기 위해 제도화되지 아니한 사고과정 내지 논증과정을 통해 합리적인 근거제시를 수행하는 절차라고 말할 수 있다. 이런 점에서 법적 결정 과정에서 수행되는 합리적 논증은 그러한 결정의 정당성을 보증하는 필수적 전제인 셈이다.

물론 이 경우 내적 측면에서 볼 때 법관의 법적 판단(결과)과 논증 사이에 어떤 상호적 관련성이 작용하고 있는가는 누구도 알 수 없다. 통상의 법관이라면 일단은 자신의 법적 소양(legal mind)에 따른 직관적 결정이 중요한 의미를 가질 수 있을 것이다. 하지만 '법적 논증을 통한 결정의 정당화'라는 측면에서 보면 이러한 내심의 결정 역시 종국적인 것이 아니라 잠정적인 것에 불과하다는 점, 이로써 자신의 선결정에 대해 언제나 개방적 태도를 견지해야 한다는 점을 인식하는 것이 중요하다. 그러한 선결정은 논증의 과정에서 얼마든지 변경될 수 있으며 또 변경될 가능성이 높기 때문이다. 이런 점에서 법적 논증은 법적 결정 과정에 대한 반성적 성찰로서의 의미를 가진다. 재판실무적으로는 법관의 법적 판단과정뿐만 아니라 사실인정과정도 법적 논증의 적용영역이라 할 수 있으나,[4] 여기서는 전자의 한 측면에 관

4) 사실인정과정에서의 법적 논증에 관해 자세한 것으로는 이용구, "사실

해서만 살펴보기로 한다.

Ⅱ. 판결의 논증구조분석의 성격과 접근방법

1. 논증구조분석의 성격과 의의

아래에서는 — 준강도죄의 미수·기수 판단기준을 법적 쟁점으로 삼고 있는 — 대법원 2004. 11. 18. 선고 2004도5074 전원합의체 판결(상고기각, 준강도)을 예시로 하여 그 논증구조를 분석한 다음, 몇 가지 쟁점들과 관련하여 좀더 상세하게 검토하고자 한다.[5] 이와 같이 판결의 논증구조를 분석하는 작업이 갖는 성격과 의의는 다음과 같이 규정해 볼 수 있다. 먼저, 이러한 작업은 통상의 판례평석과는 같지 않다. 왜냐하면 여기서는 판결결과 자체의 정당성을 평가하거나 비판하는 데 중점을 두지 않고, 그러한 결과에 이르게 된 논증절차를 분석하는 데 중점을 두고 있기 때문이다. 다만 그러한 분석과정에서 논증의 합리성 내지 타당성 여부 및 그 정도에 대한 평가나 비판이 불가피하게 수반될 수밖에 없다는 점에서 일정 부분 판례비판의 성격을 띠고 있음은 분명하다. 즉, 비록 판결결과 내지 규범적 판단의 정당성이나 타당성 여부에 관한 판단으로 직결되지는 않지만, 법적 논증이 판결의 정당성과 불가분의 관련성을 지니고 있음을 감안하면 양자는

인정 과정의 논증," 『2010 법관세미나 자료집』: 법적 논증, 법원행정처 사법정책실, 2010. 1. 22, 1쪽 이하 참조.

5) 대상판례의 논증구조를 분석함에는 여기서 행한 방법 외에 다양한 방법이 시도될 수 있을 것이다. 다시 말해 논증이론의 관점에서 보면 이 글 역시 일반적 동의가능성을 지향한, 있을 수 있는 하나의 논증일 수밖에 없다.

상호 밀접한 연관성을 지니고 있다. 이런 점에서 보면 판결의 논증구조분석은 다른 각도에서 수행되는 일종의 판례비판이라고 볼 수도 있다. 다음으로, 판결의 논증구조분석은 판례평석 못지않게 매우 중요한 실천적 의미를 가진다. 판결의 정당화과정에 대한 분석과 비판을 통해 장래 보다 나은 논증을 수행할 수 있도록 하는 계기를 제공할 뿐만 아니라, 더 크게는 논증방식의 변화를 통해 판결 자체의 변화에도 간접적으로 영향을 미칠 수 있기 때문이다. 또한 합리적 논증의 수행 정도에 따라 판결에 대한 일반의 신뢰도 달라질 수 있을 것이다.

2. 접근방법

위 대상판례의 논증구조를 분석하는 데는 다양한 방법이 활용될 수 있을 것이다. 다양한 논증이론이 존재하는 만큼 다양한 논증분석 방법이 가능하기 때문이다. 여기서 행해진 논증구조 분석은 주로 알렉시의 『법적 논증이론』에서 제시되고 있는 정당화 구상[6]에 힘입은 바 크다. 알렉시는 법적 판단의 정당화를 두 가지 측면으로 구별하고 있다. 그 하나는 내적 정당화이고, 다른 하나는 외적 정당화이다. 내적 정당화란 일정한 법적 판단이 그 근거제시를 위해 도입된 전제들로부터 논리적으로 도출될 수 있는지 여부와 관련되어 있으며, 외적 정당화란 내적 정당화에서 사용된 전제들의 정당성 여부를 그 대상으로 삼는다. 이러한 전제들은 실정법규정들, 경험적 언명들 및 경험적 언명도 아니고 실정법규정도 아닌 전제들로 구분될 수 있다.

---

6) 이에 관해서는 알렉시, 법적 논증이론(변종필 · 최희수 · 박달현 옮김), 고려대학교출판부, 2007, 특히 311쪽 이하 참조.

그런데 서로 다른 유형의 이러한 전제들에 상응하여 이들을 근거짓는 방법 역시 서로 다르다. 실정법규정(법규칙)을 근거짓는 방법은 그 규정이 법질서의 효력기준(가령 '실정성' 기준)과 일치한다는 점을 제시하면 족하다. 그리고 경험적 전제들을 근거짓기 위해서는 경험과학의 방법을 비롯하여 합리적 추정의 공리 및 입증부담규칙과 같은 소송규칙 등이 활용될 수 있다. 다음으로, 경험적 언명도 아니고 실정법규정도 아닌 전제들을 근거짓는 데는 법적 논증이 특히 기여할 수 있다. 나아가, 그는 이러한 외적 정당화를 수행하는 데 활용할 수 있는 기제로서 여섯 가지 규칙과 형식을 들고 있다. 해석 규칙과 형식(논거형식으로서의 해석카논), 도그마틱적 논증 규칙과 형식, 일반적인 실천적 논증 규칙과 형식, 경험적 논증 규칙과 형식, 특별한 법적 논거형식이 그것이다. 아래에서는 대상판례의 논증구조분석과 관련하여 필요한 범위 내에서 이들 규칙과 형식을 언급하기로 한다.

Ⅲ. 대상판례의 내용

1. 사실관계

피고인(甲)은 공소외인(乙)과 합동하여 양주를 절취할 목적으로 장소를 물색하던 중, 2003. 12. 9. 06:30경 부산 부산진구 부전2동 522-24 소재 5층 건물 중 2층 피해자 1이 운영하는 주점에 이르러, 乙은 1층과 2층 계단 사이에서 甲과 무전기로 연락을 취하면서 망을 보고, 甲은 위 주점의 잠금장치를 뜯고 침입하여 위 주점 내 진열장에 있던 양주 45병 시가 1,622,000원 상당을 미리 준비한 바구니 3개에 담고 있던 중, 계단에서 서성거리고 있던

乙을 수상히 여기고 위 주점 종업원 피해자 2, 이○○이 주점으로 돌아오려는 소리를 듣고서 양주를 그대로 둔 채 출입문을 열고 나오다가 피해자 2 등이 피고인을 붙잡자, 체포를 면탈할 목적으로 甲의 목을 잡고 있던 피해자의 오른손을 깨무는 등 폭행하였다.

2. 판결문에 나타난 각 의견의 논증

(1) 다수의견

1) 판결요지

형법 제335조에서 절도가 재물의 탈환을 항거하거나 체포를 면탈하거나 죄적을 인멸할 목적으로 폭행 또는 협박을 가한 때에 준강도로서 강도죄의 예에 따라 처벌하는 취지는, 강도죄와 준강도죄의 구성요건인 재물탈취와 폭행·협박 사이에 시간적 순서상 전후의 차이가 있을 뿐 실질적으로 위법성이 같다고 보기 때문인바, 이와 같은 준강도죄의 입법취지, 강도죄와의 균형 등을 종합적으로 고려해 보면, 준강도죄의 기수 여부는 절도행위의 기수 여부를 기준으로 하여 판단하여야 한다.

2) 근거제시

형법 제335조에서 절도가 재물의 탈환을 항거하거나 체포를 면탈하거나 죄적을 인멸할 목적으로 폭행 또는 협박을 가한 때에 준강도로서 강도죄의 예에 따라 처벌하는 취지는, 강도죄와 준강도죄의 구성요건인 재물탈취와 폭행·협박 사이에 시간적 순서상 전후의 차이가 있을 뿐 실질적으로 위법성이 같다고 보기 때문이다.

그러므로 피해자에 대한 폭행·협박을 수단으로 하여 재물을 탈취하고자 하였으나 그 목적을 이루지 못한 자가 강도미수죄로 처벌되는 것과 마찬가지로, 절도미수범인이 폭행·협박을 가한 경우에도 강도미수에 준하여 처벌하는 것이 합리적이라 할 것이다. 만일 강도죄에 있어서는 재물을 강취하여야 기수가 됨에도 불구하고 준강도의 경우에는 폭행·협박을 기준으로 기수와 미수를 결정하게 되면 재물을 절취하지 못한 채 폭행·협박만 가한 경우에도 준강도죄의 기수로 처벌받게 됨으로써 강도미수죄와의 불균형이 초래된다.

위와 같은 준강도죄의 입법취지, 강도죄와의 균형 등을 종합적으로 고려해 보면, 준강도죄의 기수 여부는 절도행위의 기수 여부를 기준으로 하여 판단하여야 한다고 봄이 상당하다.

(2) 별개의견

1) 판결요지

폭행·협박행위를 기준으로 하여 준강도죄의 미수범을 인정하는 외에 절취행위가 미수에 그친 경우에도 이를 준강도죄의 미수범이라고 보아 강도죄의 미수범과 사이의 균형을 유지함이 상당하다.

2) 근거제시

이 사건과 같이 절도미수범이 체포면탈 등을 목적으로 폭행 또는 협박을 가한 경우에 이를 준강도죄의 기수범으로 처벌할 수 없다고 보는 점에 있어서는 다수의견과 견해를 같이한다. 그러나 절취행위의 기수 여부만을 기준으로 하여 준강도죄의 기수 여부를 판단하여야 한다는 다수의견의 견해에는 찬성할 수 없다.

형법 제335조에 정한 준강도죄는 절도가 재물의 탈환을 항거하거나 체포를 면탈하거나 죄적을 인멸할 목적으로 폭행 또는 협박을 가함으로써 성립하는 죄이므로, 준강도죄에 있어서 그 행위의 주체는 절도범인(미수범 포함)이라 할 것이지만, 그 구성요건적 행위는 폭행 또는 협박이라고 보아야 할 것이다.

그런데 준강도죄에 있어서의 폭행이나 협박은 일반강도죄와의 균형상 사람의 반항을 억압하는 수단으로서 일반적·객관적으로 가능하다고 인정되는 정도일 것이 요구되므로, 일반적·객관적으로 보아 사람의 반항을 억압할 정도의 폭행 또는 협박을 개시한 때에 준강도죄의 실행의 착수가 있다고 보아야 한다.

나아가 형법 제342조는 제335조의 미수범을 처벌한다고 규정하고 있는바, 형법 제25조 제1항은 범죄의 실행에 착수하여 행위를 종료하지 못하였거나 결과가 발생하지 아니한 때에는 미수범으로 처벌한다고 규정하고 있으므로, 준강도죄에 있어서도 원칙적으로 그 실행의 착수 이후의 상황에 의하여 기수 여부를 결정하여야 할 것이다. 따라서 절도범이 일반적·객관적으로 보아 사람의 반항을 억압할 정도의 폭행 또는 협박을 개시하기는 하였으나 그 행위를 종료하지 못하였거나 또는 그로 인한 결과가 발생하지 아니한 때에는 이를 준강도죄의 미수범으로 처벌한다는 것이 형법 제25조, 제335조 및 제342조가 규정하는 바라고 할 것이다.

원래 '사람의 신체에 대한 유형력의 행사 등 불법한 일체의 공격'을 의미하는 형법 제260조 제1항의 폭행에 있어서는 그러한 행위가 미수에 그친 경우를 상정하기 어렵고, 형법 역시 폭행죄의 미수범을 처벌하는 규정을 두고 있지 않지만, '사람으로 하여금 공포심을 일으킬 수 있을 정도의 해악의 고지'를 의미하는 형법 제283조 제1항의 협박에 있어서는 그러한 행위가 미수에 그친 경우를 상정할 수 있으며 형법도 제286조에서 협박죄의 미수범을 처벌한다고 규정하고 있을 뿐만 아니라, 더 나아가 준강도죄에 있어서의 폭행 또는 협박이란 앞서 본 바와 같이 형법 제260조 제1항 및 제283조 제1항에 정한 폭행이나 협박의 개념과는 달리 일반적·객관적으로 보아 사람의 반항을 억압할 정도일 것이 요구되는 것이어서, 그와 같은 정도의 폭행 또는 협박행위가 개시되기는 하였으나 상대방에게 도달하지 않았거나 도달하였다고 하더라도 상대방의 반항이 전혀 억압되지 않은 경우를 충분히 상정할 수 있으므로, 그러한 경우를 준강도죄의 미수범으로 처벌하는 것이 원칙일 것이다. 이는 객관적으로 보아 피해자의 반항을 억압할 정도의 폭행 또는 협박이 있었음에도 불구하고 피해자가 반항의사가 전혀 억압된 바 없이 단지 귀찮은 생각에서 또는 연민의 정에서 재물을 교부한 경우 이를 강도죄의 기수범이 아니라 미수범으로 처벌하여야 할 것인 점에 비추어 보더라도 더욱 그러하다.

다만, 형법 제335조는 절도범인이 절도의 기회에 재물탈환의 항거 등의 목적으로 폭행 또는 협박을 하는 행위가 그 태양에 있어서 재물탈취의 수단으로서 폭행 또는 협박을 가하는 강도죄와 같이 보여질 수 있는 실질적 위법성을 지니게 됨에 비추어 이를 강도의 예에 의하여 무겁게 처벌하기 위한 규정이라는 점[7]과 다수의견이 들고 있는 여러 논거들을 종합하여 볼 때, 폭행·협박행위를 기준으로 하여 준강도죄의 미수범을 인정하는 외에 절취행위가 미수에 그친 경우에도 이를 준강도죄의 미수범이라고 보아 강도죄의 미수범과 사이의 균형을 유지함이 상당하다고 할 것이다.

그러므로 폭행·협박행위 또는 절취행위 중 어느 하나라도 미수에 그쳤다면 이는 준강도죄의 미수범에 해당한다고 보아야 할 것인바, 다수의견은 절취행위의 기수 여부만을 기준으로 삼은 나머지 준강도죄의 미수범으로 처벌하여야 할 원칙적인 경우를 아예 제외하고 있는 점에서 찬성할 수 없다.

(3) 반대의견

1) 판결요지

강도죄와 준강도죄는 그 취지와 본질을 달리한다고 보아야 하며,

---

7) 大判 1973. 11. 13, 73도1553 전원합의체 판결 참조.

준강도죄의 주체는 절도이고 여기에는 기수는 물론 형법상 처벌규정이 있는 미수도 포함되는 것이지만, 준강도죄의 기수·미수의 구별은 구성요건적 행위인 폭행 또는 협박이 종료되었는가 하는 점에 따라 결정된다고 해석하는 것이 법규정의 문언 및 미수론의 법리에 부합한다.

2) 근거제시

다수의견은, 준강도죄의 입법취지, 강도죄와의 균형 등을 종합적으로 고려하여 보면, 준강도죄의 기수 여부는 절도행위의 기수 여부를 기준으로 판단하여야 한다고 봄이 상당하다고 하면서, 이러한 견해에 어긋나는 종전의 대법원판결들은 변경되어야 한다고 한다. 그러나 이러한 견해는 준강도죄의 본질 및 미수범에 관한 법리를 오해한 데서 비롯된 것으로 볼 수밖에 없어 찬성하기 어렵다.

형법 제335조에서 절도가 재물의 탈환을 항거하거나 체포를 면탈하거나 죄적을 인멸할 목적으로 폭행 또는 협박을 가한 때에는 강도죄의 예에 따라 처벌하도록 한 취지는, 강도죄와 준강도죄의 구성요건인 재물탈취와 폭행·협박 사이에 시간적 순서상 전후의 차이가 있을 뿐 실질적으로 위법성이 같다고 보기 때문이라는 점을 다수의견은 그 주된 논거로 삼고 있다. 그러나 형법 제335조의 준강도죄는 그 행위의 위험성으로 인하여 형사정책상 강도죄와 같이 처벌하는 독립된 범죄로서, 강도죄와 불법내용의 동일성을 인정할 수 있는 재물탈환항거를 목적으로 하는 폭행·협박 외에 그 동일성을 인정할 수 없는 체포면탈이나 죄적인멸을 목적으로 하는 폭행·협박을 포함하는 것이므로 강도죄와 준강도죄는 그 취지와 본질을 달리한다고 보아야 한다.

그리고 다수의견은 강도죄에 있어서는 재물을 강취하여야 기수가 됨에도 절도 미수가 재물탈환을 항거할 목적으로 폭행·협박을 가한 경우 준강도의 기수로 강도의 기수와 동일하게 처벌받게 되는 점이 균형이 맞지 않는다고 하나, 절도 미수라고 하더라도 일정한 목적을 위하여 사람의 반항을 억압할 정도의 폭행 또는 협박을 하는 경우 그 실질적 위법성이 강도죄와 같다고 보아 이를 강도죄의 기수와 동일하게 처벌하는 것이 형사정책적으로 반드시 불합리하다거나 균형이 맞지 아니하다고 단정할 수 없고, 절도가 미수에 그쳤다는 점은 양형의 단계에서 유리한 사정으로 참작함으로써 다수의견이 우려하는 불균형은 대부분 해소될 수 있는 것이다. 이와 같은 점에서 다수의견이 내세우는 논거는 그 타당성이 의심스럽다.

나아가, 준강도죄에 있어 행위의 주체는 '절도'이고, 구성요건적 행위는 '재물의 탈환을 항거하거나 체포를 면탈하거나 죄적을 인멸할 목적으로 폭행 또는 협박을 가하는 것'이다. 한편, 형법 제25조 제1항이 "범죄의 실행에 착수하여 행위를 종료하지 못하였거나 결과가 발생하지 아니한 때에는 미수범으로 처벌한다"고 규정하고 있는 데서 알 수 있듯이 범죄의 기수·미수를 구별하는 기준은 범죄의 완성 여부 즉, 구성요건적 행위의 종료 여부이다. 그러므로 준강도죄의 주체는 절도이고 여기에는 기수는 물론 형법상 처벌규정이 있는 미수도 포함되는 것이지만, 준강도죄의 기수·미수의 구별은 구성요건적 행위인 폭행 또는 협박이 종료되었는가 하는 점에 따라 결정된다고 해석하는 것이 법규정의 문언 및 미수론의 법리에 부합하는 것이다.

결국, 다수의견이 내세우는 논거는 그 합리성이 없을 뿐만 아니라, 설사 그 주장과 같은 불균형이 인정되는 경우라도 이는 양형의 단계에서 해결할 성질의 것이고, 양형의 단계에서 해결할 수 없는 불균형이 있다면 이는 준강도의 법정형을 낮추거나, 절도미수를 준강도의 주체에서 제외함으로써 준강도의 주체를 절도 기수에 한정하는 등 입법적으로 해결하여야 할 문제라고 할 것인바, 이를 형법 제335조의 해석론으로 해결하려는 다수의견의 시도는 법규정의 문리해석상 허용되지 않는다고 보아야 할 뿐만 아니라, 준강도죄의 본질 및 미수범의 법리에 어긋나는 것이라고 하지 않을 수 없다.

이상과 같은 이유로 다수의견에는 찬성할 수 없고, 다수의견이 변경하여야 한다는 대법원판결들은 그대로 유지하여야 한다.

Ⅳ. 대상판례의 논증구조 분석

1. 분석방법 개요

대상판례에서 문제되고 있는 법적 쟁점은 형법 제335조 준강도죄의 미수·기수를 어떤 기준에 따라 판단할 것인가 하는 것이다. 이러한 규범적 물음에 대해 다수의견, 반대의견 및 별개의견은 각각 서로 다른 논거들과 주장에 근거하여 서로 다른 결론, 즉 서로 다른 규범적 기준을 이끌어내었다. 이러한 규범적 기준이 바로 위와 같은 사실관계하에서 행위자의 행위에 대해 적용될 '구체적 규범'(konkrete Norm)이고, 당해 사안에 직접적으로 적용될 이러한 규범은 현행 법규정으로부터는, 즉 현행 법규정(들)에 기한 연역적 추론의 방식으로는 이끌어낼 수 없는 성격의 규범이다. 만일 특정한 하나의 실정법규정 내지 법규칙에 의해 규율이 가능한 사례들의 경우라면, 전통적인 삼단논법적 추론방식을 통해, 문제되는 사안을 그 법규정 내지 법규칙에 포섭하는 방식으로 다소 손쉽게 문제를 해결할 수도 있을 것이다. 하지만 대상판례의 경우는 이에 해당하지 않는다. 그럼에도 불구하고 대부분의 사례들과 관련하여 보면, 비록 문제되는 당해 사안을 직접적으로 포섭함으로써 문제해결을 도모할 수 있는 일정한 법규정 내지 법규칙이 없더라도, 대체로 (문제해결을 위해) 관련되는 몇몇 법규정이 존재하기 마련이다. 대상판례의 경우에도 형법 제335조, 제342조, 제25조 제1항 등이 관련규정이라 할 수 있다. 물론 이러한 관련규정들이 없는 경우에는 어떻게 할 것인가 하는 문제가 제기되지만, 이 경우에는 ― 해결을 위한 기본적 사유방식에 따라, 즉 법실증주의적 사유방식을 따를 것인가 그렇지 아니한가에 따라 ― 결정권자(법관)의 재량에 맡기거나 아니면 일정한 법원칙들을 활용하는 또 다른 해결방식도 가능할 것이다.

이와 같이 당해 사안에 적용될 구체적 규범을 이미 존재하고 있는 일정한 법규정들로부터 직접 이끌어낼 수 없는 경우에, 그러한 규범은 ― 이를 발견되는 것이라고 보든 창조되는 것이라고 보든 ― 규범구체화(Normkonkretisierung)의 과정을 통해 이끌어낼 수밖에 없다. 그런데 이러한 과정에서 중요한 의미를 갖는 것이 바로 '법적 논증'이라 할 수 있다. 그리고 이러한 논증을 수행함에 있어 결정적으로 중요한 역할을 담당하는 것이 바로 해석카논(을 활용한 논증), 도그마틱(적 논증), 선례(를 활용한 논증) 및 그에 수반되거나 기타 독자적인 논증 규칙이나 형식이다. 따라서 법규정으로부터 직접적으로 도출할 수 없는 구체적인 법규범의 타

도표 1 분석방법 개요

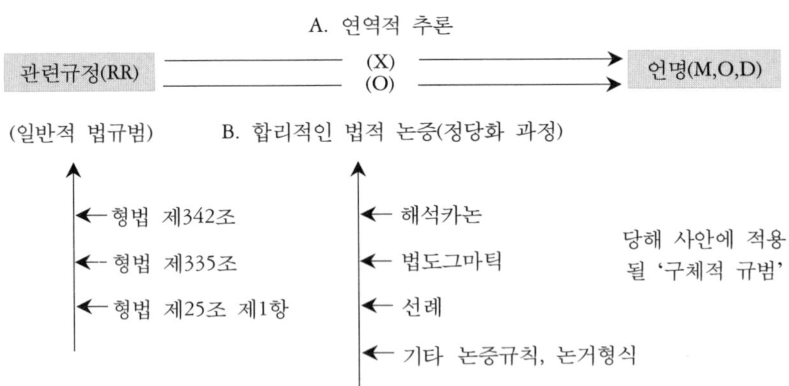

당성 내지 정당성의 문제는 결국 법적 논증의 문제, 즉 이러한 논증의 방법과 수단들을 체계적이고 종합적으로 활용하여 그러한 규범 또는 그에 기초한 법적 결정을 얼마나 합리적으로 근거지을 것인가의 문제이다. 이는 곧 판결을 포함한 모든 법적 결정의 정당성 문제가 합리적인 논증절차로 귀결됨을 뜻한다(법적 결정의 정당성 문제의 절차적 차원). 대상판례와 관련하여 여기서 활용할 논증분석 방법의 개요를 도식화하면 위의 <도표 1>과 같다.

2. 각 의견에 대한 분석

(1) 다수의견

앞서 언급하였듯이, 사안과 관련하여 문제되는 법적 쟁점은 준강도죄의 미수·기수를 어떤 규범적 기준에 따라 판단할 것인가 하는 것이다. 이와 관련하여 도그마틱적 논의에서는 대체로 절취행위를 기준으로 해야 한다는 견해(절취행위기준설)와 폭행·협박행위를 기준으로 해야 한다는 견해(폭행·협박행위기준설)가 대립하고 있는 실정이며, 관념상으로는 양자를 모두 고려하여 판단해야 한다는 관점도 있을 수 있다. 판례는 종래 폭행·협박행위기준설을 취하였으나, 위 사건을 계기로 절취행위기준설로 그 태도를 변경하였다.

이러한 쟁점에 대한 다수의견의 결론은 "준강도죄의 (미수·) 기수 여부는 절도행위의 (미수·)기수 여부를 기준으로 하여 판단하여야 한다"(언명M)는 것이다. 그런데 이러한 결론은 "준강도죄의 입법취지, 강도죄와의 균형 등을 종합적으로 고려"한 데서 연유한 것이라고 한다. 여기서 '종합적'이라고 표현하고는 있으나, 이러한 결론을 뒷받침하기 위해 사실상 제시된 근거는 두 가지뿐이다. (a) 그 하나는 강도죄의 예에 따라 처벌하는 입법의 취지이고,[8] (b) 다른 하나는 처벌에 있어 강도죄와의 균형이다.

전자와 관련해서는, 강도죄와 준강도죄의 구성요건인 재물탈취와 폭행·협박 사이에는 시간적 순서상 전후의 차이가 있을 뿐 (양 죄는) 실질적으로 위법성이 같다는 점을 입법의 취지로 들고 있다. 여기서 입법취지는 그 표현상 준강도죄 자체의 입법취지가 아니라 준강도죄를 강도죄의 예에 따라 처벌하는 입법취지로 읽히는데, 그 취지는 양자의 실질적 불법(즉 행위불법과 결과불법)이 동일하다는 데 있다는 것이다. 또한 재물탈취와 폭행·협박행위가 시간적 순서의 차이만 있다는 지적에 비추어 볼 때 다수의견은 반대의견과는 달리, 해당 법규정의 문언구조, 이로써 (체포면탈 등 일정한 목적을 특별한 구성요건요소로 요구하고 있는) 범행양태에 기한 존재론적 구조의 차이를 진지하게 고려하고 있지 않음을 확인할 수 있다.

후자와 관련해서는, 강도죄에서는 재물을 강취하여야 기수가 됨에도 불구하고 준강도의 경우에는 폭행·협박을 기준으로 기수·미수를 결정하게 되면 재물을 절취하지 못한 채 폭행·협박만 가한 경우에도 준강도죄의 기수로 처벌받게 되어 강도미수죄와의 불균형이 초래된다고 한다. 이러한 논거는 다수의견의 결론을 근거짓기 위한 적극적 논거라기보다는 일종의 소극적 논거라 할 수 있다. 왜냐하면 그 논거는 반대의견에 따랐을 경우에 초래되는 결과가 그 처벌에 있어 다수의견이 추구하는 결과 — 즉 실질적

8) 형법도그마틱의 논의에 의하면 이러한 입법취지 논거는 준강도죄의 법적 성격을 어떻게 볼 것인가 하는 점과 다르지 않다. 도그마틱상 준강도죄의 법적 성격에 관해서는 i) 절도와 강요의 요소가 결합된 (강도죄와 구분되는) 독자적인 구성요건으로 보는 견해, ii) 강도죄의 특수한 형태로 보는 견해, iii) 절도죄의 가중적 구성요건으로 보는 견해 등이 대립하고 있다. 다수의견은 ii)의 관점에 해당하는 셈이다.

불법의 동일성에 따른 실질적 처벌의 동일 — 와 부합하지 않음을 지적하고 있을 뿐이기 때문이다. 이런 점에서 강도미수죄와의 불균형이라는 (b)논거는 논증의 체계상 정합적(coherent)이기는 하지만, 다수의견의 결론의 논증적 힘을 특별히 강화하는 논거라 보기는 어렵다. 즉 (a)논거와 대등한 독립적인 논거라기보다는 그에 부수된 종속적 논거로 파악된다. 이런 점에서 논거(b)는— 상위논거의 논거적 힘[9]을 강화하거나 그와 병렬적인 새로운 논거가 아니라는 점에서 — (b)라고 표기하기보다 (a')라고 표기할 수 있을 것이다.

이상의 분석내용을 도식화하면 <도표 2>와 같다.

도표 2 다수의견의 논증구조

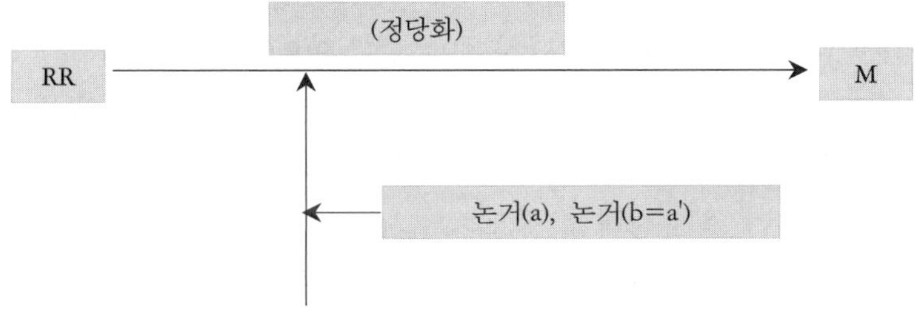

요컨대, 다수의견은 그 결론인 언명M을 근거짓기 위해 — 여

9) 법적 논증에서는 일정한 논증을 '보다 더 나은 논거들'에 의해 정당화할 수 있는지가 결정적으로 중요하다. 따라서 논증의 타당성 내지 설득력은 그러한 논증을 구성함과 동시에 뒷받침해주는 개별 논거들의 힘에 의해 좌우된다고 할 수 있는데, 이는 결국 논증 내지 논거의 '건전성'(soundness) 문제라고 할 수 있다. 논증의 건전성이란 일정한 논증이 정당화되는 정도를 말한다. 이러한 건전성 평가 척도에 관해서는 이용구, 앞의 글, 122쪽 참조.

러 논거들을 '종합적으로 고려'하였다고 표현하고 있음에도 불구하고 — 사실상 독자적인 것이라기보다는 상호 의존적인 관계에 있는 (a)논거와 (a')논거만을 제시하고 있는 셈이다. 이에 대해서는 논리적 또는 논증적 측면에서 다음과 같은 의문을 제기할 수 있을 것이다: 준강도죄의 입법취지 내지 법적 성격과 관련해서는 몇 가지 다른 관점이 있을 수 있는데, 다수의견은 '왜'(어떤 근거에서) 준강도죄를 그 불법에 있어 강도죄와 동일한 구성요건이라고 보는 관점에 입각하였는가? 다수의견은 이 물음에 대한 별도의 근거제시를 하고 있지 않다.

(2) 반대의견

반대의견의 결론은 다수의견의 그것과는 달리, 준강도죄의 기수·미수의 구별은 준강도죄의 구성요건행위인 폭행·협박행위의 종료 여부에 따라 판단하여야 한다(언명O)는 것이다. 그 주된 논거로는 먼저 (a) 강도죄와 준강도죄는 그 취지와 본질을 달리하는 범죄라는 점을 들고 있다. 즉 준강도죄는 그 행위의 위험성으로 인하여 형사정책상 강도죄와 같이 처벌하는 독립된 범죄라는 것이다. 그리고 이 점을 뒷받침하기 위해 법규정의 구체적 문언에 기초한 근거를 제시하고 있다. 즉 (b) 준강도죄 규정은 강도죄와 불법내용의 동일성을 인정할 수 있는 재물탈환항거를 목적으로 하는 폭행·협박 외에 그 동일성을 인정할 수 없는 체포면탈이나 죄적인멸을 목적으로 하는 폭행·협박도 포함하고 있다는 것이다. 여기서 (b)논거는 (a)논거의 타당성을 입증하기 위한 보강논거로 도입되고 있다. 즉 (b)논거는 (a)논거의 논거적 힘을 강화하는 독립적인 논거로 작용하고 있다. 이 점에서 반대의견의 논증은 위에서 살펴본 다수의견의 논증과 분명하게 구분되는 것으로 보인다.

다음으로, 반대의견은 (c) 절도미수범이 일정한 목적을 위하여 사람의 반항을 억압할 정도의 폭행·협박을 한 경우에는 이를 강도죄의 기수와 같게 처벌하더라도 형사정책적으로 반드시 불합리하다거나 균형이 맞지 않는다고 단정할 수 없고, 절도가 미수에 그쳤다는 점은 양형의 단계에서 유리한 사정으로 참작함으로써 다수의견이 우려하는 불균형은 대부분 해소될 수 있다고 한다. 이러한 (c)논거는 다수의견의 두 번째 논거[즉 (b)논거]에 대한 반박으로서 그 논거의 논거적 힘을 약화시키기 위해 도입된 독립적 논거라 할 수 있다. 다만 여기서 '형사정책적'이라는 표현이 구체적으로 무엇을 뜻하는지가 분명하지 않아 논거로서의 결함 내지 불완전성을 안고 있다. 그럼에도 불구하고 처벌에서의 불균형을 양형단계에서 충분히 해소할 수 있다거나, 더욱이 양형단계에서 해결할 수 없는 불균형이 있다면 입법적으로 해결할 수 있다는 주장은 독립적인 논거로서 가치가 있어 보인다. 이 부분 역시 다수의견의 논증방식과 구분되는 내용 중의 하나이다. 서로 상반되는 의견에 대해 다른 각도에서 그것을 반박하는 새로운 논거를 제시하고 있기 때문이다.

나아가, 반대의견은 (d) 법규정의 문언에 기초한 논거, 즉 준강도죄에 있어 행위의 주체는 '절도'이고, 구성요건행위는 '(재물의 탈환을 항거하거나 체포를 면탈하거나 죄적을 인멸할 목적으로) 폭행·협박을 가하는 것'이라는 논거와, (e) 미수론의 법리에 기초한 논거, 즉 범죄의 기수·미수를 구별하는 기준은 구성요건행위의 종료 여부이므로 준강도죄의 기수·미수의 구별 역시 구성요건행위인 폭행·협박의 종료 여부에 따라 결정해야 한다는 논거를 추가로 제시하고 있다. (d)논거는 법문의 문법적 구조에 기초한 논거로서 문리해석이라는 해석카논을 원용한 논거라 할 수 있다. 다만 (d)논거에 대한 보강근거는 제시하지 않고 있는데, 이는 우리말의 문법적 구조에 비추어 볼 때 형법 제335조의 법문상 '절도'가 주어이고 '폭행 · 협박'이 술어인 것은 너무도 자명하다고 보아 생략한 것으로 보인다.

그리고 (e)논거는 형법 제25조 제1항(협의의 미수인 장애미수)의 법문을 원용한 논거로서 어쩌면 지극히 당연한 언급이라 할 수 있다. 그런데 이러한 주장 내지 논거는 그 외견상 형법 제25조 제1항의 규정을 원용하고 있지만, 사실은 (d)논거에 입각함으로써 도출될 수 있는 부수적인 논거라 할 수 있다. 즉 (e)논거는 (d)논거에 기초를 둔 상태에서 위 조항을 적용할 경우에 당연히 초래되는 귀결인 셈이다. 만일 다수의견이 — 암묵적으로 전제하고 있는 바와 같이 — 형법 제335조에 정한 '절도'를 주어로 이해하지 않고 '행위'(절취행위)로 이해한다면, 즉 주어를 술어화한다면,[10] 이 경우에도 반대의견이 말하는 이른바 미수론의 법리(즉 제25조 제1항)를 원용하여 반대의견의 주장과는 다른 결론을 이끌어낼 수 있을 것이다. 따라서 (e)논거는, 비록 (d)논거를 미수론의 법리와 결부시켜 한층 더 구체화하고 있다는 점에서 논거로서 전혀 무의하다고 보기는 어렵지만, 반대의견의 결론을 강화하는 별도의 새로운 논거라 보기는 어려울 것 같다. 이런 점에서 (e)논거는 (d')라고 표기할 수 있을 것이다.

이상의 분석내용을 도식화하면 <도표 3>과 같다.

---

10) 준강도죄의 절도를 일종의 '신분'으로 이해하지 않는 한 이러한 가능성이 애당초 배제되어 있지는 않다.

▌도표 3▌ 반대의견의 논증구조

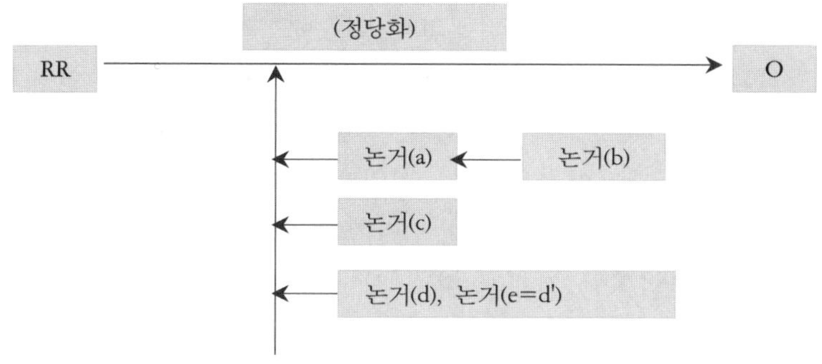

요컨대, 반대의견은 언명O를 근거짓기 위해 — 다소 종속적인 성격을 띠고 있는 (e)를 제외하면 — (a), (b), (c), (d)의 네 가지 논거를 제시하고 있다. 이로써, 반대의견은 우선 더 많은 논거들을 제시하고 있다는 점에서 다수의견과 구분된다. 물론 법적 논증에 있어 특정한 주장이나 언명을 근거지우기 위해 도입된 논거들의 수가 얼마나 되는가 하는 점이 결정적인 중요성을 갖는 것은 아니다. 더욱 중요한 것은 논증의 건전성을 입증해 줄 논거들이 얼마나 되는가, 즉 보다 더 나은 논거들이 얼마나 되는가 하는 것이다. 그런데 이 점과 관련해서 보더라도 반대의견의 논증은 다수의견의 그것에 비해 상대적으로 더 낫다고 볼 수 있다. 주된 논거의 힘을 강화하기 위해 보강논거들을 제시하는 노력을 보여주고 있기 때문이다.

(3) 별개의견

별개의견의 판단은 "폭행 · 협박행위를 기준으로 하여 준강도죄의 미수범을 인정하는 외에 절취행위가 미수에 그친 경우에도 이를 준강도죄의 미수범이라고 보아 강도죄의 미수범과 사이의 균형을 유지함이 상당하다"는 것이다. 이를 쟁점과 관련하여 다시 표현하면 "폭행·협박행위를 기준으로 하여 준강도죄의 기수·미수를 구별하되, 절취행위가 미수에 그친 경우에는 강도미수범과의 균형상 준강도죄의 미수범으로 보아야 한다"(언명D)는 것이다. 이에 따르면 절취행위와 폭행·협박행위가 모두 기수인 경우에만 준강도죄의 기수범이 성립하게 되어, 다른 견해에 비해 결과적으로 준강도죄의 기수범 성립범위가 가장 좁아지게 된다.

별개의견의 논증전개는 다소 산만한 느낌을 주지만, 그 주된 주장내용은 — 언명 D에서 보듯이 — 크게 두 가지로 압축할 수 있다. 그 하나는, 준강도죄에서 그 행위주체는 절도범인(미수범 포함)이지만, 그 구성요건행위는 폭행·협박이라고 보아야 한다는 주장이다. 이러한 주장에 대한 근거로는 (a) "형법 제335조에 정한 준강도죄는 절도가 재물의 탈환을 항거하거나 체포를 면탈하거나 죄적을 인멸할 목적으로 폭행·협박을 가함으로써 성립하는 죄"이기 때문이라는 점을 들고 있다. 하지만 이러한 근거제시는 다소 엄밀하지 못한 언어적 표현이다. 즉 불완전하거나 잘못된 언어사용규칙이다. 하지만 이는 반대의견이 제시한 논거와 마찬가지로 법문의 문법적 구조를 고려한 문리해석을 활용한 결과로 보인다. 즉 우리말의 어법 및 문장구조에 '근거'할 때 형법 제335조의 법문에서 주어는 '절도'이고 술어는 '폭행·협박'이라는 표현의 생략형태라고 하겠다. 이러한 논거에 이어서 언급되고 있는 미수론과 관련된 논거 (b)는 — 반대의견에 대한 분석에서 언급하였듯이 — 별개의 독자적인 논거로 보기 어렵다[(b)=(a')].

다른 하나는, 절취행위가 미수에 그친 경우에도 이를 준강도죄의 미수범으로 보아야 한다는 주장이다. 별개의견은 이에 대한 근거로서 다수의견의 논거들을 원용하고 있다. 즉 (c) 준강도죄는 그 실질적 위법성에서 강도죄와 동일한 범죄라는 논거 및 (d) 처벌에 있어 강도미수죄와의 균형유지 논거를 들고 있다.[11] 다수의견에 대한 분석에서 보았듯이 여기서도 논거(d)는 논거(c)와의 관계에서 볼 때 별개의 독자적인 논거로 보기는 어려우므로, 논거(c')로 표기할 수 있을 것이다[(d)=(c')].

이상의 분석내용을 도식화하면 <도표 4>와 같다.

도표 4 별개의견의 논증구조

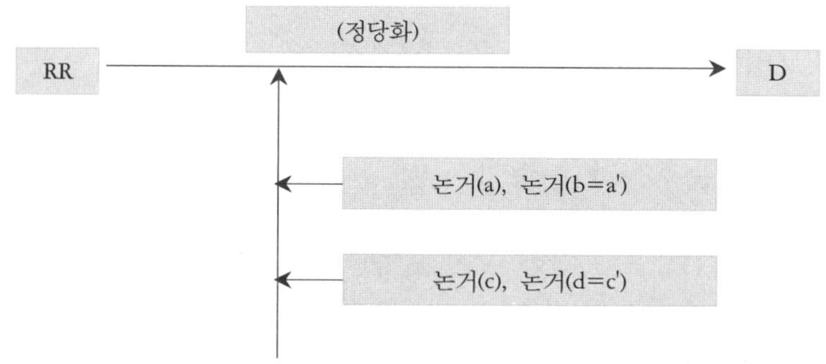

별개의견은 문리해석의 방법을 원용하여 원칙적으로 폭행·협박행위를 구성요건행위로 보고 이에 따라 준강도죄의 기수·미수 여부를 판단해야 한다는 기본적인 입장을 취하면서도, 준강도죄의 법적 성격과 관련해서는 — 다수의견과 같이 — 입법취지를 원용함으로써 실질적 위법성에 있어 강도죄와 동일하다는 입장을 취하고 있다. 그런데 이 후자의 입장은 오로지 강도죄와의 처벌의 불균형을 해소하기 위해 취해진 것이다. 이처럼 반대의견과 다수의견의 입장을 여과 없이 선별하여 취하고 있는 별개의

11) 실제 판결문에서는 "다수의견이 들고 있는 여러 논거들을 종합하여 볼 때"라고 표현하고 있으나, 앞서 살펴보았듯이 다수의견의 논거는 실질적 위법성의 동일성 논거 외에 처벌상의 균형유지 논거 두 가지뿐이다.

견에 대해서는 논증의 체계적 정합성(coherence)과 관련된 다음과 같은 의문을 제기할 수 있을 것이다: 준강도죄의 입법취지 내지 법적 성격에 관한 진단은 실상 대상판례와 관련된 구체적 규범을 이끌어내기 위해 제기될 수 있는 가장 핵심적인 논거라고 할 수 있는데, 별개의견이 원용하고 있는 서로 상반되는 논거들은 어떻게, 즉 어떤 근거에서 서로 조화될 수 있는가?

V. 비판적 검토

1. 단순주장과 논증의 구별

법적 논증을 포함한 모든 논증에서는 단순한 주장과 합리적 논증을 구분할 필요가 있다. 단순주장이란 일정한 쟁점과 관련하여 논증참여자의 생각이나 의견에 대해, 특별한 논거들의 제시를 통해 그 진리성 또는 정당성을 증명하는 논증의 과정 없이 또는 이러한 과정을 전적으로 은폐하거나 생략한 채 자신의 인식내용만이 일방적으로 진리이거나 정당하다는 식의 요청을 제기함과 동시에 그러한 주장이 다른 논증참여자들에 의해 전적으로 수용될 것을 요구하는 행위라 할 수 있다. 반면 합리적 논증이란 논증참여자가 자신의 의견을 밝히거나 일정한 주장을 제기하면서 그것의 진리성이나 정당성을 내세우기 위해 경험적·규범적 논거를 포함한 일련의 관련 논거들을 제시하면서 자신의 주장이나 의견을 근거지음과 동시에, 그러한 근거제시에 대해 제기되는 일체의 반론에 대해 다시금 또 다른 형태의 반대논거들을 제시하면서 그 의견이나 주장의 진리성 내지 정당성 요청을 제기하는 행위를 말한다. 요컨대, 논증 역시 주장으로서의 성격을 지닌 언어행위임에는 분명하나, 그 주장을 합리적인 논거들을 제시함으로써 근거짓는 언어행위라는 점에서 단순주장과는 구분된다.

이와 같이 서로 다른 성격을 지닌 두 가지 형태의 언어행위는 각기 서로 다른 인식모델에 입각하고 있다는 점에서 근본적인 차이가 있다. 즉 전자는 전통적인 주체-객체 모델에 기초하고 있는 언어행위인 반면, 후자는 주체-주체 모델, 즉 상호주관적 인식모델을 전제하고 있는 언어행위라고 할 수 있다. 따라서 전자의 경우에는 그 주장의 정당성 내지 타당성을 합리적인 근거제시에 의존하기보다는 주로 논증절차 외적 요소들, 가령 사회적 권위나 권력, 실현하고자 하는 개인적 의도나 목적 등에 의존하는 경향을 띤다.[12] 그런데 이러한 태도는 곧 일정한 법적 결정이나 판단이 '자의적'(恣意的)이라는 의심을 받을 위험을 강하게 내포하고 있다. 정당성을 지향하는 법적 결정에서 근거제시가 강조되어야 하는 주된 이유도 바로 여기에 있다.

종래 판례의 논증 방식이나 태도를 보면 아직도 후자의 측면에 입각한 논증이 충분히 이루어지고 있다고 평가하기는 어려울 것 같다. 가령 위 대상판례에서 제시되고 있는 다수의견의 논증 역시 이러한 부정적 평가로부터 자유롭지는 못할 듯하다. 준강도죄의 입법취지를 원용하는 논거 외에는 별다른 논거들을 제시하고 있지 않을 뿐만 아니라, 왜 입법취지를 그와 같이 보아야 하는가에 대한 추가적인 논증도 결여하고 있기 때문이다. 또한 반대의견이나 별개의견에 대한 반대논거는 왜 제시하고 있지 않

12) 이러한 내적 경향을 선이해(Vorverständnis)로 여길 수도 있으나, 해석학적 선이해란 중립적인 개념이다. 따라서 이 개념은 텍스트에 대한 이해나 해석의 과정에서 불가피하게 해석자의 인성이나 태도, 성장배경이나 환경, 가치관 등이 작용할 수밖에 없다는 것을 말해줄 뿐, 해석자의 숨겨진 의도나 목적 등을 정당화해주는 개념은 결코 아니다.

는가 하는 점도 의문의 하나이다. 다수결원칙에 따라 다수가 지지하는 주장이 현실적으로 또 제도적으로 우선권을 갖기는 하지만, 충분한 논거들의 제시를 통한 합리적 논증의 수행이 법적 결정의 정당성을 가늠하는 바로미터가 된다는 점, 나아가 종국적인 결정이나 판결에 대한 일반(수범자)의 이해가능성 및 수용가능성을 높이는 것이 매우 중요하다는 점 등을 감안하면, 좀더 나은 근거들을 제시하려는 노력이 필요해 보인다.

2. 해석카논을 활용한 논증

(1) 해석카논의 특징과 역할

통상 해석방법으로 불리고 있는 해석카논[13]의 가장 중요한 과제는 일정한 해석을 근거짓는 것이라 할 수 있다. 하지만 카논의 역할은 여기에 국한되지 않는다. 이들은 비실정적(非實定的) 규범들뿐만 아니라 그 밖의 수많은 법적 명제들을 근거짓는 데도 직접 원용될 수 있다.[14] 법도그마틱의 영역뿐만 아니라 재판실무에서도 일정한 법해석이나 법적 판단을 근거짓기 위해 이러한 해석카논이 가장 손쉽고도 빈번하게 또 가장 핵심적인 수단으로 사용되고 있음은 주지의 사실이다. 위 대상판례에서도 각 의견이 구체적 규범을 이끌어냄에 있어 하나같이 이 해석카논을 원용하고 있음을 보았다. 즉 다수의견은 입법취지라는 주관적·목적론적 해석카논을, 그리고 반대의견과 별개의견은 문리해석의 방법을 활용하였다.

해석카논은 법적 논증에서 제기되는 정당성요청을 충족하고

13) 해석카논과 관련해서는, 해석카논의 수를 비롯하여 이들 간의 서열 문제 및 그 불명확성 등이 여전히 논란의 대상이 되고 있다.

14) 알렉시, 앞의 책, 329쪽.

자 할 경우에 사용될 수 있는 일정한 논거형식[15]이라 할 수 있다. 논거형식이란 일정한 화자(話者)나 해석자에 의해 주장된 언명 및 이 언명을 근거짓기 위해 직접적으로 제시되거나 전제되어 있는 언명들의 구조를 말한다. 그리고 여기서 구조란 이들 언명의 논리적 형식뿐만 아니라 가령 '경험적', '규범적' 등과 같은 그 성격까지 포함한다. 이런 점에서 해석카논은 논거형식으로서 법적 논증의 구조를 특징지어 주며, 각각의 해석카논은 그에 따른 독자적인 논증의 구조를 가진다. 따라서 해석카논에 의한 정당화과정은 그러한 논증구조에 따른 합리적인 근거제시과정이라 할 수 있다. 이러한 해석카논을 활용하여 행해지는 도그마틱적 논증이나 재판실무상의 논증에서는 특히 다음과 같은 점이 문제되고 있다.

(2) 충족의 요청

먼저, 도그마틱이나 판결의 영역에서 보면 해석자가 자신의 일정한 해석이 일정한 해석카논, 가령 법규정의 문언이나 입법자의 의사 또는 규범의 목적과 합치한다고 주장하는 경우가 빈번하다. 하지만 이 경우 해석카논을 원용한 그 논거는 불완전하다고 할 수 있다. 가령 해석자가 법문에 나오는 특정한 개념이나 용어의 의미를 풀이할 때(즉 "A란 B를 의미한다"라고 언급할 때) 그러한 언어사용을 정당화하기 위해 일정한 언어사용규칙을 활용하는 경우에는, 가령 국어사전상의 뜻풀이나 일정한 전문어 · 법률언어 등 기존의 언어사용례를 제시하는 경우에는 의미론적 해석카논에 따른 논거가 존재한다고 볼 수 있다. 하지만 해석자가 이러한 언어사용례를 제시하지 않은 채 의미를 확정한 것이라면,

---

15) 알렉시, 앞의 책, 138쪽.

이 경우에는 의미론적 해석카논에 따른 논거가 존재하지 않는다. 이 경우에 해석자는 자신의 언어사용을 정당화하기 위해 새로운 논거를 제시해야 한다. 이처럼 해석자가 해석의 정당성 내지 타당성을 근거짓기 위해 해석카논을 활용하는 경우에도 단순히 카논 자체를 원용하는 것만으로는 논거를 통한 정당화가 이루어졌다고 볼 수 없다.

한 가지 예를 더 들자면, 가령 해석자가 입법취지나 입법목적을 원용하여 자신의 해석을 정당화하려고 시도한다면, 이 경우 그는 그 취지나 목적의 내용이 무엇인가를 밝혀야 함은 물론, 입법의 취지나 목적을 그와 같이 보는 근거들을 제시해야 한다.[16) 따라서 해석카논을 원용한 논거가 정당화되기 위해서는 그 해석카논에 덧붙여져 있는 일정한 전제(경험적 또는 규범적 전제)가 충족되어야 하며, 이 경우에 비로소 그 논거는 완전하다고 볼 수 있다.

알렉시는 이를 '충족의 요청'(Erfordernis der Sättigung)이라 부른다. 이러한 충족의 요청은 해석카논 사용의 합리성을 보장해준다는 점에서 대단히 중요한 의미를 갖는다. 이 요청에 의하면, 일정한 해석이나 법적 판단이 법규정의 문언이나 발생사 또는 규범의 목적에서 비롯된다고 하는 식의 단순한 주장은 받아들이지 않는다. 언제나 경험적 또는 규범적 전제를 제시하는 것이 필요하며, 이들 전제의 진리성이나 정당성은 언제든지 또 다른 논의의 대상이 될 수 있다.

16) 입법취지나 입법목적을 원용한, 도그마틱 및 판례의 논증상의 문제점에 관해서는 변종필, "형법해석에서 법정책적 논거원용의 타당성문제," 형사법연구 제26호 특집호(2006 겨울), 한국형사법학회, 509쪽 이하 참조.

(3) 카논 간의 서열관계와 중요성규칙

다음으로, 도그마틱적 논의나 판례를 보면 서로 다른 법해석 또는 법적 판단을 이끌어내기 위해 서로 다른 해석카논을 원용하는 경우가 대부분이다. 적어도 대법원의 형법 관련 전원합의체 판결의 경우를 보면 법리의 논쟁은 결국 어떤 해석카논을 활용할 것인가의 싸움이라고 보아도 무방할 것이다. 이는 해석카논의 성격상 충분히 가능한 일이다. 이러한 양상은 해석카논들 간의 서열문제와 직결되어 있는 것으로, 해석카논만으로는 법적 판단을 근거짓기에 충분하지 못하다는 점을 보여주는 대표적인 예라 할 수 있다.

서로 다른 형식을 띠고 있는 해석카논들의 상호관계에 관한 문제는 단계별목록의 문제나 카논들 간의 우선순위의 문제로 논의가 이루어지고 있다. 하지만 단계별목록을 통한 해결방법은 오늘날까지 일반적인 승인을 얻지 못하고 있으며, 우선순위의 가능성 및 필요성에 관해서는 서로 다른 평가가 존재하고 있다.[17] 의미론적 해석카논과 체계적 해석카논이 우선한다고 보는 견해가 있는가 하면, 우선은 입법자의 의사가 중요하고 이를 분명하게 확인할 수 없는 경우에 비로소 객관적·목적론적 해석방법을 도입해야 한다는 견해도 있으며, 애당초 객관적·목적론적 해석카논이 우선한다는 견해도 제기되고 있다. 이처럼 현재로서는 해석카논들 간에 확고한 서열관계가 존재하지 않을 뿐만 아니라, 앞으로도 서로 다른 평가들 간의 간극이 좁혀질 가능성은 거의 없어 보인다. 대법원(다수의견) 역시 개개의 사안에 따라 어떤 경우에는 ('법문언의 가능한 의미'에 기초한) 문언해석의 방법을, 또 어떤 경우에는 목적론적 해석카논을, 또 다른 경우에는 체계적 해

---

17) 알렉시, 앞의 책, 345쪽.

석카논을 원용함으로써 그 법적 판단을 정당화하고 있다.[18)]

이러한 상황을 염두에 둘 때, 만일 우리가 법적 논증에서 해석카논의 사용을 폐기할 수 없다면, 그리고 사안에 따라 서로 다른 해석카논을 활용하여 일정한 법적 판단을 근거짓는 것이 불가피하다는 점을 전제할 수밖에 없다면,[19)] 다음과 같은 해결책을 제시해 볼 수 있을 것이다. 즉 일정한 법상황에서 서로 다른 형식을 띠고 있는 해석카논들 중 어떤 해석카논을 우선적으로 원용할 것인가는 중요성규칙(Gewichtungsregel)에 따라 결정하여야 한다는 것이다. 물론 이 규칙에 따를 경우 추가적인 논증을 수행해야 함은 물론이다. 즉 해석자가 "현재의 법상황에서는 A라는 해석카논이 우선하여야 한다"라고 주장할 경우, 그는 어떤 근거에서 그 카논이 다른 카논에 비해 우선하여야 하는지에 대한 근거를 제시해야 한다는 것이다.

이상의 언급에 비추어 볼 때, 위 대상판례와 관련하여 다수의견, 반대의견 및 별개의견이 활용하고 있는 해석카논 역시 '충족의 요청'에 직면하고 있다. 그런데 실제 각 의견은 주관적 · 목적론적 해석('입법취지') 또는 문리해석이라는 해석카논을 사용하고는 있지만, 이러한 요청을 충족시키기 위한 추가적인 논증은 소홀히 함으로써 불완전한 논거의 형태를 취하고 있다고 하겠다.

---

18) 이에 관해서는 변종필, "대법원의 형법해석론에 대한 비판적 고찰," 비교형사법연구 제7권 제1호, 한국비교형사법학회, 2005, 1쪽 이하 참조.

19) 물론 이러한 불가피성 전제를 부정하고 다른 근거제시를 통해 다른 해결책을 구하는 것이 애당초 배제되어 있는 것은 아니다. 가령 알렉시는 "법률문언에의 구속 내지 역사적 입법자의 의사를 표현하는 논거들은, 다른 논거들에 우선순위를 두어야 할 합리적인 근거들이 제시될 수 없는 한, 그 다른 논거들에 우선한다"는 논증부담규칙을 제시하고 있다(알렉시, 앞의 책, 348쪽). 따라서 이 규칙에 의하면, 문언해석방법이나 주관적 해석방법 외에 다른 해석카논이 우선해야 한다고 주장하는 사람은 그에 대한 합리적인 논거들을 제시해야 할 부담을 지게 된다.

3. 도그마틱적 논증과 선례에 의한 논증

(1) 도그마틱적 논증의 유용성

법원은 — 사실인정과정은 제쳐두더라도 — 그 법적 판단에 있어 법도그마틱적 명제들을 수용할 수 있으며, 또한 스스로 법도그마틱의 발전에 참여할 수도 있다. 다른 한편 도그마티커들은 직접 법적 판단을 내릴 수는 없지만, 체계화된 법도그마틱을 제시함으로써 법원이 문제되는 법적 사례들에 대한 규범적 해결책을 강구하는 데 기여할 수 있다. 실제로도 수많은 도그마틱적 명제들이 동시에 선례에 포함되어 있으며, 판례의 결론들 역시 법도그마틱에 의해 수용되고 있다. 이와 같이 도그마틱과 선례 내지 도그마틱적 논증과 선례에 의한 논증 간의 밀접한 연관성을 감안할 때 법원은 법적 논증을 수행함에 있어 선례를 적극 원용함은 물론 도그마틱적 논증을 좀더 넓고 과감하게 활용할 필요가 있다. 도그마틱적 명제들은 특히 제도적으로 추진되는 법학의 테두리 내에서 제시되고 근거지어지며 심사되는 과정을 거침과 동시에 일정한 규범적 내용을 갖고 있어, 법원의 법적 논증에 있어 경험적 논거들만으로는 대답될 수 없는 문제들을 결정하기 위한 논거로 도입될 수 있기 때문이다.[20]

(2) 선례변경과 논증부담규칙

법원이 일정한 법해석 또는 법적 판단을 근거지음에 있어 선례에 기대는 것은 불가피한 일이다. 선례사용의 토대가 되는 것은 보편화가능성 원칙, 즉 형식적 정의(正義)의 기초가 되는

---

20) 알렉시, 앞의 책, 357쪽 참조. 여기서 법도그마틱적 명제란 제도적으로 추진되는 법학의 테두리 내에서 제기되고 승인되거나 적어도 논의되는 명제를 말한다.

"같은 것은 같게 취급하라"라는 요청이다.[21] 그런데 선례사용에는 일정한 한계 내지 난점들이 존재한다. 먼저, 일정한 선례를 활용한다는 것은 선례적 결정의 기초가 되는 일정한 규범을 활용한다는 것인데, 이 경우 무엇이 선례상의 주목할 만한 규범인가 하는 점이 문제된다. 다음으로, 검토대상이 되는 두 사례가 모든 점에서 완전하게 동일하지는 않다는 것이다. 양자 간의 차이는 언제나 발견될 수 있으며, 이로써 그러한 차이의 중요성을 확정하는 것이 문제가 된다. 선례적 결정의 기초가 되는 일정한 규범이 확정되었다고 하더라도, 이러한 차이의 중요성 여하에 따라 선례사용의 타당성 여부가 결정될 것이다. 나아가, 일정한 사례가 이전에 결정된 다른 사례와 모든 중요한 사정에 있어 동일하다고 하더라도, 그 동안 그러한 사정에 관한 평가가 변경된 경우도 있을 수 있다. 만일 이러한 경우에도 보편화가능성 원칙만을 고수한다면, 선례적 결정과는 다른 결정은 할 수 없을 것이다. 그런데 이것은 '모든 법적 결정이나 판단은 정당성요청하에 놓여 있다'는 점과 조화될 수 없다. 따라서 — 일반적으로 선례는 존중되어야 하겠지만 — 이런 경우에는 선례를 벗어나는 것이 허용된다고 하겠다. 하지만 이 경우 선례를 벗어나고자 하는 사람은 그에 대한 논증의 부담을 져야 한다. 다시 말해 그는 논증부담규칙(Argumentationslastregel)[22]에 의거하여 선례변경을 요구하는 자신의 주장을 충분한 논거들을 통해 근거지어야 한다. 따라서 이전과 동일한 사정하에서 종래의 법적 견해를 바꾸는 판례변경

21) 알렉시, 앞의 책, 381쪽.
22) 논증부담규칙은 카임 페렐만(Chaim Perelman)의 '관성의 원칙'(Prinzip der Trägheit)에서 비롯된 것이다. 관성의 원칙이란 어떤 견해가 일단 승인된 후에는 충분한 근거가 없이는 다시 포기되어서는 안 된다는 원칙을 말한다.

을 할 경우에도 이와 같은 논증부담을 져야 함은 물론이다.

그런데 위 대상판례와 관련하여 다수의견은 기존의 판례를 변경하는 법적 판단을 하고 있음에도 불구하고 반대의견이나 별개의견에 비해 결코 충실한 논증을 수행하였다고 보기 어렵다. 오히려 다수의견의 논증은 그 충실성의 면에서 다른 의견들에 미치지 못하고 있음을 확인할 수 있다. 이런 점에서 다수의견은 논증부담규칙을 위반하였다거나, 적어도 그 규칙에 충실히 따르지 않았다는 비판을 면하기 어려울 것 같다.

11

형벌조항에 대한 위헌심사와 책임원칙*

Ⅰ. 머리말 – 책임원칙에 대한 도전

1. 책임원칙의 의의

책임원칙[1]은 "책임 없으면 형벌 없다"(nulla poena sine culpa), 더 구체적으로는 "책임 없으면 범죄 없고 형벌 없다"는 명제로 표현되고 있다. 범죄와 형벌은 책임을 전제로 하고 책임에 비례하여야 한다는 것이다. 따라서 이 명제에 의하면 책임 없이 행위한 자는 처벌되지 않을 뿐더러, 행위자의 책임의 범위를 넘어서 처벌하는 것도 허용되지 않는다.[2] 이 명제는 오늘날의 민주적 법

---

* 헌법실무연구 제11권, 헌법재판소 헌법실무연구회, 2010.12, 464쪽 이하.

1) 현재 많은 형법학자들이 책임원칙 대신에 책임'주의'라는 표현을 사용하고 있다. 헌법재판소 역시 그 결정문에서 '책임주의', '책임원칙', '책임주의원칙' 등 다양한 표현을 사용하고 있다. 외국에서의 사용례와 전용된 용어의 원래적 의미를 비롯하여 '주의'라는 개념이 통상 전체성을 지닌 특정한 이데올로기를 극단화시켜 표현할 때 사용되는 용어임을 고려하면 책임원칙(Schuldprinzip)이라고 칭하는 것이 적절하다고 본다. 이에 필자는 아래에서 책임주의 대신에 책임원칙이라는 표현을 쓰기로 한다.

2) 헌재 역시 책임원칙의 이러한 의미를 분명히 밝히고 있다: "형벌에 관한 형사법의 기본원리인 책임원칙은 두 가지 의미를 포함한다. 하나는 형벌의 부과 자체를 정당화하는 것으로, 범죄에 대한 책임이 인정되어야만 형벌을 부과할 수 있다는 것이고('책임 없는 형벌 없다'), 다른 하나는 책임의 정도를 초과하는 형벌을 과할 수 없다는 것이다(책임과 형벌 간의 비례의 원칙)"(헌재 2009. 7. 30, 2008헌가10 전원재판부; 헌재 2007. 11. 29, 2005헌가10 전원재판부).

치국가에서 형사책임은 '개인의 행위'만을 대상으로 한다는 점에서 개별책임원칙(자기책임원칙)과 행위책임원칙을 당연히 전제한다. 근대 이후 형법의 근간을 이루는 원리의 하나로 정립된 이 명제의 타당성은 자명한 것으로 전제되어 있다. 이 원칙은 자유주의적 법치국가의 요청에 부응하는 것으로, 인간의 존엄성과 가치 및 법칙국가원리로부터 직접 도출될 수 있는 헌법상의 원리로서 오늘날에도 여전히 유지되어야 한다는 견해가 지배적이다. 요컨대 책임원칙은 인간을, 자신의 행위에 대해 책임을 질 줄 아는 자유로운 또는 자율적인 존재로 대우하라는 법정책적 요청[3]으로 이해되고 있다.

2. 책임원칙의 동요

그런데 오늘날 형법도그마틱(Strafrechtsdogmatik)에서는 전통적인 책임사상과 책임원칙에 대한 심각한 동요가 일고 있다. 책임형법에 관한 광범위한 합의점을 거의 찾지 못하고 있으며, 심지어 책임도그마틱에서의 패러다임의 변화가 거론될 정도이다.[4] 예방적 관점에서 책임개념에 대한 일부 수정을 가하거나 심지어

3) 김일수 · 서보학, 형법총론, 박영사, 2006, 83쪽. 헌재 역시 책임원칙의 전제로 이러한 인간상을 상정하고 있다: "인간은 스스로 생각하고 판단하여 자신의 행동을 규율하고 책임지는 자율적 활동주체이다. 모든 사람은 각자 존엄과 가치를 가지는 자율적 활동주체로서, 자신의 행위에 대해서만 책임을 질 뿐 타인의 행위로 인하여 처벌받지 않으며, 자기에게 책임 없는 사유로 인하여 처벌받지 아니한다(책임주의의 원칙)"[헌재 2010. 7. 29, 2009헌가25, 36, 2010헌가25(병합) 등 전원재판부, 재판관 조대현의 별개의견 중에서].

4) 가령 독일의 귄터(K.Günther)는 이러한 변화를 "권리침해에서 의무위반으로"라는 표제어로 요약한 바 있다(이상돈, 『형법학 - 형법이론과 형법정책』, 법문사, 1999, 307쪽 참조).

예방일변도의 관점에서 이를 파악하고자 하는 견해, 나아가 '책임 없는', 이로써 '책임원칙 없는' 형법도그마틱을 제안하거나 책임원칙을 비례성원칙으로 대체하려는 다양한 시도들이 등장함으로써 책임원칙 역시 그 존립에 위협을 받고 있다. 물론 이러한 시도들에 맞서 전통적인 책임사상을 고수하려는 측 — 형이상학적 책임개념에 근거하고 있든, 비형이상학적 책임에 근거하고 있든 간에 — 에서는 책임개념을 예방과 결부시키거나 순수 예방적 관점에서 파악하려는 시도를 엄중히 비판하고 있다.[5] 이처럼 책임원칙이 갖는 의미에 관해 현재 모든 사람이 통일적으로 이해하고 있는 것은 아니며, 이를 통해 제기되는 주장들 역시 그 분명한 내용을 드러내고 있지 못한 실정이다.[6]

형법상의 책임과 관련한 다양한 논쟁들에서 늘 책임원칙이 원용되고 있지만, 그 내용이나 기능은 아직도 모든 사람이 납득할 만큼 명료하게 밝혀지지 않고 있다. 이런 점에서 책임원칙을 둘러싼 논쟁은 여전히 진행 중인 상태이다. 거시적 측면에서 보면 형법도그마틱에서 책임원칙을 여전히 형법의 기본원칙으로 유지할 것인가, 아니면 예방(예방원칙)이나 다른 원칙으로 대체해야

---

5) 대표적으로는 Arthur Kaufmann을 들 수 있다. 그는 전통적인 책임사상에 관한 합의가 사라지게 된 주된 원인으로 젊은 세대의 비역사성, (실은 관계존재론이지만, 본질존재론으로 잘못 이해된) 법존재론에 대한 대항과 기능주의의 정당화, 책임관념에 대한 현대인의 태도변화와 책임에 대한 의미의 상실 등을 꼽고 있다[Arthur Kaufmann, "형법상 책임원칙에 대한 시대불변의 통찰들"(김영환 역), 『책임형법론』(심재우 편역), 홍문사, 1995, 11-12쪽].

6) 이 점과 관련하여, 너무 일반적인 내용만을 고집해서 보잘 것 없는 의견이 되거나 너무 비판적인 주장만을 전면에 내세워 실질적인 내용이 없는 의견이 되기도 한다는 지적으로는 김영환, "책임원칙(das Schuldprinzip)의 의문성과 필연성 – 책임과 예방(Schuld und Prävention)에 관한 최근의 논쟁을 중심으로," 형사법연구 창간호, 1988, 97쪽 참조.

할 것인가, 그리고 양형책임과 관련하여 책임원칙과 양형의 관계를 어떻게 규정할 것인가의 물음이 중요성을 갖는다. 또한 미시적 측면에서 보면 책임은 무엇을 의미하는가, 책임의 전제가 되는 의사자유는 과연 존재하는 것인가, 책임은 행위책임만 포함하는가 아니면 행위자책임도 포함하는가, 책임이 반드시 형벌을 요구하는가, 책임과 예방의 관계는 어떻게 규정되어야 하는가[7]의 물음들이 의미를 갖는다. 이처럼 형법의 책임영역은 그 자체가 해결되지 않은 문제들의 집합소라 할 수 있다. 그렇기에 책임형법 또는 책임원칙을 둘러싼 논의의 국면은 어두운 터널을 벗어나 밝은 빛으로 나아가기를 갈망하고 있는 상황이다.

Ⅱ. 책임원칙의 근거와 성격 및 구조

1. 책임원칙의 법적 근거

우리 법체계상으로는 헌법은 물론 형법에도 책임원칙을 명시한 규정은 없다. 1991년 한국형사법학회 형법개정시안과 1992년 법무부 형법개정법률안에서 각기 이를 양형의 기준원칙으로 규정한 바 있다.[8] 외국의 경우를 보면 독일 형법이 양형책임을, 프랑스 형법이 자기행위책임을 규정하고 있는가 하면, 오스트리아 형법과 중국 형법은 책임원칙을 명문으로 규정하고 있다.[9] 우

7) 최석윤, "양형과 책임원칙," 『한국형사법학의 오늘』(이영란교수 화갑기념논문집), 2008, 250쪽.

8) 개정시안 제44조 1항: "형을 정함에 있어서는 행위자의 책임을 기초로 하며, 어떠한 경우에도 책임의 한도를 초과할 수 없다." 개정법률안 제44조 1항: "형을 정함에 있어서는 범인의 책임을 기초로 한다."

9) 독일 형법 제46조 1항 전문: "형의 양정은 행위자의 책임을 기초로 한

리의 경우에도 최근의 형법개정 논의에서 책임원칙을 명문화할 것인지 여부가 논란이 되고 있다.[10)]

이와 같이 명문규정이 없음에도 불구하고 책임원칙은 헌법과 형법의 근간을 이루는 기본원리로 승인되고 있다. 헌법재판소 역시 "책임 없는 자에게 형벌을 부과할 수 없다"는 책임원칙은 형사법의 기본원리로서, 헌법상 법치국가 원리에 내재하는 원리인 동시에, 헌법 제10조(인간 존엄성의 존중)의 취지로부터 도출되는 원리라고 한다.[11)] 그리고 이러한 책임원칙은 자연인의 경우와 마찬가지로 법인에 대해서도 적용된다.[12)] 나아가 헌법재판소는 이러한 책임원칙의 법적 근거를, 법치국가원리나 인간의 존엄성 존중 요구 외에 죄형법정원칙에서 구하기도 한다. "법치국가원리 및 죄형법정주의로부터 도출되는 책임주의원칙"[13)]이라는 표현이

다." 프랑스 형법 제121-1조(자기행위책임의 원칙): "누구든지 자기의 행위 이외의 행위에 대하여는 형사책임을 지지 아니한다." 오스트리아 형법 제4조(책임 없이 형벌 없다): "책임 있게 행위하는 자만을 벌할 수 있다." 중국 형법 제5조: "형벌의 경중은 범죄자의 범죄행위 및 부담하는 형사책임과 상응해야 한다."

10) 최근 공청회에서 모습을 드러낸 법무부 형법개정시안에서는 이 원칙의 명문화를 고려하고 있지 않다[법무부, 제정 반세기를 지나 새 옷을 갈아입는 형법총칙(보도자료) 참조]. 책임원칙에 대해서는 형법이론적으로 여러 가지 비판이 제기되고 있고, 책임과 예방의 조화를 어떤 형태로 조문화할 것인가에 관해서도 견해가 대립하고 있으므로 이 문제를 형법도그마틱에 맡겨두자는 견해로는 한상훈·천진호, "책임분야 개정방안," 형사법연구 제21권 1호, 2009, 83쪽 참조. 다만 여기서도 양형책임에 관한 규정은 신설하는 것("형을 정함에 있어서는 행위자의 책임을 기초로 한다.")이 바람직하다는 의견을 피력하고 있다.

11) 헌재 2009. 7. 30, 2008헌가10 전원재판부; 헌재 2007. 11. 29, 2005헌가10 전원재판부; 헌재 1992. 4. 28, 90헌바24 전원재판부; 헌재 1989. 7. 14, 88헌가5,8, 89헌가44 전원재판부.

12) 헌재 2010. 7. 29, 2009헌가25, 36, 2010헌가25(병합) 등 전원재판부.

13) 헌재 2009. 7. 30, 2008헌가14 전원재판부; 헌재 2009. 7. 30, 2008헌가

그것이다. 독일 연방헌법재판소 역시 책임원칙은 정의의 이념을 지향하며, 법치국가원칙과 인간존엄의 불가침성(기본법 제1조 제1항)에 근거를 둔 원리로 이해한다.14) 이러한 책임원칙은 대륙법계 국가뿐만 아니라 영미법계 국가에서도 일반화된 형법상의 대원칙이라고 한다.15)

그런데 헌법재판소가 책임원칙의 법적 근거로 죄형법정원칙을 들고 있는 것은 죄형법정원칙을 '실질적' 의미로 파악하고 있기 때문인 것으로 보인다. 왜냐하면 오늘날 죄형법정원칙의 실질적 내용의 하나로 적정성원칙 — "적정한 법률 없으면 범죄 없고 형벌 없다" — 을 들고 있는데, 이 적정성원칙의 내용으로서 "필요 없으면 형벌 없다", "불법 없으면 형벌 없다", "책임 없으면 형벌 없다"는 원칙이 언급되고 있기 때문이다. 반면 죄형법정원칙을 '형식적' 의미로 이해한다면 이를 책임원칙의 근거로 들기는 어려울 것이다. 형식적 법치국가 개념에 기원을 둔 죄형법정원칙을 '실질적' 의미로 파악하게 되면, 결국 죄형법정원칙이 인간의 존엄성 보장, 적법절차원칙, 책임원칙, 비례성원칙 등을 모두 포괄하게 되어 그 내용상 이들 원리와의 구별이 모호하게 될 것이고, 그렇게 되면 이들 원리의 고유한 의미가 위축될 여지가 있기 때문이다.16)

---

16 전원재판부; 헌재 2009.7.30, 2008헌가17 전원재판부; 헌재 2009. 7. 30, 2008헌가18 전원재판부.

14) BVerfG 20, 331; 25, 285; 41, 125; 45, 228.

15) 이기헌, "미국 형법상의 책임원칙," 명지대학교 사회과학논총 제13집 2권, 1997, 366쪽. 영미법에서도 보통법 후기시대 이래 행위자의 비난가능한 심적 상태에서 비롯된 결과에 대해서만 형사책임을 물을 수 있다는 책임원칙이 확립되었다고 한다(같은 논문, 337쪽).

16) 이런 점에서 필자는 죄형법정원칙을 형식적 의미로 파악하는 것이 바람직하다고 본다. 같은 지적으로는 김일수·서보학, 앞의 책, 81쪽 참조.

2. 법원리로서의 책임원칙

책임원칙은 자유주의적 법치국가의 요청에 따라 국가의 형벌권 발동을 근거짓고 제한하는 역할을 수행하는 법적용개념이다. 즉 국가의 형벌권 행사와 행위자에 대한 형벌귀속은 이 원리를 매개로 하여 정당화될 수 있다. 그런데 책임원칙 역시 법원리의 일종이므로 법원리가 지니는 일정한 속성을 공유한다. 그리고 법원리(Rechtsprinzip)의 속성은 이를 법규칙(Rechtsregel)과 비교할 때 좀더 분명하게 드러난다.[17)]

가령 드워킨에 의하면 양자는 그 구조적 내지 논리적 속성에서 차이가 난다. 법규칙은 '전부 아니면 전무'라는 방식으로 적용될 수 있으며, 이로써 일정한 법규칙이 효력을 갖는 한 그 요건사실이 존재하는 경우에는 언제나 그 법적 효과가 발생하게 된다. 반면 법원리는 법규칙과 같은 방식으로 적용되지 않고 형량이 가능하며 비중(중요성)의 차원을 특징으로 한다.[18)] 나아가 알렉시는 이러한 구분에 기초하여 양자 간의 결정적 차이를 이렇게 규정한다. 즉 원리는 최적화명령(Optimierungsgebote)으로서의 성격을 갖는 반면, 규칙은 규정적 내지 확정적 명령(definitive Gebote)으로서의 성격을 갖는다는 것이다.[19)] 최적화명령으로서의

17) 양자를 구별하는 기준으로는 일반성의 정도, 법이념과의 관련성 여부 등 다양하게 제시되고 있다[울리히 펜스키, 법원칙들과 법규율(박정훈 역), 법철학과 사회철학 제3집, 교육과학사, 1993, 109쪽 이하 참조]. 여기서 '법규율'은 '법규칙'으로 옮기는 것이 더 적절했다고 본다. 또한 Jan-Reinard Sieckmann, Regelmodelle und Prinzipienmodelle des Rechssystems, 1.Aufl., 1990, Kap.4 참조.

18) R. Dworkin, Taking Rights Seriously, 2.Aufl., 1978, 24쪽 이하.

19) 알렉시, 법체계와 실천이성(박정훈 역), 법철학과 사회철학 제3집, 교육과학사, 1993, 90-91쪽.

법원리는 그 내용이 법적 및 사실적 가능성하에서 가장 높은 정도로 실현될 것을 명령하는 규범이다. 이는 모든 법원리들이 각기 다른 정도로 실현될 수 있으며, 그것에 의해 명령되는 실현의 정도가 사실적인 가능성뿐만 아니라 법적인 가능성에 의해서도 영향을 받는다는 것을 의미한다. 법적인 가능성은 법규칙들에 의해 규정되기도 하지만, 주로 당해 법원리에 상반되는 원리들에 의해 규정된다.[20] 반면 법규칙은 완전히 실현될 수 있거나 아니면 전혀 실현될 수 없는 성격의 규범이다. 따라서 법규칙의 적용은 '전부 아니면 전무'의 문제이며, 어떤 법규칙이 효력이 있어 적용된다는 것은, 그 규칙이 요구하는 바가 곧바로 명령된다는 것이다. 따라서 법규칙의 특징적인 적용형태는 형량이 아니라 포섭이다.[21]

법원리가 갖는 이러한 속성은 책임원칙에도 그대로 적용될 수 있다. 즉 법적용개념으로서 책임원칙은 완전하게 실현될 수 없는데, 특히 책임 외적인 예방적 형벌목적(형법상의 논의) — 및 그 밖의 법적 · 사실적 요소들 — 에 의해서도 영향을 받기 때문이다. 책임원칙이 지닌 법원리로서의 속성은 "책임원칙은 결코 완전하게 실현될 수 없다"는 한계에 대한 오늘날의 고백을 잘 뒷받침해 준다. 대부분의 형법학자들이 오늘날 공유하고 있는 인식처럼 책임원칙이 예방적 형벌목적과 조화를 고려할 수밖에 없다면, 책임원칙의 최적의 실현은 결국 민주적 법치국가의 틀 안에서 예방(을 비롯하여 누군가가 그 밖의 다른 요소들도 고려되어야

20) 이에 관해서는 C. W. Canaris, Systemdenken und Systembegriff in der Jurisprudenz, 2.Aufl., Berlin, 1983, 53쪽 이하.

21) 물론 법규칙이라고 하여 모두 일도양단식으로 적용되는 것은 아니다. 오늘날 포섭(이론)의 한계는 자명한 것으로 드러났다. '전부 아니면 전무'식의 기준에 내재된 문제점에 관해서는 Robert Alexy, Zum Begriff des Rechtsprinzips, Rechtstheorie Beiheft 1, 1979, 68쪽 이하 참조.

한다고 주장한다면 그 다른 요소들)과의 한계를 어떻게 설정하느냐에 의존하게 될 것이다.

3. 책임원칙의 구조

(1) 책임원칙의 구성

"책임 없으면 형벌 없다"는 책임원칙의 명제는 당위적 요청을 띤 규범명제이자 동시에 그 구조상 일종의 가언명제적 형식을 띠고 있다. 하지만 — 앞서 언급하였듯이 — 최적화명령으로서 고도의 일반성을 띠고 있다는 점에서 이것은 구체적인 구성요건을 설정하고 있는 일정한 법규정이나 법규칙의 가언명제적 성격과는 구분된다. 형식논리적 측면에서 이 명제에 접근하면 책임은 전제이자 요건이며, 형벌은 그 효과임 셈이다. 다시 말해 규범원칙으로서의 이 명제의 중점은 '책임'에 놓여 있다. 따라서 책임원칙의 구성부분으로서 효과에 해당하는 형벌은 책임을 규정하는 데 어떤 영향도 미치지 않는 것처럼 보인다. 하지만 형벌은 그 자체 형벌목적(특별예방과 일반예방)에 의해서도 규정된다. 따라서 책임원칙은 그 실현에 있어 예방적 형벌목적에 의해 불가피하게 영향을 받게 된다. 이는 형법상 책임범주가 형벌의 근거와 한계에만 관계하는 영역이 아니라, 형벌의 목적과도 관계하는 영역임을 잘 보여준다. 전자와 관계하는 책임범주가 자유주의적 법치국가의 이념(개인의 자유보장)을 지향한다면, 후자와 관계하는 책임범주는 사회적 법치국가의 이념(법익보호와 범죄예방)을 지향한다고 할 수 있다. 이와 같은 두 가지 지향점은 형법의 상반되는 두 가지 임무와 역할 — 보장적 기능과 보호적 기능 — 에 그대로 녹아들어 있다. 이처럼 책임범주는 형법도그마틱적 측면과 형사정책적 측면이라는 두 가지 측면과 관련되어 있다.[22] 따라서 책임원칙 역시 이러한 두 가지 범주와 관련될 수밖에 없다.[23] 그런데 문제는 이 두 가지 범주가 서로 모순·갈등관계 내지 이율배반적 관계에 놓여 있다는 점이다.

(2) 책임과 예방의 관계

형법의 영역에서는 오늘날 책임이 예방적 형벌목적과 일정한 관련성을 지니고 있으며, 그것에 의해 함께 규정된다고 보는 것이 대체적인 경향이다. 즉 양자의 관계에 관해서는, 구체적으로 어떤 형벌이 부과되어야 하는가는 책임과 무관하게 규정될 수 없고, 구체적으로 책임이 무엇인가는 예방을 고려하지 않고는 말할 수 없다는 점에서 대체로 의견이 일치하고 있다. 하지만 서로 다른 이념에 의해 지배받는 두 가지 측면을 어떤 방식으로(조화롭게) 규정할 것인가에 관해서는 의견이 갈리고 있다. 이에 책임원칙은 책임과 예방(적 형벌목적)이라는 서로 이질적인 두 요소를 어떤 방식으로 결합하여 형벌을 귀속시킬 것인가 하는 문제에 직면하게 된다. 이것이 바로 책임원칙이 떠안아야 할 과제이다. 이처럼 형사정책적 측면에서 볼 때 책임원칙은 사회 내에서의 그 정당성을 유지하기 위해 책임-형벌이라는 논리적 관련성을 원용하여 사회적 분쟁을 설득력 있게 해결하여야 한다.[24] 책임원칙이 이러한 과제를 제대로 수행할 수 있는지 여부에 따라, 이 물음은 책임개념이나 책임원칙을 통해 사회적 분쟁을 해결하는 방식이 오늘날의 상황에서도 여전히 유효한가, 아니면 책임원

---

22) 책임범주의 이러한 두 가지 측면에 관한 언급으로는 박은정, "비난 없는 형벌?," 사법행정 제239호, 1980. 11, 27쪽 참조.

23) 책임원칙의 이러한 두 가지 측면에 관한 언급으로는 김영환, 앞의 논문, 105쪽 이하 참조.

24) 김영환, 앞의 논문, 110쪽.

칙을 보다 더 나은 목적합리적인 방안으로 보완하거나 대체해야 할 것인가의 문제와 직결되어 있다.

Ⅲ. 책임원칙의 실현과 그 한계요인

구체적인 형벌귀속의 원리(형법상) 또는 형벌조항의 위헌심사기준(헌법상)으로서의 책임원칙에 관한 논의에서는, 책임원칙이 그 실현에 있어 현실적으로 어떤 한계에 부딪히고 있는가 하는 사실적 측면과 법관에 의해 실제로 행해지는 형벌귀속 또는 입법자가 설정한 형벌조항의 입법이 책임사상 또는 책임원칙에 합당한 것인가 하는 규범적 측면을 구분할 필요가 있다.[25] 아래에서 언급되는 사항들 중 (1)~(2)는 전자의 측면에, 그리고 (3)는 주로 후자의 측면에 해당하는 것이라 할 수 있다.

1. 책임귀속의 인식론적 한계

책임원칙은 책임의 존부와 정도에 따른 형벌귀속원칙이다. 따라서 행위자에게 책임이 존재할 경우에만, 그리고 행위자의 책임에 상응하는 범위 내에서만 형벌을 부과할 수 있다. 그런데 이러한 책임원칙의 실현은 먼저 형벌귀속의 전제로서의 책임의 존부와 정도에 관한 인식의 문제에 부딪히게 된다. 하지만 "물 그 자체는 인식할 수 없다"는 칸트의 통찰은 책임귀속에도 그대로 적용된다. 철학적 성찰능력으로서의 인간 인식능력의 한계는 완벽한 책임을 인식하는 데 근본적인 장애로 작용한다.[26] 이러한

25) 김영환, 앞의 논문, 103-104쪽.

26) "형사판결에서 책임비난의 필수적 근거가 되는 책임이 형사소송에서

이유 때문에 책임귀속의 문제에서 행위자에게 책임이 있는가, 또 있다면 어느 정도인가를 완벽하게 파악하기란 애당초 불가능하다.

2. 사회경제적 토대 변화와 복잡성의 증대

이러한 근본적 한계에 덧붙여 오늘날 고도로 증대된 사회의 복잡성은 책임확정 및 적정한 형벌귀속을 더욱 어렵게 만드는 요인이 되고 있다. 행위자의 행위에 대한 책임확정과 그에 따른 형벌귀속이 종래의 자유자본주의적 시민사회에서는 상대적으로 분명하게 행해질 수 있었으나, 후기 산업사회 및 과학·기술화된 현대사회에서는 대단히 불확실성을 띠게 된 것이다. 그 주된 원인으로는 자본주의의 발전에 따른 사회경제적 토대의 변화와 그에 따른 사회현실의 복잡성 증대, 특히 과학·기술화된 일상영역과 그 비약적 확장을 꼽을 수 있다. 이러한 상황에서 책임확정과 형벌귀속의 토대로 사용되는 과학기술적 지식의 반증가능성과 다원성 및 불충분성 등은 오늘날 책임확정과 형벌귀속의 문제를 한층 더 불확실성에 시달리도록 하고 있다.[27] 나아가 이러한 과학과 기술의 급격한 성장에 따라 사회적 하부체계들이 작동하는

확정되기 어렵다는 점은 비교적 자명하다"[귄터 엘샤이트/하쎄머, "비난 없는 형벌"(배종대 역), 『책임형법론』(심재우 편역), 홍문사, 1995, 126쪽].

27) 이에 관해 자세한 것은 이상돈, 앞의 책, 307쪽 이하 참조. 이 교수는 여기서 하버마스의 '생활세계와 사회체계의 분화'이론을 응용하여 행위영역과 책임귀속에 관한 세 가지 이념모델을 제시하고 있다. 생활세계와 사회체계는 특정한 행위영역을 가리키는 것이 아니라 공동체를 형성하는 메커니즘의 두 가지 형태를 말한다. 생활세계란 사회구성원들의 합의에 바탕을 둔 규범에 의해 구성원들이 하나의 사회로 통합되는 메커니즘을, 그리고 사회체계란 개인이나 단체 또는 거대한 사회조직이나 기구가 수행하는 기능들이 하나의 체계로 통합되는 메커니즘을 말한다(311-312쪽).

기능적 행위영역[28]이 확장됨과 동시에 전통적으로 시민에 의해 자율적으로 형성·발전된 일상적 행위영역이 그러한 기능적 행위영역에 의해 잠식당함으로써(이른바 '생활세계의 식민지화') 행위방향설정의 불안전성 역시 고조되고 있다. 이로써 개인은 자신의 그릇된 의사와 그에 기초한 행위의 결과에 대해서만 책임을 진다고 보기도 어렵게 되었다(엄격한 의사책임의 붕괴).

이러한 기능적 행위영역에서 행위주체는 시민들에 의해 자율적으로 형성·발전된 규범보다는 주로 행정관료 등이 일정한 정책적 표상 아래 설정한 행위지침만을 만날 뿐이다. 따라서 이런 행위지침들은 사회통합의 참된 기초가 되는 규범으로서의 성격을 지니지 못하며, 그러한 지침을 위반한 경우에도 행위자는 그로 인해 초래되는 부정적인 결과가 무엇인지를 전망하기 어렵게 되었다. 나아가 기능적 행위영역에서 행위주체는 자신의 행위가 기능적 요소로 편입되어 있는 사회적 하부체계의 기능을 유지·향상시키라는 명령 아래 놓이게 된다. 그 결과 사회통합의 기초가 되는 전승된 규범의 위반이 아니라 사회적 하부체계의 기능을 유지·향상시키기 위해 부과된 의무의 위반이 행위주체의 행위에 대한 법적 책임의 기초가 되고 만다.[29]

---

28) 여기서 사회적 하부체계란 시장의 조정기능 위에서, 과학과 기술의 전문지식을 제공하는 전문가집단과 이를 바탕으로 재화를 생산해내는 산업영역, 그리고 이러한 과학기술과 산업영역을 계획·조정·관리하는 행정관료 간의 기능적인 상호작용에 의해 재화의 생산과 분배가 이루어지는 메커니즘을 말한다. 이러한 메커니즘이 작동하는 기능적 행위영역의 특징에 관해서는 이상돈, 앞의 책, 326쪽 참조.

29) 이상돈, 앞의 책, 327-328쪽. 이러한 현상에 대응하여 이 교수는 그 대안으로, 사회적 하부체계의 기능적 명령을 어느 정도 고려하면서도 법적 책임의 귀속이 동시에 사회통합의 기초가 될 수 있는 행위규범을 형성·발전시키는 것이 중요하다고 하며, 형법상으로는 권리에 대응되어 있는 의무의 위반에 대해서만 책임을 귀속시킬 수 있다고 본다(앞의 책,

그런데 이와 같이 책임확정과 그에 따른 형벌귀속의 불확실성이 증대된 상황에서는 책임원칙 역시 그에 비례하여 더욱더 중요한 의의를 갖게 된다. 왜냐하면 책임귀속이 이처럼 불확실한 상황이라면 책임원칙은 — 적어도 우리가 이를 포기하지 않는 한 — "의심스러울 때에는 피고인의 이익으로"원칙에 따라 형법적 통제를 포기할 것을 요청하기 때문이다.

3. 책임개념의 의미론적 불명확성과 예방적 관점의 융합

이러한 요인들에 이어 책임원칙의 존립 자체에 보다 더 심각한 타격을 주고 있는 비판이 일고 있는데, 책임개념 자체가 의미론적으로 불명확하다는 지적이 그것이다.[30] 책임론에 관련된 개념들 — 특히 의사자유, 책임능력, 타행위가능성 등 — 은 그 의미론적 불명확성 때문에 '유책한' 행위에 관한 개별적 판단기준들을 너무 넓은 범위에서 변화시키며, 그 결과 책임원칙은 국가권력의 개입가능성을 효율적으로 제한할 수 없게 되고, 결국 그러한 제한은 책임원칙이 아닌 다른 원칙이나 기준에 의거할 수 있다는 것이다. 행위자의 책임을 '평균인'이라는 일반화된 기준의 도움을 빌어 판단하고 이를 통해 개개의 행위자에게 다른 행동을 할 수 있었다고 짐짓 '꾸며대는' 것 역시 이러한 이유에서 비롯된다고 한다. 이와 같이 책임과 관련된 개념들의 모호성과 경험적 내용의 결여는 책임개념을 거의 임의적인 형사정책적 목적의 측면에서 해석하고 구성할 수 있게 해줌으로써 책임원칙을 가지고는 더 이상 임의적인 형사정책적 목적으로부터의 행위자

333쪽).

30) 이에 관해 자세한 것은 미카엘 바우르만, "책임 없는 도그마틱"(이상돈 역), 『책임형법론』(심재우 편역), 홍문사, 1995, 232쪽 이하 참조.

보호 및 국가형벌권의 제한 기능을 효과적으로 수행할 수 없다고 한다.[31]

책임개념의 의미론적 불명확성이 책임판단에 다른 원칙이나 기준이 개입될 수 있는 비밀통로를 제공하고 있음은 어느 정도 인정하지 않을 수 없다. 다시 말해 적어도 형법적 논의에서 책임원칙은 이러한 한계 앞에서 심히 갈등하고 있음이 사실이다. 형법상 책임원칙이 예방의 필요성에 의해서도 영향을 받는다거나, '어둠 속'에 머물고 있는 책임귀속의 판단기준이 타행위가능성이라는 외견상의 기준에 의해 단지 위장되고 있을 뿐이라거나, 책임원칙은 단지 형사정책적 목적을 눈에 띄지 않게 은밀히 스며들게 하는 이데올로기적 기능만을 수행하다거나, 나아가 형벌목적이 책임을 채색한다는 공공연한 고백 등[32]은 모두 이러한 문제상황에 대한 진단과 인식에서 비롯된 것이다. 책임개념과 책임원칙을 둘러싸고 있는 이러한 문제상황은 전통적 책임사상을 고수하면서 그 문제점을 보완해보려는 시도와 애당초 전통으로부터의 결별을 선언하고 새로운 해결방안을 찾으려는 시도 사이의 분기점을 형성하고 있다.

31) 이런 이유로 바우르만은 형사제재 투입의 비례성기준을 행위자의 책임이 아닌 '행위의 사회적 유해성'에서 찾는다. 행위의 사회적 유해성이 형사법적 조치의 비례성기준으로 적합하다고 보는 근거로는 i) 일반의 법익과 행위자의 법익을 비교할 수 있게 해준다는 점, ii) 일반예방적·특별예방적 목적 추구를 보장해 준다는 점, iii) 경험적으로 의미충만한 해석과 세분화가 가능하다는 점을 들고 있다. '행위관련적 조치법'으로 포괄되고 있는 그의 자세한 구상에 관해서는 미카엘 바우르만, 앞의 논문, 266쪽 이하 참조.

32) 미카엘 바우르만, 앞의 논문, 231쪽 참조.

Ⅳ. 형벌조항 위헌심사기준으로서의 책임원칙

요컨대, 오늘날 책임원칙은 그 필요성과 의문성 사이에서 심히 요동하고 있는 실정이다. 이러한 상황에서 책임원칙이 나아가야 할 돌파구를 찾는 것은 결코 쉽지 않은 일이다. 설령 어떤 돌파구가 제시된다 하더라도, 그것이 책임원칙이 안고 있는 문제점과 의문점을 충분히 해소할 수 있을 만큼 '적절한' 것인가를 둘러싼 논의는 앞으로도 계속될 수밖에 없을 것으로 보인다. 우리나라의 경우 대다수의 형법학자들은 여전히 책임원칙이 갖는 '국가형벌권제한기능'에 무게중심을 두면서 전통적인 책임사상 내지 책임원칙을 승인·고수하려는 태도를 보이고 있다. 앞서 살펴보았듯이, 헌법재판소 역시 이러한 전통적인 책임사상에 기대어 책임원칙을 형벌조항에 대한 위헌심사기준으로 삼고 있다. 하지만 책임원칙을 둘러싸고 전개되고 있는 복잡한 논의상황을 고려할 때 헌법적 차원에서 이 원리의 유용성과 한계를 살펴보는 것은 참으로 힘겨운 작업으로 보인다. 그럼에도 여기서는 (형법상) 대체로 인정되고 있는 책임원칙의 내용과 역할에 관한 언급에 터 잡아, 헌법재판소 판례에 나타난 책임원칙 위반 여부가 문제된 몇몇 사례들을 분석하고 비판적으로 검토해 보기로 한다.

1. 책임원칙의 내용과 기능

책임원칙은 책임개념을 포함하고 있으므로("책임 없으면 형벌 없다"), 책임원칙의 내용 역시 책임개념의 내용에 따라 달라질 수 있다. 위에서 살펴본 바와 같이 책임개념의 내용에 관해서는 여러 의견이 갈리고 있으며, 특히 책임과 예방의 관계를 어떻게 설정하느냐에 따라 각기 다른 형태를 취함을 알 수 있다. 여기서는 다만 의견의 일치를 보고 있는 부분 — 형벌근거책임과 양형책임 등 — 에 관해서만 언급하기로 한다.

(1) 책임원칙의 내용

1) 책임은 형벌의 전제이자 근거

책임은 모든 범죄와 그에 따른 형벌의 전제이자 근거이다. 따라서 책임원칙은 범죄성립과 형벌귀속의 근거로서의 책임(형벌근거책임)을 요구한다. 형법도그마틱상 이러한 책임의 요소들로는 책임능력, 책임요건으로서의 고의·과실, 위법성의 인식, 기대가능성 등을 들 수 있다. 이러한 책임개념은 구성요건해당성이나 위법성과 마찬가지로 형벌을 근거짓는 것이자 동시에 형벌을 제한하는 실질적 범죄요소이다. 이로써 책임은 형벌의 정당성에 대한 전제이자 근거가 된다. 여기서 책임원칙은 "책임 없이는 범죄 없다"는 법원칙으로 파악된다.

2) 불법과 책임의 일치

책임원칙은 불법과 책임의 일치, 즉 행위의 외적 측면과 내적 측면의 일치를 요구한다. 책임은 불법에 관한 모든 구체적 요소를 포함해야 하기 때문에 책임과 무관한 불법요소는 허용될 수 없다. 따라서 행위자의 책임 여부와 무관하게 발생한 결과에 대해 무조건 책임을 인정하는 불법행태책임('불법한 원인에 기한 귀속', versari in re illicita)은 인정될 수 없다.[33] 여기서 책임원칙은

---

33) 현재 역시 책임원칙에 기초하여 이러한 불법행태책임을 부정하고 있다: "만약 법질서가 부정적으로 평가한 결과가 발생하였다고 하더라도 그러한 결과의 발생이 어느 누구의 잘못에 의한 것도 아니라면, 부정적인 결과가 발생하였다는 이유만으로 누군가에게 형벌을 가할 수는 없

"행위자의 책임은 실현된 불법과 일치하여야 한다"는 법원칙으로 표현될 수 있다.

3) (양형에서) 책임과 형벌의 상응

책임원칙은 책임과 형벌이 상응할 것을 요구한다. 책임은 양형의 기초로서 형벌의 부과 여부와 그 정도에 관한 기준을 제시한다. 여기서 책임개념은 구체적 사안에서 형벌의 범위를 정하는 데 의미 있는 요소들의 전체를 말한다(양형책임). 형벌은 책임의 상한선을 넘어서 부과되어서는 안 된다. 형벌이 책임 하한선의 아래에서 부과될 수 있는가에 대해서는 논란이 있지만, 가능하다고 보아야 할 것이다. 여기서 책임원칙은 "행위자에게 과해지는 구체적 형벌(양형)은 그의 책임에 상응하여야 한다"는 법원칙으로 나타난다.[34)]

(2) 책임원칙의 기능

책임원칙은 국가 형벌권의 발동을 근거짓는 기능과 동시에 형벌권을 제한하는 기능(이중적 기능)을 갖는다.[35)] 그런데 책임원

다"(헌재 2009. 7. 30, 2008헌가10 전원재판부; 헌재 2007. 11. 29, 2005헌가10 전원재판부).

34) 그 밖에도 "책임원칙은 행위자의 행위시 책임능력이 동시에 존재하고 있을 것을 요구한다"(행위시 책임의 동시존재 원칙)도 책임원칙의 한 내용을 이룬다(김일수 · 서보학, 앞의 책, 82쪽).

35) 책임원칙을 지지하는 입장에서 제시되는 이 원칙의 좀더 구체적인 역할로는 다음과 같은 사항들을 들 수 있다: i) 행위자의 행위와 형사제재 간의 비례성 보장은 책임원칙의 토대 위에서만 설명되고 관철될 수 있다. ii) 책임원칙은 특별예방적 동기나 목적에 기한, 과도한 형벌의 부과를 막아준다. iii) 책임원칙은 일반예방적 동기나 목적에 기한, 극단적인 형벌의 부과를 막아준다. iv) 책임원칙은 일반예방적 동기나 목적에 기한, 책임 없는 자에 대한 처벌을 막아준다.

칙의 이러한 기능과 관련해서는 책임원칙의 양면성 — 소극적 의미와 적극적 의미 — 을 둘러싼 논의가 있다. 일반적으로 책임원칙은 그 소극적 측면만을 지니는 것으로 이해되고 있다. 그 적극적 의미, 즉 책임원칙은 "책임은 그에 상응하는 형벌을 적극적으로 요구한다"는 의미까지도 갖는가에 관해서는 의견이 나뉘고 있다.

먼저, 형법상의 책임을 인간이 지닌 윤리적 자기결정능력을 잘못 사용하여 불법을 행하였다는 점에서 찾으면서 이러한 적극적 측면까지 요구한다고 보는 견해가 있다.[36] 하지만 현재 책임원칙의 이러한 양면성을 부정하는 것이 대체적인 입장이다. 인간의 윤리적 자기결정능력은 구체적으로 확인될 수 없을 뿐만 아니라 처벌의 필요성이 없음에도 행위자를 처벌하는 것은 가급적 최대한의 자유영역을 보장하라는 법치국가의 이념에 반하기 때문이다.[37] 또한 이러한 적극적 측면을 따르게 되면 형량은 항상 책임에 대응하여야 하므로, 책임을 초과하는 형벌을 가할 수 없음은 물론이지만, 범죄자의 재사회화나 건전한 사회복귀를 위해 필요하다고 인정되는 경우에도 책임을 밑도는 형벌은 과할 수 없게 된다.[38] 부정설에 따르면 책임원칙은 과도한 형벌부과를 제한하는 기능만을 갖는 것으로 이해된다.

자유주의적 법치국가의 이념에 비추어 볼 때 행위자의 책임에 상응하는 정도를 넘어선 형벌부과는 허용되지 아니하며, 이런 점에서 책임원칙은 소극적 의미로 이해하는 것이 옳다고 본다. 그런데 이러한 결론이 반드시 책임원칙의 적극적 의미 인정 여

36) 대표적인 견해로는 Arthur Kaufmann, Das Schuldprinzip, 2.Aufl., 1961 참조.

37) 이상돈, 형법강의[제1판], 법문사, 2010, 392쪽.

38) 한상훈 · 천진호, 앞의 논문, 81쪽.

부에 관한 논의와 사유 필연적으로 연계되어야 하는지는 의문이다. 만일 그렇다면 책임원칙을 소극적 의미로만 파악하는 견해는 책임원칙의 형벌제한 기능만을 인정하고 형벌근거제시기능은 인정할 수 없기 때문이다. 하지만 책임원칙을 소극적 의미로 이해한다고 해서 책임과 책임원칙의 형벌근거제시기능을 인정할 수 없는 것은 아니다. 책임원칙은 행위자의 책임의 범위를 넘어선 형벌만을 금지하는 것이지, 행위자의 책임을 밑도는 형벌의 부과까지 금지하는 것은 아니라고 보아야 하기 때문이다. 따라서 책임원칙을 소극적 의미로 파악하더라도 책임에 상응하는 형벌이 반드시 부과되어야 하는 것은 아니며, 책임에 의해 확정된 형벌의 선고나 집행을 유예할 수도 있고, 형의 일부가 집행된 뒤에도 예방적 관점에 따라 잔여형의 집행유예나 가석방을 허용할 수 있는 것이다.

2. 책임원칙과 비례성원칙의 관계

헌법재판소는 책임과 형벌 간의 비례관계를 판단함에 있어 헌법상의 과잉금지원칙(비례성원칙)이라는 큰 틀에 기대고 있다. 즉 특정한 형벌조항이 책임원칙에 반하는지 여부를 판단함에 있어 먼저 입법목적의 정당성 여부를 판단한 뒤 과잉금지원칙에 기초하여 입법목적 달성을 위한 필요성 여부, 그 수단·방법의 적정성 여부 및 책임과 형벌 간의 비례성 여부를 판단하고 있다: "이와 같이 책임의 정도에 비례하는 법정형을 요구하는 것은 — 즉 책임의 정도를 초과하는 형벌을 가할 수 없다는, 책임과 형벌 간의 비례원칙은 — 과잉금지원칙을 규정하고 있는 헌법 제37조 제2항으로부터 도출되는 것이다."[39]

이로 볼 때 헌법재판소가 위헌법률심사의 기준으로 삼고 있는 책임원칙은 — 적어도 현행 법체계의 규율하에서는 — 형법상의 책임원칙과 그 외연에 있어서 엄밀하게 같다고 보기는 어려워 보인다. 헌법상의 비례성원칙이 형법상의 책임원칙의 한 측면을 이루고 있음은 분명하다. 즉 형법상의 책임원칙은 행위자의 불법과 그에 따른 책임을 물음에 있어 비례성 판단을 천명한 것이라 할 수 있다.[40] 하지만 비례성원칙은 형법상의 책임원칙의 한 부분측면에 불과할 뿐, 중요한 측면은 아니다.[41] 왜냐하면 비례성원칙은 일면 불법과 책임(의 정도), 타면 형벌(의 양) 간에 적정한 비례관계를 유지하여야 한다는 대강만을 말해 줄 뿐이고, 구체적 사안에서 행위자에게 어느 정도의 형벌이 부과되어야 할 것인가(구체적 형량)에 관해서는 말해 주지 않기 때문이다. 즉 구체적인 사안에서 책임에 상응하는 형벌의 귀속 문제는 당해 행위자의 책임의 정도에 관한 확정을 전제로 하여 논할 수 있다는 점에서 형법상의 책임원칙의 관할사항이지 비례성원칙의 관할사항은 아니다.

이런 점에서 형법상 책임원칙의 내용으로 거론되고 있는 위 세 가지 사항 중에서 헌법적 측면과 상대적으로 밀접한 관련성을 지닌 것은 주로 '불법과 책임의 일치'부분[위 1.(1)2)]이라 할 수 있다. 가령 아래에서 살펴볼 4.(2)-(3) 사항은 이와 관련되어 있는 것이다. 물론 모든 경우에 그렇다고 말할 수는 없다. 형법상 책임원칙의 내용 중에서 '책임은 형벌의 전제이자 근거'(형벌근거책임)부분[위 1.(1)1)] 역시 특정한 사안에 대한 위헌법률심사기준으로 작용하기 때문이다. 가령 아래 4.(1)에서 살펴볼 양벌규

---

39) 헌재 2010. 7. 29, 2008헌바88 전원재판부.

40) 이용식, "비례성원칙을 통해서 본 형법과 헌법의 관계," 형사법연구 제25호, 2006, 47쪽 참조.

41) Arthur Kaufmann, 형법상 책임원칙에 관한 시대불변의 성찰들, 20쪽.

정 관련 부분은 이와 관련되어 있다. 다만 현행 법체계상 양형책임이 문제되는 경우(구체적인 선고형량의 결정)에는 형법상 책임원칙의 한 내용인 '(양형에서) 책임과 형벌의 상응'부분[위 1.(1)3)]이 헌법상 위헌법률심사기준으로 원용될 수 있는 여지는 없어 보인다. 하지만 법원의 구체적 판결까지도 헌법재판의 대상이 된다면 사정은 달라질 것이다. 그 경우에는 형법상 책임원칙의 관점에서 행위자의 구체적 책임(의 정도)과 이를 토대로 내려진 법원의 선고형량 간에 적정한 비례관계가 유지되는지 여부에 대해 심사가 가능할 것이기 때문이다. 이렇게 본다면 근원적으로는 헌법상의 책임원칙과 형법상의 책임원칙이 그 내포와 외연에 있어 일치하지만, 현행 법체계상의 한계로 인해 그 적용영역에 있어 일부 제약이 따르고 있을 뿐인 셈이다.

3. 위헌심사의 규범적 전제와 기준

(1) 입법자의 입법재량의 존중

"어떤 범죄를 어떻게 처벌할 것인가 하는 문제, 즉 법정형의 종류와 범위의 선택은 그 범죄의 죄질과 보호법익에 대한 고려뿐만 아니라 우리의 역사와 문화, 입법당시의 시대적 상황, 국민일반의 가치관 내지 법감정 그리고 범죄예방을 위한 형사정책적 측면 등 여러 가지 요소를 종합적으로 고려하여 입법자가 결정할 사항으로서 광범위한 입법재량 내지 형성의 자유가 인정되어야 할 분야이다."

(2) 책임과 형벌 간의 비례관계 유지와 그에 대한 판단기준

"우리 헌법은 국가 권력의 남용으로부터 국민의 기본권을 보호하려는 법치국가의 실현을 기본이념으로 하고 있고, 법치국가의 개념은 범죄에 대한 법정형을 정함에 있어 죄질과 그에 따른 행위자의 책임 사이에 적절한 비례관계가 지켜질 것을 요구하는 실질적 법치국가의 이념을 포함하고 있으므로,[42] 어떤 행위를 범죄로 규정하고 어떠한 형벌을 과할 것인가 하는 데 대한 입법자의 입법형성권이 무제한한 것이 될 수는 없다. 형벌의 위협으로부터 인간의 존엄과 가치를 존중하고 보호하여야 한다는 헌법 제10조의 요구에 따라야 하고, 헌법 제37조 제2항이 규정하고 있는 과잉입법 금지의 정신에 따라 형벌개별화원칙이 적용될 수 있는 범위의 법정형을 설정하여 실질적 법치국가의 원리를 구현하도록 하여야 하며, 형벌이 죄질과 책임에 상응하도록 적절한 비례성을 지켜야 한다."[43]

"… 어느 범죄에 대한 법정형이 그 범죄의 죄질 및 이에 따른 행위자의 책임에 비하여 지나치게 가혹한 것이어서 현저히 형벌체계상의 균형을 잃고 있다거나 그 범죄에 대한 형벌 본래의 목적과 기능을 달성함에 있어 필요한 정도를 일탈하였다는 등 헌법상의 평등의 원칙 및 비례의 원칙 등에 명백히 위배되는 경우가 아닌 한, 쉽사리 헌법에 위반된다고 단정하여서는 아니된다."[44]

(3) 요 약

요컨대, 헌법재판소는 형사입법상의 형벌조항을 규율함에 있어 입법자가 고려할 사항으로 다음과 같은 요소들을 들고 있다: ⅰ) 범죄의 죄질과 보호법익(불법과 책임 관련 요소), ⅱ) 역사와 문화, 시대적 상황, 국민의 가치관과 법감정(과거와 현재를 아우르

42) 헌재 1992. 4. 8, 90헌바24 전원재판부.
43) 헌재 2003. 11. 27, 2002헌바24 전원재판부.
44) 헌재 2001. 11. 29, 2001헌가16 전원재판부.

는 정치사회적 요소) iii) 범죄예방 등 형사정책적 측면(미래적 목적 요소). 이들 요소는 서로 조화로운 관계에 있을 수도 있지만, 실상 이런 경우는 거의 드물 것이고, 대체로 충돌·긴장관계에 놓여 있는 경우가 많을 것이다. 따라서 입법자가 어떤 요소에 중점을 두느냐에 따라 실제의 입법결과는 달라질 수 있다. 나아가, 형벌조항에 관한 입법자의 형사입법은 범죄와 책임에 상응하는 형벌을 설정함으로써 양자 간에 적절한 비례성을 유지해야 한다고 한다. 그리고 이러한 비례관계가 유지되고 있는지 여부에 관해서는 평등원칙이나 비례성원칙(이로써 책임원칙) 등에 의해 심사가 이루어지되, 가급적 입법자의 입법형성권이 존중되어야 하고 다만 예외적으로 죄질과 책임에 비해 지나치게 가혹한 형벌을 부과함으로써 형벌체계상의 균형을 잃게 하는 경우나 특정 범죄에 대한 형벌이 형벌의 본래적 목적과 기능을 달성함에 필요한 정도를 넘어선 경우 등 책임원칙 등의 위배가 '명백한' 경우에 한해서만 위헌으로 보고자 한다.

(4) 검 토

먼저, 책임원칙과의 조화 여부를 놓고 — 서로 긴장관계에 놓여 있는 — 행위자의 책임과 예방적 형벌목적[i)과 iii)]을 형벌조항에 관한 형사입법시 고려해야 할 요소로 보고 있음은 형법적 논의현황에 비추어 볼 때 그다지 문제될 것이 없다. 물론 이 경우에도 입법자가 과도한 형벌 내지 중형에 기초한 '충격효과'만을 겨냥한 나머지 일반예방적 형벌목적(위하예방)만을 지나치게 고려하여 입법을 하는 경우에는 위헌의 여지를 안게 될 것이다. 그런데 문제는 두 번째 요소[ii)]이다. 이들 요소가 실제로 많은 형사입법에서 중요한 요소로 반영되고 있지만, 과연 이들 요소가 범죄와 형벌, 동시에 책임과 형벌을 규율하는 형사입법에서 적극적으로 고려되어야 할 사항인지에 관해서는 의문이 없지 않다. 책임원칙의 명제가 말해 주듯이 이 원칙을 구성하고 있는 요소는 책임과 형벌이고, 설령 책임이 예방적 형벌목적에 의해 함께 규정되면서 영향을 받는다는 점을 인정하더라도, 책임원칙의 실현이 예방적 형벌목적과는 그다지 또는 전혀 관련이 없는 다른 요소들에 의해 영향을 받도록 하는 것은 책임원칙의 구조적 속성을 벗어나기 때문이다.

물론 형사입법이 완벽한 보편주의를 지향하지 않는 한 어느 정도 문화특수적인 요소를 반영하지 않을 수 없다는 점에서 이들 요소를 고려하는 것이 이해되지 않는 것은 아니다. 하지만 만일 그때그때의 시대적 상황과 국민의 법감정 등을 중점적 요소로 고려하게 되면 현실적으로 책임원칙에 반할 입법이 이루어질 가능성도 적지 않음을 감안할 때 이들 요소를 형사입법에 있어 적극적 요소로 고려하는 데는 신중한 접근이 필요하다고 본다. 물론 입법자가 형사입법의 영역에서도 입법재량 내지 형성의 자유를 갖는 것은 분명하지만, 형벌조항에 관한 형사입법이 국민의 자유와 권리를 심대하게 제한하는 것인데다, 헌법상의 원리인 책임원칙 — 행위책임과 개별책임을 당연한 전제로 하는 책임원칙 — 에 구속되어야 한다는 점에 비추어 보면 ii)요소가 형사입법의 영역에서 갖는 위상은 가급적 축소되어야 할 것이다. 이들 요소는 입법을 할 것인지 '여부'에는 현실적으로 상당한 영향력을 미칠 수 있는 사항이지만, 특정한 입법이 책임과 형벌 간의 비례관계를 유지하는지 여부(즉 책임원칙에 부합하는지 여부)의 문제에는 그다지 관련이 없는 요소이기 때문이다. 다시 말해 이들 요소는, 특정한 형사입법이 책임원칙에 비추어 그 적정한 한계 내에 머물고 있는지 여부를 판단함에 있어 부정적으로 작용하는, 이로써 형사입법의 영역에서는 책임원칙이 좀더 엄격하게 관철되어야 한다는 측면에서 보면 오히려 그 개입을 가급적 경계하거나 배제해야 할 요소이다. 만일 개인의 책임관련 요소들과 갈등・긴장관계에 놓여 있는 이들 요소를 형사입법의 적극적인 고려요소로 수용하게 된다면, 보다 손쉬운 입법이 이루어질 탄력적이고 유동적인 '틈새'는 상대적으로 넓게 보장되겠지만, 그런 만큼 책임원칙의 좀더 엄격한 실현은 어려워질 것이다. 이런 점에서 형벌조항에 관한 형사입법의 영역에서 입법자의 형성의 자유는 다른 영역에 비해 상대적으로 더 제약될 수밖에 없다고 본다.

또한, 헌법재판소가 예외적으로 책임원칙에 위배되는 것으로 보고자 하는 기준, 즉 죄질과 책임에 비해 지나치게 가혹한 형벌을 부과함으로써 형벌체계상의 균형을 잃게 하는 경우나 특정 범죄에 대한 형벌이 형벌의 본래적 목적과 기능을 달성함에 필요한 정도를 넘어선 경우 등의 기준 역시 매우 일반적인 성격을 띠고 있는데다, '지나치게 가혹한' 등 해석상의 상대적 차이를 가져올 수밖에 없는 표현들을 사용하고 있어 책임원칙 등에 기초한 위헌 여부의 판단에 난항을 예고하고 있는 듯하다.

요컨대, 헌법재판소는 형벌조항에 관한 형사입법의 영역에서 — 형법적 논의에서와 같이 — 예방적 형벌목적을 고려하는 형사정책적 관점 외에 그때그때의 시대적 상황이나 국민의 법감정 등을 적극적 고려요소로 파악함으로써 당해 형벌조항이 책임원칙에 반하는지, 이로써 위헌인지 여부를 판단함에 있어 매우 불확실한 상황을 초래하고 있는 것으로 보인다. 그 결과 책임과 형벌 간에 적정한 비례관계가 유지되고 있는지 여부를 판단함에 있어 형사입법시에 고려된 — 형사정책적 요소들 외에 매우 포괄적이고 가변적인 판단여지를 제공해주는 — 국가정책적 요소들이 다시금 고려요소로 등장하는 것으로 보인다. 물론 여기에는 책임원칙 자체가 지닌 한계, 즉 책임개념의 불확실성에서 기인하는 규법적 통제원리로서의 책임원칙의 불확실성이 중요한 요인으로 함께 작용했기 때문이라고 생각된다. 사정이 이러하다면 형사입법의 형벌조항에 관한 위헌심사에서는 결국 입법자의 입법재량 내지 형성의 자유를 얼마만큼 존중해줄 것인가, 이로써 책임원칙을 좀더 엄격하게 관철시킬 것인가 아니면 책임원칙의 실현에 있어 좀더 완화된 태도를 취할 것인가 하는 것이 중요성을 띠게 될 것이다. 나아가 이 점에 관한 판단은 결국 관련 요소들의 수용 또는 배제를 얼마만큼 합리적이고 설득력 있게 논증할 것인가 하는 문제로 귀착될 것이다.

4. 형벌조항의 위헌 여부가 문제된 사례들

(1) 양벌규정

1) 양벌규정의 문제점과 논의현황

양벌규정이란 각종 행정형법이나 경제형법 등 부수형법에서 직접 위반행위를 한 종업원 등의 행위자(자연인) 외에 법인 등도 함께 처벌하는 규정을 말한다. 양벌규정은 원래 기업형사책임의 입법형태로 엄격책임이나 대위책임[45]의 법리가 통하는 영미법계에 적합한 것이고, "단체는 형사책임을 질 수 없다"는 원칙을 지닌 대륙법계의 형법에는 매우 이질적인 것이다.[46] 그런데 우리의

45) 엄격책임(strict liability)이란 행위자의 고의·과실을 요건으로 하지 않고 단순히 어떤 행위를 하거나(또는 하지 않거나) 어떠한 결과를 야기하기만 하면 처벌하는 경우를 말한다. 그리고 대위책임 또는 대리책임(vacarious liability)이란 행위자(대개 사용자)의 개별적인 고의·과실이 없음에도 불구하고 타인(대개 피용자)의 법위반행위에 대해 책임을 지는 경우를 말한다. 이들은 행위자의 고의·과실이 없음에도 현실적인 처벌필요성 때문에 형사책임을 부과하는, 책임원칙의 예외에 속하는 것이다(이기헌, 앞의 논문, 355쪽 이하 참조).

경우 여러 법률에서 이러한 양벌규정을 두고 있어 그 위헌 여부가 계속해서 문제되어 왔다. 이러한 양벌규정의 법적 성격에 관해서는 법인 등에게 행위자(종업원)의 행위에 의한 전가책임 내지 대위책임을 인정하는 무과실책임설, 법인 자신의 과실행위에 기인한 책임을 인정하는 과실책임설, 법인의 종업원 선임·감독상의 과실책임을 입법자가 법률상 추정한 규정이라고 보는 과실추정설, 법인의 과실이 당연히 의제되며 법인은 무과실의 증명을 통해서도 책임을 면할 수 없다고 보는 과실의제설, 법인의 종업원에 대한 관리·감독의무 위반에 기초한 부작위책임을 인정하는 부작위책임설 등이 대립하고 있다.[47] 무과실책임설은 양벌규정을 책임원칙의 예외로 파악하는 견해로서, 법인의 범죄능력을 부정하는 그 전제에서 보면 체계적으로 일관된다고 볼 수 있다. 하지만 양벌규정의 존재를 전제로 하면 그 법적 근거에 대한 설명으로는 받아들이기 어렵다. 이에 학설상으로는 부작위책임설이 유력한 지위를 얻고 있는 실정이다.

2) 헌재의 입장

주지하다시피 최근 양벌규정을 두고 있는 일련의 법조항들이 책임원칙에 반하여 헌법에 위반되는지 여부가 문제되었다. 여

46) 조병선, “기업형사책임과 책임원칙 – 양벌규정에 대한 위헌결정의 파장과 책임원칙의 재조명,” 형사법연구 제22권 제1호(통권 제42호), 2010, 10-11쪽.

47) 참고로 양벌규정의 법적 성격에 관한 대법원의 입장을 보면, 대법원은 일관되게 법인 영업주의 종업원에 대한 선임감독상의 주의의무위반, 즉 과실책임을 근거로 법인의 책임을 묻되 다만 종업원의 위반행위에 대한 법인의 선임감독상의 과실이 추정된다는 태도를 취하고 있다[大判 2010. 2. 25, 2009도5824; 大判 2005. 6. 9, 2005도2733; 헌재 2010. 7. 29, 2009헌가25, 36, 2010헌가25(병합) 등 전원재판부, 재판관 이동흡의 반대의견 참조].

기서 문제의 쟁점은 이들 양벌규정이 자기책임원칙 또는 개별책임원칙에 위반되는지 여부이다. 이에 대해 헌재는 2007년 11월 29일 양벌규정에 대한 위헌결정을 내렸고,[48] 이를 필두로 하여 양벌규정을 둔 법률조항이 줄줄이 위헌 제청되어 위헌 결정을 받았다.[49] 이로써 양벌규정은 개인과 법인에 대한 것인지 여부를 불문하고 책임원칙에 반하여 위헌이라는 것이 헌법재판소의 확립된 판례가 되었다. 그런데 헌재 결정에서 양벌규정의 법적 성격으로 문제가 된 것은 '선임감독상의 과실(주의의무위반)'이다.[50] 대

48) 헌재 2007. 11. 29, 2005헌가10 전원재판부(보건범죄단속에 관한 특별조치법 제6조 위헌제청).

49) 양벌규정의 위헌 여부가 문제되어 위헌결정이 내려진 경우로는 헌재 2007. 11. 29, 2005헌가10 전원재판부(보건범죄단속에 관한 특별조치법 제6조 위헌제청); 헌재 2009. 7. 30, 2008헌가10 전원재판부(청소년보호법 제54조 위헌제청); 헌재 2009. 7. 30, 2008헌가14 전원재판부(사행행위 등 규제 및 처벌특례법 제31조 위헌제청); 헌재 2009. 7. 30, 2008헌가16 전원재판부(의료법 제91조 제1항 위헌제청); 헌재 2009. 7. 30, 2008헌가17 전원재판부(구 도로법 제86조 위헌제청); 헌재 2009. 7. 30, 2008헌가18 전원재판부(구 건설산업기본법 제98조 제2항 위헌제청); 헌재 2009. 10. 29, 2009헌가6 전원재판부(의료법 제91조 제2항 위헌제청); 헌재 2010. 7. 29, 2009헌가14, 2010헌가18(병합) 등 전원재판부(도로교통법 제159조 위헌제청 등); 헌재 2010. 7. 29, 2009헌가25, 36, 2010헌가25(병합) 등 전원재판부[(구) 농산물품질관리법 제37조 위헌제청] 등 참조. 다만 (구) 농산물품질관리법 제37조 위헌제청사건과 관련하여 헌재는 같은 법 제37조 중 "법인의 대리인·사용인 기타의 종업원이 그 법인의 업무에 관하여 제34조의2의 위반행위를 한 때에는 그 법인에 대하여도 해당 조의 벌금형을 과한다"는 부분은 위헌이라고 보았지만, "법인의 대표자가 그 법인의 업무에 관하여 제34조의2의 위반행위를 한 때에는 그 법인에 대하여도 해당 조의 벌금형을 과한다"는 부분은 — 법인 대표자의 위반행위에 대한 법인의 책임은 법인 자신의 위반행위로 평가될 수 있는 행위에 대한 법인의 직접책임을 뜻한다고 보아 — 위헌이 아니라고 보았다[헌재 2010. 7. 29, 2009헌가25, 36, 2010헌가25(병합) 등 전원재판부].

50) 이와 관련하여, 양벌규정의 입법형태는 대륙법계에는 없는 것이고 영

부분의 사건에서 헌재의 결정은 크게 세 가지 의견 — 다수의견, 별개의견, 반대의견 — 으로 갈리었다.[51]

다수의견은 (영업주가 고용한 종업원 등이 그 업무와 관련하여 위반행위를 한 경우에, 종업원 등의 범죄행위에 대해 영업주가 비난받을 만한 행위를 하였는지 여부와는 전혀 관계없이 종업원 등의 범죄행위가 있으면 자동적으로 영업주도 처벌하도록 규정하고 있는) 양벌규정을 위헌이라고 보았다. 양벌규정은 그 법률조항의 문언과 목적에 비추어 볼 때 합헌적 법률해석 — 즉 영업주가 종업원 등에 대한 선임감독상의 주의의무를 위반한 과실 기타 영업주의 귀책사유가 있는 경우에만 처벌하도록 규정한 것이라고 해석하는 것 — 의 여지가 없고, 이로써 비난받을 만한 행위를 한 바 없는 자까지 타인(종업원)의 범죄행위를 이유로 처벌하는 것이어서 책임원칙 — "책임 없는 자에게 형벌을 부과할 수 없다" — 에 반한다는 것이다. 별개의견 역시 양벌조항을 위헌이라고 보았다. 첫째, 양벌조항은 종업원의 범죄에 아무런 귀책사유가 없는 영업주까지도 처벌할 수 있는 것처럼 규정하고 있어 "책임 없는 형벌 없다"는 원칙에 반한다는 것이고, 둘째, 설령 당해 법률조항을 종

미법계의 대위책임(vacarious liability)의 범주에 속하는 상위자책임(respondeat superior)에 해당하는 것이어서 대륙법계에 없는 책임형태를 설명하기 위해 '감독과실책임'을 문제삼은 것이라는 분석으로는 조병선, 앞의 논문, 10쪽 참조.

51) 여기서는 편의상 청소년보호법 제54조 위헌제청사건(헌재 2009. 7. 30, 2008헌가10 전원재판부)에서 제시된 의견을 토대로 살펴보기로 한다. 이 사건 심판대상조문: 청소년보호법(2004. 1. 29. 법률 제7161호로 개정된 것) 제54조(양벌규정) 법인·단체의 대표자, 법인·단체 또는 개인의 대리인, 사용인 기타 종업원이 그 법인·단체 또는 개인의 업무에 관하여 제49조의2 내지 제49조의4 및 제50조 내지 제53조의 죄를 범한 때에는 행위자를 벌하는 외에 그 법인·단체 또는 개인에 대하여도 각 해당 조의 벌금형을 과한다.

업원에 대한 선임감독상의 과실 있는 영업주를 처벌하는 규정으로 보더라도 과실만 있는 영업주를 고의의 본범(종업원)과 동일한 법정형으로 처벌하는 것은 책임의 정도에 비해 지나치게 무거운 법정형을 규정한 것이어서 책임원칙에 반한다는 것이다.

이에 반해 반대의견은 위헌이 아니라고 보았다. 양벌조항에서 종업원 이외에 영업주도 동일한 법정형으로 처벌하고 있는 것은 종업원의 위반행위가 이익의 귀속주체인 영업주의 묵인 또는 방치로 인해 발생하거나 그로 인해 강화될 가능성이 높아 영업주에 대한 비난가능성이 높음에도 공범으로서의 입증가능성은 오히려 낮을 수 있음을 감안한 것으로, 종업원의 위반행위에 대한 법인의 선임감독상의 과실을 강력히 처벌하려는 입법자의 의지가 반영된 것이라고 한다. 따라서 당해 법률조항이 그 문언상 '영업주의 종업원에 대한 선임감독상의 과실 기타 귀책사유'를 명시하고 있지 않더라도 그러한 귀책사유가 있는 경우에만 처벌하는 것으로 합헌적 법률해석을 할 수 있어 책임원칙에 반하지 않는다는 것이다.

3) 검 토

양벌규정에 대해서는 그 동안 학계에서도 범죄예방이라는 형사정책적 관점에 치우쳐 책임 없는 자까지 처벌함으로써 책임원칙에 반한다는 목소리가 많았다. 그런데 양벌규정을 둘러싼 이러한 규범적 혼란은, 형법은 책임원칙에 엄격한 대륙법계(특히 독일)의 것을 계수한 반면 부수형법의 영역에서는 정책적·실무적 필요에 따라 양벌규정이라는 입법형식을 통해 영미법계의 요소를 도입한 데서 기인하는 것이라 할 수 있다.[52] 이런 점에서 양벌규

52) 조병선, 앞의 논문, 7쪽.

정은 책임원칙의 엄격한 실현과 (처벌을 통한) 범죄예방이라는 형사정책적 목적 사이에 자리하면서 이론적으로 매우 복잡한 논란을 야기해 왔다고 할 수 있다. 이러한 상태에서 양벌규정에 대해 헌법재판소가 위헌 결정을 내린 것은, 형법이론적 측면에서 형법체계와 조화되기 어려웠던 이물질을 제거해 내었다는 점에서 매우 반길 만한 일이라고 본다. 다만, 날로 증대하는 기업범죄에 대한 효율적 대처방안을 마련하는 것이 시급한 과제로 남아 있다.

현재 법무부는 양벌규정을 삭제하는 대신 면책규정을 포함하는 방식으로 개정하는 방식 — 기존의 규정에 "다만 법인·단체 또는 개인이 그 위반행위를 방지하기 위하여 해당 업무에 관하여 상당한 주의나 감독을 게을리하지 아니한 경우에는 그러하지 아니하다."라는 명책규정을 추가하는 방식 — 을 택하여 — 이미 이러한 방식에 따라 자격기본법, 도로법 등 다수의 법률이 1차로 개정·공포되었다 — 계속해서 개정작업을 추진하고 있는 중이다. 하지만 대륙법계 형법을 계수한 우리의 형법체계에서 이질적인 양벌규정을 어떻게 합헌적으로 변형시킬 것인가는 결코 쉽지 않는 과제이다.

(2) 주거침입강제추행죄와 주거침입강간죄의 동일처벌이 문제된 경우

「성폭력범죄의 처벌 및 피해자보호 등에 관한 법률」 제5조 제1항 중 "형법 제319조 제1항(주거침입)의 죄를 범한 자가 같은 법 제298조(강제추행)의 죄를 범한 때에는 무기 또는 5년 이상의 징역에 처한다"는 부분이 형벌체계상의 균형상실 또는 형벌과 책임 간의 비례원칙에 위반되는지 여부가 문제된 사안이다.[53] 이에

---

53) [심판대상조문] 성폭력범죄의 처벌 및 피해자보호 등에 관한 법률

대해 헌재는 책임원칙에 위반되지 않는다고 보았다.[54] 앞서 살펴본 헌법재판소의 규범적 심사기준과 그에 대한 필자의 검토내용에 기초하여 이 사건에 관한 결정(다수의견)과 그 논거들을 살펴보면 다음과 같다.

1) 다수의견과 그 논거

다수의견(결정요지)은 먼저 ⅰ) 강제추행죄의 피해자들이 직면하는 심각한 정신적·정서적 장애 등의 피해사정, 사생활의 중심인 주거에서 강제추행이 초래하는 피해의 심각성, 특히 가족이 목격하는 가운데 행해진 경우 가정의 파괴에까지 이를 수 있다는 사정 등(사실적 근거)에다가, 불법에 상응하는 책임과 범죄예방이라는 형사정책의 고려(규범적 근거)에 기초하여 주거침입강제추행죄의 구성요건을 신설한 것은 필요하고도 바람직한 것이라고 한다. 또한 ⅱ) 보호법익의 중요성, 죄질, 행위자 책임의 정도 및 일반예방이라는 형사정책의 측면 등을 고려할 때 형법상 강제추

(1997. 8. 22. 법률 제5343호로 개정된 것) 제5조(특수강도강간 등) ① 형법 제319조 제1항(주거침입), 제330조(야간주거침입절도), 제331조(특수절도) 또는 제342조(미수범. 다만, 제330조 및 제331조의 미수범에 한한다)의 죄를 범한 자가 동법 제297조(강간) 내지 제299조(준강간, 준강제추행)의 죄를 범한 때에는 무기 또는 5년 이상의 징역에 처한다.

54) 특수강도강제추행죄의 법정형을 특수강도강간죄의 그것과 같이 사형·무기 또는 10년 이상의 징역형으로 정한 것이 형벌체계상의 균형상실 또는 과잉처벌인지 여부가 문제된 사건[헌재 2001. 11. 29, 2001헌가16 전원재판부(성폭력범죄의 처벌 및 피해자보호 등에 관한 법률 제5조 제2항 위헌제청)] 역시 이와 유사한 취지의 판례로 보인다. [심판대상조문] 성폭력범죄의 처벌 및 피해자보호 등에 관한 법률(1997. 8. 22. 법률 제5343호로 개정된 것) 제5조(특수강도강간 등) ② 형법 제334조(특수강도) 또는 제342조(미수범. 다만, 제334조의 미수범에 한한다)의 죄를 범한 자가 동법 제297조(강간) 내지 제299조(준강간, 준강제추행)의 죄를 범한 때에는 사형·무기 또는 10년 이상의 징역에 처한다.

행죄의 법정형을 가중하여 무기 또는 5년 이상의 징역형이라는 비교적 중한 법정형을 정한 것에도 나름대로 수긍할 만한 합리적인 이유가 있다고 본다.

그리고 iii) 주거침입강제추행죄와 주거침입강간죄의 비례관계에 관해서는 다음과 같이 논증한다. a) 일반적으로, 강제추행은 강간에 비해 그 피해가 상대적으로 경미하고 불법의 정도도 낮지만, b) 성기에 이물질을 삽입하는 가학적 행위, 항문성교, 구강성교 등 강간보다 죄질이 나쁘고 피해가 중대한 경우도 있다는 점, 통상의 추행행위라도 범행동기, 범행 당시의 정황, 보호법익에 대한 침해 정도 등을 고려하면 강간보다 무겁게 처벌하거나 적어도 동일하게 처벌해야 할 필요가 있는 경우도 실무상 흔히 있다는 점 등에 비추어 볼 때 강간과 강제추행을 구분하여 강간에 비해 강제추행을 가볍게 처벌하는 것은 구체적인 경우에 있어 오히려 불균형적인 처벌결과를 가져올 염려가 있다고 한다. 따라서 주거에 침입하여 피해자를 강제추행한 경우에 대한 비난가능성의 정도가 피해자를 강간한 경우에 비해 반드시 가볍다고 단정할 수는 없고 오히려 구체적인 추행행위의 태양에 따라서는 강간의 경우보다 더 무겁게 처벌해야 할 필요도 있으므로, 문제의 법률조항이 형벌체계상의 균형을 잃은 자의적 입법은 아니라고 한다.

2) 검　토

i) 부분은 특별히 문제가 없어 수긍할 만하다. ii) 부분은 여러 가지 복합적 요소들을 원용하여 판단하고 있으나 그런 만큼 세밀한 논증은 이루어지지 못하고 있다. 하지만 형법이론적 측면에서 보면 이 점에 관해 합리적인 논증을 수행하는 것이 결코 쉽지 않거나 또는 거의 불가능하다는 점에서 일면 수긍이 가

는 일이다. 왜냐하면 우리 형사특별법상의 형벌체계는 입법자가 국민의 법감정과 그때그때의 현실적 필요성에 따라 중형주의의 기반하에서 마구잡이로 형벌을 상향조정해 놓았을 뿐만 아니라, 일반법인 형법과의 체계적 정합성도 그다지 심도 깊게 고려하고 있지 않은 까닭에 형법체계와의 균형성에 부합하는지조차 판단하기 어려운 지경에 처해 있다는 점에 대부분의 형법학자들이 공감하고 있기 때문이다. 현재 법무부 주관하에 형사특별법을 전면적으로 정비하는 작업이 추진되고 있음도 바로 이러한 이유에서이다. 다음으로 iii) 부분은 납득하기 어려워 보인다. 입법자가 특별히 중한 처벌의 필요성이 인정되어 특별법에서 중한 범죄구성요건을 신설하는 경우에는 우선적으로 일반법인 형법에 설정된 범죄 및 형벌체계를 그 기초로 삼아야 하기 때문이다. 다시 말해 형법이 강제추행죄와 강간죄의 불법과 책임을 엄격히 구별하여 서로 달리 규정하고 있는 이상, 특별한 사정이 없는 한 이러한 체계적 일관성은 특별법에서도 그대로 유지되어야 한다는 것이다. 이러한 지적은 별개의견과 반대의견에서도 나타나고 있다.[55)]

---

55) "형법에 규정되어 구체적인 법정형으로 표현되고 있는 가치판단은 특별한 사정변경이 없는 한 존중되어야 한다. 우리 입법자가 형법상 강간죄의 법정형을 강제추행죄의 법정형보다 현저히 높게 설정한 것은 강간죄의 불법 정도와 비난가능성이 강제추행죄의 그것보다 훨씬 크고 높다는 전제에 선 것이다. 그런데, 이 사건 법률조항은 주거침입죄와 결합되었다는 이유 이외에 특별한 사정변경 없이 죄질이 다른 주거침입강간죄와 주거침입강제추행죄에 대하여 동일한 법정형을 규정하고 있으므로, 실질적 평등원칙에 어긋나고 형벌체계상의 균형을 잃은 입법형태라는 점을 부인할 수 없다"(재판관 목영준의 별개의견). "입법자는 형법 제297조(강간), 제298조(강제추행)에서 그 죄질과 보호법익 등 여러 가지 요소를 종합하여 그 법정형을 … 각 규정하였다. 이는 강간도 넓은 의미에서는 강제추행의 한 유형이라고 할 수 있으나, 추행행위에서 더 나아가 간음으로까지 이어진 경우에는 성적 자기결정권의 현저한 침해로서 입법자는

이는 형사특별법의 형벌체계에 관한 규율이 체계정합성의 측면에서 매우 문제가 많음을 보여주는 단면이라 하겠다.

다수의견의 결정요지에서 한 가지 특이한 것은, 강간과 강제추행을 구분하여 강간에 비해 강제추행을 가볍게 처벌하게 되면 '구체적인 경우에 있어 불균형적인 처벌결과를 가져올' 수 있다는 부분이다. 필자가 보기에 이는 '형평'(equity, Billigkeit)의 이념에 기대고 있는 논거로 보인다. 형평이란 구체적 사례에서의 정의를 말한다. 다시 말해 구체적 사례에서의 타당성을 견지하기 위해 일반적인 형식적 정의에 수정을 가하는 법이념 내지 법원리라 할 수 있다.[56] 일반적인 형식적 정의와 형평의 관계는 원칙과 예외의 관계로 정의할 수 있다. 이러한 정의에 따르면 원칙과 예외가 동일한 위상을 갖고 병렬적으로 규정되는 것은 논리적 모순이다.[57] 그렇다면, 다수의견의 주장대로 강제추행죄의 불법과 책임이 거의 강간죄의 그것에 견줄 만한 정도여서 동일하게 처벌할 필요성이 있는 경우라 하더라도, 양자를 같은 범죄구성요건에 넣어 동일한 법정형으로 규율할 것이 아니라, 형법의 기본입

이에 대해 그 불법의 정도와 비난가능성이 강제추행보다 훨씬 크다고 보아 중하게 처벌하고 있는 것이다 … 주거침입강제추행죄는 주거침입의 가중적인 구성요건이 아니라 강제추행죄의 가중적 구성요건이므로 그 본질은 여전히 강제추행 부분에 있고, 주거침입강간죄도 그 본질이 강간에 있으므로, 강간이나 강제추행에 대한 입법자의 평가는 여기에서도 그대로 유지되어야 한다"(재판관 주선회, 재판관 조대현의 반대의견).

56) 이런 점에서 형평은 "정의의 목발"로 불린다[카임 페를만, 법과 정의의 철학(심헌섭 · 강경선 · 장영민 옮김), 종로서적, 1986, 93쪽].

57) 다음과 같은 반대의견의 지적 역시 이와 궤를 같이하는 것으로 보인다: "다수의견은 '통상적인 추행행위'라는 원칙적인 사례를 기준으로 주거침입강제추행죄의 성격을 파악하기보다는 예외적이거나 비전형적인 유형을 기준으로 하여 본죄를 파악하고 있는 것이고, 예외적이거나 비전형적인 다른 행위자의 불법내용을 통상적인 범죄유형에서의 행위자의 책임으로 의제하는 것은 어떠한 목적을 위해서도 정당화될 수 없다."

장대로, 서로 다른 구성요건을 두어 규정하되 그 처벌에 있어 강제추행죄가 허용하는 법정형의 범위 내에서 최대한 중하게 처벌하는 방식을 취하는 것이 바람직할 것이다.

(3) 예비죄와 본죄(기수범)의 동일처벌이 문제된 경우

관세대상 물품의 부정수입예비 또는 관세포탈예비를 한 자를 본죄에 준하여 처벌하도록 한 구 「특정범죄 가중처벌 등에 관한 법률」 제6조 제7항 중 관세법 제270조의 죄를 범할 목적으로 그 예비를 한 자에 대하여 적용되는 부분의 위헌 여부가 문제된 사안이다.[58] 이에 대해 헌재는 책임원칙(과 평등원칙 및 인간의 존엄과 가치)에 반하지 않는 것으로 보았다.

1) 다수의견과 그 논거

다수의견(결정요지)은 먼저 ⅰ) 해당 예비죄 조항이 관세포탈 등 예비범에 대해 본죄에 준하여 가중처벌하도록 규정하고 있는 것은, 같은 조항이 특정하고 있는 관세포탈죄 등만은 그 특성과 위험성을 고려하여 이를 처벌함에 있어 조세범이나 다른 일반범죄와는 달리함으로써 건전한 사회질서의 유지와 국민경제의 발전에 이바지하기 위한 것으로(같은 법 제1조) 우리나라의 경제질서에 관한 헌법 제119조 제2항(경제의 규제·조정), 제125조(무역의 규제·조정) 규정의 정신에 부합하여 입법목적의 정당성이 인정된다

58) 헌재 2010. 7. 29, 2008헌바88 전원재판부(특정범죄 가중처벌 등에 관한 법률 제6조 제7항 등 위헌소원). [심판대상조문] 구 특정범죄 가중처벌 등에 관한 법률(2000. 12. 29. 법률 제6305호로 개정되고, 2010. 3. 31. 법률 제10210호로 개정되기 전의 것) 제6조 제7항 중 관세법 제270조의 죄를 범할 목적으로 그 예비를 한 자에 대하여 적용되는 부분(⑦ 관세법 제271조에 규정된 죄를 범한 자는 제1항 내지 제6항의 예에 의한 그 정범 또는 본죄에 준하여 처벌한다).

고 보았다. 또한 ii) 당해 예비죄 조항은 이러한 입법목적을 달성하기 위해 필요할 뿐 아니라 그 수단·방법에 있어서도 적정하며, 책임과 형벌 사이에 적정한 비례관계가 있어야 한다는 책임원칙에도 반하지 않는다고 보았다. 그 근거로는 a) 관세포탈의 경우 수입신고 이전단계인 예비나 수입신고 후 수입 이전단계인 미수는 모두 명백한 범의를 가지고 진행되는 일련의 절차에 불과하므로 관세포탈 등의 예비나 미수가 기수에 비해 위험성이나 법익침해 가능성이 다르다고 할 수 없고(법익침해의 관점), b) 관세범은 형사범과는 달리 재정범이자 행정범의 일종으로서 국가경제에 미치는 영향이 크며(국가경제적 관점), c) 조직성과 전문성, 지능성, 국제성을 갖춘 영리범이라는 특성을 갖고 있어 쉽게 근절되기 어려울 뿐 아니라(범죄의 특성), d) 범행의 인지·범인의 체포 등이 극히 어렵고(절차상의 난점), e) 특히 기수와 미수, 미수와 예비를 엄격히 구별하기 어려워 이 범죄에 대해 철저하게 대처해야 할 필요성이 있으며(범죄에 대한 효율적인 대처 필요성), f) 법률의 위하적 효과로서의 일반예방적 효과를 제고할 필요도 있다(일반예방적 형벌목적)는 점을 들고 있다.

2) 반대의견[59]과 그 논거

반대의견은 당해 예비죄 조항이 기수죄의 법정형과 아무런 차등을 두지 않고 예비죄를 기수죄와 동일하게 처벌하고 있는 것은 명백히 책임의 정도를 초과하는 형벌을 과하는 것으로 헌법상 책임원칙에 위반된다고 보았다. 그 논거로는 i) 우리 형법은 예비행위를 미수·기수와 엄격히 구별하여 법익침해의 위험성이 중대한 예외적인 경우에만 특별히 처벌규정을 두고 있는바,

59) 재판관 김종대, 재판관 목영준, 재판관 송두환의 (일부)반대의견.

이는 예비행위가 본죄와 형사상 책임이 동일할 수 없음을 보여주고 있다는 점, 그런데 우리 현행 형벌체계상 예비를 기수와 동일하게 처벌하는 유일한 입법례라 할 수 있는 해당 예비죄 조항은 이러한 체계에 명백히 배치된다는 점(비록 관세범의 경우 예비와 미수·기수를 구분하기 어려운 경우가 있더라도 이를 이유로 형법체계상의 구분기준을 포기할 것은 아니라는 점)(형법상의 형벌체계 고려), ii) 해당 예비죄 조항이 제정된 1968년 무렵이나 헌법재판소가 구 관세법(1996. 12. 30. 법률 제5194호로 개정되기 전의 것) 제182조 제2항에 대해 합헌결정을 내린 1996년 무렵과는 경제적 사정이 크게 달라진 작금의 상황[60]에서 관세범은 조세범의 한 형태로서 다른 조세범과 국민경제에 미치는 해악의 정도에 있어 별다른 차이가 없게 되었으므로 특별히 관세범의 경우에만 형벌체계의 정합성을 깨뜨려서 예비죄를 기수죄와 동일한 법정형으로 처벌해야 할 합리적 이유가 없다는 점(변화된 경제환경의 반영), iii) 따라서 비록 관세포탈범에 대한 규율을 함에 있어 일반 형사범의 경우에 비해 합목적성·기술성 및 정책성을 참작할 필요가 있더라도, 그에 대해 형벌을 과함에 있어서는 일반형법의 책임원칙을 바탕으로 하지 않을 수 없다는 점(합목적성에 대한 법원리의 중시), iv) 해당 예비죄 조항과 관련하여 2010. 1. 1. 법률 제9910호로 관세법이 개정되면서 관세법 제271조 제3항은 "제268조의 2, 제269조 및 제270조의 죄를 범할 목적으로 그 예비를 한 자는 본죄의 2분의 1을 감경하여 처벌한다"는 내용으로 바뀌었는데, 이는 관세범의 경우에도 범죄에 대한 책임의 정도에 상응하

60) 국민경제의 성장·발전과 국제화의 실현으로 경제적 후진상태에서 벗어나 수많은 국내생산제품이 외국에 수출되고 국내외의 상품가격 및 품질의 격차가 해소되었으며, 외국과의 인적·물적 교류도 빈번하여지고 있는 상황을 말한다.

는 처벌이 이루어져야 한다는 반성적 고려의 결과라는 점[61](입법자의 태도 변화 고려) 등을 들고 있다.

3) 검 토

양 의견은 모두 각 의견을 정당화함에 있어 여러 가지 요소들을 원용하여 근거를 제시하고 있다. 다수의견은 그 법적 판단을 정당화함에 있어 법익침해나 위험성의 고려, 합목적성이념에 기초한 국가경제적 고려, 범죄의 특수성과 형사절차상의 난점 고려, 범죄에 대한 현실적이고 효율적인 대처 필요성, 일반예방적 형벌목적의 고려 등 대체로 국가정책적 입장이나 형사정책적 측면에 중점을 두면서도 형사입법체계, 특히 형법상의 형벌체계에 관한 부분에서는 상당히 완화된 태도를 취하고 있는 것으로 보인다. 반면 반대의견의 논거는 형법상의 형벌체계의 존중, 변화된 경제환경과 상황의 고려, 합목적성에 대한 법원리의 중시, 입법자의 태도변화 고려 등으로 집약할 수 있는바, 이는 다수의견과는 달리 형법상의 형벌체계를 주된 근거로 하면서 형사입법의 영역에서 합목적성의 이념(정책적 관점)보다는 법원리(책임원칙)를 좀더 엄격하게 실현시키려는 모습을 보이고 있는 것 같다.

논거들의 특징을 감안할 때 이 사건에서는 형사입법체계, 특히 형법상의 형벌체계에 어느 정도의 비중을 줄 것인가 하는 점이 크게 작용한 듯하다. 물론 일반법인 형법체계를 우선적으로 고려하기 위해서는 형법상 형벌체계가 합리적으로 구성되어 있음

61) 나아가 평등원칙 위반 여부와 관련해서는, 관세범에 대한 평가가 변화한 지금에도 관세포탈 등의 예비행위를 본죄에 준하여 처벌하도록 규정하고 있는 해당 예비죄 조항은 관세포탈 등의 본죄와 비교하여 불합리할 뿐만 아니라, 일반형법 위반범 및 다른 조세범의 예비죄 처벌과 비교하더라도 관세범에 대한 불합리한 차별대우에 해당한다고 보았다.

을 전제로 한다. 앞에서도 지적하였듯이 형사특별법 내지 부수형법상의 형벌체계가 그때그때의 처벌필요성 및 국민의 여론에 기대어 정립됨으로써 많은 문제점들을 안고 있다는 점, 형법상의 형벌체계에 관한 논의 — 현재 그 대폭적 개정을 위한 작업이 추진되고 있지만 — 가 적어도 형법도그마틱을 통해 지속적으로 이루어져 왔다는 점 등을 고려하면, 형사특별법이나 부수형법의 개별조항에 대한 (책임원칙에 반하는지 여부를 이유로 한) 위헌 여부에 대한 결정은 형법상의 형벌체계를 기준으로 한 정합성 여부에 그 초점이 맞추어져야 할 것으로 본다. 형법상의 형벌체계 역시 입법자의 작품이며, 더욱이 형사특별법이나 부수형법보다는 좀더 심혈을 기울여 만든 작품으로 볼 수 있기 때문이다. 또 이렇게 하는 것이 형법과 특별형법 또는 부수형법 간의 체계적 정합성을 꾀하는 데도 도움이 될 것이다. 이 점은 책임원칙을 둘러싼 헌법상의 논의가 형법상의 논의와 조율될 필요성을 보여주는 것이기도 하다. 국가의 기본법인 헌법은 그 하위체계인 형법의 규범력을 보증하는 토대가 되지만, 다른 한편 그러한 헌법의 규범적 내용 역시 형법적 논의와의 지속적인 상호적 소통을 통해 구성되는 것이라 할 수 있다.

Ⅴ. 맺음말 — 책임원칙의 과제와 미래

오늘날 책임원칙의 실현에 한계가 있다는 점에 대해서는 이견이 없다. 이러한 실현상의 한계는 — 알렉시의 언급대로 — 법원리로서의 책임원칙이 최적화명령으로서의 성격을 가진다는 데서 잘 드러난다. 인간존재의 불완전성, 책임개념 자체에 대한 회의, 사회적 복잡성의 증대로 인한 책임귀속의 불명확성, 책임과 예방

간의 적정한 한계 설정의 어려움 등은 모두 책임원칙의 실현을 제약하는 사실적 및 규범적 요소로 작용하고 있다. 그러나 이러한 난점에도 불구하고 책임원칙은 인간을 이성적 주체 — 즉 실천이성을 지니고 자율적으로 자기결정을 할 수 있는 주체 — 로 보는 인간상을 전제로 하면서 오늘날에도 여전히 그 효력과 유용성을 지닌 핵심적 법원리임에 분명하다. 특히 책임원칙이 자유주의적 법치국가의 측면에서 국가형벌권의 자의적 발동과 행사를 제한함으로써 개인의 자유를 보장하는 핵심적 역할을 수행하고 있고 또 수행해야 함은 자명한 일이다.

다만 앞서 살펴보았듯이, 일면 책임에 의해, 타면 예방적 형벌목적에 의해 규정되는 책임원칙의 구조상 책임원칙이 국가형벌권의 제한이라는 그 고유한 과제를 어떻게 수행해 나갈 것인가 하는 것이 무엇보다 관건이다. 책임범주의 두 가지 측면을 고려할 때 책임에 중심을 둔 책임원칙의 측면은 자유주의적 법치국가원리에, 타면 예방적 목적을 고려한 책임원칙의 측면은 사회적 법치국가원리에 의해 지배된다. 이러한 이율배반적인 이념에 의해 인도되면서 책임과 예방이라는 이질적인 두 요소를 '적절하게' 아울러야 하는 것이 책임원칙의 가혹한 운명인 셈이다.[62)]

---

62) 이러한 운명 속에서 주변의 거친 도전들에 맞서기 위해서는 전통적 책임개념에 내재된 문제들을 해결하기 위한 합리적인 방안 역시 지속적으로 강구되어야 할 것이다. 가령 일반인의 의사소통적 생활현실에 기초하여 경험적으로 공감을 얻을 수 있는, 책임판단 또는 책임비난의 실질적 근거를 찾는 일은 특히 중요하다고 본다. 이를 위해 절차법적으로도 획기적인 변화를 꾀할 필요가 있다. 현재 양형에 관한 합리적인 기준을 마련하기 위한 작업이 계속되고 있지만, 이에 못지않게 합리적인 양형절차를 구성하는 것도 시급한 일이다. 공판절차의 이분화, 이를 통한 양형심리의 충실화와 공정성 확보, 전문화된 양형조사관의 확충 등은 양형과 형벌귀속의 합리화를 위한 '절차적 기획'의 핵심에 속하는 사항들이다. 이러한 일련의 조치는 모두 법치국가적 정형화의 과제에 속하는 것이다.

헌법적 차원에서도, 즉 형벌조항에 관한 위헌심사기준으로서의 책임원칙도 이러한 운명을 벗어나 있지는 못한 듯하다. 그런데 헌법적 차원에서의 책임원칙은 사실상 더 가혹한 운명을 지니고 있는 것으로 보인다. 왜냐하면 형법적 논의의 차원과는 달리 헌법적 논의의 차원에서는 법익보호와 범죄예방 등 형사정책적 요소 외에도 입법자가 형사입법을 함에 있어 고려한 다양한 요소들, 가령 국민의 법감정, 시대적 상황, 국가경제적 배려 등 국가정책적 및 정치사회적 요소들까지 책임원칙의 실현에 영향을 미치고 있기 때문이다. 하지만 — 앞서 언급하였듯이 — 입법자의 입법형성의 자유는 적어도 형벌조항에 관한 형사입법의 영역에서는 상대적으로 엄격한 제약을 받지 않을 수 없다. 형사입법에서 입법자가 형성의 자유에 터 잡아 다양한 요소들을 반영할 수는 있겠지만, 책임원칙이 그 실현에 있어 제약받아야 할 요소는 법익보호나 예방적 형벌목적 등 형사정책적 측면에 국한되어야 한다는 점에서 보면, 그 밖의 요소들에 무게중심을 둘 경우에는 결국 책임원칙에 반할 소지가 많기 때문이다. 몇몇 헌법재판소 판례에 대한 앞서 행한 분석에서 보았듯이, 형사입법과정에서 고려된 다양한 요소들 중 특히 국가정책적 요소 등은 책임원칙 위반 여부에 대한 심사 및 판단에 다시금 사용되어 그 위반을 배제하는 요소로 작용하는 경우도 없지 않다. 물론 형벌조항에 관한 형사입법에서 입법자가 어떤 요소들을 고려하더라도 종국적으로 그 입법의 책임원칙 위반 여부, 이로써 그 위헌 여부에 대한 규범적 판단은 헌법재판소가 감당할 몫이다. 그렇다면 헌재 역시 책임원칙의 구조적 특징에서 초래되는 한계, 즉 법익보호와 범죄예방이

책임원칙이 그 본래의 역할을 제대로 수행할 수 있기 위해서도 이러한 제도적 변화는 반드시 필요한 것이라 본다.

라는 형사정책적 측면만이 책임원칙의 구체적 실현을 제약하는 요소로 작용한다는 점을 가급적 존중하여야 할 것이다. 그럴 경우에야 비로소 헌법과 형법이라는 서로 다른 법영역의 기본원리로 작동하는 책임원칙이 법체계 전체의 측면에서도 일관된 내용을 갖고 적용될 수 있을 것이다.

오늘날 책임원칙의 폐기 또는 다른 원칙으로의 대체를 주장하는 견해도 있지만, 이러한 주장의 힘을 떨어뜨리면서 장래에도 책임원칙이 여전히 그 실천적 위용을 발휘하자면 이러한 소통적 수렴은 불가피할 것이다.

제 3 부

이론과 논증

2

알렉시의 법적 논증이론* **

Ⅰ. 머 리 말

『법적 논증이론』을 구상한 알렉시의 인식관심은 한 마디로 말해 법적 결정이 어떻게 정당화될 수 있는가, 좀더 엄밀하게 말하자면 어떻게 하면 법적 결정을 합리적으로 정당화할 수 있을 것인가 하는 데 있다. 이는 법적 결정이나 법적 판단의 정당성 내지 타당성의 문제이기도 하지만 궁극적으로는 법학의 과학으로서의 성격과도 밀접하게 연계되어 있는 문제이다. 그는 이 문제에 대한 자기 나름의 해답을 '합리적인 법적 논증'에서 찾고 있다. 이런 점에서 그는 『법적 논증이론』의 연구목적을 "합리적인 실천적 논증대화이론을 법적 논증의 영역으로 확대함으로써 그러한 확장에 기여하고자 하는 것"에 있음을, 그리고 연구대상을, "합리적인 법적 논증이 무엇을 의미하는가의 문제 및 그것이 가능한지 여부, 그리고 가능하다면 어느 범위에서 가능한가" 하는 데 있음을 분명하게 밝히고 있다.[1)] 이러한 문제에 답하기 위해, 먼저 그는 전통적인 법학방법론에서 법적용의 핵심방법으로 사용되어 온 법률적 삼단논법의 문제점을 언급하는 데서부터 논의를

---

* 『한국형사법학의 오늘』(이영란교수 화갑기념논문집), 2008. 11, 37쪽 이하.

** 이 글에서는 알렉시의 저서 『법적 논증이론』의 대강을 소개하는 차원에서 서술하였을 뿐임을 밝힌다.

1) 알렉시, 법적 논증이론(변종필 · 최희수 · 박달현 옮김), 고려대학교출판부, 2007, 12, 183쪽.

시작한다.

1. 법학방법론의 핵심문제

그는 오늘날 법학방법론에 관한 논의에서 광범위하게 일치를 보고 있는 인식, 즉 법률 내지 법규정의 적용은 더 이상 삼단논법에 따른 논리적 포섭에 지나지 않는다고 말할 수 없다는 점에 동의한다. 법적 판단은 삼단논법에 의해 근거지어질 수도 있으나, 대전제(법규범)와 소전제(사실)로부터 논리적으로 귀결되지 않는 법적 판단이 존재하기 때문이다.[2)] 알렉시는 이러한 판단을 어떻게 근거지을 것인가의 문제는 법학방법론의 문제라고 하면서, 법학방법론이 이 문제를 해결하기 위해서는 다음과 같은 일정한 규칙이나 절차를 제시해야 한다고 한다. 즉 전제들로부터 결론으로의 이행이 그러한 전제들로부터 논리적으로 추론되지는 않더라도 그러한 이행을 허용될 수 있는 것이라고 볼 수 있게 해주는 일정한 규칙(들)이나 절차를 제시하거나, 또는 이행의 중간과정에서 추가적인 명제들을 획득할 수 있게 함으로써 법적 판단이 그러한 명제들로부터 논리적으로 추론될 수 있게 해주는 일정한 규칙(들)이나 절차를 제시해야 한다고 한다.

그러면서 그는 이러한 과제를 수행하기 위한 방법으로서, 해석카논을 원용하는 방법, 일정한 방식으로 사유하는 명제들의 체

2) 이 점은 특히 법개념의 주변부 내지 뜰의 영역과 관련하여 그러하다. 가령 하트(H.L.A. Hart) 역시 법개념의 중심부(core, 의미가 명확한 영역)에서는 전통적인 삼단논법이 적용될 수 있지만, 그 주변부(penumbra, 의미가 불명확한 영역)에서는 삼단논법에 의한 문제해결이 불가능하며, 따라서 이 영역에서는 부분적으로 법관에게 입법자로서의 지위를 인정해야 한다고 본다.

계를 원용하는 방법 등을 거론하고 있다. 전자는 근거제시규칙 내지 그러한 규칙들의 체계를 원용하는 방법인바, ⅰ) 해석카논의 수가 확정되어 있지 않고, ⅱ) 해석카논들 간의 우선순위(서열)가 확정되어 있지 않으며, ⅲ) 해석카논 자체가 불명확함을 언급한다. 물론 이러한 약점 때문에 해석카논이 무의미하여 폐기되어야 하는 것은 아니지만, 해석카논 역시 법적 판단을 근거짓기에 충분한 규칙은 아니라고 한다. 후자는 규범적 전제들을 이끌어낼 수 있는 원천이 되는 일정한 명제들의 체계를 추구하는 방법이지만, 이 체계는 전제되어 있는 명제들을 넘어서는 규율내용은 포함하고 있지 않다고 한다. 가령, 법질서의 일반적 원칙들의 체계(가치론적·목적론적 체계)를 원용하는 방법도 가능한데, 이들 원칙은 전제되어 있는 규범으로부터 논리적으로 도출되는 것이 아니므로 그 근원의 문제가 생기며, 이를 사용함에 있어서도 다른 원칙들과의 관계 및 충돌의 문제가 발생하는 점에 비추어, 이러한 체계들에 기초한 논증이 불가능한 것은 아니지만, 그 논증의 구속력이 제한적일 수밖에 없다고 한다.

2. 법적 결정에 전제되어 있는 평가와 평가의 도덕관련성

이와 같이 개별사례에 대한 법적 결정이 일정한 법규범으로부터도 논리적으로 추론되지 않고, 일정한 명제들의 체계로부터도 논리적으로 추론되지 않고, 법학방법론의 규칙들(해석카논)로부터도 근거지어질 수 없다면, 법관 등 결정권자는 더 이상 이것들에 구속되지 않고 몇 가지 해결책 중에서 선택할 수 있는 재량의 여지를 갖게 된다. 따라서 결정권자의 일정한 명령이나 금지 또는 허용에 관한 주장이나 확정에는 선택된 대안을 그 어떤 의미에서 더 나은 것으로 보는 판단 내지 평가가 전제되어 있는 셈이며, 법학이 이러한 평가 없이 변통하지 못한다는 점은 오늘날 거의 모든 방법론적 논문들에서 강조되고 있는 바이다.

그런데 알렉시에 의하면 법적 결정에서 필요로 하는 이러한 평가는 도덕과 관련되어 있다. 그는 평가의 도덕관련성에 있어 강한 테제 — 법적 결정에서 필요로 하는 평가는 언제나 도덕적인 것으로 파악되어야 한다는 테제 — 보다는 다소 완화된 테제 — 법적 결정에서 필요로 하는 평가는 언제나 도덕에 관련되어 있다는 테제 — 를 취한다. 모든 법적 결정에는 최소한 개인의 이해관계가 관련되어 있고, 이러한 이해관계를 제한하는 것이 정당한가의 물음은 도덕적 문제로도 제기될 수 있다는 점에서 이 테제는 논란의 대상이 될 수 없다고 한다.

그렇다면 중요한 문제는, 어떤 경우에 또 어느 정도로 평가가 필요한가, 일면 이러한 평가와 타면 법해석의 방법 및 법도그마틱의 명제들이나 개념들과의 관계를 어떻게 규정할 것인가, 그리고 이러한 평가가 합리적으로 근거지어지거나 정당화될 수 있는가 하는 것이다. 이 물음에 대한 대답은 법학의 학문적 성격에 관한 결정과 연계되어 있음은 물론, 법관의 판결을 통해 사회적 갈등을 규율하는 것이 과연 정당한 것인가의 문제에서도 대단히 중요한 비중을 차지하게 된다.

3. 평가의 객관화가능성에 관한 기존의 방법들과 그 문제점

알렉시는 이러한 평가의 객관성 내지 객관화가능성을 보장하는 기존의 방법들로, 사실적으로 존재하는 확신과 합의 및 사실적으로 효력을 갖거나 준수되고 있는 비법적인 규범들에 초점을 맞추는 방법(제1의 방법), 현존하는 법소재로부터 이끌어낼 수 있는 평가들을 원용하는 방법(제2의 방법), 초실정적인 법원칙들을 원용하는 방법(제3의 방법) 등을 거론하고 있다.

제1의 방법으로는 가령 일반인 또는 일정한 집단(법률가집단, 법관집단 등)의 표상이나 평가에 의지하는 방법을 들 수 있는데, 이 방법은 그러한 표상이나 평가가 많은 경우에 있어 정확하게 확인될 수 없고 또 서로 다를 수 있는데 그렇다면 결정권자는 어떤 평가에 따라야 하는가 하는 문제를 야기한다. 제2의 방법으로는 가령 법질서의 내적인 평가맥락이나 법질서의 전체적 의미를 원용하는 방법을 들 수 있는데, 이것 역시 결정권자로 하여금 일정한 평가를 확립하게 해주는 확고한 기준이 되지 못하므로 불충분하다고 한다. 다양한 규범들은 서로 완전히 다르거나 종종 상호 괴리되는 평가관점들의 결정체이기 때문에 어떤 원칙도 무제한적으로 실현되지는 못할 것이며, 따라서 이러한 평가관점들을 고려하기보다는, 이들 평가관점을 일정한 결정을 근거짓는 데 도입할 수 있도록 허용해주는 형식과 규칙을 엄밀하게 규정하는 것이 중요하다고 한다. 그리고 제3의 방법으로는 가령 일정한 가치질서를 원용하거나 자연법명제들을 원용하는 방법을 들 수 있는데, 이들은 극히 의문스러운 철학적 전제들(예컨대, 존재로부터 당위가 도출될 수 있다는 전제)을 포함하고 있어 문제라고 한다.

그 밖에 알렉시는 제1의 방법에서 전제되어 있는 인식 외의 경험적 인식들을 원용하는 방법을 들고 있는데, 경험적 인식은 법적 근거제시에서 대단히 중요하게 작용하지만, 이것에만 근거해서는 어떠한 규범적 전제도 도출될 수 없음을 지적하고 있다.

Ⅱ. 알렉시의 기본구상

이러한 문제의식에 기초하여 알렉시는 기존의 방법과 구분되는 새로운 방법을 시도하고 있다. 즉 합리적인 실천적 논증대화 내지 이러한 논증대화의 산물임을 징표해주는, 절차적 규칙으로서의 일정한 형식들과 규칙들을 제시하려는 시도가 그것이다.

1. 법적 논증의 성격

법적 논증(juristische Argumentation)은 가령 소송 및 법학적 논의 등과 같이 서로 다른 상황에서 행해지는 언어활동으로 이해되며(논증대화[3]), 여기서는 규범적 언명[4]의 정당성이 문제된다(실천적 논증대화). 따라서 법적 논증은 논증대화, 특히 실천적 논증대화(praktischer Diskurs)로서의 성격을 지닌다. 그런데 실천적 논증대화로서의 법적 논증대화는 일반적인 실천적 논증대화의 특별한 경우이다('특별한 경우' 테제, Sonderfallthese).

2. 규범적 · 분석적 고찰방식의 도입

법적 논증대화를 고찰하는 방식에는 크게 세 가지, 즉 경험

---

3) 논증대화(Diskurs)란 경험적 또는 규범적 언명의 진리성이나 정당성에 대한 심사가 이루어지는 행위맥락을 의미한다.

4) 언명(Aussage)이란 명제를 통해 말해지고 있는 것, 즉 명제의 의미를 말한다. 명제(Satz)란 가령 음성기호나 문자기호의 일정한 효과를 말하며, 표현(Äußerung)은 일정한 상황에서의 명제의 사용을 말한다. 알렉시는 『법적 논증이론』에서 언명과 명제라는 말을, 특별히 그 차이가 문제되지 않는 한, 함께 사용하고 있다.

적, 분석적, 규범적 고찰방식이 있을 수 있다. 경험적 고찰방식이란 일정한 논거들의 빈도, 일정한 화자집단과 대화상황 및 일정한 논거들의 사용 간의 상관관계, 논거들의 효과, 논거들의 사용동기, 논거들의 타당성에 관한 일정한 집단 내의 지배적 견해 등을 기술하고 설명하는 고찰방식을 말한다. 그리고 분석적 고찰방식이란 논거들 간의 논리적 구조를 취급대상으로 삼는 고찰방식을 말하며, 규범적 고찰방식이란 법적 논증대화의 합리성에 대한 기준들을 제시하고 근거짓는 고찰방식을 말한다. 법적 논증대화의 합리성에 대한 기준들이 알렉시의 연구의 중심을 이루고 있으며, 이러한 기준들을 획득하기 위해서는 근거제시의 논리적 구조에 관한 분석이 필요하다는 이유에서, 그는 위 방식들 중 규범적·분석적 고찰방식을 따르고 있다.

3. 법적 논증과 일반적인 실천적 논증의 관계

(1) 공통점과 차이점

알렉시가 규범적·분석적인 법적 논증이론을 전개함에 있어 핵심적으로 중요한 것은 '특별한 경우' 테제이다. 법적 논증대화는 일반적인 실천적 논증대화로서의 성격을 띠지만, 일정한 제한하에서 행해진다는 점에서 그러한 논증대화의 특별한 경우라는 것이다. 양자는 '규범적 언명의 정당성'이 문제되는 논증대화라는 점에서 서로 공통된다. 즉 일반적인 실천적 언명을 주장하는 경우뿐만 아니라 법적 언명을 주장하는 경우에도 '정당성요청'(Anspruch auf Richtigkeit)이 제기된다. 반면, 법적 논증은 일반적인 실천적 논증과는 달리 일련의 제한적 조건들, 가령 법률에의 구속, 선례의 고려, (제도적으로 구축된) 법도그마틱에의 구속, 소송법상의 규칙들에 의한 제한하에서 진행된다. 따라서 법적 언명을 통해 제기되는 요청은, 그 언명이 이러한 제한적 조건들을 고려한 상태에서 합리적으로 근거지어질 수 있다는 점과 관련되어 있다. 이런 점에서 법적 논증대화는 일반적인 실천적 논증대화의 특별한 경우이다.

이러한 '특별한 경우' 테제는 세 가지 의미로 나타날 수 있는데, 부수성테제, 추가테제, 통합테제가 그것이다. 부수성테제란 고유한 근거제시과정이나 고찰과정은 일반적인 실천적 논증대화의 기준들에 따라 이루어져야 하고, 법적 근거제시는 그러한 방식으로 발견된 결론을 부수적으로 정당화하는 데에만 기여한다는 테제이다. 이에 의하면 법적 논증대화는 법적 외양을 띤, 일반적인 실천적 논증대화에 다름 아니다. 추가테제는 특별한 법적 논거들이 더 이상 가능하지 않은 지점까지는 법적 논증이 진행되어야 하고, 그 이후에야 일반적인 실천적 논증이 추가될 수 있다는 테제이다. 그리고 통합테제는 특별한 법적 논거들의 사용이 모든 단계에 걸쳐 일반적인 실천적 논거들과 결합될 수 있다는 테제인바, 알렉시는 이 입장을 따르고 있다.

(2) 법적 논증의 합리성과 규칙들

합리적인 근거제시인지 여부는 일정한 법적 논증이 — 알렉시가 실천이성의 법전과 같은 것이라고 칭하고 있는 — 일련의 규칙들과 형식들을 충족하는지 여부에 달려 있다. 즉 일정한 법적 논증을 통해 근거지어진 결론이 정당성요청을 제기할 수 있으려면 불가피하게 이들 규칙과 형식을 만족시켜야 한다. 그런데 합리적인 실천적 논증대화의 규칙들은 논증의 합리성을 보장해주는 절차만을 규율하지, 어떠한 경우에도 논증의 결론을 확정해주지는 않는다. 또한 이들 규칙은 관련당사자가 어떠한 전제로부터 출발해야 하는지도 규정하지 않는다. 화자의 사실적으로 존재하는 규범적 확신, 욕구, 필요에 대한 해석 및 그의 경험적 정보가 논증대화의 출발점을 이룬다. 결국 논증대화의 규칙들은, 결정의 토대로서 무엇을 전제할 수 있는지가 확정되어 있지도 않고 또 모든 진행단계들이 사전에 다 규정되어 있지도 않은 그러한 결정절차를 규정한다. 이런 점에서 그의 이론은 절차적 이론[5]이다.

(3) 법적 논증이론의 과제

따라서 알렉시가 제시하려는 법적 논증대화이론은 다음과 같은 과제를 지닌다. 일면 전적으로 서로 다른 규범적 표상을 가지고 있는 개인들이 동의할 수 있을 정도로 약한 것이면서, 즉 거의 (실질적인) 규범적 내용을 가지고 있지 아니한 것이면서, 타면 그에 근거하여 이루어진 논의가 '합리적'인 것이라고 지칭될 수 있을 정도로 강력한 규칙들을 제안하는 것이 그것이다. 알렉시에 의하면 이들 규칙은 논의의 종국적인 확실성을 보장할 수는 없지만, 그럼에도 불구하고 정당성요청의 명시화로서, 규범적 언명들의 정당성에 대한 기준으로서, 합리적이지 못한 근거제시에 대한 비판의 수단으로서, 그리고 추구해야 할 이상에 대한 구체화로서 중요한 의미를 가진다.

---

5) (일반적인) 실천적 논증이론의 핵심을 이루는 것은 실천적인 논증의 규칙들과 논거형식들의 체계이며, 이들의 준수 또는 사용이 논증의 합리성을 보장함과 동시에 이로써 결과의 정당성을 보장한다. 그리고 정당성과 절차가 이와 같은 관계를 맺고 있다는 것이 모든 절차이론의 특징적인 점이다[Aulis Aarnio, Robert Alexy u. Aleksander Peczenik, Grundlagen der juristischen Argumentation, in: Metatheorie juristischer Argumentation(hrsg. v. Werner Krawietz u. Robert Alexy), Berlin, 1983, 40-41쪽]. 논증이론의 절차이론으로서의 성격에 관해서는 이준일, "법학에서의 대화이론," 법철학연구 제3권 제2호, 세창출판사, 2000, 95-98쪽도 참조.

Ⅲ. 법적 논증이론의 전개

1. 전단계작업
— 합리적인 실천적 논증대화이론을 구축하기 위한 요소들의 비판적 수용

알렉시는 합리적인 실천적 논증대화이론과 그 규칙들을 구축하기 위한 전단계작업으로서 먼저, 분석윤리학(메타윤리학)의 집중적 탐구대상이 되어 온 규범언어, 특히 도덕언어에 관한 분석을 다루고 있다. 여기서는 자연주의, 직관주의, 정서주의를 비롯하여[6] 비트겐슈타인(L. Wittgenstein)의 언어놀이이론, 오스틴(J. L. Austin)의 언어행위이론, 헤어(R. M. Hare)의 보편적 규정주의에 기초한 도덕언어이론과 도덕적 논증이론, 툴민(St. E. Toulmin)의 이론, 바이어(K. Baier)의 이론 등을 폭넓게 조명하고 있다. 동시에 이들 이론에 대한 분석, 비판, 변형 등을 통해 합리적인 일반적 논증대화이론을 구축하는 데 중요하다고 여겨지는 장점이나 특징적 요소들을 수용하고 있다.[7]

---

6) 이들에 대한 고찰 및 비판으로는 서윤호, "규범근거지음을 둘러싼 문제," 법철학연구 제8권 제1호, 세창출판사, 2005, 172쪽 이하 참조.

7) 이들 각 이론에 관한 논의 및 그에 대한 평가는 알렉시, 앞의 책, 59-148쪽 참조. 그 주된 내용은 다음과 같다. i) 도덕언어의 기능은, 자연주의와 직관주의가 그러하듯, 경험적 또는 비경험적 대상들이나 속성들 및 관계들을 기술하는 것에 그치지 않는다. ii) 도덕적 논증대화는 규칙에 의해 인도되는 특유한 형태의 활동이며, 여기서는 이익의 합리적인 조정이 중요하다. 실천적 논증대화이론의 가장 중요한 과제는 이러한 활동을 규정하는 규칙들을 찾아내는 일이다. 이 경우 사실적으로 존재하는 언어놀이의 규칙들을 기술·분석하는 것과 그러한 규칙들을 정당화하거나 근거짓는 것은 구분해야 한다. 전자는 실천적 논증대화이론의 경험

다음으로, 그는 하버마스(J. Habermas)의 진리합의이론을 다루고 있다. 여기서 그는 일부 하버마스의 이론을 재구성하거나 새로운 근거제시를 추가하긴 하지만, 규범적 언명의 정당성과 경험적 언명의 진리성 사이의 상응관계, 논증대화의 논리(행위와 논증대화의 구분, 실천적 논증대화와 이론적 또는 경험적 논증대화 간의 상호 자유로운 이전성 등), 합리적 논증의 전제조건으로서의 이상적 대화상황의 조건들[8] 등 대부분의 내용을 그대로 수용하고 있다. 특히 하버마스의 이상적 대화상황의 조건들에 기대어, 논증대화의 합리성을 담보할 수 있는 가장 중요한 규칙들이라 할 수 있는 이성규칙을 이끌어내고 있다.

나아가, 그는 실천적 논증대화이론에 기여하고 있는 에어랑엔 학파의 실천적 협의이론을 다루고 있다. 특히 슈베머(O. Schwemmer)의 구성적 윤리학의 두 원칙(이성원칙과 도덕원칙) 및 규범체계의 비판적 발생이론을 매우 관심 있게 논의하고 있다. 그 결과, 구성적 윤리학의 주장으로서 공통의 언어사용을 달성하자는 요청 및 비판적 발생의 사고[9] 등을 재구성하여 합리적 논

적·분석적 부분인 반면, 후자는 그 이론의 규범적 부분에 속한다. iii) 실천적 논증의 규칙들과 다양한 논거형식들은 구분해야 한다. iv) 규범적 언명은 보편화될 수 있다. 이는, 규범적 언명에 대한 근거를 도입하는 자는 그 근거가 그 언명에 대한 근거임을 말해주는 규칙을 전제하고 있음을 뜻한다. v) 실천적 논증은 자연과학적 논증과는 다른 규칙들을 따른다. 그렇다고 하여 이것이 실천적 논증에 대해 합리적 활동으로서의 성격을 박탈할 수 있는 근거는 되지 못한다.

8) 알렉시는 이상적 대화상황의 조건들을 일반적 행위의 이상적 조건들에 엄격히 구속시키지는 않는 다소 완화된 방식을 취하면서, 다른 한편 이상적 대화상황을 규정하는 규칙들이 규범에 대한 비판적 기준을 형성함과 동시에 이상적 대화상황에 어느 정도 근접한 (대화상황의) 실현이 가능하다는 점을 분명히 하고 있다.

9) 이는 현행 규범과 법률에 대한 평가로서, 규범체계의 사실적 발생에 대한 비판적 재구성을 말한다(알렉시, 앞의 책, 219쪽).

증대화이론의 규칙으로 수용하고 있다.

끝으로, 그는 카임 페렐만의 논증이론을 다루고 있다. 여기서는 보편적 청중[10]개념이 지닌 불명확성이나 논증구조분석상의 문제점 등에도 불구하고, 몇 가지 중요한 인식들을 이끌어내고 있다. 가령 페렐만의 보편적 청중개념은 하버마스의 이상적 대화상황개념과 매우 유사하다는 점, 페렐만이 합리적 논증을 보편성 사고에 지향시키고 있음에도 다른 한편 역사적·사회적으로 주어진 일정한 견해나 태도에 구속시키고 있다는 점, 모든 결론이 잠정적인 것임에 비추어 비판을 위한 개방성의 요청과 관용의 요청이 나온다는 점 등이 그것이다. 가령 페렐만의 관성의 원칙 — 어떤 견해가 일단 승인된 후에는 충분한 근거가 없이는 다시 포기되어서는 안 된다는 원칙 — 은 합리적 논증대화이론을 구성하는 규칙의 하나인 논증부담규칙으로 재구성되고 있다.

2. 일반적인(합리적인) 실천적 논증대화이론

(1) 일반적인 실천적 논증대화의 규칙들

실천적 논증대화는 규범적 언명의 정당성을 문제삼는 논증대화이다. 그런데 논증대화이론은 경험적, 분석적, 규범적 성격을 띨 수 있다. 일정한 화자집단 상호간의 관계나 일정한 논거들의 사용, 논거들의 영향 또는 논거들의 타당성에 관한 일정한 집단

10) 페렐만에게 있어 청중이란 화자가 자신의 논증을 통해 영향을 미치고자 하는 사람들의 집단을 말하며, 일정한 논거의 가치는 그 논거를 확신하는 청중의 가치에 따라 결정된다. 그리고 보편적 청중이란 이상적 성격을 띠고 있는 것으로서, 합리적 논거를 통해서만 확신에 이를 수 있는 청중을 말한다. 이러한 보편적 청중의 동의는 논증의 합리성과 객관성을 판단하는 기준이 된다.

내에 존재하는 지배적 견해 등에 관해 기술하거나 설명하는 경우 이는 경험적 논증대화이다. 사실상 등장하고 있거나 있을 수 있는 논거들의 논리적 구조가 문제되는 논증대화는 분석적 논증대화에 속한다. 그리고 논증대화의 합리성을 보장해 줄 수 있는 기준들을 제시하고 이를 근거짓는 것이 문제되는 논증대화는 규범적 논증대화에 해당한다. 이들 논증대화 간에는 일련의 상관관계가 존재한다.

알렉시는 앞서 행한 논의과정을 통해 획득된 인식들 가운데서 중요한 내용들만을 취합하여 일반적인 실천적 논증대화이론의 규칙들과 형식들을 제시하고 있다. 합리적인 실천적 논증대화의 규칙들은 규범을 근거짓기 위한 규범으로서, 논리학의 규칙들처럼 언명에만 관련되어 있는 것이 아니라 화자의 행위에도 관련되어 있다는 점에서 화용론적 규칙이라 할 수 있다.

알렉시가 제시하고 있는 — 실천이성의 법전과도 같은 — 그러한 규칙들과 형식들은 다음과 같다.

〈1〉 기본규칙(Grundregeln)

(1.1) 어떤 화자도 자기모순을 범해서는 안 된다.

(1.2) 모든 화자는 오로지 그 자신이 신뢰하고 있는 것만을 주장할 수 있다.

(1.3) 대상 a에 대해 술어 F를 귀속하고자 하는 모든 화자는 관련된 모든 관점에서 a와 동일한 모든 다른 대상에 대해서도 F를 귀속시킬 자세를 지녀야 한다.

(1.3') 모든 화자는 그가 가치판단 및 의무판단을 주장하게 되는 상황과 모든 중요한 관점에서 동일한 모든 상황에서도 마찬가지로 주장하게 될 그러한 가치판단 및 의무판단만을 주장할 수 있다.

(1.4) 상이한 화자들은 동일한 표현을 상이한 의미로 사용할 수 없다.

(1.1)은 논리규칙을 가리킨다. (1.2)는 논의의 성실성을 보장해주며, (1.3)은 1인의 화자에 의해 이루어지는 표현의 사용에 관한 것으로 화자의 일관성에 관한 것이다. (1.3')은 헤어의 보편화가능성원칙을 공식화한 것이며, (1.4)는 언어사용의 공통성을 요구한다.

〈2〉 이성규칙(Vernunftregeln)

(2) 모든 화자는 근거제시의 거부를 정당화하는 근거를 도입할 수 있는 경우가 아니라면, 요청이 있을 경우 그가 주장하는 바에 대한 근거를 제시하여야 한다.

(2.1) 언어능력 있는 모든 사람은 논증대화에 참여할 수 있다.

(2.2) (a) 모든 사람은 어떤 주장도 문제삼을 수 있다.

(b) 모든 사람은 어떤 주장도 논증대화에 도입할 수 있다.

(c) 모든 사람은 자신의 태도나 욕구 및 필요를 표현할 수 있다.

(2.3) 어떤 화자도 논증대화의 안과 밖에서 지배하고 있는 강제로 인해 (2.1)과 (2.2)에서 확정된 자신의 권리를 행사함에 있어 방해를 받아서는 안 된다.

실천적 논증대화에서는 규범적 언명을 통한 주장의 정당성이 문제되는바, 이성규칙은 이러한 주장의 언어행위에 대해 요구되는 규칙으로서, 대화의 합리성을 위한 가장 중요한 조건들을 규정한다. (2)는 일반적 근거제시규칙이다.[11] (2.1)-(2.3)은 동등성,

11) 일정한 언어놀이가 근거제시행위이기 위해서는, 근거제시를 하는 자가 적어도 타인을 정당한 근거제시상대로 승인함은 물론, 스스로 강제를 행사하지도 않고 또 타인에 의해 행사된 강제에 의존하지도 않을 것임을 전제로 하며, 나아가 대화상대방뿐만 아니라 모든 사람에 대해서도 자신의 주장이 옹호될 수 있는 것임을 요구하는 것이어야 한다(알렉시, 앞의 책, 272-273쪽).

보편성, 무강제성의 요청을 공식화한 것으로, 하버마스에 의해 제시된 이상적 대화상황의 조건들을 다소 완화한 조건들이다. (2.1)은 논증대화의 참여에 관한 것이고, (2.2)는 논증행위에서의 자유를 규율하며, (2.3)은 논증대화를 강제로부터 보호하기 위한 규칙이다. 이들 규칙은 규범적 언명의 정당성을 판단하기 위한 소극적인 가설적 기준으로 작용하면서, 또한 적극적 기준으로도 작용한다. 적극적 기준으로서의 역할이 문제되는 한, 모든 관련 당사자들의 논의행태에 관한 예측을 필요로 한다는 점에서 이 기준은 그만큼(즉 그러한 예측이 불확실한 정도만큼) 불확실성을 내포하고 있다. 사실적인 논의에 관한 한 이 규칙들은 언제나 근사치로만 충족될 수밖에 없지만, 그럼에도 합리적 논의를 위한 잠정적 기준으로서의 역할을 수행한다. 또한 이 규칙들은 대화상대방의 권리와 논증기회에 대한 부당한 제한과 관련하여 비판적 도구로서의 기능을 수행하며, 이런 점에서 정의의 요청을 해명하는 역할을 수행한다.

〈3〉 논증부담규칙(Argumentationslastregeln)

(3.1) 일방 A를 타방 B와는 달리 취급하고자 하는 사람은 그에 대한 근거를 제시할 의무가 있다.

(3.2) 논의의 대상이 아닌 언명이나 주장을 다투고자 하는 자는 그에 대한 근거를 제시하여야 한다.

(3.3) 일정한 논거를 제시한 자는 반대논거가 제시될 경우에만 또 다른 논거를 제시할 의무가 있다.

(3.4) 자신의 태도나 욕구 또는 필요에 관한 주장이나 표현을 논증대화에 도입하는 자는, 논거로서의 그러한 주장이나 표현이 선행된 표현과 관계없는 것인 때에는, 요청이 있을 경우 자신이 왜 그러한 주장이나 표현을 도입하는지에 대한 근거를 제시하여야 한다.

이들 규칙은 실천적 논증대화에서 논증부담 또는 근거제시부담의 분배 및 그 정도에 관한 문제를 규율하는 규칙이다.

〈4〉 **논거형식**(Argumentformen)

실천적 논증대화를 특징짓는 논거형식에 관한 것이다.[12] 알렉시는 규범적 단순명제를 토대로 하여 그에 대한 근거제시방법의 두 유형 — 효력 있는 것으로 전제되어 있는 규칙을 원용하는 방법과 주장하는 명제에 함의된 명령을 준수한 효과를 제시하는 방법 — 을 제시하고, 그 밖의 하위형식도 제시하고 있다. 동일한 또는 상이한 형식에 따른 근거제시에서 서로 다른 규칙들이 적용됨으로써 서로 조화될 수 없는 결론에 이를 수 있다. 이 경우 알렉시는 어떤 근거제시를 우선할 것인지를 결정하는 규칙(우선순위규칙, Vorrangregeln)을 도입하여 문제를 해결할 것을 주장하고, 그에 따라 두 가지 형식의 우선순위규칙을 제시하고 있다.

〈5〉 **근거제시규칙**(Begründungsregeln)

(5.1.1) 모든 사람은 그 자신에 의해 주장된 규범적 언명에서 전제되고 있는 규칙이 다른 모든 개인의 이익충족을 위해 가져오는 결론을, 그 자신이 그 개인의 상황에 처해 있다는 가설적 상황에 대해서도 수용할 수 있어야 한다.

(5.1.2) 모든 규칙이 각 개인의 이익의 충족을 위해 가져오는 결론은 모든 사람에 의해 승인될 수 있어야 한다.

(5.1.3) 모든 규칙은 개방적이어야 하며 일반적으로 학습가능한 것이어야 한다.

(5.2.1) 화자가 지닌 도덕적 견해의 기초를 이루고 있는 도덕규칙

12) 논거형식들의 구체적 형태에 관해서는 알렉시, 앞의 책, 279쪽 이하 참조.

들은 비판적인 역사적 발생을 통한 심사에 견딜 수 있어야만 한다. 다음과 같은 경우 도덕규칙은 그러한 심사를 견딜 수 없다.

a) 어떤 도덕규칙이 사실상 처음에는 합리적인 것으로 정당화 되었으나 그간에 그 정당성을 상실한 경우

b) 어떤 도덕규칙이 이미 처음부터 합리적인 것으로 정당화될 수 없는 것이었을 뿐만 아니라 그것을 정당화하기에 충분한 새로운 근거들도 제시될 수 없는 경우

(5.2.2) 화자의 도덕적 견해의 기초를 이루고 있는 도덕규칙들은 그 개별적 발생사에 대한 심사를 견딜 수 있어야만 한다. 어떤 도덕규칙이 정당화될 수 없는 사회화조건들을 기초로 하여서만 수용된 경우라면 그 규칙은 그와 같은 심사를 견딜 수 없다.

(5.3) 실현가능성에 있어 사실적으로 주어진 한계가 준수되어야 한다.

이들 규칙은 근거지어야 할 언명 및 규칙의 내용을 직접적으로 규정하고 있다. (5.1.1)은 개별 화자들의 규범적 표상에 관한 것으로 헤어의 보편화가능성원칙을 변형한 것이고, (5.1.2)는 논증대화에서 수립되어야 할 일반적 견해에 관한 것으로 하버마스의 일반화가능성원칙을 변형한 것이며, (5.1.3)은 (1.2)의 구체화로 볼 수 있는바, 바이어의 이론을 원용하여 만든 것이다. (5.2)는 구성적 윤리학의 비판적 발생 사고에 기초하여 공식화한 규칙이다. (5.3)은 실천적 논증대화의 의의, 즉 사실적인 실천적 문제의 해결에서 비롯된 것이다.

〈6〉 이행규칙(Übergangsregeln)

(6.1) 모든 화자는 언제든지 이론적(경험적) 논증대화로 이행할 수 있어야 한다.

(6.2) 모든 화자는 언제든지 언어분석적 논증대화로 이행할 수 있

어야 한다.

(6.3) 모든 화자는 언제든지 논증대화이론적 논증대화[13]로 이행할 수 있어야 한다.

이들 규칙은 실천적 논증의 수단으로는 해결될 수 없는 문제들, 가령 효과의 예견과 같은 사실문제, 상호이해와 같은 언어적 문제, 실천적 논의 자체에 관련된 문제 등에 직면할 경우 그 문제해결을 위해 또 다른 형식의 논증대화로 이행하는 것을 가능하게 해준다.

(2) 일반적인 실천적 논증대화의 한계 – 법적 논증대화로의 이행필요성

그런데 알렉시에 의하면 일반적인 실천적 논증대화의 규칙들과 형식들이 일정한 결정절차를 규정하고 있기는 하되, 그러한 절차로는 실천적으로 문제되는 수많은 사례들에 있어 결코 어떠한 결론에 이르지 못하며, 설령 어떠한 결론에 이른다 하더라도 결코 종국적인 확실성을 보장해주지 못한다. 이는 실천적인 논증대화의 규칙들이 대화의 당사자들이 어떤 규범적 전제들로부터 출발해야 하는지를 규정하지 않는다는 점, 논증의 모든 단계들이 확정되어 있지 못하며, 몇몇 규칙들[특히 이성규칙 (2.1)-(2.3)]은 단지 근사적으로만 충족될 수밖에 없어 어떤 합의도 달성되지 못하리라는 가능성이 늘상 존재한다는 점에 그 이유가 있다.[14] 따라서 이러한 일반적인 실천적 논증대화의 한계는 법적 규칙들,[15]

13) 이는 논증대화규칙에 관한 논증대화를 말한다.

14) 알렉시, 앞의 책, 291, 396-397쪽.

15) 예컨대 논증대화적 가능성의 영역에서 서로 대립하는 해결책이 존재할 경우 가령 대의원리나 다수결원리에 기초한 의회의 입법규칙들은 일정한 결정을 내릴 수 있도록 해주는 근거제시규칙으로 도입될 수 있을 것이다.

이로써 법적 논증대화가 필요함을 보여주는 근거가 된다.

3. 법적 논증이론과 그 규칙들

(1) 법적 논증대화의 성격

알렉시에 의하면 — 앞서 언급하였듯이 — 법적 논증대화는 일반적인 실천적 논증대화의 특별한 경우에 해당한다('특별한 경우'테제). 이와 같이 보는 것은, < i > 법적 논의에서는 실천적인 문제들, 즉 무엇을 해야 하고 하지 말아야 하는지가 그 대상이 된다는 점, < ii > 이러한 문제들은 정당성요청하에서 논의된다는 점, 그리고 < iii > 법적 논증대화는 일정한 제한적 조건들하에서 진행된다는 점 때문이다. 실천적 문제와 관련된 법적 논증이 실무뿐만 아니라 법학에서도 중심적 역할을 수행함은 주지의 사실이다. 또한 모든 법적 논증대화에서도 근거제시를 하는 자는 자신의 주장이 정당한 것임을 요청하면서 그와 같이 행함을 확인할 수 있다. 다만 법적 언명은 일반적인 규범적 언명과는 달리 — 문제되는 규범적 언명이 그 자체 합리적으로 근거지어질 것을 요구하는 것이 아니라 — 현행 법질서의 테두리 내에서 합리적으로 근거지어질 수 있을 것을 요구한다는 점에서, 법적 논증대화에서 제기되는 정당성요청은 일반적인 실천적 논증대화에서의 그것과 구별된다.

여기서 '특별한 경우' 테제와 관련하여 특히 문제가 되는 것은 < iii >이다. 법적 논증은 현행 법질서에의 구속을 비롯하여 특히 소송절차를 규율하는 일정한 제약들, 즉 역할관계의 불균형, 관련당사자들의 비자발적 참여 및 자신들의 이익추구, 논증절차의 시간적 제한, 관련법규들에 의한 규제 등 일정한 제한하에서 진행된다. 이러한 이유에서 법적 논증을 '논증대화'로 지칭할 수 있는가 하는 의문이 제기되고 있다. 알렉시는 가령 법적 논증 가운데 가장 자유로운 형태인 법학적 논의는 이를 법적 논증대화라고 부를 수 있음에 주저하지 않는다. 문제는 소송절차들 가운데서 전개되는 논증들이다. 이에 대해 알렉시는 소송절차가 갖는 중간적 지위 — 논증대화와 전략적 행위로서의 성격을 모두 지님 — 때문에 이를 단순히 논증대화라고 부르기 어려운 점은 있으나, 논증대화의 개념을 원용하지 않고는 소송절차를 이론적으로 파악할 수 없다고 한다. 소송당사자들이 설령 주관적으로는 자신의 이익을 추구하는 경향이 있더라도, 자신들의 주장을 통해 정당성요청을 제기한다는 것이다. 동시에 소송당사자들은 자신들의 논거가 이상적인 조건이라면 동의를 받을 수 있는 성질의 것임을 제안하고 있다고 한다.

(2) 법적 논증이론과 그 규칙들

법적 논증이론은 현행 법질서의 테두리 내에서 이루어지는 합리적인 근거제시에 관한 이론이다. 따라서 법적 논증대화는 규범적 언명의 특수한 경우인 법적 결정 내지 판단에 대한 정당화를 문제삼는다. 이와 관련하여 알렉시는 내적 정당화와 외적 정당화를 구분한다. 내적 정당화에서는 일정한 법적 판단이 근거제시를 통해 도입된 전제들로부터 논리적으로 도출되는지 여부를 문제삼는 반면, 외적 정당화는 그러한 전제들의 정당성을 논의대상으로 한다.

1) 내적 정당화

알렉시는 내적 정당화와 관련하여 가장 단순한 논거형식과 가장 일반적인 논거형식을 제시함[16]과 동시에 형식적 정의원칙의 기초가 되는 보편화가능성원칙(1.3')을 구체화한 것이라 볼 수 있는 규칙들[(J.2.1), (J.2.2)]을 제시한다. (J.2.1)과 (J.2.2)는 근거제시를 위해 실정법규범이 이용될 수 있는 경우뿐만 아니라 그러한 실정법규범이 존재하지 않는 경우들에도 적용될 수 있다. 그리고 (J.2.4)와 (J.2.5)는 내적 정당화과정에서 전개되는 근거제시단계에 관한 규칙으로, 이는 전개단계의 적정성을 요구함으로써 규범적 내용의 명확성을 기하기 위함이다. 이들 규칙과 형식은 법적 근거제시의 형식적 구조와 관련된 것으로, 알렉시는 이들을 '형식적 정의의 규칙과 형식'이라 칭한다.

(J.2.1) 법적 판단의 근거제시를 위해서는 적어도 하나 이상의 보편적 규범이 제시되어야 한다.

(J.2.2) 법적 판단은 그 밖의 다른 언명과 결합하여 적어도 하나 이상의 보편적 규범으로부터 논리적으로 도출되어야 한다.

(J.2.3) 생략

(J.2.4) 일정한 표현들이 문제된 사안에서 그 적합성에 대해 더 이상 다툼이 없을 정도에 이를 만큼 많은 전개단계들이 필요하다.

(J.2.5) 가급적 많은 전개단계가 제시되어야 한다.

2) 외적 정당화

외적 정당화는 내적 정당화에서 사용된 전제들을 근거짓는 것을 그 과제로 한다. 여기서 전제들로는 실정법규정들, 경험적 언명들, 경험적 언명도 아니고 실정법규정도 아닌 전제들이 문제될 수 있는바, 이들 중 법적 논증은 특히 실정법규정도 경험적 언명도 아닌 전제들을 근거짓는 데 기여할 수 있다. 알렉시 역시 이 점에 중점을 두고 있다. 알렉시는 외적 정당화의 논거형식과 규칙을 여섯 가지 유형으로 구분하고 있는데, 해석의 규칙과 형

16) 알렉시, 앞의 책, 312, 319쪽 참조.

식, 도그마틱적 논증의 규칙과 형식, 선례사용의 규칙과 형식, 일반적인 실천적 논증의 규칙과 형식, 경험적 논증의 규칙과 형식, 그리고 특별한 법적 논거형식이 그것이다.

㉮ 경험적 논증

법적 논증에서 경험적 논증의 중요성은 거의 모든 법적 논거형식이 경험적 명제들을 포함하고 있다는 점에 있다. 따라서 법적 근거제시에서 필요한 경험적 논증에 관한 이론은 경험적 지식에 관한 거의 모든 문제들과 논쟁을 하는 것이 불가피하다. 하지만 경험적 지식이 종종 바람직한 정도의 확실성을 띠지 못한다는 문제에 비추어 볼 때 법적 논증에서 경험적 지식이 갖는 중요성을 과대평가할 수는 없다고 한다. 알렉시는 이러한 상황에서는 합리적 추정의 규칙들이 필요하다고 본다.

㉯ 해석카논

해석카논은 일정한 해석의 정당성 내지 타당성을 근거짓는 것을 중요한 과제로 한다. 알렉시는 먼저 해석카논이라 지칭하는 전통적인 태도가 지나치게 편협하다고 보며, 해석카논을 법적 논증의 구조를 특징짓는 논거형식으로 파악한다. 즉 해석카논은 법적 논증에서 제기되는 정당성요청을 충족하고자 할 경우에 법적 논증이 활용할 수 있는 형식이라고 한다. 이에 따라 그는 해석카논을 의미론적 논거형식, 발생학적 논거형식, 역사적 논거형식, 비교법적 논거형식, 체계적 논거형식, 목적론적 논거형식으로 구분한다.

그런데 이러한 논거형식들은 경험적 언명을 비롯하여, 법률로부터 도출될 수 없는 규범적 전제들도 포함하고 있다. 알렉시에 의하면 이 경우 카논사용의 합리성은 '충족의 요청'에 의해 보장된다. '충족의 요청'이란 가령 일정한 해석이 법규범의 문언이나 입법자의 의사 또는 규범의 목적과 합치한다고만 주장할 경우 이 논거는 불완전하며, 그것이 근거지어진 것으로 타당성을 주장하기 위해서는 법문언의 의미가 무엇인지, 입법자의 의사가 무엇인지, 규범의 목적이 무엇인지에 관해 추가적인 논증을 행함으로써 충족되어야 한다는 것이다. 따라서 서로 다른 논거형식을 통해 제기되는 논거의 타당성은 충족을 위해 도입된 언명의 타당성에 의존하게 되며, 이러한 언명의 타당성을 근거짓기 위해서는 또 다른 형식의 논거들이 필요하게 된다.

카논들 간의 우선순위와 관련해서도 알렉시는 가령 단계별 목록을 제시하거나, 객관적 해석론이나 주관적 해석론 가운데서 어느 하나를 중시하는 방향으로 문제를 해결할 수는 없고, 우선순위의 문제는 일반적인 실천적 논증을 매개로 해서 해결될 수 있는 문제라고 본다.

해석카논과 관련하여 그는 다음과 같은 몇 가지 규칙들을 제시하고 있다.[17)]

(J.6) 해석카논에 넣을 수 있는 모든 논거형식은 충족되어야 한다.

(J.7) 법률문언에의 구속 내지 역사적 입법자의 의사를 표현하는 논거들은, 다른 논거들에 우선순위를 두어야 할 합리적인 근거들이 제시될 수 없는 한, 그 다른 논거들에 앞선다.

(J.8) 상이한 형식을 띤 논거들 간의 비중의 규정은 중요성규칙에 따라 이루어져야 한다.

(J.9) 해석카논에 넣을 수 있는 형식을 띤, 혹시나 제시될 수 있는 모든 논거들은 고려될 수 있다.

(J.6)은 카논사용의 합리성을 보장하기 위한 규칙이고, (J.7)은

---

17) 개별적인 해석카논과 관련하여 제시하고 있는 논거형식들은 알렉시 앞의 책, 329-341쪽 참조.

현행법에 구속되는 법적 논의의 성격에 비추어 논거가 갖는 비중을 고려한 규칙이다. (J.8)은 보편화가능원칙을 논거형식 상호간의 관계에 변형시켜 적용한 규칙이다. 여기서 중요성규칙(Gewichtungsregel)은 언제나 일정한 해석상황 및 일정한 법영역과 관련해서만 전개될 수 있다. 또한 해석상황과 법영역은 그 때마다 다르기 때문에, 중요성규칙은 그 효력에 있어 종국적인 확실성을 갖지 못한다. (J.9)는 (2.2.a)와 (2.2.b)를 법적 논증에 변형시켜 적용한 규칙이다.

㉰ 도그마틱적 논증

이 부분에서 알렉시는 도그마틱적 논거들(명제들)이 법적 논증대화에서 어떤 역할을 담당하는지에 중심을 두어 논의하고 있다. 이를 위해 먼저 법도그마틱과 법도그마틱적 명제들이 무엇인지를 검토하고,[18] 자신의 입장에서 적절한 도그마틱이론이 갖추어야 할 부분들 — 도그마틱언어에 관한 이론, 도그마틱명제들의 사용에 관한 이론, 도그마틱명제들의 근거제시에 관한 이론, 도그마틱의 기능에 관한 이론 — 을 제시한 다음, 이들에 관해 순차적으로 검토하고 있다. 또한 도그마틱적 논증과 일반적인 실천적 논증의 관계는 상호 피드백하는 관계임을 분명히 하고 있다. 법도그마틱은 오직 일반적인 실천적 논증대화의 방법에만 의거해서는 가능할 수 없는 수행력을 가져다주는 도구이지만, 이로써 도

18) 그는 지배적인 견해에 따른 법도그마틱개념과 (개념법학에 기초를 둔) 더 좁은 의미의 법도그마틱개념의 양 극단을 지양하면서 법도그마틱을, 정립된 규범 및 판례와 관련되어 있지만 그것들에 관한 기술과는 일치하지 않고, 상호 일정한 연계성을 띠고 있으며, 제도적으로 추진되는 법학의 테두리 내에서 제기되고 논의되며, 규범적 내용을 지닌, 명제들의 집합체로 정의한다(알렉시, 앞의 책, 357쪽). 법도그마틱적 명제가 무엇인지에 관해서는, 당해 명제가 법학의 테두리 내에서 승인되거나 논의되는지 여부를 중심으로 하여 판단해야 한다고 본다(알렉시, 앞의 책, 361쪽).

그마틱적 논증이 일반적인 실천적 논증으로 환원될 수는 없지만, 일반적인 실천적 논증은 도그마틱적 논증의 토대가 된다고 한다. 전체적으로 볼 때, 도그마틱적 논거들(명제들)을 사용하는 것은 논증대화이론의 원칙들에 모순되지 않는 논증방식이자, 법적 논증의 특별한 상황에서는 논증대화이론에 의해 요청되는 논증방식이라고 규정하면서 다음과 같은 규칙을 제시한다.

(J.10) 모든 도그마틱적 명제는, 그것이 의심스러울 경우에는, 적어도 하나 이상의 일반적인 실천적 논거를 사용함으로써 근거지어야 한다.

(J.11) 모든 도그마틱적 명제는 협의의 체계적 심사는 물론, 광의의 체계적 심사까지도 견디어 낼 수 있어야 한다.[19)]

(J.12) 도그마틱적 논거들이 가능하다면 이 논거들은 사용되어야 한다.

㉱ 선례사용

여기서는 법적 논증이론 역시 선례의 역할에 주목해야 함을 강조하면서 두 가지 문제, 즉 법적 논증대화이론이 선례에 어떤 역할을 부여하고 있는가, 선례에 기초한 논거들과 법적 논증대화에서 제기될 수 있는 다른 논거들과의 관계는 어떻게 되는가 하는 점을 설명하고 있다. 법적 논증에서는 원칙적으로 선례존중의 요청이 제기된다. 선례사용의 합리성의 주된 근거가 일반적인 실천적 논증의 한계 — 논증대화규칙들이 곧바로 정당한 결론을 항

19) 협의의 체계적 심사에서는 당해 도그마틱명제가 이미 승인된 도그마틱명제들 및 효력 있는 법규범들의 집합체로 모순 없이 편입될 수 있는지 여부가 문제되고, 광의의 체계적 심사에서는 당해 도그마틱명제의 도움을 받아 근거지어질 수 있는 판단들이나 단순규범명제들이 모든 다른 도그마틱명제들과 법규범들의 공식을 힘입어 근거지어질 수 있는 단순규범명제들과의 관계에 비추어 일반적인 실천적 논증대화의 규칙들에 따라 정당화될 수 있는지 여부가 문제된다(알렉시, 앞의 책, 366쪽).

상 허용해주는 것은 아니며, 논증대화적 가능성의 영역이 종종 현저하게 남아 있는 경우가 있음 — 에 있기 때문이다. 하지만 결정의 정당성요청의 충족이라는 점에 비추어 선례로부터 벗어나는 것도 허용된다. 하지만 선례로부터 벗어나고자 하는 자는 그에 대한 논증부담을 져야 한다(페렐만의 관성의 원칙 적용). 선례에 기초한 논거들과 법적 논증대화에서 제기될 수 있는 다른 논거들과의 관계에 관해서는, 구별의 가능성과 파기의 가능성을 제시하면서 전자는 물론 후자의 경우에도 근거제시가 이루어지는 것이 중요함을 강조한다. 알렉시는 여기서 선례사용의 가장 일반적인 규칙들만을 제시한다.

(J.13) 결정을 지지하거나 반박하는 선례가 도입될 수 있다면, 그것은 도입되어야 한다.

(J.14) 선례를 벗어나고자 하는 자는 논증부담을 진다.

㉮ 특별한 법적 논거형식의 사용

특별한 법적 논거형식이란 유추, 역추론, 물론해석 등 법학방법론에서 다루고 있는 특별한 논거형식들을 의미한다. 알렉시는 이들 논거형식이 법적 논증에서 갖는 의의가 단순히 보편타당한 논리적 추론형식을 사용하는 것 그 이상에 있음을 지적한다. 가령 유비추론의 경우에 본래적 문제는 대전제와 소전제로부터 결론이 추론된다는 데 있는 것이 아니라, 전제들을 근거짓는 데 있다는 것이다.[20] 따라서 유추는 논증을 통해 충족되는 경우에만 도입될 수 있다고 한다. 이 점은 다른 논거형식에 대해서도 마찬가지다. 따라서 이들 논거형식을 사용하는 경우에는 다음과 같은 규칙이 요구된다고 한다.

20) 이에 관한 예는 알렉시, 앞의 책, 389쪽 참조.

(J.18) 특별한 법적 논거형식들은 충족되어야 한다.

㉥ 법적 논증대화에서 일반적인 실천적 논거들의 역할

알렉시는 일반적 실천적 논증이 요청되는 경우로, 상이한 논거형식들을 충족하기 위해 필요한 규범적 전제들을 근거짓기 위한 경우, 서로 다른 결론을 초래하는 상이한 논거형식 중의 선택을 근거짓기 위한 경우, 도그마틱명제들을 근거짓고 심사하기 위한 경우, 선례와 관련하여 구별 또는 파기를 근거짓기 위한 경우, 내적 정당화에 사용된 명제들을 근거짓기 위한 경우 등을 제시하고 있다. 물론 이들 경우에 반드시 일반적 실천적 논거들을 사용해야 하는 것은 아니며, 그 대신에 도그마틱적 또는 선례상의 명제들을 사용할 수도 있다. 하지만 도그마틱명제들은 언제까지나 계속해서 도그마틱명제들로부터 근거지어질 수는 없고, 결국 일반적인 실천적 논거들에 의존하게 된다. 따라서 일반적인 실천적 논증은 법적 논증의 토대가 되며, 설령 일반적인 실천적 논거들이 배제된다 하더라도 언제나 잠정적으로만 배제될 뿐이라고 한다.[21)]

이와 관련하여 법적 논증이 일반적인 실천적 논증에 의존하고 있다면(의존테제), 법적 논증은 왜 필요하며 또 그것이 수행력을 가질 수 있겠는가 하는 의문이 제기될 수 있다. 의존테제는 전자가 후자와 일치하거나 또는 전자가 후자로 환원될 수 있음을 의미하는 것이 아니다. 법적 논증대화에서 필요로 하는 일반

21) 알렉시는 양자의 연계성에 관해 네 가지 측면, 즉 일반적인 실천적 논증대화의 속성에 기초한 법적 논증대화의 필요성, 정당성요청에서의 부분적 일치, 양자에 있어 그 규칙들과 형식들의 구조적 일치, 법적 논증의 영역에서 일반적인 실천적 논증의 요청을 언급하고 있다(자세한 것은 알렉시, 앞의 책, 396쪽 이하).

적인 실천적 논증은 특별한 형식들과 규칙들 — 이들은 논증의 심화와 차별화를 제공한다 — 및 특별한 조건들하에서 이루어지므로 특히 수행력이 있고, 양자는 일반적인 실천적 이유에서 필요하지만 법적 논증이 일반적인 실천적 논증으로 환원될 수 없다는 점에서 법적 논증은 일반적인 실천적 논증과 구분되는 그 특별한 형식이라는 것이 알렉시의 대답이다.

4. 합리적인 법적 논증대화이론의 한계

(1) 결과의 불확실성

법적 논증이 일정한 규칙들과 형식들 및 일정한 제한들하에서 행해지지만 언제나 일반적인 실천적 논증에 의존하게 된다는 것은, 일반적인 실천적 논증대화가 지닌 약점으로 인해 법적 논증 역시 — 규범적 언명의 정당성을 규정하는 가설적 기준이 되는 — 일반적인 실천적 논증대화이론의 불확실성을 감수할 수밖에 없을 것이다. 하지만 이는 그러한 불확실성이 법적 논증에서 일반적인 실천적 논증대화이론을 사용할 수 없게 만드는 것을 의미하는 것은 아니고, 그러한 불확실성으로 인해 결정의 정당성에 관한 판단이 언제나 잠정적인 성격을 지니고 있음을, 이로써 반박될 수 있음을 의미할 뿐이다.

(2) 법적 합리성

이와 같이 실천적인 법적 논증이론이 결과의 확실성을 보장하는 절차를 규율하는 것이 아님을 이유로, 그것은 합리적인 이론이라 할 수 없지 않느냐는 비판이 있을 수 있다. 이에 대해 알렉시는 합리성과 확실성을 동일시하는 것은 근거 없는 것이라고 못박는다. 자연과학의 영역에서조차 종국적인 확실성에 관해 말할 수 없음에 비추어 볼 때, 결과의 확실성을 보장할 수 없다는 이유만으로 법학의 합리적 성격을 부정할 수는 없고, 특히 실천적인 문제들에 관한 한, 절대적인 정당성의 확실성을 요청하는 것은 잘못이며, 어떤 절차도 이러한 확실성을 보장해 줄 수는 없다고 한다. 오히려 그는 법학의 합리적 성격을 형성하는 것은 확실성의 창조가 아니라 일련의 기준들과 규칙들의 충족이라고 단언한다. 그렇다면 어떤 기준들과 규칙들인가 하는 문제와 관련해서도 가령, 일관성의 요청, 목적합리성의 요청, 사용된 명제들의 진리성의 요청 등으로는 충분치 못하고, 법적 논증의 합리성을 강화하기 위해서는 이런 기준들보다 더 강력한 —『법적 논증이론』을 통해 그 자신이 제시한 — 기준들이 필요하다고 한다. 그리고 이와 같이 짜여진 기준들과 규칙들은 법적 결정의 정당성을 규정하는 기준이 된다.[22] 즉 일정한 규범이나 법적 결정은, 그것이 이러한 규칙들과 기준들을 통해 규정된 절차의 결과일 때 정당한 것이 된다.

Ⅳ. 맺음말 – 비판과 의의

1. 다양하게 제기된 비판

이상과 같은 알렉시의 합리적인 법적 논증이론 — 즉 법적 합리성에 관한 논증대화이론적 해석 — 은 많은 내용들을 시사해 준다. 용어상의 새로움과 세밀한 분석적 통찰, 가령 법도그마틱

22) 이들 기준과 규칙은 합리적인 법적 논증의 개념을 해명해 줌과 동시에 가설적인 정당성기준으로서 작용한다. 뿐만 아니라 이들은 사실적으로 이루어지는 논증 내지 논의에 대한 요청들을 표현한다.

에 관한 그의 설명은 특히 유용성을 가져다준다. 지금껏 논의되어 온 철학적 제안들을 체계적으로 관철시키고 이를 법학에 확대하려고 시도한 그의 노력에 관한 한, 알렉시는 (독일) 법이론에 전적으로 새로운 기준들을 정립한 셈이다.[23] 그럼에도 불구하고 전체적으로는, 논증대화윤리를 통해 법적 근거제시이론 또는 법적 논증이론으로 나아가려고 한 알렉시의 시도는 좌초된 것으로 보인다[24]는 평가를 비롯하여, 주된 쟁점들에 대해 수많은 반론과 비판이 제기되었다. 그러한 반론은 특히 두 가지 측면에서 제기되었는데, 하나는 논증대화이론 그 자체에 대한 것이고, 다른 하나는 '특별한 경우' 테제에 대한 것이다.[25]

먼저, 논증대화 자체에 대한 반론으로는 다음과 같은 것들을 들 수 있다. (ⅰ) 알렉시의 구상은 정당성개념의 의미를 그르치고 있으며,[26] 설령 논증대화가 논증대화 규칙들을 준수한 경우라 하더라도 논증대화는 — 발견술적 역할만을 담당할 수 있을 뿐 — 결론의 정당성을 보장할 수는 없다는 것이다.[27] 어떤 언명이 정

23) Eric Hilgendorf, Argumentation in der Jurisprudenz — Zur Rezeption von analytischer Philosophie und kritischer Theorie in der Grundlagenforschung der Jurisprudenz, Berlin, 1991, 216쪽.

24) Hilgendorf, 앞의 책, 217쪽 참조.

25) 이러한 반론과 비판에 관해서는 알렉시, 앞의 책, 415쪽 이하; 김영환, "법적 논증이론의 전개과정과 그 실천적 의의," 현대법철학의 흐름, 법문사, 1996, 163쪽 이하 참조.

26) 가령 논증대화이론이 정당성개념과 정당성기준 간의 구분을 없애고 있다는 비판에 대해, 알렉시는 절대적인 절차적 정당성개념과 상대적인 절차적 정당성개념을 구분하여 대응한다(알렉시, 앞의 책, 433쪽 이하).

27) 이는 비인지주의의 입장에서 법적 논증이론의 착상 자체를, 이로써 법적 논증의 합리성을 실천이성의 문제로 파악하는 것을 부정하는 바인베르거(O.Weinberger)에 의해 제기된 것이다. 바인베르거의 비판에 관해서는 Ota Weinberger, Logische Analyse als Basis der juristischen Argumentation, in: Metatheorie juristischer Argumentation(hrsg. v. Werner Krawietz

당한지 여부는 그것이 논증대화의 결과일 수 있는지 여부에 달린 것이 아니라 그 언명을 지지하는 훌륭한 근거들(논리적, 경험적 논거들과 입장표명)이 제시될 수 있는지에 달려 있다고 한다.[28] 또한 그러한 논증대화이론에 대해서는 (ii) 모든 근거제시가 본질상 의사소통적인 것은 아니며 독백적으로도 수행될 수 있다는 반론도 제기되었다.[29] 그리고 (iii) 개별적인 논증대화규칙들에 대한 비판도 제기되었다. 논증대화의 규칙들은 보편적인 효력을 갖지 못하고 단지 일정한 생활형식의 표현, 즉 실천이성개념에 의해 각인된 변형된 형식을 띤 유럽 중심의 합리주의의 표현일 뿐이라는 비판,[30] 누군가가 자신의 의도를 숨기고 전략적인 이유에서 논증대화에 관계하더라도, 이로써 그가 마치 대화당사자의 자유와 평등을 승인하는 것처럼 행위할 뿐이더라도 이는 논증대화

---

u. Robert Alexy), Berlin, 1983, 185쪽 이하 참조.

28) 이에 대해 알렉시는 그러한 비판의 핵심을 논증대화규칙들의 준수가 논거들의 훌륭함을 보장할 수 있는지 여부의 문제로 축약하면서, 논증대화이론이 논리적 분석과 경험의 문제를 단순한 합의로 대체하고 있다는 바인베르거의 생각은 논증대화이론의 모습을 잘못 그리고 있다고 한다. 그러면서 그는 논증대화이론은 합리성의 기준을 완벽하게 포함하고 있음을 강조한다. 나아가 논증대화이론의 이성개념은 — 실천이성을, 논리적 분석과 경험을 통해 규정될 수 있는 합리적으로 작동하는 능력으로 이해하는 — 바인베르거의 생각과 전혀 다르지 않으며, 오히려 그것보다 더 풍부하다고 말한다(알렉시, 앞의 책, 416-418쪽).

29) 이는 투겐트하트(E. Tugendhat)에 의해 제기된 비판이다.

30) 이는 브라운(C. Braun)에 의해 제기된 비판이다. 이에 대해, 알렉시는 논증대화규칙들은 논증대화에서 모든 사람이 동등한 권리를 가질 것을 요청하는 한 내용상 보편적이며, 그러한 내용적 보편성은 보편적 효력을 요청할 수 있다고 한다. 인간의 가장 일반적인 생활형식에 참여하는 자는 주장과 근거제시를 하지 않을 수 없고, 주장이나 근거제시를 시도하는 자는 논증대화규칙들에 의해 규정된 놀이에 불가피하게 관계하게 된다는 것이다. 이로써 다양한 생활형식을 지닌 구성원들 간에도 논증대화가 원칙상 가능하다고 한다(알렉시, 앞의 책, 437-438쪽).

이론과 조화될 수 있다는 비판, 광범위하고 유연한 공식들과 수많은 유보들을 활용하였음에도 불구하고 논증대화규칙들을 제시함으로써 행해진 그의 시도는 전통적인 법학방법론에서 논의되어 온 문제들의 다양성과 복잡성에 적절하게 부응하지 못했다는 비판[31) 등이 그것이다.

'특별한 경우' 테제에 대한 비판으로는 크게 두 가지를 들 수 있다.[32) 하나는, 재판절차에 관한 논증이론적 해석에 관한 것이다. 즉 재판절차에서는 관련자들의 비대칭적 역할분담, 시간의 압박, 절차법에 의한 제한들, 정당한 판결보다는 자신에게 유리한 결과에 더 관심을 경주하는 당사자나 피고인의 동기 등이 작용하기 때문에, 이를 논증대화절차로 볼 수 없다는 반론이다. 법정에서의 논증에 대해 정당성요청이 제기된다고 하여 그러한 논증이 논증대화적 성격을 갖는다고 볼 수는 없고, 오히려 그러한 정당성요청의 제기는 효과적인 전략적 행위를 위한 불가결의 조건이라는 것이다. 다른 하나는, 법적 논증 그 자체에 대한 것으로, 법적 논증 역시 실천적 논증대화에 기여하는 것으로 해석할 수 없다는 반론이다. 가령 법도그마틱적 논의는 실천적 논증대화가 아니라 이론적 논증대화로 이해해야 한다는 반론, 법적 논증은 현행 법질서를 전제로 하여 행해지는 논증이라는 점에서 그것은 일반적인 실천적 논증과는 질적으로 다르다는 반론이 그것이다.

2. 법적 논증이론의 실천적 의의

알렉시의 법적 논증이론은 여타의 논증이론들과 마찬가지로

31) Hilgendorf, 앞의 책, 216쪽.

32) 이 비판은 주로 노이만(U.Neumann)에 의해 제기되었다.

합리성을 보장해주는 법적용절차 — 물론 이 이론은 법정립절차에까지 확대적용될 수 있다 — 를 획득하는 데 그 목적이 있다. 알렉시에 의할 경우 합리적인 법적용이 가능하기 위해서는 법체계에 규칙들의 차원뿐만 아니라 원리들의 차원까지 포함해야 하며,[33] 아울러 법적 결정에 수반되는 불명확성을 해소하기 위해 법적 결정과정에서 불가피하게 행해지는 일정한 평가 내지 가치판단이 합리적으로 통제될 수 있어야 한다.[34] 이러한 착상에 기초하여 『법적 논증이론』에서 그는 전통적인 법적용이론(법률삼단논법에 기초한 포섭이론)의 한계에 대한 인식으로부터 출발하여 법적 결정의 정당성문제, 이로써 법학의 과학으로서의 성격을 — 기존의 방식과는 달리 — 합리적 절차와 이를 규율하는 일련의 규칙들을 통해 해명하려고 시도하고 있다.

절차이론으로서의 그의 논증대화이론은, 일단 그에 대한 찬반의 논쟁을 떠나, 법적 합리성에 대한 새로운 시각을 열어 주었다는 점에서 대단히 중요한 의미를 가진다고 하겠다. 아울러 법이론을 전개함에 있어서의 그의 치밀하고 체계적인 논증은, 그것의 문제점에 관한 시시비비는 제쳐두고라도, 법적 논증이 어떤 방식으로 이루어져야 하는가를 상징적으로 보여주고 있으며, 이로써 법적 논증에서는 언제나 합리적 논거를 통한 근거제시가 중요하다는 점을 잘 드러내고 있다. 이런 점에서 그의 이론은 합리적인 논증이 소홀히 되고 있는 우리의 법현실, 특히 법실무에

33) 법원칙과 법규칙의 차이에 관해서는 Robert Alexy, Zum Begriff des Rechtsprinzips, in: Argumentation und Hermeneutik in der Jurisprudenz (hrsg. v. Werner Krawietz 외 3인), Berlin, 1979, 63쪽 이하; 울리히 펜스키, 법원칙과 법규칙(박정훈 역), 법철학과 사회철학 제3집, 교육과학사, 1993, 108쪽 이하 참조.

34) 알렉시, 법체계와 실천이성(박정훈 역), 법철학과 사회철학 제3집, 교육과학사, 1993, 104쪽 참조.

대해 시사하는 바가 적지 않다고 본다.

그의 이론적 설계 및 그 요청이 비록 이상적인 성격을 지니고 있음은 분명하나 — 알렉시 역시 이 점을 인정하면서도[35] 합리적인 법적 논증이론이 지닌 이상설정적 기능은 결코 과소평가될 수 없음을 강조한다 — 합리적이고 정의로운 사회질서를 절차적 측면에서 지향하고 모색해야 한다는 점에 동의한다면, 또한 법적 논증에서도 논의에 참여하는 모든 개인을 의미 있는 개별자로 진지하게 고려하고 또 그러한 실천적 논의의 과정이 상호소통적 구조를 지닐 수밖에 없는 것임을 인정한다면, 그의 이론적 구상은 의회의 입법과정을 비롯하여, 법학적 논의, 재판실무 등 대단히 광범위한 영역에 걸쳐 그 실천적 수행력을 발휘할 수 있을 것이라 본다.

35) 즉 현실적인 제약하에서 단지 근사적으로 실현될 수 있을 뿐이라고 한다. 이는 실천이성이 완벽하게 실현될 수 있거나 아니면 전혀 실현될 수 없는, 양자택일적인 것이 아니라 근사적으로 실현될 수 있다는 그의 근본적 인식에 상응하는 것이다(알렉시, 법체계와 실천이성, 106쪽 참조).

13

법규칙과 법원리 구별의 유용성과 한계*

Ⅰ. 머 리 말

법의 영역에서 실증주의와 비실증주의 사이의 논쟁은 법의 역사를 관통하면서 지속적으로 제기되어 왔으며, 현재에도 여전히 진행 중인 상태이다. 이러한 논쟁은 법이 무엇인가라는 물음에 대한 대답으로서, 어떤 형태의 것이든 간에 실정적 힘에 대한 사회적 연원을 중시하는 조류와, 자연법이론이든 정법이론이든 간에 실천적 정당성의 측면에서 법을 파악하려는 흐름 사이의 비판적 조우라고 할 수 있다. 그런데 최근에 양 진영 간에 다시금 본격적인 논쟁의 불이 붙기 시작하였는데, 그 포문을 연 사람은 다른 아닌 로널드 드워킨(Ronald Dworkin)이다. 먼저, 그는 법실증주의의 핵심적 신조를 세 가지로 요약하여 제시한다. 즉 실증주의는 공동체의 법을 규칙들의 집합이라고 보고 있다는 점, 이러한 규칙들의 모호성으로 인해 법관이 법효과를 확정할 수 없는 경우가 발생할 때 재량에 의존한다는 점, 그리고 누군가에게 법적 의무가 있음을 인정하려면 그러한 의무를 규정하고 있는 법규칙이 존재해야 한다는 점이 그것이다. 그런 다음, 드워킨은 자신의 법원리론에 기초하여 이들 세 가지 테제가 잘못되었다는 점을 비판적으로 논증한다.[1] 그런데 이러한 비판의 추진력

---

* 강원법학 제34권, 강원대학교 비교법학연구소, 2011. 6, 407쪽 이하.

1) Ronald Dworkin, The Model of Rules Ⅰ, in: Taking Rights Seriously(7th

은 법원리를 법규칙과 구별하면서 법원리 역시 법질서에 속하는 법규범으로 파악해야 한다는, 즉 법질서는 단지 규칙들로만 구성된 체계가 아니라 원리들까지 포함하는 체계로 이해해야 한다는 데서 비롯된다. 나아가 알렉시는 드워킨의 이러한 착상을 이어받아 한 단계 더 나아간 법이론을 전개하고 있다.

이하에서는 드워킨 등의 주장이 과연 설득력이 있는 것인지, 특히 이들이 제시하고 있는, 법규칙과 법원리의 구별이 법체계를 이해하는 데 좋은 착상이 될 수 있는지 또 그것이 실천적인 법적 문제들을 해결하는 데 얼마나 기여할 수 있는지를 살펴보고자 한다. 먼저, 법규칙과 법원리의 구별 논의가 왜 실천적으로 문제되고 있는지와 그것이 함의하고 있는 바를 간략히 짚어볼 것이다. 둘째, 법규칙과 법원리를 구별하려는 시도와 관련하여 양자가 어떻게 구별될 수 있는지, 즉 양자의 구별기준은 무엇이며 그러한 기준이 적합한 것인지를 검토해 볼 것이다. 셋째, 이러한 구별이 의미 있는 것이라고 볼 경우 법질서 내지 법체계는 어떻게 구성될 수 있는지, 또한 법체계를 구성함에 있어 보완되어야 할 추가적인 요소는 없는지를 살펴볼 것이다. 그리고 마지막으로, 법규칙과 법원리의 구별이 법체계이해 및 실천적인 법적 문제 해결에 있어 갖는 유용성과 한계를 정리해 보고, 이러한 구분이 우리 법체계를 이해하고 분석하는 데 어떻게 활용될 수 있는지와 그 실천적 의의를 간략히 언급하기로 한다.

Ⅱ. 구별 논의의 출발점

법규칙과 법원리 구별 논의의 출발점은 드워킨의 실증주의

---

ed.), 1994, 17쪽 이하.

비판에서 비롯된다. 비판의 첫 번째 테제는 실증주의는 공동체의 법이 오직 규칙들로만 구성되어 있다고 본다는 점이다. 그런데 이 규칙들은 그 내용이 아니라 그 유래 또는 그것들이 채택되고 발전되는 방식과 관련된 기준에 힘입어 확인될 수 있다. 이 기준은 법규칙을 사이비 법규칙 — 법률가나 소송당사자가 법규칙이라고 잘못 주장하고 있는 규칙 — 이나 도덕규칙과 구별하는 척도로 작용한다.[2] 이러한 기준의 대표적인 예로는 허버트 하트(H.L.A. Hart)의 승인규칙(rule of recognition)을 들 수 있다. 이 테제는 법체계의 구조와 한계에 관한 것이라 할 수 있다.[3] 사법재량과 관련된 두 번째 테제는 첫 번째 테제로부터 비롯된다. 법이 오직 실정적인 사회적 연원에 따라 확인된 규칙들로만 구성되어 있다면, 규칙의 모호성 때문에 법관이 법적 결정 또는 법효과를 확정할 수 없는 사안들이 존재하는 경우에는, 법규칙들로만 구성된 법은 법관에게 결정을 위한 어떠한 기준도 제시하지 못하며, 이로써 법질서에 속하지 않는 법외적 기준에 따라 판단할 수밖에 없다는 것이다. 그렇다면 이 경우 법관은 결정에 있어 법질서에 구속되지 않게 된다. 그런데 실증주의적 사고에 의하면 이러한 사법재량은 불가피하다. 가령, 하트 역시 일정한 사례들 — 법개념의 의미의 뜰 또는 주변부에 속하는 사례들 — 에서 법관은 마치 그 자신이 규범정립자인 것처럼 선택을 내림으로써 스스로 입법자로서 관여해야 하며, 법관의 이러한 입법적 기능은 모든 법질서에 내재해 있는 불가피한 특성이라고 한다.[4] 비판의 세 번

2) 로널드 드워킨, 법과 권리(염수균 옮김), 한길사, 2010, 76쪽.

3) Robert Alexy, Zum Begriff des Rechtsprinzips, in: Argumentation und Hermeneutik in der Jurisprudenz(Hrsg. v. Werner Krawietz 외 3인), Berlin, 1979, 60쪽.

4) 카티야 랑엔부허, "영미 법이론에서 법관의 역할"(변종필 역), 법철학연구 제6권 제1호, 세창출판사, 2003, 325쪽 이하.

째 테제는 실증주의는 누군가에게 법적 의무가 있음을 인정하려면 그러한 의무를 규정하고 있는 법규칙이 존재해야 한다고 본다는 점이다. 즉 타당한 법규칙이 없으면 법적 의무도 없다는 것이다. 그런데 이 테제에 기초해서 보면, 가령 '판결하기 어려운 사안'(hard cases)에 있어 법관은 법규칙에 따라 이미 존재하는 어떤 의무를 말하는 것이 아니라 판결에 이르기까지 존재하지 않는 (새로운) 의무를 비로소 확정하는 꼴이 되고 만다.

법실증주의에 대한 드워킨의 이러한 비판의 핵심은, 개인들은 사전에 그에 상응하는 규칙들이 창조되었는지 여부와는 무관하게 권리를 가지고 있다는 테제(권리테제)에 터잡고 있다. 법관의 임무 역시 새로운 권리를 창조하는 것이 아니라 이러한 권리를 발견하는 것이다. 판결하기 어려운 사안에서도 유일하게 정당한 하나의 대답이 존재하며, 이 경우 최선의 법이론을 통해 가장 잘 근거지어진 대답은 정당하다고 한다. 그런데 그가 말하는 최선의 법이론이란 헌법규정들, 제정된 법규범들 및 선례들을 가장 잘 정당화해주는 원리들과 그 원리들 간의 비중을 포함하고 있는 이론을 의미한다.[5] 또한 그가 말하는 '법원리'(legal principles)란 법규칙이 아니면서 개인의 권리를 위한 논거로서 기여할 수 있는 모든 척도를 말한다.

요컨대, 이러한 드워킨의 생각은 법률가들이 판결하기 어려운 사안에서, 법규칙으로서 기능하지 않는 다른 종류의 기준들—원리나 정책 등—을 활용하여 결정을 내린다는 점에 대한 통찰에 기초하고 있다.[6] 그런데 법질서 내지 법체계를 법규칙들

---

5) Alexy, Zum Begriff des Rechtsprinzips, 61쪽.

6) 가령, 1889년 뉴욕법원 관할의 리그즈 대 팔머(Riggs v. Palmer) 사건을 들 수 있다. 상속인(손자)이 피상속인(할아버지)의 재산을 상속받기 위해 피상속인을 살해한 사건이었는데, 법규정에 따르면 재산이 살인자에

로만 구성된 체계로 파악하는 실증주의자들은 법규칙만을 알고 있기 때문에 법규칙이 아닌 기준들(법원리들)이 갖는 중요한 역할을 제대로 이해하고 있지 못하다고 한다.[7] 따라서 법질서는 오로지 법규칙들로만 구성된 체계(규칙모델)가 아니라, 법원리들까지 포함하는 체계(규칙-원리 모델)로 보아야 한다고 한다. 규칙들과는 달리 원칙들은 법관에게 언제나 해결의 실마리를 제공해주기 때문이다. 즉 사안에 대한 결정이 규칙들에 근거해서는 가능하지 않더라도, 원리들에 근거해서는 가능하기 때문이라는 것이다. 그렇다면 판결하기 어려운 사안에서도 법관은, 법질서에 구속되지 않는다는 의미에서의 재량은 결코 갖고 있지 않다고 한다.

Ⅲ. 법규칙과 법원리의 관계 및 구별

1. 원리와 정책의 구분

드워킨은 법원리를 일반적으로 법규칙과 다른 일련의 기준들로 파악함으로써 법원리를 법규칙과 구별하지만, 경우에 따라 법원리는 법정책과도 엄밀하게 구분할 필요가 있다고 한다. 정책(policy)이란 "달성해야 할 목적, 즉 일반적으로 말해 공동체의 경제적, 정치적 또는 사회적 국면에서의 개선을 설정하고 있는 그러한 종류의 기준"— 어떤 목적들은 현재의 어떤 국면이 그 반

게 주어질 수밖에 없었다. 하지만 여기서 법원은 어느 누구도 그 자신의 범죄로 인해 이득을 얻어서는 안 된다는 기준을 원용하여 살인자가 유산을 물려받지 못하게 하였다. 드워킨은, 이 경우 법원이 제시한 기준들은 법원리로서 우리가 통상 법규칙이라고 생각하고 있는 것과 다른 종류의 기준들이라고 보았다(Dworkin, The Model of Rules Ⅰ, 23-24쪽).

7) Dworkin, 앞의 논문, 22쪽.

대로 바뀌지 않도록 보호될 것을 요구한다는 점에서 소극적이긴 하지만 — 을 말한다. 반면, 원리(principle)란 "경제적, 정치적 또는 사회적 상황을 바람직하게 보이도록 개선하거나 보장하기 위해서가 아니라, 정의나 공정성의 요구 또는 어떤 다른 차원의 도덕적 요구라는 이유 때문에 준수되어야 하는 기준"을 말한다.[8] 가령, 자동차사고를 줄여야 한다는 기준은 정책이고, 어느 누구도 그 자신의 잘못으로 이득을 보아서는 안 된다는 기준은 원리에 해당한다. 양자는 사법적 결정에 있어 원리논거(argument of principle)와 정책논거(argument of policy)로 작동한다.[9] 원리논거란 결정이 어떤 개인이나 집단의 권리를 존중하거나 보호한다는 것을 보여주는 논거를 말한다. 가령 소수보호는 원리논거인데, 왜냐하면 이를 통해 소수에 속하는 구성원들의 개별적인 권리들이 보호되기 때문이다. 정책논거란 결정이 사회 전체의 집단적 목적이나 이익을 증진시키거나 보호한다는 것을 보여주는 논거를 말한다. 예컨대 비행기 제작자에 대한 원조를 정당화해야 하는 경우에 있어 그렇게 하는 것이 국가의 방어력을 증강시킨다는 근거제시는 정책논거이다. 이 경우 비행기 제작자는 할당된 원조를 받을 수도 있는데, 이는 그러한 권리가 존재하기 때문이 아니라 그렇게 하는 것이 공동체에 유익하기 때문이다. 반면, 항공기 회사가

8) Dworkin, 앞의 논문, 22쪽. 하지만 가령 일정한 원리가 일정한 사회적 목적(예컨대, 어느 누구도 그 자신의 잘못으로 이득을 보지 않는 그런 사회의 형성이라는 목적)을 진술하고 있는 것으로 파악될 경우, 일정한 정책이 일정한 원리(예컨대, 그 정책이 포함하고 있는 목적은 가치 있는 목적이라는 원리)를 진술하고 있는 것으로 파악될 경우, 또는 정의의 목적은 최대다수의 최대행복을 확보하려는 목적의 위장된 진술이라는 공리주의적 테제를 도입하는 경우에는, 그러한 구분이 붕괴될 수 있다고 한다.

9) 로널드 드워킨, "판결하기 어려운 사안"(장영민 역), 법철학과 사회철학 제3집, 교육과학사, 1993, 67쪽 이하.

법률이 규정하는 보조금을 청구하는 소를 제기한 경우에 그의 보조금에 대한 권리 주장은 원리논거에 해당한다.

이러한 구분에 기초하여 드워킨은 판결하기 어려운 사안에서도 법관은 정책논거에 의하지 않고 원리논거에 의해 결정해야 한다고 주장한다.[10] 그 첫 번째 근거는 권력분립원칙이다. 법이 무엇인지를 확정함에 있어 대체로 선출직이 아닌 법관이 선출직인 입법기관을 대리 또는 대체하는 것은 문제가 있다는 생각에서다. 집단적 논거들을 고려하는 것은 입법부만이 갖는 권한이므로 법관은 새로운 정치적 목적을 기획해서는 안 되며 단지 이미 존재하는 권리만을 실현해야 하는 임무를 띠고 있기 때문[11]이다. 그 두 번째 근거는 소급효금지원칙이다. 소급입법 및 소급적용에 의한 사후적인 의무창설의 위험 때문이다. 즉 만일 법관이 사후적으로 법을 말한다면 의무규범 또는 행위규범을 소급적으로 설정하는 위험이 발생하게 되며, 더욱이 이 경우 정책논거를 활용할 수 있게 된다면 그러한 위험은 더욱더 증대될 것이기 때문이다.

이러한 구분은 법제도적으로는 민주적 법치국가에서 입법자와 법관의 역할이 분명하게 구별됨을 다시금 확인하는 것이라 할 수 있다. 동시에 법이론적으로는 이른바 법의 흠결이 문제되는 ― 법규칙들만으로는 해결할 수 없는 ― 판결하기 어려운 사안에서 법관이 유념해야 할 법적용의 한계와 합리적인 근거제시 방향을 보여준다는 점에서 매우 유용한 기준제시로 보인다. 우리의 경우에도 정책적 논거에 기초하거나 이를 주된 요소로 고려함으로써 법적 판단이 행해지는 예가 적지 않다.[12] 가령 형법영

10) 드워킨, 판결하기 어려운 사안, 71쪽.

11) 랑엔부허, 앞의 논문, 333쪽.

12) 책임원칙과 관련하여 헌재판례에서 나타나고 있는 이러한 형태의 일부

역에서 처벌의 공백을 메우기 위해 법의 목적을 근거로 제시하는 경우가 그러하다.[13] 판결하기 어려운 사안에서 법관은 정책논거를 원용해서 결정을 내려서는 안 되고 원리 내지 원리논거에 기대어 판결해야 한다는 드워킨의 주장은, 원리와 정책 내지 원리논거와 정책논거의 구분 및 그 적절성을 넘어 이제 또 다른 차원의 문제, 즉 법원리를 법규칙과 어떻게 구별할 것인가 하는 문제에 직면하게 된다.

2. 양자의 관계: 세 가지 테제

양자의 구별기준을 살펴보기 이전에, 먼저 법규칙과 법원리의 관계에 관해 취할 수 있는 태도를 보면, 크게 세 가지 관점이 있을 수 있다.[14] 첫째, 법규칙과 법원리 사이에는 좁은 의미에서든 넓은 의미에서든 어떠한 논리적 차이도 존재하지 않는다는 관점이다(일치테제, Übereinstimmungsthese). 이에 따르면 전통적으로 법원리라고 불리는 것에서 나타날 수 있는 모든 논리적 속성들은 법규칙이라 불리는 것에서도 나타날 수 있다. 둘째, 법규칙과 법원리가 논리적 측면에서 서로 구분될 수 있지만, 그러한 차이는 단지 정도의 차이에 불과하다고 보는 관점이다(약한 분리테제, schwache Trennungsthese). 셋째, 법규칙과 법원리는 서로 전혀 다른 논리적 구조를 지닌 규범들이며, 양자 간에는 정도의 차이가 아니라 질적 차이가 존재한다는 관점이다(강한 분리테제, strenge

---

문제점에 관해서는 변종필, "형벌조항에 대한 위헌심사와 책임주의," 헌법실무연구 제11권, 2010, 449쪽 이하 참조.

13) 이러한 문제점에 관해서는 변종필, "형법해석에서 법정책적 논거원용의 타당성문제," 형사법연구 제26호 특집호, 한국형사법학회, 2006, 509쪽 이하 참조.

14) 이에 관해서는 Alexy, 앞의 논문, 64-65쪽 참조.

Trennungsthese). 이에 따르면 어떤 기준이 법규칙이나 법원리일 수 있다면, 그 기준은 언제나 규칙이든지 아니면 원리이다.

가령 "사람을 살해한 자는 사형, 무기 또는 5년 이상의 징역에 처한다"는 형법 제250조 제1항의 규정은 법규칙에 해당한다. 여타의 다른 살인죄 규정도 마찬가지다. 그런데 입법자가 이들 규정을 명문화한 보호목적(법익)을 감안하면 이들 살인죄 규정의 배후 또는 배경을 이루는 법원리는 적극적으로는 "타인의 생명을 존중하여야 한다"로, 그리고 소극적으로는 "타인의 생명을 침해해서는 안 된다"로 표현될 수 있다. 이처럼 법규칙은 규율대상이나 보호방법 등을 통하여 법원리를 구체화한 것이라 할 수 있다. 이런 점에서 양자는 그 일반성의 정도에서 차이를 보인다고 볼 수 있다. 따라서 일단 법원리가 법규칙과 질적으로 다른 어떤 것이라고 규정할 수 있는가의 문제와는 무관하게, 법원리를 그 구조상 법규칙과 동일하다고 보기는 어려울 것이다. 그렇다면 양자 간에는 단지 정도의 차이만이 존재하는 것인가, 아니면 이와는 구별되는 질적인 차이가 존재하는 것인가? 드워킨은 양자의 구분이 결코 일반성의 '정도'에 따른 구분이 아님을 분명히 하고 있다. 즉 양자를 구별하는 기준들은 상호 비교적인(komparativ) 성격이 아니라 엄격히 등급분류적인(klassifikatorisch) 성격을 띠고 있다고 한다.[15] 아래에서는 이러한 구별문제에 관해 좀더 상세히

---

15) Dworkin, The Model of Rules Ⅱ, in: Taking Rights Seriously, 78쪽. 법규칙과 법원리의 구별문제를 일반성의 정도 문제로 보지 않고 질적 문제로 보고 있는 또 다른 견해로는 Josef Esser, Grundsatz und Norm in der richterlichen Fortbildung des Privatrechts, 3.Aufl., Tübingen 1974, 50-51, 95쪽 참조: 규칙은 "'적용가능한' 것이어야 한다. 즉 그것은 그 범위 및 작용방식에 있어 — 규제기관이 심사가능한 방식에 따라 주어진 또는 주어지지 않은 것으로 확인할 수 있는 — 일정한 기준들에 의해 확정되어 있어야 한다." 반면 원리는 "일정한 문제영역에 대해 직접적인

살펴보기로 한다.

3. 양자의 구별

법원리와 법규칙을 구별하는 기준으로는 다양한 방법이나 기준이 존재한다. 예컨대, 양자의 성립방식 — 가령 그것이 창조된 것인지 아니면 전승된 것인지 여부, 평가내용의 명료성, 도덕적 내용이나 법이념과의 관련성, 법질서에 대해 갖는 중요성, 인식의 확실성, 보편타당성이나 편재성 등을 들 수 있다. 나아가, 규칙을 지지하는 근거인지 아니면 그 자체 규칙인지 여부, 또는 그 규율대상 여하 — 가령 그것이 논증규칙인지 아니면 행위규칙인지 — 에 따른 구분 방법도 제시되고 있다.[16] 이런 점에서 원리들의 유형도 양자의 구별기준의 다양성만큼 다양하게 나타날 수 있다고 하겠다. 그런데 이하에서는 논의의 범위를 드워킨의 구별방식과 알렉시의 구별방식에 국한시켜 살펴보기로 한다. 이들의 구별논의가 논의의 주제와 관련하여 본질적으로 중요한 의미를 지닌다고 볼 수 있기 때문이다. 이들에게 있어 양자의 구별문제는 법원리와 법규칙의 적용형식 및 충돌형식과 같은 요소까지 포함하는 넓은 의미에서의 그 논리적 구조와 관련되어 있다.

(1) 드워킨의 구별방식

1) 전부-또는-전무로서의 성격

드워킨에 의하면 먼저 법원리와 법규칙 간에는 논리적 차이

형태의 구속력 있는 지시를 하고 있지 않으며," 그것은 "그 자체 지시가 아니라 지시의 근거나 기준 및 정당화이다"(Alexy, 앞의 논문, 67쪽에서 재인용).

16) Alexy, 앞의 논문, 65-66쪽 참조.

(logical distinction)가 존재한다.[17] 즉 양 기준은 특별한 상황에서의 법의무에 관한 특별한 결정을 지시해주지만, 이들이 제시하는 방향의 성격에 있어 서로 다르다. 규칙은 전부-또는-전무의 방식(all-or-nothing-fashion)으로 적용될 수 있다. 일정한 규칙이 규정하고 있는 요건사실이 존재하는 경우에 그 규칙은 유효하든지, 즉 그 규칙이 규정하고 있는 법효과(제재)가 인정되든지 아니면 유효하지 않든지 둘 중의 하나이다. 드워킨은 규칙들의 작용방식에 비추어 볼 때 이러한 성격은 대부분 자명하다고 한다. 물론 그는 규칙이 예외를 가질 수 있음을 인정한다. 또한 이론적으로는 적어도 예외들이 모두 열거될 수 있으며, 존재하는 예외들이 많으면 많을수록 그 규칙에 관한 언급은 더 완전하다고 한다. 반면, 그에 의하면 원리는 이와 같은 방식으로 작동하지 않는다. 즉 원리는 제시된 일정한 요건들이 충족될 경우에 자동적으로 귀결되는 법적 결론을 설정하고 있지 않으며, 심지어 어떤 원리 — 가령, 어느 누구도 그 자신의 잘못으로부터 이득을 얻어서는 안 된다 — 는 그 적용을 위해 필요로 하는 요건을 설정하는 것조차 의도하고 있지 않다. 원리는 한 방향에서 주장되는 일정한 근거를 언급하지만, 어떤 특별한 결정을 필요로 하지는 않는다. 물론 일정한 원리와 다른 방향에서 주장되는 다른 원리들이 존재할 수 있는데, 이 경우에는 전자의 원리가 우세를 점하지 못할 수도 있다. 하지만 그렇다고 하여 그 원리가 효력 없는 것으로 법체계에서 배제되는 것은 아니다. 후자의 원리들이 비중을 덜 갖는 사례에서는 그 원리가 결정적으로 중요성을 띨 수 있기 때문이다.

17) 이 점에 관해서는 Dworkin, 앞의 논문, 24-26쪽 참조.

2) 비중의 차원

드워킨에 의하면, 양자 간의 이러한 논리적 차이는 또 다른 차이를 포함하고 있다. 즉 원리는 규칙이 지니지 않은 차원, 즉 비중(weight)이나 중요성(importance)의 차원을 지니고 있다.18) 원리들이 서로 경합하는 경우 — 가령, 자동차 소비자를 보호하는 정책이 계약자유의 원리들과 경합하는 경우 — 에 법관은 그러한 충돌을 해결해기 위해서는 각 원리의 상대적 비중을 고려해야 한다. 물론 상대적 비중에 대한 정확한 형량이 어렵고, 특정한 원리가 다른 원리보다 더 중요하다는 판단은 논란의 대상이 될 수 있다. 하지만 그럼에도 불구하고 원리가 이러한 비중의 차원을 지닌다는 점은 원리개념에 불가결한 것이라고 한다. 반면, 원리와 달리 규칙은 이러한 차원을 지니고 있지 않다. 가령, 어떤 규칙은 — 그것이 특정한 상황에서 수행하는 역할 때문에 — 다른 규칙보다 더 중요하다고 말할 수 있다. 하지만 일정한 규칙이 규칙들의 체계 내에서 다른 규칙보다 더 중요하다고 말할 수는 없다. 따라서 규칙충돌의 경우에는 일방의 규칙이 그 비중 때문에 타방의 규칙에 우선한다고 말할 수는 없다. 규칙들이 충돌할 경우에 그 중의 하나는 유효한 규칙일 수 없다.19)

(2) 알렉시의 구별방식

알렉시는 법원리와 법규칙의 구별기준에 관한 드워킨의 주

18) 이 점에 관해서는 Dworkin, 앞의 논문, 26-28쪽 참조.

19) 드워킨은, 규칙들이 충돌할 경우 어느 것이 유효한가, 또 어느 것을 포기하고 버려야 하는가에 대한 결정은 규칙들 자체를 넘어서 있는 고려사항들에 호소하는 방법으로 이루어져야 한다고 한다. 가령, 더 높은 권위에 의해 제정된 규칙이나 최근에 제정된 규칙 또는 좀더 특별한 규칙 또는 이와 유사한 어떤 것을 선호하는 규칙 등이 그러한 방법에 해당한다.

장을 비판적으로 검토하면서 한층 더 설득력 있는 형태로 양자의 구분을 시도한다. 그에 의하면 양자의 본질적인 차이는, 법원리는 최적화명령(Optimierungsgebote)으로서의 성격을 지니는 반면, 법규칙은 확정적 명령(definitive Gebote)으로서의 성격을 지닌다는 데 있다. 나아가, 그는 법원리가 비중의 차원을 가진다는 드워킨의 생각을 수용하면서도 충돌문제를 해결하기 위한 방법에서는 일정한 보완필요성을 제기함으로써 다른 방안을 제시한다.

1) 최적화명령과 확정적 명령

알렉시는, 드워킨이 제시한 전부-또는-전무라는 성격은 규칙과 원리를 구별하기 위한 엄밀한 기준은 되지 못한다고 한다. 만일 유보조항의 활용을 포기한다면 규칙도 원리도 전부-또는-전무의 문제가 되지 못하겠지만, 만일 유보조항을 활용한다면 규칙은 물론 원리도 전부-또는-전무의 방식으로 적용될 수 있다는 이유에서다.[20] 가령 '모순적인 결론을 초래하는 어떤 다른 원리가 우선하지 않는 한'과 같은 조건을 지닌 원리들을 예상한다면, 원리들 역시 전부- 또는-전무의 방식으로 적용될 수 있다는 것이다. 즉 일정한 구체적 사례에서 모순적인 결론을 초래하는 어떤 다른 원리도 당해 원리에 우선하지 않는다면, 결정은 불가피하게 그 원리로부터 도출된다는 것이다.

그에 따라 알렉시는 법원리와 법규칙의 결정적 차이를 다음과 같이 규정한다. 원리는 최적화명령으로서의 성격을 갖는 반면, 규칙은 확정적 명령으로서의 성격을 갖는다는 것이다.[21] 법규칙은 완전히 실현될 수 있거나 전혀 실현될 수 없는 성격의

20) Alexy, 앞의 논문, 71쪽.

21) 알렉시, "법체계와 실천이성"(박정훈 역), 법철학과 사회철학 제3집, 교육과학사, 1993, 90-91쪽.

규범이다. 즉 규칙은 일정한 요건사실이 발생하면 그 효과가 발생하든지 아니든지 둘 중의 하나이다. 따라서 법규칙은 사례들에 대한 결정을 위한 확정을 포함하고 있다. 이런 점에서 그는, 규칙은 역사적 실존을 지니고 있다고 한다. 나아가 그는 단지 충족되거나 충족되지 못할 뿐인 이러한 법규칙의 명령적 성격을 '현실적 당위'(reales Sollen)라고 칭한다.[22] 그리고 원리와는 달리 규칙의 적용에는 형량이 가능하지도 필요하지도 않다. 즉 규칙의 특징적인 적용형태는 형량이 아니라 포섭(Subsumtion)이다.[23]

반면, 법원리는 법규칙과 달리 일정한 확정을 포함하고 있지 않다. 즉 일정한 원리는 그와 상반되는 다른 원리들과 관련하여 확정된 내용을 포함하고 있지 않다. 원리들은 구체적 사례와 관련하여 그 상대적 비중이 달리 규정될 수 있다. 이런 점에서 원리는 역사적 실존을 지니고 있지 않다. 따라서 사례와 관련된 그 확정내용에 비추어 볼 때 모든 원리는 동등하며, 처음부터 어떤 원리가 다른 원리에 우선해야 할 근거는 존재하지 않는다.[24] 그렇기에 법원리는 그 내용이 법적 및 사실적 가능성하에서 가장 높은 정도로 실현될 것을 명령하는 규범, 즉 최적화명령으로서의 성격을 지닌다.[25] 이 점은, 모든 법원리가 각기 다른 정도로 실

22) Alexy, Zum Begriff des Rechtsprinzips, 81쪽.

23) 물론 이는 대체적으로 그렇다는 것이며, 오늘날 자명한 것으로 밝혀진 포섭이론의 한계에 비추어 볼 때 법규칙 역시 모든 경우에 포섭이라는 일도양단의 방식으로 적용될 수 있는 것은 아니다.

24) Alexy, 앞의 논문, 79쪽.

25) 가령 "보도의 자유는 보장되어야 한다"와 같은 규정(법원리)은 충돌하는 다른 규정들에 직면하여 좀더 높은 정도로 또는 좀더 경미한 정도로 충족될 수 있다. 여기서 보도의 자유 보장이 명령되고 있다는 것은, 그러한 자유가 그 어떤 특정한 정도로 보장되도록 명령되고 있는 것이 아니라, 법적·사실적 가능성과 관계하여 가급적 높은 정도로 그것이 보장되도록 명령되고 있는 것이라고 한다(Alexy, 앞의 논문, 80쪽).

현될 수 있으며, 그것에 의해 명령되는 실현의 정도가 사실적인 가능성뿐만 아니라 법적인 가능성에 의해서도 영향을 받는다는 것을 의미한다. 법적인 가능성은 법규칙들에 의해 규정되기도 하지만, 주로 당해 법원리에 상반되는 원리들에 의해 규정된다.[26) 알렉시는 서로 충돌하는 이러한 원리들을 목적규정이나 가치들과 흡사한 것으로 파악하면서[27) 최적화명령을 '이상적 당위'(ideales Sollen)라고 칭한다. 여기서 이상적 당위란 당위적이어야 할 것이 충분한 정도로 사실적·법적으로 가능함을 전제하고 있지는 않지만 가급적 광범위한 또는 근사적인 충족을 요구하는 당위를 말한다.[28) 이러한 원리들에 대해서는 형량(Abwägung)이 가능하고 또 요구된다.

2) 충돌의 문제

충돌의 문제는 크게 규칙충돌과 원리충돌로 나눌 수 있다. 이러한 충돌문제는 원리와 규칙의 논리적·구조적 차이를 가장 분명하게 보여준다. 먼저, 규칙충돌의 경우를 보자.[29) 이 경우는 크게 유보조항 없는 규칙들 간의 모순과 유보조항 있는 규칙들 간의 모순으로 나누어 볼 수 있다. 전자의 전형적인 것으로는 규

---

26) 이에 관해서는 C.-W. Canaris, Systemdenken und Systembegriff in der Jurisprudenz, 2.Aufl., Berlin, 1983, 53쪽 이하.

27) 알렉시는 원리들과 가치들은 구조적으로 널리 일치하므로, 모든 원리충돌은 가치충돌로, 모든 가치충돌은 원리충돌로 표현될 수 있다고 한다. 다만 양자 간의 유일한 차이는, 원리충돌에서는 무엇이 확정적으로 당위인가의 문제에 초점을 둔다면, 가치충돌에서는 무엇이 확정적으로 더 좋은 것인가의 문제에 초점을 두는 데 있다고 한다(알렉시, 법체계와 실천이성, 93쪽).

28) Alexy, Zum Begriff des Rechtsprinzips, 81쪽.

29) 이에 관해서는 알렉시, 법체계와 실천이성, 91쪽; Alexy, Zum Begriff des Rechtsprinzips, 72쪽 이하 참조.

율내용이 상호 모순되는 경우를 들 수 있다. 가령 일방의 규칙이 타방의 규칙이 허용하고 있는 것을 금지하고 있는 경우이다. 이러한 모순은 양 규범 중 일방을 무효로 선언하고 법질서로부터 축출함으로써 해결될 수 있다. 또한 금지와 예외적 허용사유를 각기 별도로 규정하고 있는 규칙들 간의 모순도 상정해 볼 수 있으나, 이는 충돌사례에 해당한다고 보기 어렵다. 예컨대 살인행위를 금지하고 있는 형법 제250조 제1항(보통살인죄)과 예외적으로 이를 허용하고 있는 제21조 제1항(정당방위 규정) 간의 관계를 들 수 있다.

그리고 유보조항 있는 규칙들 간의 모순은 다시 원리들과 관련된 유보조항 있는 규칙들 간의 모순과, 규칙들과 관련된 유보조항 있는 규칙들 간의 모순으로 나눌 수 있다. 원리들과 관련된 유보조항, 가령 '일정한 원리에 따라 이와 다른 것을 법적으로 요구하지 않는 한'이라는 내용을 지닌 유보조항을 활용한다면, 모순을 내포하고 있는 사례들의 수는 물론 훨씬 줄어들 수 있다. 하지만 이 경우에도 모순이 쉽게 해결될 수 없는 경우가 존재하는데, 서로 대립하는 규칙들을 지탱해주는 원리들이 동일한 비중을 지니고 있는 경우가 그러하다. 이 경우의 모순은 근거로 작용하는 원리들이 갖는 비중에 따라 해결될 수 있다. 따라서 이 경우는 원리충돌의 문제와 관련된다. 그리고 유보조항이 규칙들과 관련된 경우에는 충돌이론의 의미에서의 충돌은 발생하지 않는다.[30] 이상으로, 규칙간의 충돌이 의미를 갖는 경우는 원리

30) 만일 유보조항이 절대적이라면, 이로써 가령 그것이 "모든 경우에 있어 그에 대해 보다 더 중요한 규칙에 의해 그와 다른 것을 요구하지 않는 한"이라는 내용을 지니고 있다면, 일방의 규칙을 모든 경우에 있어 더 중요한 것이라고 지칭함으로써 타방의 규칙은 효력 없는 것으로 선언되거나, 아니면 그 규칙에 대한 하나의 예외가 확정될 것이다. 만일

들과 관련된 유보조항을 지닌 충돌의 경우인데, 이는 원리충돌의 문제로 귀착된다.

다음으로, 원리충돌의 경우를 보자. 원리들이 충돌할 경우에는 구체적 사례에서 더 큰 비중을 가지는 원리가 적용되어야 하는데, 그렇다고 하여 이 경우 물러서는 원리가 무효로 되는 것은 아니다. 원리충돌의 경우에서 우선 문제되는 것은, 어떤 원리가 법질서에 속해 있는가이다. 이 문제에 대해 알렉시는, 원리는 언제나 그 적용범위에서 정당하게 배제될 경우에만 — 그것이 유보조항 없이 수용가능한 모든 선례 및 규범들과 조화될 수 없기 때문이든, 대립하는 원리들이 모든 사례에서 더 큰 비중을 갖기 때문이든 간에 — 법질서에 속하지 않는다고 답한다. 하지만 — 알렉시도 인정하듯이 — 이로써 원리들의 소속성문제에 대해 특별히 얻어진 것은 없다. 그것은, 법체계가 법원리로 채택될 수 있는 일련의 관점목록을 지니고 있다는 확정에 다름 아니기 때문이다.[31)]

원리충돌에서 두 번째로 문제되는 것은, 어떤 원리가 법질서 내지 법체계에 속해 있음이 확인되더라도, 개별사례에서 어떤 원리에 우선순위가 주어져야 하는가이다.[32)] 이 점에서 원리충돌은 효력차원의 문제가 아니라, 효력을 지니고 있는 원리들만이 충돌될 수 있음을 감안할 때, 법체계 내에서 원리들이 차지하는 비중

유보조항이 상대적이라면, 이로써 가령 그것이 "구체적인 사례에 있어 그에 대해 보다 더 중요한 규칙에 의해 그와 다른 것을 요구하지 않는 한"이라는 내용을 지니고 있다면, 두 규칙은 결과적으로 하나의 새로운 규칙, 즉 서로 배척하는 두 개의 법효과를 개별사례에서의 중요성에 따라 선택할 수 있게 하는 규칙에 다름 아닐 것이다(Alexy, Zum Begriff des Rechtsprinzips, 74쪽).

31) Alexy, 앞의 논문, 83쪽.

32) Alexy, 앞의 논문, 72쪽.

차원의 문제이다.[33] 모든 사례들을 대상으로 한 우선순위관계가 중요한 의미를 띠는 규칙충돌의 경우와는 달리, 원리충돌의 경우에는 우선순위관계가 사안마다 달라질 수 있다.[34] 우선순위문제를 어떻게 해결할 것인가는 상반되는 원리들이 구체적 사례에서 갖는 비중에 달려 있다. 하지만 법관에 대해 원리들의 상대적 비중까지 포함하는 법이론을 발전시킬 것을 기대하는 드워킨과는 달리, 그러한 이론은 가능하지 않다는 것이 알렉시의 대답이다.[35] 원리들 상호 간의 관계와 규칙들의 등가성에 비추어 볼 때, 그때그때마다 효력 있는 규칙들로부터 모든 사례의 해결을 위해 필요로 하는 규칙들이 도출될 수 없는 것과 마찬가지로 그때그때마다 승인된 — 원리들 상호 간의 — 관계로부터 모든 새로운 관계들이 도출될 수는 없기 때문이다. 특히 그러한 등가성에 비추어 볼 때, 어떤 일반적인 규칙으로부터 그 의미론적 작용영역 내에서의 확정을 위해 보다 더 특수한 규칙이 도출될 수 없는 것과 마찬가지로, 원리들 간의 일반적인 관계로부터 그 의미론적 작용영역에서의 확정을 위해 보다 더 특수한 관계가 도출될 수는 없다. 나아가, 알렉시에 의하면 원리이론에서는 원리들 간의 새로운 관계가 종래의 관계들이 아닌, 원리들로부터 도출될 수도 있다. 그런데 이 경우에도 문제는 여전히 남게 된다. 가령, 두 가지 원리(P1과 P2) 간의 새로운 관계에 대한 근거제시를 위한 매개원리로서 제3의 원리(P3)가 제시될 수 있는데, 이 경우 P1이 P3에 기초하여 P2에 우선한다는 것은, P1과 P3가 함께 P2

---

33) 알렉시, 법체계와 실천이성, 92-93쪽.

34) Joseph Raz, Legal Principles and the Limits of Law, in: The Yale Law Journal 81, 1972, 832-833쪽(Alexy, Zum Begriff des Rechtsprinzips, 72쪽에서 재인용).

35) Alexy, Zum Begriff des Rechtsprinzips, 83쪽 이하 참조.

에 우선함을 의미하는 것에 다름 아니며, 이러한 새로운 관계에 대해서는 다시금 근거제시를 필요로 한다. 또한 그러한 근거제시를 위해 P4가 도입된다면 똑같은 문제가 발생하게 되며, 이후의 과정도 마찬가지다.

3) 보충의 필요성

이러한 고찰에 근거하여 알렉시는 규칙들과 원리들 및 원리들 간의 관계로만 구성된 소재들로부터는, 추가적인 전제들을 덧붙이지 않는 한, 판결하기 어려운 사안에 대한 결정을 위해 필요로 하는 원리들 간의 관계는 도출되지 않는다고 한다. 물론 그 역시 법적 판단의 도덕관련성을 인정한다. 즉 법적 쟁점이란 그 핵심에 있어 법적 사실이나 전략이 아닌 도덕적 원리의 쟁점이라는 드워킨의 생각에 동의한다. 하지만 이러한 드워킨의 생각은 원리들로 구성된 최선의 법이론 및 그와 결합된 공동체 도덕의 개념만으로는 충분히 관철될 수 없기 때문에 일정한 보충이 필요하다고 본다. 즉 그러한 생각은 일반적인 실천적 논증이론 또는 도덕적 논증이론을 법적 논증이론 안에 포함하면서 후자를 전자에 기초하여 근거짓는 이론 내에서만 충분하게 전개될 수 있다고 한다.[36)]

(3) 검　토

법이 무엇인가의 문제나 법에 있어서의 객관성의 문제는 관습적이고 제도화된 틀의 범위 내에서만 이해될 수 없다. 법이해 및 법실천에서도 모든 인간이 주체이며 또 주체로서 행위할 수

---

36) Alexy, 앞의 논문, 87쪽. 그러한 법이론의 전개와 내용에 관해서는 로베르트 알렉시, 법적 논증이론(변종필 · 최희수 · 박달현 옮김), 고려대학교 출판부, 2007 참조.

있어야 한다는 측면에서 보면 이 문제는 실천적인 참여와 실제적인 법실천에서 비롯되는 인식과 연계하여 답하지 않을 수 없다. 이런 점에서 볼 때 법이란 법명제 내지 법적 판단의 타당성을 보여주기 위해 "법적 실천의 참여자들에 의해 채택된 논증적 뼈대"[37]라고 하겠다. 이러한 논증은 — 강한 의미로 이해하든 약한 의미로 이해하든 간에 — 도덕관련성을 지니고 있다. 이런 점에서 법과 도덕의 분리라는 전통적인 실증주의적 테제는 유지되기 어렵다.[38] 특히 판결하기 어려운 사안에서 법실증주의는 사법재량을 인정하고 그 범위 내에서 '법관이 자신이 입법자라고 상정했을 때 원용할 수 있는 기준'(조리)에 따라 법적 결정을 할 수 있도록 한다. 하지만 이러한 방법은 법적 판단의 자의성을 낳을 우려가 있을 뿐만 아니라, 무엇보다 실천적 측면에서 볼 때 법이란 합리적 근거제시에 다름 아니라는 인식에 부합하지 않는다. 이런 점에서 이 경우에 법관은 재량이 아닌 법원리에 기대어 문제를 해결해야 한다고 본 드워킨의 생각은 충분히 설득력을 갖는다고 본다. 다만, 알렉시의 지적대로, 그가 제시한 '최선의 법이론' — 원리들의 상대적 비중까지 포함하는 이론 — 은 현실적으로 가능하지 않다는 점에서 일정한 보충을 필요로 하는 미완의 프로젝트라 할 수 있다.

또한 드워킨은 판결하기 어려운 사안에서도 유일하게 정당

---

37) Dennis Patterson, Normativity and Objectivity in Law, in: Wittgenstein and Law(edited by Dennis Patterson), 2004, 10쪽.

38) 물론 최근에는 법실증주의 진영에서도 도덕기준에 따라서 법의 존재(효력)와 내용을 판정하는 승인규칙이 있을 수 있다고 보는 경향(이른바 포용적 법실증주의)이 있으나, 이러한 경향이 비실증주의적 태도와 어떻게 구분될 수 있는지, 나아가 이를 과연 실증주의라고 칭할 수 있는지는 의문이다. 포용적 법실증주의에 관해서는 안준홍, "비실증주의 법원리론 비판," 서울대학교 법학박사학위논문, 2008, 97쪽 이하 참조.

한 하나의 대답이 가능하며, 그러한 최선의 법이론을 통해 가장 잘 근거지어진 대답이 정당하다고 한다. 하지만 이 점 역시 최선의 법이론이 지닌 약점 때문에 관철되기 어려워 보인다. 그렇다고 하여 이로부터 '유일하게 정당한 하나의 대답'테제가 불가능하다는 결론이 곧바로 도출되는 것은 아니다. 여기서 이 문제를 상세히 언급할 수는 없지만, 가령 알렉시의 구상대로 우리가 절대적 정당성개념과 상대적 정당성개념을 구분하여 접근한다면,[39] 적어도 그 테제에 대해 일정 정도의 의미는 부여할 수 있을 것이다. 비록 가능한 여러 가지 대답이 존재하더라도 법관은 — 판결하기 어려운 사안에서도 — 정당한 하나의 대답이 존재함을 사유상으로 전제하면서 합리적인 근거제시를 통해 그러한 대답을 찾으려 할 것이다. 물론 이 경우 그 대답이 가장 잘 근거지어진 대답이라고 확정할 수는 없을 것이다. 하지만 그렇더라도 적어도 '유일하게 정당한 하나의 대답'테제가 법관의 근거제시와 결정을 위한 '규제적 지향점'으로 작용하고 있다고 말할 수는 있을 것이다.[40]

나아가, 법원리와 법규칙의 구별을 위해 드워킨이나 알렉시가 제시한 기준들은 양자 간에 존재하는 차이가 단순한 정도차이 그 이상의 것임을 적절하게 보여주고 있다. 더욱이 그러한 구별은, 법규칙 외에 법원리까지 법체계에 속한 법규범으로 파악함으로써 법의 흠결이 문제되는 경우에 사안해결을 가능하게 해주는 토대로 작용한다는 점에서 실천적으로 중요한 의미를 갖는다

39) 이에 관해서는 알렉시, 법적 논증이론, 431쪽 이하 참조.

40) 하지만 실증주의적 재량테제를 반박하는 데는, 드워킨과 같은 '유일하게 정당한 하나의 대답'테제가 아니더라도, 가령 좀더 느슨한 테제, 즉 '법원리에의 구속을 통한 법관의 자유재량의 배제' 테제만으로도 충분할 것이다(Jan-Reinard Sieckmann, Regelmodelle und Prinzipienmodelle des Rechtssystems, 1.Aufl., Baden-Baden, 1990, 16쪽 참조).

고 본다. 그런데 그러한 논의에서 결정적으로 중요한 문제는 원리충돌에서의 해결방안에 관한 것이라 할 수 있다. 드워킨은 최선의 법이론을 구하는 것으로 그치지만, 알렉시는 그에 대한 나름의 보완적 해결책을 제시할 필요성을 제기함과 동시에 또 실제로 그러한 법이론을 제시하고 있다는 점에서 알렉시의 구상은 드워킨의 그것보다 진일보한 것이라 하겠다. 또한 알렉시의 대비, 즉 이상적 당위로서의 법원리와 현실적 당위로서의 법규칙의 대비는 법원리를 통해 성긴 법체계를 통일적으로 해석할 수 있는 이론적 토대를 제공해준다는 점에서 특징적인 것으로 보인다. 다만 알렉시의 생각처럼 법원리를 일정한 목적이나 가치와 동일시할 수 있을 것인지는 미지수다.[41] 그럴 경우, 법과 법체계를 이해함에 있어 불확실성이 더욱 중대될 우려가 있을 뿐만 아니라, 입법자가 사전에 특정한 가치나 가치체계를 반영하여 설정한 — 비록 성긴 것이기는 하지만 — 법의 테두리를 넘어섰는지 여부를 확인하는 것이 더욱 어려워질 소지가 적지 않기 때문이다.[42]

---

41) 이런 점에서 포르스트호프는, "법률해석이 삼단논법적인 정확한 포섭을 탐구하는 것임을 무조건 고수하지 않으면 법학은 자멸한다. 가치이론은 기본법의 자유주의적 내용을 가치의 전제정(專制政)을 위해 없애 버릴 위험을 안고 있다"고 비판한다[E. Forsthoff, Die Umbildung des Verfassungsgesetzes, in: H. Barion/E. Forsthoff/W. Weber(hrsg.), Festschrift für C. Schmitt, Berlin, 1959, 41, 69쪽(알렉시, 법체계와 실천이성, 88쪽에서 재인용)].

42) 그런데 알렉시는 — 필자가 보기에 — 엄격한 헌법주의가 아닌 '완화된' 헌법주의를 취함으로써 이러한 비판에 대응하고 있는 것 같다(알렉시, 법체계와 실천이성, 87-89, 107쪽 참조).

Ⅳ. 법규칙, 법원리, 법체계

이처럼 법원리론에 기초하여 행해진, 실증주의에 대한 드워킨의 비판 및 드워킨의 법이론에 대한 알렉시의 비판적 검토와 보충제안을 고려할 때, 특정한 법체계[43]는 그것이 어떤 법규범들로 구성되어 있느냐에 따라 크게 세 가지 모델로 나뉠 수 있다. 즉 법규칙으로만 구성된 법체계(규칙모델), 법규칙뿐만 아니라 법원리도 포함하고 있는 법체계(규칙-원리 모델), 법규칙과 법원리뿐만 아니라 합리적 근거제시를 보증하기 위한 일정한 형식과 규칙(즉, 절차)까지 포함하고 있는 규칙-원리-절차 모델이 그것이다.

1. 규칙모델

'존재하는 법과 존재해야 하는 법의 분리'라는 법실증주의의 핵심테제는 법학 내지 법이론의 취급대상을 존재하는 법에 국한시키며, 이로써 법적 결정을 규범근거제시의 문제로부터 벗어나게 한다. 그런데 이러한 태도는 근본적으로 합리적인 근거제시 가능성에 대한 회의에서 비롯된다.[44] 법체계에 대한 법실증주의의 특징은 대체로 다음의 몇 가지로 요약할 수 있다.[45] 첫째, 법

43) 여기서 법체계란 상호 일정한 관계나 구조를 맺고 있는 요소들, 즉 법규범들의 집합체를 말한다. 그리고 이러한 요소들이 어떤 방식과 성격 및 구조를 취하고 있는지, 이로부터 체계 전체에 대해 어떤 구조가 생겨나는지, 규범들의 효력기준은 무엇인지, 이들 규범의 적용은 어떻게 이루어지는지 등의 문제를 다루는 이론을 법체계이론이라 한다(Sieckmann, 앞의 책, 21쪽 참조). 법체계이론에 관해서는 안준홍, 앞의 논문, 5쪽 이하 참조.

44) Sieckmann, 앞의 책, 13쪽.

체계는 특별한 규칙들로 구성되어 있다는 것이다. 그런데 이들 규칙은 그 내용에 기초해서가 아니라 그 계보나 유래에 관한 특별한 기준에 의거해서 확인되고 그 효력 여부가 판명되며, 이로써 법 외적인 규칙들과 구분된다. 둘째, 법이 무엇인지는 오직 이러한 규칙들에 의해 규정된다. 따라서 이러한 규칙들이 결정을 확정하지 못할 경우에 법관은 자유재량을 가진다. 셋째, 법적 의무와 권리는 단지 이들 규칙에 기초해서만 성립한다. 넷째, 규칙모델에서는 포섭이 법적용의 주된 방법으로 활용된다. 즉 법규칙의 적용은 일정한 사태를 일정한 구성요건에 포섭함으로써 이루어진다.[46]

그런데 이러한 규칙모델에서는 필연적으로 법의 흠결이 나타날 수밖에 없다. 물론 법의 흠결은 모든 법체계에서 나타나는 현상이지만, 법체계의 규칙모델에서는 이러한 흠결을 메울 수 있는 방법이 없다.[47] 규칙모델에서는 흠결문제의 해결을 법관의 자유재량에 맡기지만, 재량행사에 도입되는 척도는 법외적 기준에 다름 아니다. 그렇다면 이 경우 법원리에 따른 해결의 필요성은 충분히 존재하는 것이며, 또한 법관에게 근거제시의 부담을 지운다는 점에서 더 합리적이라 할 수 있다. 나아가, 법이념의 측면에서 볼 때 규칙모델은 법체계에 대해 주로 법적 안정성의 요청만을 실현하도록 한다. 따라서 그 밖의 요청들, 특히 정의의 요

45) 알렉시는, 법체계의 규칙모델이 법실증주의와 결합되어 있음은 분명하지만 그러한 결합이 필연적인 것은 아니라고 한다. 가령 칸트가 주장한 법의 엄격성 명제는 이성법적 이론도 규칙모델을 지향할 수 있음을 보여준다고 한다(알렉시, 법체계와 실천이성, 94쪽 각주 24).

46) 이러한 포섭모델의 극단적 형태는 연역의 요청과 무흠결성의 요청을 특징으로 하는 개념법학에서 잘 나타나고 있다.

47) 알렉시는 이를 '개방성흠결'(Offenheitslücke)이라 칭한다(알렉시, 법체계와 실천이성, 95쪽).

청은 법체계 외적인 성격을 지닌다. 즉 입법기관에 대한 정치적 또는 도덕적 요청으로만 존재할 뿐이다.[48]

2. 규칙-원리 모델

앞서 살펴보았듯이 법원리의 법체계에의 편입 문제는 드워킨의 실증주의 비판으로부터 본격적으로 제기되었으며, 드워킨은 판결하기 어려운 사안에서도 법관은 재량을 갖는 것이 아니라 법원리에 기초하여 결정해야 한다고 주장하였다. 즉 법원리 역시 법체계를 구성하는 일부로 본 것이다. 이러한 모델의 특징으로는 다음 몇 가지를 들 수 있다.[49] 첫째, 법체계는 규칙들 외에 원리들도 포함하고 있다. 이 원리들은 규칙들과는 구분되는 논리적 속성을 지니고 있으며, 이러한 속성 때문에 원리들과 그 비중은 형식적 기준에 의거하여 확인될 수 없다. 둘째, 법관은 판결하기 어려운 사안에서도 원리들에 구속된다. 원리들은 규칙들에 의거해서는 해결될 수 없는 사례들에서도 결정을 확정할 수 있으며, 이로써 법관은 그 경우에도 결코 재량을 갖지 못한다. 따라서 드

48) 그 밖에 알렉시는 공전논거(Leerlauf-Argument)를 들고 있다. 가령 일면 일정한 기본권을 보장하는 헌법규정을 두고, 타면 이 기본권을 법률에 의해 제한할 수 있는 권능을 입법자에게 부여하는 헌법규정을 둔 경우에 있어, 이들 헌법규정을 두 개의 규칙으로 이해한다면, 기본권은 완전히 또는 그 본질적 내용의 한계에 이르기까지 입법자의 처분에 맡겨지는 결과가 될 것이며, 이로써 그 기본권은 공허한 내용이 되고 말 것이라고 한다. 따라서 이러한 결과를 피하고 입법자의 기본권에의 기속을 확고히 하기 위해서는 기본권보장규범을 원리로 파악해야 한다고 본다(알렉시, 법체계와 실천이성, 96쪽).

49) 물론 원리들로만 구성된 법체계(순수한 원리모델)는 그 불확정성과 유연성으로 인해 법적 안정성이라는 법의 불가결한 요청에 반할 것이기 때문에 규칙모델에 대한 대안이 될 수 없을 것이다.

워킨에게 있어 법관은 결코 법으로부터 자유로운 영역에 처해 있지 않으며, 법으로부터 얻어질 수 있는 대답을 법해석을 통해 언제나 확정해야 하는 과제 앞에 서 있는 셈이다.[50] 셋째, 법적 권리와 의무는 원리들에 기초해서도 성립할 수 있다. 넷째, 규칙-원리 모델에서는 포섭 외에 형량이 법적용의 방법으로 활용된다. 즉 법규칙에 대해서는 포섭이 일반적으로 활용되지만, 판결하기 어려운 사안에서와 같이 법원리의 원용이 문제되는 경우에는 원리들 간의 형량을 통해 법적용이 이루어진다.[51]

규칙-원리 모델은 규칙모델이 안고 있는 핵심적 문제, 즉 흠결의 문제를 해결하는 데 매우 적합한 것으로 보인다. 하지만 여기서는 법원리들이 충돌할 경우에 이들의 상대적 비중과 서열 등의 문제를 해결할 수 있는 방법이나 규칙들은 제시되지 않고 있다. 드워킨은 원리들의 상대적 비중까지 포함하는 법이론에 의해 해결을 구하고 있지만, 그러한 부분까지 완전하게 체계화한 법이론은 — 앞에서도 언급하였듯이 — 가능하지 않다. 다만 법원리에 기초한 결정을 정당화하기 위한 합리적 기준들을 제시하려는 시도, 즉 법원리에 기초한 근거제시의 합리성을 보장하기 위한 일련의 형식들과 규칙들에 관한 대강의 골격을 제시하는 것은 가능할 것이다. 우리는 이 모델을 보완하는 측면에서 이러한 형식들과 규칙들을 제시하려는 기획을 알렉시에게서 찾아볼 수 있다.

---

50) 랑엔부허, 앞의 논문, 336쪽. 이러한 해석론의 전개는 그의 '구성적 해석'이론에 잘 나타나 있다[로널드 드워킨, 법의 제국(장영민 옮김), 아카넷, 2004, 특히 73쪽 이하 참조].

51) 이와 관련하여 원리들의 경우에는 우선순위가 확정된 이후에야 비로소 그에 따라 '포섭'이 이루어지며, 이로써 포섭의 이상이 아직 실현되지 못한 한에서는 형량모델이 적용되고, 포섭의 이상이 이미 실현된 한에서는 포섭모델이 적용된다(포섭모델과 형량모델의 관계)고 보는 관점으로는 Sieckmann, 앞의 책, 18-19쪽 참조.

3. 규칙-원리-절차 모델

이 모델은 알렉시가 제안하고 있는 법체계모델이다. 그는 규칙-원리 모델을 수용하면서도 그 모델이 안고 있는 문제점을 해결하기 위해 이들 외에 절차의 차원을 추가하고 있다. 규칙-원리 모델의 문제점에 대한 진단은, 규칙이나 원리는 스스로 자신의 적용을 규율할 수 없다는 인식에 정초하고 있다. 따라서 완전한 법체계모델이 되려면 규칙이나 원리를 적용하는 절차에 관련된 또 다른 측면이 추가되어야 한다고 보는데, 그것은 다름 아닌 법적용의 합리성을 보장하는 절차이다.[52] 이러한 합리성보장 절차는 법적용절차뿐만 아니라 법정립절차(입법절차)에도 관련되어 있다. 여기서 법적용절차란 특정한 법체계 내에서 특정 사건에 있어 법적으로 요구되는 바가 무엇인가라는 물음에 대한 답을 찾고 이를 근거짓고자 하는 사람들의 제도화되지 아니한 논증절차 및 이러한 절차를 포함하는 제도화된 사법절차를 말한다. 그런데 원리충돌의 경우에서 상대적 비중의 크기를 가늠하기 위해 필요로 하는 근거제시는 전자의 측면에 해당한다고 볼 수 있다. 알렉시에 따르면 이러한 근거제시이론 또는 논증이론은 법적용절차의 합리성을 보장하기 위해, 동시에 법적용절차에서 불가피하게 행해지는 — 도덕관련적 — 평가에 대한 합리적 통제를 위해 필요로 하는 것이다. 이러한 논증이론은 절차적 성격을 지니며, 그 핵심은 법적용과정 및 그에 따른 결론의 합리성을 보장하기 위해 실천적 논증참여자가 준수해야 할 논증대화의 형식들과 규칙들이다.[53]

---

52) 알렉시, 법체계와 실천이성, 104쪽.

53) 이에 관해 자세한 것은 알렉시, 법적 논증이론 참조.

4. 검 토

법이란 무엇인가, 이로써 일정한 법체계가 어떤 규범들로 구성되어 있는가의 물음은 대단히 중요한 문제이다. 그런데 이 문제는 — 앞서 본 것처럼 — 상이한 모델들이 가능하다는 현상적 측면에서 보면 '열린' 문제이며, 법을 관찰자의 관점에서 바라볼 것인가 아니면 참여자의 관점에서 바라볼 것인가[54]에 따라 그 대답 역시 달라질 수 있다. 실증주의처럼 법을 객관적으로 관찰하고 서술하는 데 만족하지 않는다면, 즉 법이 무엇인지 또 법이 어떻게 실현될 수 있는지의 물음에 대한 실천적 합리성을 추구한다면, 규칙-원리 모델이나 규칙-원리-절차 모델은 그러한 합리성을 구현하는 데 매우 유용한 인식의 틀이 될 수 있을 것이다. 물론 이 경우 일련의 법원리나 논증절차에 의존하더라도 법 또는 법적 결정의 확실성은 완전하게 보장될 수 없을 것이며, 그러한 확실성은 실천이성에 따른 합리적 근거제시가 가능한 정도만큼만 확보될 수 있을 것이다. 하지만 이러한 정도의 확실성 및 이를 보장하는 합리적 근거제시 가능성은 — 만일 우리가 법학에서도 객관적인 것에 관해 말할 수 있다면 — 법의 객관성에 다름 아닐 것이다. 법의 객관성은 합리적인 법적 논증의 형식들과 규칙들이 법적 정당화를 위한 정당한 형식으로 지속적으로 인식되고 활용되는 정도에 의존한다.[55] 법에 규범성을 제공하는 것은

54) 법을 보는 관점의 문제에 관해서는 안준홍, 앞의 논문, 112쪽 이하 참조.

55) 이런 점에서 객관성은 '영역'에 관련된 개념이라 할 수 있다. 서로 다른 학문영역이나 실천 또는 논의에서 우리는 서로 다른 논증형식, 즉 명제의 진리성이나 타당성을 보여주는 서로 다른 방법을 발견한다. 어떤 영역 내에서의 주장의 진리성이나 타당성은 다른 분과들의 논증형식으로는 입증될 수도 반증될 수도 없다. 또한 주어진 일련의 논증형식을 유일하게 옳은 논증형식이라고 확인할 수 있는 '형식의 형식'이나 메타원리

바로 이러한 형식들이며,[56] 이것들은 법률가들에 의해 지속적으로 활용되는 정도만큼만 존재한다. 규칙모델은 법의 이러한 논증적 속성과 측면을 간과하고 있는 법체계모델이라 할 수 있다. 물론 규칙모델의 이러한 태도는 법의 영역에서 실천적 합리성의 실현 또는 합리적 근거제시의 가능성에 대한 회의에서 비롯되는 것일 게다. 반면, 규칙-원리 모델과 규칙-원리-절차 모델은 법의 이러한 속성과 측면을 잘 간파하고 있는 법체계모델이라 할 수 있다. 따라서 법체계모델로는 합리적인 논증의 형식들과 규칙들을 구체화하고 있는 규칙-원리-절차 모델이 적어도 우월적 지위를 가진다고 본다.

V. 맺 음 말

이상으로, 드워킨과 알렉시의 논의를 중심으로 법규칙과 법원리가 어떻게 구분되는지, 그러한 구분이 법체계의 구조이해 및 실천적인 법적 문제 해결에 어떻게 작용하는지에 관해 살펴보았다. 양자의 구별 논의의 중요성은 단지 법이론적 측면에만 국한되는 것은 아니다. 왜냐하면 원리충돌의 경우에는 상호 충돌하는 원리들의 형량문제를 넘어 적용규범에 대한 근거제시의 문제로 나아가기 때문이다. 규칙모델은 법규범을 필연적으로 근거짓지 않고도 규범의 연역적 적용이 가능함을 전제하지만, 일정한 법체계에서 어떤 조건들하에 누가 규범을 근거지어야 하는지는 정치권력의 분배문제이기도 하다.[57] 물론 법원리에 기초한 결정이 언

는 존재하지 않는다(Patterson, 앞의 논문, 45쪽).

56) 패터슨은 논증의 이러한 형식들을 '법의 규범적 문법'이라고 칭한다 (Patterson, 앞의 논문, 37-38쪽 참조).

제나 불가피한 것인지는 법이론적으로 열린 문제라 할 수 있다. 하지만 성긴 실정법체계는 — 아무리 완벽하게 구축된 것이라 하더라도 — 어떤 형태로건 간에 실정법 외적 규범들에 의한 해결을 요구하는 공간을 남겨 두고 있으며, 이로써 완전히 폐쇄된 완결된 체계가 아니라는 점[58]역시 구별 논의의 실천적 중요성을 보여주는 근원적 측면이라 하겠다.

앞서 행한, 양자의 구별 논의 및 그에 대한 검토는, 우선 법규칙과 법원리의 구별문제에 관해 논의가 활발하지 않은 우리의 상황에서 외국의 논의를 다루고 있다는 점, 특히 그러한 논의가 근대적 성격을 띤 발전된 법체계 — 근대적 헌법체계를 갖춘 자유민주국가의 법체계 — 를 그 전제로 하고 있다는 점, 이로써 발전된 법체계에서는 가령 실질적 도덕원리들과 같은 순수하게 실질적 의미에서 근거지어진 원리들을 원용하는 것이 거의 배제되어 있다는 점 등에 비추어 볼 때 현실적 측면과 규범체계적 측면에서 한계를 지닐 수 있다. 또한 논의의 내용면에서도 일정한 한계를 인정하지 않을 수 없다. 법규칙과 법원리 구별문제를 제대로 다루려면 드워킨의 원리테제뿐만 아니라 권리테제 및 '유일하게 정당한 하나의 대답' 테제를 상호 연관하에 상세히 논의하는 것이 필요하지만, 필자의 역량의 한계로 거기까지는 미치지 못하였다. 하지만 우리의 경우에도 최소한 외관상의 법체계는 그러한 전제를 충족하고 있다고 볼 수 있다는 점, 동시에 판결하기 어려운 사안의 문제 역시 발생하고 있으며 또 여전히 발생할 수 있다는 점에서 그러한 논의가 우리와 무관한 것이라고 할 수는

57) Sieckmann, 앞의 책, 20쪽.

58) 물론 법규칙들 외에 법원리들까지 법체계에 속한다고 보게 되면, 그러한 법체계는 적어도 논리적으로는 폐쇄된 형태를 취하고 있다고 볼 수 있을 것이다.

없을 것이다. 따라서 그러한 논의는 사법재량의 문제가 발생하는 곳에서는 언제나 법관을 '법이란 무엇인가'라는 근원적 물음 앞에 세운다는 점에서 실천적으로는 매우 의미 있는 것이자 중요한 것이라 하겠다. 따라서 법체계에 속하는 법규범을 법규칙에 국한시킬 것인지 아니면 법원리까지도 포함하는 것으로 볼 것인지, 법의 흠결이 있을 경우 사법재량에 의존할 것인지 아니면 법원리를 원용한 합리적 근거제시의 방법에 의존할 것인지, 이 경우 후자에 따른다면 법원리의 이름을 빌린 법정책적 논거의 유입을 어떻게 가려내어 통제할 것인지의 물음은, 우리의 법체계와 그에 기초한 법적 결정의 성격을 이해하고 또 그러한 이해에 따라 우리의 법현실을 진단하고 분석함에 있어 매우 유익한 성찰의 계기가 될 것으로 믿어 의심치 않는다.

찾아보기

ㄱ

ㅁ

ㅂ

ㅅ

ㅇ

ㅈ

ㅊ

[저자 소개]

변 종 필

고려대학교 법과대학 졸업
고려대학교 대학원 법학과 졸업(법학박사)
사법시험, 입법고시 출제위원 역임
한국비교형사법학회 편집위원장 역임
한국비교형사법학회 총무이사
한국형사법학회 인권이사
현재 동국대학교 법과대학 정교수

형법해석과 논증

2012년 3월 10일 초판 인쇄
2012년 3월 20일 초판 발행

저 자 변 종 필
발행인 이 방 원
발행처 세창출판사
서울 서대문구 냉천동 182 냉천빌딩 4층
전화 723 - 8660 팩스 720 - 4579
E-mail: sc1992@empal.com Homepage: www.sechangpub.co.kr
신고번호 제300-1990-63호

정가 32,000 원

ISBN 978-89-8411-373-2 93360